Otto Willmann

Didaktik als Bildungslehre nach ihren Beziehungen zur Sozialforschung und zur Geschichte der Bildung

Einleitung

Otto Willmann

Didaktik als Bildungslehre nach ihren Beziehungen zur Sozialforschung und zur Geschichte der Bildung
Einleitung

ISBN/EAN: 9783743654167

Hergestellt in Europa, USA, Kanada, Australien, Japan

Cover: Foto ©Suzi / pixelio.de

Weitere Bücher finden Sie auf **www.hansebooks.com**

Didaktik

als

Bildungslehre

nach

ihren Beziehungen zur Socialforschung und zur Geschichte der Bildung.

Didaktik

als

Bildungslehre

nach

ihren Beziehungen zur Socialforschung und
zur Geschichte der Bildung

dargestellt

von

Otto Willmann.

Erster Band.

Einleitung. — Die geschichtlichen Typen des Bildungswesens.

Braunschweig,
Druck und Verlag von Friedrich Vieweg und Sohn.
1882.

Alle Rechte vorbehalten.

Vorrede.

Der Name Didaktik ist als Bezeichnung eines eigenen Untersuchungskreises und darum auch als Büchertitel außer Brauch gekommen und ich greife, wenn ich ihn so anwende, auf den Sprachgebrauch des siebzehnten Jahrhunderts zurück; mit dem Namen gedenke ich aber auch, wenngleich modificiert, die Sache wieder aufzunehmen. Was die alten Didaktiker suchten, war eine Disciplin, welche Lehren und Lernen im kleinen und im großen, im einzelnen und im ganzen, als Leistung des Individuums und als kollektive Thätigkeit untersuchen und regeln sollte, eine Wissenschaft, in welcher die Unterrichtslehre und die Lehre vom Bildungswesen ungetrennt vereinigt wären. Ihre Nachfolger haben diese Vereinigung aufgegeben; sie beschränkten sich auf den individualen Gesichtspunkt und bildeten die Methodik aus, aber verloren die Bildungsarbeit als Ganzes aus den Augen. Diese Verengerung der Aufgabe hat ihren Vorteil gehabt, aber es darf bei ihr nicht bewenden bleiben; es gilt die Verstiegenheit der alten Didaktiker, welche mit ihrer Lehrkunst das geistige Leben normieren wollten, zu vermeiden, aber ihre großen Perspektiven festzuhalten. Was dazu vornehmlich verhilft, ist die historische Behandlung des Gegenstandes, welche zugleich den Gesichtskreis ausweitet und den festen Boden bewahren läßt. Zu einer wissenschaftlichen Bearbeitung des ganzen Gebietes — und die Wissenschaft geht auf das Ganze — kann nur vorgeschritten werden, wenn man den individualen und den socialen Gesichtspunkt verbindet und die philosophische mit der historischen Betrachtung vereint in Anwendung bringt. Es ist mein Vorhaben, in Kontakt und Wechselwirkung zu setzen: die Leistungen der Unterrichtslehre, zumal der neueren, philosophisch-begründeten, die Ergebnisse der Arbeiten zur Erziehungs- und Bildungsgeschichte und die Anfänge zu einer Lehre vom Bildungswesen, auf welche die Socialforschung unserer Zeit geführt hat. Ein Bedenken, welches Kenner diesem Unternehmen entgegenhalten könnten, ist, daß es zu früh komme: die philosophische Pädagogik trägt noch zu sehr die Signatur der verschiedenen Systeme, auf denen sie gewachsen ist, die historischen Forschungen haben uns wohl Materialien zur Geschichte des Bildungswesens gegeben, aber noch keine eigentliche Geschichte der Bildung, die Socialwissenschaft steht noch ganz in der Periode des Ringens nach Gestaltung. Gewiß läßt sich die Unfertigkeit der Voraussetzungen nicht vollständig überwinden, aber in wissenschaftlichen Dingen ist sie kein zwingender Grund abzustehen oder zuzuwarten. Zumal in den Disciplinen, welche die moralische Welt zum Gegenstande haben, darf das Zusammenführen und Verbinden von verschiedenen Gesichtspunkten nicht unterlassen werden, wenn diese auch noch unvollständig durchgeführt sind, da ihre Kombination für die weitere Durchführung von entscheidender Bedeutung sein kann. Der philosophischen

Pädagogik kann die Einarbeitung des historischen Elements nur von Vorteil sein, die Geschichte der Bildung bedarf einer Bildungslehre ebenso notwendig, wie diese jener, und die Socialforschung dürfte jeden Vorstoß in das geistige Gebiet willkommen heißen: das Problem der Erzeugung und Bewegung der intellektuellen Güter scheint sogar eine ihrer nächstliegenden Aufgaben zu bezeichnen.

Der hiermit der Öffentlichkeit übergebene erste Band enthält die methodologischen Erörterungen sowie die historische Grundlegung und bietet insofern ein relatives Ganze dar; der umfassendere zweite Teil, welcher die Analyse der Bildungsarbeit nach ihren Zwecken, Inhalten, Formen, Veranstaltungen und Beziehungen zur Aufgabe hat, wird hoffentlich im Laufe des nächsten Jahres nachfolgen können.

Weinberge bei Prag im März 1882.

O. W.

Inhaltsübersicht.

Einleitung.

I. Die Analogie zwischen der Gesellschaft und dem organischen Körper S. 1 bis 4, ausgedehnt auf die sociale Lebenserneuerung 5. Die Akte derselben: Fortpflanzung und Vererbung 6 bis 7. Aufziehen 8 bis 9, spontane Assimilation des Nachwuchses 9 bis 11. Erbgang 11 bis 12. Lehre und Zucht 12 bis 13. Verzweigung dieser Thätigkeiten in dem Ganzen der socialen Funktionen 14 bis 16, ihre Verknüpfung im Erziehungswesen 17 bis 21 und im Bildungswesen 22 bis 25.

II. Die Aussicht der Pädagogik und Didaktik auf wissenschaftliche Gestaltung 25 bis 27. Ausdehnung ihres Horizonts auf die kollektiven Erscheinungen 28, vorbereitet durch die Pädagogik der Alten 29, die Didaktik des XVII. Jahrhunderts 30 bis 31, die neuere Staatslehre 32, besonders L. Steins Verwaltungslehre 33 bis 35. Würdigung der individualistischen Ansicht Lockes, Rousseaus, Herbarts 35 bis 38; Kritik derselben 39 bis 40. Doppelseitigkeit des Problems 40 bis 41, wiederkehrend in allen moralischen Wissenschaften 41. Darüber Platon und Herbart 42. Anhaltspunkte für die Erweiterung der Erziehungs- und Bildungslehre: Verhältnis derselben zur Völkerpsychologie 43 bis 46, zur Moralstatistik 46 bis 48, zur Sociologie 49 bis 50. Restriktion der Analogie von Gesellschaft und Organismus 51 bis 52.

III. Die historische Ansicht der Erziehung und Bildung 53, beeinträchtigt durch die reformatorische Tendenz 54 bis 55; Widersprüche bei Pestalozzi 56 und Herbart 57. Klärung der einschlägigen Fragen 58 bis 59. Leistungen der Geschichtsforschung für die Pädagogik und Didaktik: 1) Die Geschichte der Erziehungs- und Bildungslehre 60. 2) Die Geschichte des Erziehungs- und Bildungswesens 61; retrospektive Behandlung 62 bis 63, vergleichend-generalisierende 64. Die Aufgabe der Verbindung der historischen und philosophischen Ansicht 65, wiederkehrend in allen moralischen Wissenschaften 65. Darüber Trendelenburg 66. Vereinbarkeit des historischen und des normativen Charakters 66 bis 68. Theoretische und praktische Pädagogik 69. 3) Das Verhältnis der Erziehung zur Geschichte 69 bis 70. Die Erziehung als Movens der geschichtlichen Bewegung 70 bis 72; die Mitarbeit der Geschichte an der Erziehung 72. Würdigung der Analogie von generischer und individualer Entwickelung 72 bis 73.

IV. Das Verhältnis der Pädagogik und der Didaktik zu einander 74 bis 75. Ansicht der alten Didaktiker 76, der Staatslehrer 76, Herbarts 77 bis 79, Schleiermachers 79 bis 81. Scheidung und Koordination von Erziehungs- und Bildungswesen bei deskriptiver 82, bei geschichtlicher 82 bis 83, so auch bei philosophischer Darstellung 83. Verschiedenheit der philosophischen Hülfswissenschaften der beiden Disciplinen 83 bis 84.

Das Verhältnis der Didaktik zu den Fachwissenschaften. Schwierigkeiten, liegend in dem universalen Charakter der Didaktik 85 bis 86. Die Lösung derselben durch Aufteilung an die Fachwissenschaften unstatthaft 87 bis 88. Berichtigung der Vorurteile gegen die allgemeine Didaktik 89 bis 93. Vergleich der übergreifenden Tendenz der Didaktik mit der anderer Wissenschaften 94 bis 95.

Plan der folgenden Untersuchung 95 bis 98.

Erster Abschnitt.
Die geschichtlichen Typen des Bildungswesens.

I. **Die Bildung in ihrem Verhältnisse zur Kultur, Civilisation, Gesittung** . . . . S. 101 bis 116.

§. 1. Civilisation — Kultur 101 bis 102; Gesittung — Bildung 102 bis 104.

§. 2. Abhängigkeit der Bildung von der Kultur 104. Unterschiede gegeben durch den Ursprung 105 und die Richtung der Kulturentwicklung 106 bis 108. Bedingtheit der Bildung durch die Civilisation 108 bis 109, durch die Gesittung 109 bis 110.

§. 3. Das Analogon der Bildung bei kulturlosen Völkern 110 bis 112. Der Schriftbetrieb als Wendepunkt 112 bis 113. Die Frage, ob alle Kulturvölker eine Bildung besitzen 114, ist bejahend zu beantworten 115 bis 116.

II. **Morgenländische Bildung** . . . . S. 117 bis 148.

§. 4. Die Inder. Die Veden 117 bis 118. Die vedischen Studien: Sprachlehre 119, Sprachkunst 120 bis 122, Mathematik 122. Die Lehrweise der Brahmanas 123. Elementarunterricht 124. Der Maßstab für den Wert der Bildung 124 bis 126.

§. 5. Die Ägypter. Die Thothbücher 126 bis 127. Thoths Gaben des gemeinsamen Lebens 128. Schrift 128. Mathematik 129. Musik, Körperpflege 130. Das Tempelschulwesen 131. Charakter der altägyptischen Bildung 132.

§. 6. Die Völker der Keilschrift. Derivierte Bildung der semitischen Herrschervölker 132 bis 134. Die Studien der Chaldäer 134. Persische Bildung 135 bis 136.

§. 7. Die Israeliten. Ihre Sonderstellung 137. Allgegenwart der Lehre und deren Würde 138. Anfänge des Lehrwesens in der älteren Zeit 139. Folgen des Exils 139. Die Schriftgelehrsamkeit 140. Der Unterricht im Hebräischen 140 bis 141. Bedeutung der Juden für die Folgezeit 141. Reste altjüdischer Bildung 142.

§. 8. Die Chinesen. Kanonische Schriften und Wissenschaften 142 bis 144. Die höheren Studien 144. Der Elementarunterricht 144. Die staatliche Fürsorge für die Bildung 145. Das Prüfungswesen 146. Die Auffassung der Bildung 147. Zur Kritik des chinesischen Bildungswesens 148.

III. Die griechische Bildung . . . . S. 149 bis 181.

§. 9. Das griechische Wesen dem morgenländischen entgegengesetzt 149, aber dadurch bedingt 150. Hieratische Anfänge der griechischen Bildung 151. Die kanonische Bedeutung Homers 152. Die musische Bildung 153, ihre sprachlich-litterarische 153, ihre musikalische Seite 154. Verbindung mit der Gymnastik 155. Wechselwirkung von Schule und Leben 155. Die Philosophie 156, ihr Antagonismus gegen Homer 157. Die Studienpläne Pythagoras 157 bis 158 und Platons 158 bis 159. Einwirkung der Philosophie auf die allgemeine Bildung 159. Die Sophisten 160. Sokrates 161. Isokrates 162. Zusammenfassung der musischen und scientifischen Elemente in der encyklischen Bildung 162, ihr Studienkreis 162 bis 165, ihre Fortführung durch die Lektüre 165, durch philologische und polymathische Studien 165, ihr Abschluß durch die Philosophie 166. Die Struktur des Bildungsinhalts im allgemeinen 167.

§. 10. Das Ethos der griechischen Bildung. Unterschieden nach Stämmen und Geistesrichtungen 168. Trennung von Bildungserwerb und Ausrüstung für den Beruf 169. Die Bildung als Schmuck 170, als Element der Persönlichkeit 170; ihr freithätiger Erwerb 171, ihre Vielseitigkeit und deren Gefahren 171 bis 172. Sittliche Beziehungspunkte 173, religiöse 173, social-ethische 174. Die Reflexion über die Bildung 174. Didaktische Litteratur 175.

§. 11. Bildungsanstalten. Die Elementarschulen 175. Staatliche Fürsorge 176. Die Gymnasien 177. Die Philosophenschulen 177 bis 178. Die Schulen für Grammatik und Rhetorik 178. Berufliche Vorbildung 179. Gelehrte Institute der alexandrinischen Periode 179 bis 181.

IV. Die Bildung bei den Römern . . . . S. 182 bis 208.

§. 12. Hieratisches Element der römischen Bildung 182. Verhältnis zu den Griechen 183. Erlernung des Griechischen 184. Pflege der Muttersprache 184. Bedeutung der Grammatik und Rhetorik 185 bis 186. Die Versuche ein Lehrgut herzustellen 186 bis 187. Schauspiel, Rede, Recitation als Behikel der Bildung 187 bis 188. Der Inbegriff des Wissenswerten bei Cato 188. Stellung des mathematischen Elements 189. Das Varronische Studiensystem 189. Rhetorisches und praktisches Mathematikstudium 190. Die encyklopädische und isagogische Litteratur

190 bis 192. Die Philosophie 192. Struktur des Bildungsinhaltes im allgemeinen 193.

§. 13. Das Ethos der römischen Bildung. Redekunst und Rechtskenntnis als Beziehungspunkte 194 bis 195. Verhältnis von Schule und Leben 195 bis 196. Eloquenz und Erudition 196. Die Tendenz auf Vielseitigkeit 197, auf sittliche Ziele 198. Der kosmopolitische Zug der römischen Bildung 199 bis 200.

§. 14. Das römische Schulwesen. Altrömischer Unterricht 200. Stellung der Behörden zu dem Eindringen des griechischen Lehrwesens 201 bis 202. Die Schule des Grammatikers 200, des Rhetors 203. Verbreitung der Schulen 204. Die Thätigkeit der Kaiser für die Organisation des öffentlichen Unterrichtes 205 bis 208.

V. **Die christliche Bildung auf römischem Boden** S. 209 bis 238.

§. 15. Einwirkungen des Christentums auf die Bildungsarbeit 209. Die christlichen Beziehungspunkte der Bildung 210. Das religiöse Element 210. Milderung des Gegensatzes von freien und unfreien Künsten 211. Durchbrechen der Exklusivität der Geistigkeit 212. Leben im Geiste und geistiges Leben 212. Das ästhetische Moment 213. Das Streben nach Totalität 214 bis 215. Die Gegenständlichkeit des Lehrinhaltes 216. Das Zurücktreten des Ehrtriebes als Motiv der Bildungsarbeit 216.

§. 16. Der Inhalt der altchristlichen Bildung. Schwierigkeiten für die Assimilation des antiken Bildungsinhaltes 217. Die Christianisierung der Sprache 217 bis 218 und der darauf fußenden Bildungswissenschaften 218 bis 219, der mathematischen Disciplinen 219, der Philologie 220, der Geschichtswissenschaft 220 bis 221, der Philosophie 221 bis 222. Die Stellung der Kirchenväter zu den Bildungsfragen 222, der griechischen 223 bis 226, der lateinischen 226 bis 227. Das Studiensystem in Augustinus' „Christlicher Lehre" 228 bis 231. Die endgültige Auswahl aus dem antiken Lehrgut 231 bis 233.

§. 17. Das christliche Schulwesen. Die Kinderlehre und der Elementarunterricht 233 bis 234. Der höhere Unterricht 234. Die theologischen Lehranstalten 235. Die bischöflichen Konvikte 236. Die Benediktinerschulen 236 bis 237. Charakter des altchristlichen Schulwesens 237 bis 238.

VI. **Die Bildung des Mittelalters** . . . . S. 239 bis 292.

§. 18. Das Mittelalter als Anfangsalter der modernen Völker 239, sein Bildungswesen im allgemeinen 240. Die Fortführung des altchristlichen Lehrwesens: das benediktinische Schulwesen und dessen Vertreter 241 bis 242, die Lehrthätigkeit der späteren Orden und geistlichen Vereine 243 bis 245, die bischöflichen Lehranstalten 245 bis 246, die Parochialschulen 246 bis 247, die Laienschulen 248. Die eigenen Schöpfungen des Mittelalters: das ritterliche Bildungswesen 249 bis 251, das Lehrwesen der Zünfte 251 bis 253, die Stadtschulen 253 bis 254, die Universitäten 254 bis 257, die Kollegien 257 bis 259. Bedeutung der Universitäten 259 bis 260.

§. 19. **Der Bildungsinhalt.** Die sieben freien Künste 260 bis 261. Das Quadrivium 262 bis 263. Das Trivium in der vorscholastischen Periode 264 bis 265. Die Dialektik der scholastischen Periode 265 bis 266. Die humanistische Gegenströmung 267. Das sachliche Wissen: die Geschichte 268 bis 269, die Naturkunde 269 bis 270. Die Encyklopädiker 271. Rhabanus 272. Herrad 272. Hugo 273 bis 274. Vincentius 274 bis 275. Brunetto 275. Dante 276. Das Griechische 277 bis 279, das Hebräische 279, das Arabische 280. Das moslemische Bildungswesen 280 bis 281, sein Verhältnis zu dem christlichen 282 bis 283. Rationale Elemente der mittelalterlichen Bildung 284.

§. 20. **Das Ethos der mittelalterlichen Bildung.** Die christliche Vollkommenheit als Beziehungspunkt 285 bis 286. Die Bildungsarbeit im Dienste Gottes 286. Sammlung des Geistes 287, friedlose Polymathie ausschließend 287. Beherrschung des Unterrichtes durch Autoritäten 288, durch abgeleitete Quellen 288. Das Verhältnis von Lehrer und Schüler 289. Die Mühseligkeit des Lernens 290, daneben freudiges Schulleben 290. Charakter der ritterlichen Bildung; ihre Analogie mit der griechischen 290 bis 291, ihr christlicher Grundzug 291.

VII. **Die Renaissance** . . . . S. 293 bis 339.

§. 21. **Die Ansicht des Mittelalters vom Altertum und die neue Betrachtungsweise** 293 bis 294. Humanismus 294 bis 295. Renaissance 295 bis 296. Die römische Bildung als Muster 296. Die Tendenz auf Sprachkunst 297 bis 298. Der kosmopolitische Zug des Humanismus 298 bis 299. Die Ruhmsucht 299 bis 300. Das Virtuosentum 300 bis 301. Verhältnis des neuen Princips zum Christentum 301 bis 303, zum Protestantismus 303, zum Katholicismus 304. Die Bedenken gegen den Paganismus der Alten 305.

§. 22. **Der Inhalt der Renaissancebildung.** Die Philologie 305 bis 306. Das Lateinische 307 bis 308. Das Griechische 308 bis 310. Das Hebräische 310. Das Trivium 311. Die Ramëische Reform der Logik 312. Das Quadrivium 312 bis 313. Die Philosophie 313. Die Encyklopädieen 313 bis 318. Verbalismus und Realismus 318. Berichtigung der Ramerschen Disjunktion 319. Die modernen Bildungselemente 320. Die Muttersprache 320 bis 321. Die weltmännische Bildung 321 bis 322. Das Erwachen von Bedenken gegen die Superiorität der Alten 322.

§. 23. **Die Bildungsanstalten.** Die humanistischen Kreise und die Akademieen 323 bis 324. Die Einbürgerung der klassischen Studien in die Universitäten 324, in die Privaterziehung 325, in den Schulunterricht 325. Die Lateinschulen 326 bis 328. Das Elementarschulwesen 329 bis 330. Die Einwirkung des Staates auf das Bildungswesen 330 bis 332.

§. 24. **Die Differenzierung der Renaissancebildung nach Nationalitäten** 332 bis 333. Der italienische Humanismus als Lebenselement der Nation 333 bis 335. Der französische Humanismus und seine Einwirkung auf das französische Wesen 335 bis 337. Der englische Humanismus und die Analogie antiker und englischer Jugendbildung 337. Der deutsche Humanismus und seine Nachwirkungen 338 bis 339.

VIII. **Die Aufklärung** . . . . S. 340 bis 379.

§. 25. Die Aufklärung als Moment der Bildung überhaupt 340, als vorschlagendes Moment 341. Die Aufklärung des XVIII. Jahrhunderts als allgemeines Princip 342. Charakter derselben 343. Stellung zur Religion 343, zur Gesellschaft 344, zur Geschichte 344, ihr Individualismus und Intellektualismus 345. Die englische Aufklärung 345, die französische 346, die deutsche 346. Beziehungen der Aufklärungstendenz zum Bildungswesen 346 bis 347.

§. 26. Das Aufklärungsprincip als formales 347. Seine Stellung zu den Bildungsstoffen: zu den theologischen Elemente 348, zu dem klassischen Elemente: die Berührung mit dem Altertum 349, die Polemik dagegen 350. Standhalten der klassischen Studien 351, ihre Belebung durch den deutschen Klassicismus 352. Die encyklopädische Tendenz des XVIII. Jahrhunderts: Polymathie auf Grund der Altertumsstudien: Gesner 352, kritische Polyhistorie: Bayle 353, die Encyclopédie 354 bis 355, der vulgäre Encyklopädismus 355, das Elementarwerk 356. Die Rationalisierung und Popularisierung der Wissenschaft 356 bis 358; der Philosophie 358, der historisch-politischen Disciplinen 359 bis 360, der schönen Wissenschaften 360 bis 361, der Naturwissenschaften 361 bis 362.

§. 27. Die Schulreform des XVIII. Jahrhunderts 362. Die ablehnende Haltung Englands 363. Gesellschaft und Schule in Frankreich 364. Die Reformpläne von Rolland, La Chalotais, Mirabeau 365 bis 366, von Talleyrand, Condorcet, Lepelletier 366 bis 367. Die Napoleonische Université 368. Reformversuche in den romanischen und slavischen Staaten 368 bis 370. Die Faktoren der Schulreform in Deutschland 370. Der Philanthropinismus 371 bis 372. Die gouvernementale Schulreform 372 bis 373. Der Pietismus und die preußische Reform 373 bis 375. Die österreichische Reform 375. Die kleinen Staaten 376. Die Volksschule 377. Das wirtschaftliche Bildungswesen 378. Die Universitäten 378 bis 379.

IX. **Die moderne Bildung** . . . . S. 380 bis 421.

§. 28. Die Bildungsarbeit der Gegenwart als Fortsetzung jener des XVIII. Jahrhunderts 380 bis 382. Die Renaissance historischer, nationaler, christlicher Elemente 382 bis 383. Die Überwindung des vagen Kosmopolitismus 383 bis 385 und des Politismus 385. Die historische Auffassung der Bildung 386 bis 387. Der moderne Eklekticismus 388 bis 389. Das Misverhältnis von allgemeiner und Fachbildung 389 bis 390. Die moderne Bildung als Kompromiß 391. Die Herrschaft der mechanistischen Auffassung 391.

§. 29. Der Inhalt der modernen Bildung. Die moderne Auffassung der Philologie 392 bis 393. Folgen daraus für den Unterricht 394. Das Hervortreten des Griechischen 395. Die Philologie der modernen Sprachen 396. Die vergleichende Sprachforschung 396. Mängel der modernen Bildung nach seiten der Sprachkunst 396 bis 397. Die neuere Philosophie 397; ihre mittelbaren Einflüsse auf die Bildung 398. Der Mangel eines philosophischen Lehrgutes 399. Die Theologie 400 bis 401. Die theologische Pädagogik 401. Die historischen Wissenschaften 402. Die Geographie 403. Die Naturwissenschaften 404 bis 405. Die Mathematik 405. Polymathischer Charakter des modernen Lehrplanes 406. Die polymathischen Bildungsmittel 406.

§. 30. Das moderne Unterrichtswesen. Das Volksschulsystem 407, seine Voraussetzungen 407 bis 408. Die Volksschule und ihre Nebenanstalten 408 bis 409. Schwierigkeiten der Volks- und Lehrerbildung 409 bis 410. Das Gymnasialwesen und seine Aufgaben 411 bis 412. Die englische Lateinschule 412. Das preußische Gymnasialwesen 413, das österreichische 413, der französische Sekundärunterricht 414. Die Realschule 415. Fachschule, Mädchenschule 416. Das Hochschulwesen 416. Die Universität 417 bis 418. Die Stärke des modernen Bildungswesens 419; dessen Schattenseiten 419 bis 421.

Druckfehler.

Seite 12, Zeile 13 von oben lies der Akropolis.
„ 16 „ 7 „ „ „ zu bestimmen.
„ 56 „ 21 „ „ „ nach ihnen.
„ 85 „ 12 von unten „ Fond.
„ 104 „ 10 von oben „ Kultus.
„ 132 „ 4 von unten „ ψυχῆς.
„ 133 „ 5 von oben „ Originalität.
„ 137 „ 4 von unten „ Josua 4, 6.
„ 141 „ 11 „ „ „ der Thorah.
„ 148 „ 1 „ „ „ §. 19.
„ 168 „ 9 von oben „ den Ruhm.
„ 170 „ 19 „ „ „ eigen nennen.
„ 172 „ 22 „ „ „ seiner.
„ 192 letzte Zeile des Textes lies welche.
„ 201 Zeile 7 von oben lies Aufsichtsrecht.
„ 201 „ 5 von unten „ der Vorfahren.
„ 232 „ 10 von oben „ Elloge.
„ 243 „ 17 „ „ „ ähnliche Bedeutung.
„ 263 Anmerkung 1 lies Sprenger Mohammed.
„ 285 Zeile 11 von oben lies Fond.
„ 315 Anmerkung 2 lies Novum.
„ 327 Zeile 12 von oben lies eine andere.

Einleitung.

I.

Zu den sinnvollsten und fruchtbarsten Analogieen, auf welche das Bedürfnis, Erscheinungen der moralischen Welt durch solche der physischen vorstellig zu machen, geführt hat, gehört die Vergleichung der menschlichen Gesellschaft mit dem lebenden Körper. Sie schwebt schon dem vedischen Dichter vor, welcher aus dem Leibe des Gottes Puruscha nicht bloß die Himmelskörper und Elemente, sondern auch die Kasten der indischen Gesellschaft entstehen läßt: aus dem Antlitz den Brahmana, aus den Armen den Rajanya, aus den Schenkeln den Vaiçya, aus den Füßen den Çudra[1]). Sie erscheint als rhetorisches Argument verwendet in der allbekannten Fabel vom Streite des Magens mit den der nahrungschaffenden Arbeit überdrüssigen Gliedern, wodurch Menenius Agrippa die auf den heiligen Berg ausgewanderte Plebs zur Rückkehr in die Stadt bewogen haben soll[2]). Häufiger noch als das Gefüge der Stände wird das politische Gemeinwesen mit dem Organismus, die Obrigkeit mit dem Haupte, die Untergebenen mit den Gliedern verglichen, und besonders hat die lateinische Sprache, den neueren Sprachen Vorbild gebend, diesen Tropus ausgebildet: dem Römer war es geläufig, vom Haupte und vom Körper des Staates, des Volkes, des Heeres zu sprechen, wie wir von Oberhaupt, Körperschaft, Mitgliedern u. s. w. reden. Das Gemeinwesen, zugleich

---

[1]) Rigveda X, 90. Übersetzung von Alfred Ludwig Bd. II, S. 574.
[2]) Liv. II, 32; in ausführlicherer Darstellung Dionys. Hal. VI, 86.

aber den Familien- und Stammesverband vergleicht Plutarch mit einem lebenden Geschöpfe, um zu zeigen, daß sie im Wechsel der Zeit ihre Einheit und Natur bewahren und sich darum Verdienst wie Schuld von den Ahnen auf die Enkel vererben könne [1]). Noch weiter gehend erhebt sich Seneca zu der Idee eines Socialkörpers der Menschheit, zu dem sich die Einzelmenschen, verbunden durch Natur, Bedürfnis und Pflicht, wie die Glieder verhalten [2]).

Wie es dem Christentum vorbehalten war, den Gedanken der menschlichen Einheit und Solidarität in seiner ganzen Tiefe zu fassen, so hat es auch dessen bildlicher Einkleidung größere Würde verliehen. Der Tiefsinn des Heidenapostels gestaltete das Bild vom lebenden Leibe zum Symbole für die Einheit der Getauften in Christo und für die Verteilung der Gaben, Ämter und Wirkungen an die Einzelnen; in jener Einheit sind die nationalen und socialen Scheidewände aufgehoben: „Alle, Juden oder Heiden, Sklaven oder Freie sind durch einen Geist zu einem Körper getauft und Alle auf einen Geist getränket"; die gleiche Bestimmung Aller ist „hinanzuwachsen an den, welcher das Haupt ist und durch welchen der ganze Körper, zusammengehalten und verbunden, Wachstum erhält", zugleich aber „hat Gott jedem Gliede die Stelle angewiesen nach seinem Wohlgefallen, damit keine Unordnung im Körper sei, sondern die Glieder gemeinschaftlich für einander sorgen" [3]). Die christliche Theologie entwickelte daraus die Lehre von der Kirche als dem corpus mysticum des Heilands, verwandte aber zudem das Bild vom Organismus in mannigfaltiger Weise: für das Verhältnis von Mutter- und Tochterkirchen, vom sichtbaren Oberhaupt und den Gläubigen, von den Ämtern im Verbande der Religiosen u. a. Ein historisch gewordenes Schlagwort ist „die Verjüngung an Haupt und Gliedern", in welches sich im ausgehenden Mittelalter die Forderungen kirchlicher Reformen zusammenfaßten.

---

[1]) Plut. De sera numinis vindicta c. 15. (Moralia ed. Duebner, T. I, p. 676.)
[2]) Sen. Ep. 95, 52.
[3]) I. Kor. 12, 12 bis 27. Eph. 4, 11 bis 16. Römer 12, 4 bis 6 u. f.

In der Staatslehre hat schon Platon das biologische Gleichnis eingebürgert und zwar zieht er es an, um die Interessengemeinschaft der Bürger zu kennzeichnen: es soll das Gemeinwesen dem Individuum so nahe kommen als möglich, und Wohl und Wehe von den Staatsgenossen so innig geteilt werden, wie die Leibesglieder Lust und Schmerz teilen[1]. Daß die Verfassung des Gemein- wie des Einzelwesens auf dem Zusammenwirken einer Mehrheit von Faktoren beruhen müsse, für welches die Richtschnur gilt: „Jedes thue das Seine", ist der leitende Gedanke der „Politeia"; allein in der Durchführung wird nicht die Organisation des Leibes, sondern der Einklang der Seelenkräfte als das Analogon für die Harmonie der socialen Potenzen betrachtet. Auch Aristoteles vergleicht die Bestandteile der Gesellschaft mit den Organen des Tierkörpers und gewinnt dadurch ein Einteilungsprincip der Verfassungen, welche je nach den möglichen Verbindungen der anders und anders gestalteten Gesellschaftsklassen in Arten zerlegt werden könnten, gerade wie das Tierreich je nach der Kombination der verschieden gestalteten animalischen Organe[2]. Im übrigen legt er dieser Analogie kein großes Gewicht bei, wie er überhaupt weniger dazu neigt, das menschliche Leben durch Naturerscheinungen, als umgekehrt das Walten der Natur durch Vorgänge der moralischen Welt zu deuten[3].

In mehr als bildlichem Sinne bezeichnet Hobbes den Staat als einen Körper, welcher in gleicher Weise für die Politik und die ihr einzuverleibende Ethik Gegenstand der Untersuchung sei, wie es die natürlichen Körper für die Naturforschung sind, so daß sich diesem Denker die ganze Philosophie in eine Körperlehre verwandelt. Als Lebensprincip des Riesenleibes, welchen das corpus politicum darstellt, sieht Hobbes den Regenten an, der also nicht sowohl das Haupt, als vielmehr die Seele desselben ist, eine Auffassung, von der nur ein Schritt war zur Herabsetzung der Organe zu Werkzeugen,

---

[1] Plat. Rep. V, p. 462 und 464 Steph.
[2] Arist. Pol. IV, 3, p. 1290 Bekk.
[3] Vergl. Euden über Bilder und Gleichnisse in der Philosophie. Leipzig 1880, S. 14.

des Organismus zur Maschine, also zu der mechanischen Wendung, durch welche sich Hobbes gerade um das Fruchtbare des Vergleiches bringt.

Unterstützt von der modernen Naturforschung hat die Gesellschaftslehre unserer Tage dem alten Gleichnisse neue Seiten abgewonnen und wertvolle Anregungen, ja selbst Vorschub für wichtige Begriffsbestimmungen verdankt. Was die neuere Biologie dem socialen Gebiete von Vorstellungsweisen und Ausdrücken abborgte — als: Teilung der Arbeit, Haushalt des organischen Lebens, Zellenstaat, Instanzenzug u. a. — hat sie der Socialforschung reichlich zurückerstattet und ihr Ansichten und Bezeichnungen dargeboten, unter denen manche allerdings nur den Reiz der Neuheit für sich haben, andere aber wissenschaftlichen Wert in Anspruch nehmen können. Die Aufhellung der biologischen Prozesse hat die Zahl der Vergleichungspunkte zwischen dem socialen und dem organischen Leben vermehrt und Analogieen ans Licht gezogen, in welche die ältere Zeit noch keinen Einblick gewinnen konnte. Was früher vorzugsweise Antrieb gegeben hatte, Gesellschaft und Organismus zu vergleichen, war der Umstand, daß man in beiden ein Ganzes erblickte, gebildet aus funktionell-differenzierten Teilen, verbunden zu solidarischer Selbsterhaltung und befähigt zu einheitlicher Kollektivwirkung; die naturwissenschaftliche Betrachtungsweise nun, geschult durch die Analyse des organischen Körpers, legte die weitere folgenreiche Analogie nahe, daß, wie der Organismus nicht bloß ein System darstellt, sondern auf einem Ineinander mehrerer Systeme — der Knochen, Muskeln, Blutgefäße, Nerven — beruht, so auch dasjenige, was Menschen zu gegebener Zeit an gegebenem Orte zu einem Kollektivwesen vereinigt, nicht ein Verband ist, sondern ein Ineinander von Verbänden, ein komplexes sociales Gewebe, welches den nationalen Verband, das politische Gemeinwesen, das Gefüge der Stände und Berufsarten, die Religionsgemeinschaft und die ungezählten Aggregationen, welche durch wirtschaftliche, geistige, gesellige und andere Interessen, durch Zusammenleben, Verkehr und Sitte gestiftet werden, insgesamt in sich begreift. Diesen Thatbestand aber drücken die

Begriffe Volk, Gemeinwesen, Staat und selbst Gesellschaft nicht adäquat aus, da sie anstatt des Gesamtkomplexes immer nur besondere Weisen des Verbundenseins benennen, und erst die dem biologischen Gleichnisse entlehnten Ausdrücke: Socialkörper oder socialer Organismus gewähren eine entsprechende, weil das Ganze umspannende Bezeichnung.

Einen verwandten Dienst leistet der Socialforschung die Aufweisung einer weitern Übereinstimmung zwischen dem organischen und dem socialen Leben, auf welche ebenfalls erst die vorgeschrittene Kenntnis des erstern hinführen konnte. Der sociale und der animalische Körper gleichen sich auch darin, daß bei beiden ein unausgesetztes Gehen und Kommen der dieselben konstituierenden Elemente stattfindet. Der Organismus scheidet Stoffe aus, die er durch andere ersetzt, und erneuert sich durch stetigen Aufbau und Abbau ohne Unterlaß; bei der menschlichen Gesellschaft sind es Geburt und Tod, welche einen analogen Zu- und Abfluß darstellen und die kontinuierliche Erneuerung derselben mit sich bringen; und wie der Organismus trotz dem Wechsel der Stoffe beharrt und die jedesmal zutretenden Elemente sich assimiliert, verarbeitet und an die verschiedenen Systeme, die er umfaßt, verteilt, so bewahrt auch der Socialkörper bei dem Kommen und Gehen der Einzelwesen seine Identität und ist es auch für ihn eine Lebensfunktion, sich den jedesmaligen Zuwachs zu assimilieren und einzugliedern und dadurch die Kontinuität seiner Bethätigungen zu sichern.

Dieser sociale Erneuerungsprozeß bietet sich gemeinhin der Reflexion keineswegs als ein Ganzes dar: vielmehr wird diese durch die praktischen Aufgaben, die jener in sich schließt, zu sehr in Anspruch genommen, um auf eine Gesamtansicht des großen und vielförmigen Phänomens auszugehen, und erst das der organischen Natur entnommene Gleichnis giebt einen nachhaltigen Impuls, den Blick auf die Totalität des Prozesses zu richten. Der Wert der Analogie wird dadurch nicht verringert, daß die nähere Betrachtung der verglichenen Erscheinungen deren Unterschiede weitaus höher anzuschlagen hat als deren Übereinstimmung, ja auf ihrer Hut sein muß, daß die Auffassung des socialen Phänomens nicht durch die Vergleichung mit dem natürlichen eine ihm fremdartige naturalistische Färbung erhalte. Besonnener Weise wird festzuhalten sein, daß es bei dem durch Stoffwechsel redintegrierten animalischen Körper Naturprozesse sind, bei welchen die Erklärung stehen bleiben kann, dagegen die Lebenserneuerung, wie sie sich in der Menschenwelt vollzieht, zwar auch physische Vorgänge in sich begreift, aber zu psychischen Prozessen und psychischen Aktionen fortschreitet und in bewußten und freien Handlungen, welche über jeden, sei es physischen oder psychischen Mechanismus hinausliegen, gipfelt und daß sie in keiner ihrer Phasen oder Akte den geschichtlichen Charakter, den alles Menschliche an sich trägt, verleugnet.

Schon der erste Akt des socialen Erneuerungsprozesses: die Erzeugung der Nachkommenschaft, wodurch allererst die Elemente ins Dasein eingeführt werden, auf welche die assimilierenden Einwirkungen ergehen können, gehört zugleich der Natur- und der sittlichgeschichtlichen Ordnung an. Alle Gattungen der lebenden Wesen erneuern sich durch Fortpflanzung; der dem Einzelwesen eingesenkte Trieb, seinesgleichen hervorzubringen, ist neben dem Selbsterhaltungstriebe der mächtigste Motor aller animalischen Bethätigung; die Vererbung, vermöge deren sich Eigenschaften und Anlagen der Erzeuger auf das Erzeugte übertragen, ist die allgemeine Veranstaltung der Natur, durch welche sie die Generationen konform macht und die Typen des Lebens erhält. Dem Menschengeschlechte ist es vorbehalten, den Trieb durch Verflechtung mit höheren Motiven zu veredeln, seine Ausübung durch sittliche Institutionen zu regeln, die Geschlechtsvereinigung zur Familiengemeinschaft, dem Protoplasma der socialen Verbände, zu erheben. Damit wird die Funktion der Fortpflanzung mit der socialen Lebensbethätigung in enge Beziehung gesetzt, so daß in gewissem Sinne der Gesellschaftskörper als deren Träger bezeichnet werden kann. Faktoren wie Nationalität, Verfassung, Sittenleben, Bildungsgrad, Besitzverhältnisse, geschichtliche Ereignisse bedingen nachweisbar den numerischen Bestand der Progenitur, „die Ziffer der Fruchtbarkeit", wie die Moralstatistik es nennt; zugleich aber üben sie auf Beschaffenheit, Typus, Anlagen der Nachkommenschaft einen tiefgehenden Einfluß aus. Wenn schon das Tierreich die Erscheinung zeigt, daß nicht bloß solche Eigenschaften primärer Natur, welche die Erzeuger selbst überkommen haben, sondern auch solche sekundärer Natur, welche sie erwarben, durch Vererbung auf die Nachkommen übergehen können, so zeigt sich diese in der Geschlechterfolge vollzogene Umsetzung von Angeübtem in Angeerbtes beim Menschengeschlechte in ungleich größerer Mannigfaltigkeit. Nicht bloß Natur=, sondern auch Kulturbestimmtheiten vermag die zeugende Generation auf die nachfolgende zu übertragen und dieser in Form der Anlage als Ausstattung mitzugeben, was sie oder ihre Vorfahren erlebt und geleistet, wodurch sie sich vervollkommnet oder verschlechtert haben und: „vermöge der wunderbaren, den Leibern eingewebten Kraft des Samens zieht mit einander in dem Strome der Menschengeschlechter das Erbgute und das Erbübel dahin"[1]. Durch Vererbung überkommt die Nachkommenschaft den nationalen Typus, der freilich noch nicht die Nationalität ist, aber ohne Frage den Einwirkungen, durch welche diese angebildet wird, grundlegend vorarbeitet; erblich übertragen sich Typen, welche sich bei den Vorfahren durch Lebensweise und Sitte ausgebildet haben, und machen sich oft auch da geltend, wo die Nachkommenschaft unter veränderten Lebensformen aufwächst. Die Thatsache, daß bei der Civilisierung von Naturvölkern die Kultur erst Boden faßt, wenn mehrere Generationen unter ihrem Einflusse gestanden haben, zeigt, wie sich in den Enkeln die Einwirkungen summieren können, welche auf sie selbst und auf ihre Vorfahren ergingen[2]; die an den Kastenvölkern gemachten Beobachtungen lehren, wie sich intellektuelle und technische Anlagen bei durch Generationen fortgesetzter Ausbildung gleichsam kapitalisieren und die spätern Geschlechter die Frucht der Mühen der vorausgegangenen in Form des gesteigerten Talentes genießen[3]. So vermittelt durch den physischen Erbgang die Natur selbst die ersten Culturgaben des gereiften Ge-

---

[1] Augustin. De civ. dei XXII, 24.
[2] Th. Waitz Anthropologie der Naturvölker I, S. 81.
[3] Ribot Die Erblichkeit. Deutsch von Hotzen. Leipzig 1876, S. 394 f.

schlechtes an das nachwachsende, und es gestaltet sich die physische Solidarität zur geschichtlichen, noch längst bevor sich die psychischen Fäden anspinnen können, aus denen wir diese gewebt zu denken pflegen.

Mit dem Geschlechtstriebe zeigt das Tierleben einen andern Trieb verschwistert und gleich ihm in den Dienst der Erhaltung der Gattung gestellt: es ist jener, der darauf gerichtet ist, den Jungen Schutz, Nahrung, Pflege, überhaupt die physischen Lebensbedingungen zu gewähren. Wie eng sich selbst beim Menschen die Bethätigungen beider Triebe verflechten, können die sprachlichen Bezeichnungen derselben zeigen, welche häufig entweder zusammenfallen oder in einander überspielen: „zeugen" und „ziehen, aufziehen, auferziehen" gehen im Deutschen auf den gleichen Stamm zurück und treffen in „Zucht" und „züchten" zusammen; educare bedeutet: hervorbringen und großziehen, proles und suboles kommen von alere her; in dem participialen Suffixe von parentes könnte man die Hindeutung auf die Ansicht finden, daß das Lebengeben sich nach der Erzeugung noch fortsetzt: τεκνογονία war dem Griechen: Kinder haben, d. i. gebären und aufziehen[1]). Der ψυχὴ θρεπτική legte Aristoteles die ganze fortpflanzende Thätigkeit bei[2]); in dem spanischen criar geht die Grundbedeutung: schaffen, zeugen in die andere: aufziehen, erziehen über u. a. Nach einer alten Ansicht der Inder, die auch den Griechen nicht fremd geblieben ist, beginnt das Aufziehen schon mit dem Tragen der Leibesfrucht und ist die Mutter nur Pflegerin, auch des ungeborenen Kindes[3]). So nahe sich aber auch Zeugen und Ziehen berühren, so vermag doch nur das letztere bewußte Beziehungen zwischen Erzeugern und Nachkommen anzuknüpfen; sie sind bei den Tieren von nicht geringer Stärke, aber von kurzer Dauer, während sie beim Menschen eine lange und inhaltsvolle Lebensgemeinschaft zwischen den beiden Generationen einleiten. Man hat mit Recht die

---

[1]) Vergl. I. Tim. 2, 15.
[2]) Arist. de an. II, 4, 2.
[3]) Rigveda V, 78. Übersetzung von A. Ludwig. Bd. II, S. 544.
Aeschyl. Eum. 615. Vgl. Lucas Traité de l'hérédité naturelle II, p. 67 f.

lange Hülflosigkeit des Kindes als einen Vorzug der Menschheit bezeichnet, und sie ist es in dem doppelten Betracht, daß einerseits der langsamere Fortschritt der Entwickelung ihr desto größere Breite und Tiefe giebt, und daß andererseits die Nötigung, dem schwachen Geschöpfe Obsorge zuzuwenden, auf die Erzeuger versittlichend zurückwirkt[1]). Wie die Vergleichung von Kindern der Naturvölker mit solchen civilisierter Nationen zeigt, wächst aber die Hülflosigkeit und die Länge der Kindheit mit der größern Ausdehnung und Sorgfalt der Kinderpflege und stellt sich so nicht bloß als eine Bedingung, sondern zugleich als ein Produkt der Kultur und der Geschichte dar[2]). Als Leistung der Gesellschaft erscheint das Kinderaufziehen in der öffentlichen Waisenpflege, von welcher die Anfänge schon bei Naturvölkern begegnen; von socialen Faktoren ist es, obschon nach Motiven und Mitteln zunächst individuell bestimmt, überall abhängig: die Sitten der Kinderpflege spiegeln immer das allgemeine Sittenleben wieder und erhalten durch ethische und religiöse Anschauungen, durch sociale und selbst politische Institutionen ihr Gepräge[3]).

Die Lebensgemeinschaft, welche die kindliche Hülfsbedürftigkeit veranlaßt und höhere Motive befestigen, schließt auch die Anfänge der psychischen Einwirkungen auf den Nachwuchs, der intellectuellen und moralischen Assimilation desselben in sich. Diesen Anfängen geht die Absichtlichkeit und das Zweckbewußtsein durchaus noch ab: es sind nicht sowohl psychische Aktionen als ein psychischer Prozeß, durch welchen die physisch angelegte Homogeneität sich in das geistig-sittliche Gebiet vorschiebt. Bei Völkern niederer Entwickelungsstufe, wo die

---

[1]) Lucrez V, 1016 erblickt in dem Verkehre zwischen Eltern und Kindern den Anstoß zur Milderung der Sinnesart und zum Aufkommen der Maxime: imbecillorum esse aequum misereri omnium. — Bret Harte hat in seinen „Kalifornischen Erzählungen" ein Lebensbild, welches darstellt, wie in einem Goldgräberlager die wüste Rohheit Schritt für Schritt edleren Empfindungen wich, bloß weil das Lager sich eines elternlosen Kindes annahm und dasselbe aufzog.

[2]) Caspari Urgeschichte der Menschheit I, S. 108.

[3]) Lehrreiche Beobachtungen bei Ploß Das Kind in Brauch und Sitte der Völker. Stuttgart 1876.

absichtlichen Einwirkungen auf die Jugend noch sehr geringe sind, geschieht es um nichts weniger, daß die Jungen wie die Alten werden, deren Denkweise und Gemüthsart annehmen, in ihre Sprache und Sitte, ihre Erinnerungen und Interessen hineinwachsen, lediglich vermöge dieser ungewollten Assimilation, wie sie Verkehr und Zusammenleben mit sich bringen. Aber auch bei vorgeschrittener Kultur, wo die absichtlichen und planmäßigen Einwirkungen Platz gegriffen haben, werden dieselben von jenen, ohne Zuthun erfolgenden getragen, vorbereitet, begleitet, oft genug freilich auch gekreuzt und gehemmt und es bildet dasjenige, was, wie man wohl sagt, der Jugend anfliegt, sich also wie der Niederschlag aus einer umgebenden Atmosphäre auf sie lagert, einen breiten und unentbehrlichen Hintergrund für alle Lehre und Leitung. Auf solche Weise geht die Überlieferung und Aneignung der Muttersprache, also wie der Name sagt, der im Verkehr mit der Mutter beim Kinde anwachsenden Rede, vor sich und mit ihr vollzieht sich ein bedeutungsvoller Akt des intellektuellen Homogenwerdens; denn die Sprache ist keineswegs eine leere, gegen den Gedankeninhalt indifferente Form, sondern selbst ein Denkinhalt und in dem Schatze einer Sprache von Wörtern, Formen, Bildungsweisen und Fügungen liegen die Anfänge einer Welt- und Lebensanschauung beschlossen[1]), die mit der Sprache zugleich übertragen werden: die erste psychisch vermittelte Gabe der Vorfahren — sermo patrius der Väter Sprache — an die Jugend. Rede und Gespräch werden weiterhin das Vehikel, welches leichtbeschwingt die Übertragung von Erfahrungen, Erinnerungen, Anschauungen, Werturteilen vermittelt, um so wirksamer, je mehr das Gehörte an dem Gesehenen einen Rückhalt findet. Im Gebiete des Handelns und Schaffens wohnt dem Beispiele die stärkste assimilierende Kraft inne, und auch Fertigkeiten und Sitten übertragen sich vielfach ohne jedes Zuthun kraft einer sich von selbst einstellenden, nachahmenden und nachschaffenden Thätigkeit des menschlichen Geistes; sie aber sind wieder

---

[1]) W. v. Humboldt Die Verschiedenheit des menschlichen Sprachbaues, S. 38 f.

Behikel für die Überleitung von Interessen, Bestrebungen, Neigungen, Willensbestimmungen aller Art.

An Breite und Fülle, wenngleich nicht immer an Intensität, gewinnt dieser Prozeß, je mehr Stützpunkte er in dem umgebenden Leben vorfindet, und solche gewährt vorzugsweise der mannigfaltige Apparat, mit dem die Kultur das Leben ausstattet; an ihn knüpfen ja zumeist die Fragen der Kinder an, und diese machen die ersten Schritte zum Verständnisse desselben lange vor der eigentlichen Lehre; Gewöhnungen, die auf ihn Bezug haben, tragen mehr dazu bei, die kleinen Wilden in unserer Mitte zu civilisieren, als Zucht und Weisung. Kulturprodukte und Werke der Technik sind zugleich Verkörperungen von Gedanken und Zwecken; es liegt in ihnen sozusagen ein gebundenes Denken[1]) vor, welches durch das Suchen und Finden des Verständnisses wieder frei wird; denn ein Geschaffenes verstehen, heißt in gewissem Sinne es nachschaffen und jede irgendwo und irgendwie niedergelegte geistige Arbeit hat geistige Thätigkeit zu ihrem wenn auch noch so schwachem Nachhall. So wird auch die von der Kultur geschaffene oder gestaltete Güterwelt ein wirksames Behikel der Assimilation der Jungen an die Alten, und es überträgt sich auf den in sie einlebenden Nachwuchs ein mannigfaltiger Vorstellungsinhalt — ein psychologischer Prozeß, durch den die erbliche Übertragung der Güter erst ihre volle Bedeutung erhält.

Die Gütervererbung, wie sie durch das Erbrecht geregelt wird, ist ein weiteres Band, welches die Generationen verknüpft und die Kontinuität des socialen Schaffens aufrecht erhält[2]). Durch sie überkommt das nachwachsende Geschlecht gleichsam den fundus instructus des Kulturlebens, die materielle, aber geistig verarbeitete Basis zur Fortführung der geschichtlichen Arbeit. Das Erbrecht beleuchtet nur eine Seite dieses Verhältnisses: nur den Erbgang unter Privaten, nicht aber die Güterbewegung im großen, welche sich auf den kollektiven und öffentlichen Besitz erstreckt, da ja auch das Ver-

---

[1]) „Verdichtetes Denken", s. Lazarus Zeitschrift für Völkerpsychologie, Bd. II, S. 55 und Lazarus Leben der Seele. 2. Aufl. Bd. II, S. 213 f.
[2]) Roscher Ansichten der Volkswirtschaft, S. 42.

mögen des Gemeinwesens, der materielle Machtapparat des Staates, die Denkmäler des religiösen Lebens und des künstlerischen Schaffens die Generationen abwärts rücken[1]). Noch weniger wird das Erbrecht der psychologischen Seite der Gütervererbung gerecht: diese ist nicht bloß ein Übertragen materiellen Besitzes, sondern ein Anspinnen und Fortführen mannigfacher psychischer Thätigkeiten. Schon mit den Gütern des Privatbesitzes sind Erinnerungen und Hoffnungen, Traditionen und Aufgaben, Zweck- und Wertbestimmungen aller Art verwachsen; noch mehr aber weiß der Gemeingeist in die Güter des öffentlichen, besonders des nationalen Besitzes zu legen: nationale Denkstätten und Denkmäler überträgt eine Generation der andern nicht wie eine Habe, sondern wie ein Pfand oder ein Heiligtum, mit der Übernahme des Akropolis, des Kapitols trat die herangereifte attische, römische Jugend zugleich die Erbschaft der Geschichte ihrer Vorfahren an.

Der Überlieferung der geistigen und sittlichen Güter, welche sich so mit der der materiellen verschränkt, dienen nun auch diejenigen psychischen Vermittlungen, welche den Charakter der Absichtlichkeit und Planmäßigkeit an sich tragen: neben und nach jener ungewollten Assimilation, die wir einen psychischen Prozeß nennen mußten, entfalten sich die vielförmigen Einwirkungen der Gesellschaft auf ihren Nachwuchs, welche die Geltung von psychischen Aktionen, von Äußerungen des bewußten und freien Wollens besitzen.

Zur Bezeichnung der Gesamtheit dieser bewußten Vermittelungen gebricht es an einem zusammenfassenden Worte und die Sprachen pflegen, um sie zu benennen, Doppelausdrücke zu verwenden; so verbanden die Griechen: $\mathring{\alpha}\sigma\varkappa\varepsilon\tilde{\iota}\nu$ $\varkappa\alpha\mathring{\iota}$ $\delta\iota\delta\mathring{\alpha}\sigma\varkappa\varepsilon\iota\nu$, $\pi\alpha\iota\delta\varepsilon\mathring{\iota}\varepsilon\iota\nu$ $\varkappa\alpha\mathring{\iota}$ $\mathring{\alpha}\sigma\varkappa\varepsilon\tilde{\iota}\nu$ oder mit anderer Färbung $\mathring{\alpha}\gamma\varepsilon\iota\nu$ $\varkappa\alpha\mathring{\iota}$ $\pi\alpha\iota\delta\varepsilon\mathring{\iota}\varepsilon\iota\nu$, oder stellten: $\mu\alpha\vartheta\varepsilon\tilde{\iota}\nu$ und $\pi\alpha\vartheta\varepsilon\tilde{\iota}\nu$, $\mathring{\varepsilon}\vartheta o\varsigma$ und $\lambda\mathring{o}\gamma o\varsigma$, $\mathring{\varepsilon}\vartheta\mathring{\iota}\zeta\varepsilon\sigma\vartheta\alpha\iota$ und $\mathring{\alpha}\varkappa\omicron\mathring{\iota}\varepsilon\iota\nu$ oder in ausführlicherer Aufzählung $\mathring{\varepsilon}\vartheta\eta$ $\varkappa\alpha\mathring{\iota}$ $\pi\alpha\iota\delta\varepsilon\tilde{\iota}\alpha\iota$ $\varkappa\alpha\mathring{\iota}$ $\delta\iota\delta\alpha\sigma\varkappa\alpha\lambda\mathring{\iota}\alpha\iota$ $\varkappa\alpha\mathring{\iota}$ $\beta\mathring{\iota}\omega\nu$ $\mathring{\alpha}\gamma\omega\gamma\alpha\mathring{\iota}$[2]) zusammen; zu gleichem Zwecke die

---

[1]) Schäffle Bau und Leben des socialen Körpers II, 102.
[2]) Pseudoplutarch de educatione puerorum c. 4.

Römer: studia und artes, doctrina, disciplina und institutio; wir: Lernen und Üben, Lehre und Leitung, Unterweisung und Übung, Unterricht und Zucht. Dabei wird bald die intellektuelle Einwirkung der moralischen gegenübergestellt, bald Wissen und Können getrennt und die Anbildung von Fertigkeit und Sitte zusammengefaßt. Der ganzen Mannigfaltigkeit der hier einschlagenden Bethätigungen wird keine der summarischen Aufzählungen gerecht; der Sprachgebrauch aber gestattet, die Begriffe: Lehre und Zucht zur Bezeichnung der Hauptkategorieen zu verwenden mit der Erweiterung ihres Bedeutungskreises, daß dieser zugleich: Übung und Gewöhnung, Schulung, Anleitung und Unterweisung, Leitung und Sittigung u. a. in sich begreife. Durch die Lehre wird die Übertragung des geistigen Inhaltes, umfassend Wissen und Können, Glaubensinhalt und Weltansicht vermittelt und die intellektuelle Assimilation des Nachwuchses zum zweckbewußten Thun erhoben; durch die Zucht wird dessen Einführung in das Sittenleben und Eingliederung in die socialen Verbände vollzogen und sein Interessenkreis nach dem Ethos der Gemeinschaft bestimmt.

Lehrend und zuchtübend arbeiten alle Verbände und Lebenskreise, die der sociale Organismus in sich befaßt, die ihnen nachwachsenden Elemente in sich hinein und nicht bloß der Schüler und der Zögling, sondern auch der Lehrling und der Rekrut, der Novize und der Neophyt, der Neuling und der Anfänger erfahren die intellektuellen und moralischen assimilierenden Einwirkungen der partialen Gesellschaftskörper, in deren Sphäre sie eingetreten sind. —

Fortpflanzung und Vererbung, die Pflege der Nachkommenschaft, die ungewollte Assimilation der Jungen an die Alten, die erbliche Übertragung der Güter, die bewußten, mehr oder weniger planmäßigen Einwirkungen durch Lehre und Zucht: dies sind die wesentlichen Vorgänge und Akte, in welchen sich die sociale Lebenserneuerung vollzieht. Es gehören ihr aber, näher betrachtet, nur die Fortpflanzung und die sich mit ihr vollziehende Vererbung eigentümlich an, die übrigen treten uns, wenngleich modifiziert, auch sonst innerhalb der socialen Lebensbethätigung entgegen. Fürsorgende Pflege, durch welche einem Wesen die physischen Lebensbedingungen gewährt werden, ist auf das Verhältnis zu der Nachkommenschaft nicht beschränkt; neben der Kinderpflege steht die Pflege der Kranken, die auf keiner Kulturstufe fehlt, und die Pflege der Alten und Schwachen, ein Liebeswerk gehobener Gesittung; was für die Kinderpflege geschieht, ist immer mitbestimmt durch die in der Heilkunde und ärztlichen Kunst herrschenden Ansichten, Maximen und Gebräuche, und je weiter sich die medicinische Wissenschaft entwickelt, um so maßgebender wird sie für das Aufziehen der Jugend. Die absichtslose Assimilation des Nachwuchses, vermöge deren er in das umgebende Leben hineinwächst, hat ihr Gegenstück in der Erscheinung, daß Verkehr und Umgang überall ähnliche Angleichungen zur Folge haben. Nicht bloß Kinder, sondern auch Erwachsene nehmen ohne Zuthun Meinungen und Sympathieen, Manier und Stil der Kreise an, in denen sie sich bewegen; Jung und Alt gewinnt Schliff in feiner Gesellschaft, verbauert in grober; Wilde civilisieren sich im engern Verkehre mit Europäern, und dem Kulturmenschen kann die andauernde Gemeinschaft mit jenen die Lebensformen der Civilisation abstreifen; und nicht bloß Individuen erfahren die unbewußt umformenden Einflüsse der Lebensgemeinschaft, sondern ganze Klassen der Gesellschaft assimilieren sich an einander, sei es durch wechselseitigen Austausch der Sitten, sei es auf Grund der Verdrängung der schwächern Eigenart; Stände und Berufskreise gleichen sich bei vermehrten Beziehungen an einander an; selbst das Volkstum überträgt sich, zwar nicht ohne Mitwirkung zwingender Umstände, aber ohne künstliche Veranstaltungen. So erscheint die Assimilation der Jungen an die Alten nur als ein besonderer Fall eines viel weiter reichenden socialpsychologischen Gesetzes, welches zur Erneuerung der Gesellschaft keine specifische Beziehung hat. Eine solche geht aber ebenfalls der Güterbewegung ab, einen so wichtigen Faktor sie auch für die solidarische Verbindung der Generationen darstellt; sie ist nicht bloß Erbgang, sondern vollzieht sich auch durch entgeltliche Übertragung, durch Schenkung und durch zwingende Ursachen des Besitzwechsels, und selbst der Erbgang ist nicht auf das Herabrücken der Güter auf die Descendenz beschränkt, sondern kann die Richtung auf die Kollateralen nehmen.

Am deutlichsten aber tritt die übergreifende Natur der Akte der socialen Lebenserneuerung bei der Lehre und der Zucht hervor, welche beide auf allgemeine Bethätigungen der Gesellschaft zurückgehen. Die Lehre dient überhaupt der Übertragung eines geistigen Inhaltes von einem Bewußtsein in ein anderes, und sie wirkt ebensowohl dessen Ausbreitung als dessen Fortpflanzung. Es gibt eine umfassende Ausübung der Lehre, deren Zwecke über die intellektuelle Assimilation des Nachwuchses hinausgehen oder mit dieser gar nichts zu schaffen haben. Mission, Predigt, religiöse Propaganda sind Formen der Lehre, denen sich die Kinderlehre und Jugendbildung wohl zugesellt, aber sie selbst wenden sich an das gereifte Geschlecht, an „allerlei Volk", wie die Schrift sagt. Alle Wissenschaft bedarf des Lehrens als eines Lebenselementes; sie soll die Kenntnis und Erkenntnis erweitern nicht bloß dessen, der gefunden hat, sondern aller, welche suchen; die Arbeit des Forschens bedarf zu ihrem Gedeihen der Mitteilung: was das einsame Schaffen gestaltet hat, wird erst ein Lebendiges in der Berührung mit fremdem Bewußtsein. Wer immer aber Erforschtes oder Gedachtes darlegt, der lehrt, und die großen Vertreter der Wissenschaft sind die Lehrer ihrer Zeitgenossen, wenn nicht aller folgenden Zeiten; die Kreise, welche sich um sie bilden, teilen mit den Stätten des Unterrichts den Namen der Schule. Auch der Künstler, welcher Stil und Richtung des Schaffens seiner Kunstgenossen bestimmt, ist deren Lehrer, wie auch die Anhängerschaft, die sich um ihn schaart, seine Schule heißt; in dem Begriffe Meister vereinigt sich Leisten und Lehren und nicht bloß der Lehrling, sondern auch der Jünger ist ein Lernender. Auf Lernen und Nachbilden beruht aller Fortschritt auf dem Gebiete der Technik und des Handwerks, wobei das Mustergeben die Stelle des Lehrens vertreten kann. Allenthalben im Kulturleben fließen Quellen der Belehrung, denen der Einzelne niemals entwächst, ja erst entgegenwächst, wenn er das pflichtmäßige Lernen hinter sich hat. Ein Jungbrunnen der Lehre ist die Schrift und das Schrifttum, welche dem geistigen Inhalte sichtbare und bleibende Gestalt geben und den verhallenden Laut zu einer φωνή ἄπειρος machen, ein Werk, das die Alten einem Gotte oder göttlichen Menschen zuzuschreiben geneigt waren. Das Buch hat einen weitern räumlichen und zeitlichen Wirkungskreis, als die mündliche Belehrung; es vermag mit seiner stummen Lehre die redende zu übertönen und spätgeborenen Geschlechtern Ziele und Inhalt des Lebens bestimmen.

So angesehen erscheint die Lehre, welche die intellektuelle Assimilation der Jugend vermittelt, nur als ein besonderer Fall einer allgemeinen Funktion des geistigen Lebens, und ähnlich verhält es sich mit ihrem Komplemente, der Zuchtübung. So wenig der Mensch dem Lernen und der Erweiterung oder Modifikation seines Gedankenkreises entwächst, so wenig entwächst er den haltenden und regelnden Einwirkungen auf seine Lebensführung, wie sie von den socialen Institutionen ausgehen. Alle Gesellschaftsverbände üben Zucht oder Disciplin gegen ihre Glieder aus, und nicht bloß gegen die zuwachsenden, die es gilt in die bestehende Ordnung einzuführen, sondern auch gegen die bereits inkorporierten, welche darin erhalten werden müssen. Wir sprechen von der Kirchenzucht, von der Mannszucht im Heere, der Zuchtpolizei des Staates, von Disciplin in Körperschaften aller Art; die gesamte Strafrechtspflege ist eine Zuchtübung im großen, durch welche die Gesellschaft ihre Rechtsordnung schützt. Neben den Veranstaltungen zur Sittigung der Jugend stehen die zur Sittigung der Massen, und mit der Sorge, die sittlichen Gemeinschaften fortzupflanzen, verflicht sich aufs engste die andere, deren Bestand in der Gegenwart zu sichern. Selbst an Beispielen fehlt es nicht, wo die Grenzen beider sich verwischen: so ging in dem alten patriarchalischen China die Jugendzucht in der allgemeinen Polizierung des Volkes auf, in Sparta die Pädagogik in eine Andragogik über.

Den Vermittelungen also, welche dem socialen Erneuerungsprozesse dienen, haftet einzeln genommen keine specifische Beziehung auf die nachwachsenden Elemente an, vielmehr breiten sie sich zugleich sozusagen in kollateraler Verzweigung aus. Dennoch geschieht dadurch der Einheitlichkeit jenes Prozesses selbst kein Eintrag und er stellt um nichts weniger eine eigentümliche Lebensfunktion des socialen Organismus dar. Das Verhältnis der gereiften zur nachwachsenden Generation ist ein zu specifisches und schließt zu deutlich markierte Aufgaben in sich, als daß sich nicht auf Grund desselben bestimmte und in sich geschlossene Kreise von Bethätigungen, Maßnahmen und Einrichtungen herausbilden sollten. Als solche aber stellen sich das Erziehungswesen und das Bildungswesen dar, beide auf der ganzen Breite des Kulturlebens fußend, in einander vielfach verflochten und in andere Gebiete übergreifend und doch zur Genüge durch eigentümliche Aufgaben und Leistungen charakterisiert und unterschieden.

Das Erziehen hat in den Sprachen zumeist vom Ziehen, Aufziehen, Groß- oder Starkmachen, Wachsenmachen u. a. seinen Namen erhalten, wurde daher ursprünglich als eine Fortsetzung oder Steigerung der auf das leibliche Gedeihen der Nachkommenschaft gerichteten Thätigkeit aufgefaßt; da aber die Bezeichnungen für die letzteren sich wieder häufig verflechten mit denen des Zeugens[1]), so schwingt auch die Vorstellung, wenngleich nur leise, mit, daß das Erziehen nicht bloß ein Lebenfördern, sondern ein Lebengeben sei. Mit dem Aufziehen teilt das Erziehen den Charakter der Fürsorge für ein werdendes Leben, das des Schutzes, der Unterstützung, der Regelung seitens anderer bedarf; dem Zeugen ist es insofern analog, als es auf das Herstellen einer zwar nicht äußeren und leiblichen, aber inneren und sittlichen Gestalt gerichtet ist. Dem Zeugen, Ziehen und Erziehen ist die gleiche Stätte bereitet: der Verband, welcher die Fortpflanzung des physischen Daseins versittlicht, spendet auch dem werdenden sittlichen Leben die Brutwärme; wie die Muttersprache die intellektuelle Entwickelung, so leitet die Haus- und Familiensitte alle Sittigung ein. Vom Aufziehen löst sich das Erziehen erst ab, sobald die Strebungen des Kindes als solche Gegenstand der Obsorge werden; sie zu regeln, die abträglichen zu reprimieren, die förderlichen zu unterstützen, die schwankenden zu halten und derart zu fixieren, daß

---

[1]) S. oben S. 8.

Gewohnheiten daraus erwachsen, ist die nächste und verständlichste Aufgabe der Erziehung. Den Stützpunkt bildet das Verhältnis von Autorität und Gehorsam, und die Erziehung kommt in diesem Betracht mit jeder Art von Zuchtübung überein; allein sie hat einen ungleich reicheren Inhalt als die bloße Zuchtübung: ihr Thun ist ein fürsorgendes und auf die Zukunft gerichtetes; sie bezweckt der Jugend, zu ihrem Wohl und Heil, für die Gegenwart und die Folgezeit Lebenshaltung zu sichern; stellvertretend für eine noch ungereifte Vernunft, bereitet sie vor, was diese, nachmals erstarkt, gutheiße und weiterführe. Von der Sittigung zur Versittlichung fortschreitend, beschränkt sie sich nicht auf die Regelung vorhandener Strebungen und Bethätigungen, sondern ruft deren neue, höhere hervor, pfropft edles Reis auf wilden Stamm. Dazu bedarf es intellektueller Vermittelungen und die Erziehung greift, indem sie Unterweisung, Belehrung, geistige Anregung verwendet, in das Gebiet der Lehre hinüber. Es gestaltet sich der Unterricht, d. i. die planvoll-zusammenhängende, mit der Obsorge für die Verarbeitung des Dargebotenen verbundene Belehrung, zu einer der stärksten Kräfte der Erziehung, teils dadurch, daß er eine umfassende, geregelte Bethätigung und Kraftanspannung in die Mitte der mannigfachen Strebungen der jugendlichen Natur hineinstellt, teils dadurch, daß er, den Gesichtskreis erweiternd und bereichernd, Interessen wachruft, aus denen neue Impulse und Bethätigungen entspringen. Analog aber wie bei der pädagogischen Zuchtübung liegt das Specifische des erziehlichen Unterrichts darin, daß er, in die Zukunft blickend, nicht in dem augenblicklichen und partiellen Zuwachse von Kenntnis und Fertigkeit, sondern in dem intellektuellen Gedeihen Ziel und Maß sucht.

Die Erziehung ist ein sittliches und darum ein bewußtes Thun; sie geht von der Persönlichkeit aus, in eine andere, eine werdende Persönlichkeit hinein; den Namen des Erziehens verdient weder die un- oder halbbewußte Assimilation, durch welche die Jungen den Alten gleich werden, noch ein Verfahren, welches sich begnügt, das Treiben der Jugend durch gewisse Bestimmungen und Veranstaltungen zu regeln, ohne zu fragen, ob die daraus erfließenden Einwirkungen tief genug in das individuelle Seelenleben eingreifen und wie sie sich darin zu einer Gesamtwirkung vereinigen werden. Die Erziehung ist ein Werk, das weder durch bloßes Sich-Darleben vollbracht wird, noch beschlossen ist in der Ausstreuung von Samen, der die Sorge für dessen Aufkeimen nicht nachfolgt. Dadurch ist jedoch nicht ausgeschlossen, daß die Erziehung der un- und halbbewußten Einflüsse, wie sie aus der Berührung von Mensch zu Mensch erwachsen, gleichsam als eines Hintergrundes für ihre Aktion bedürfe. Vielmehr würden die zweckbewußten Einwirkungen nur ein Aggregat bleiben, wenn sie nicht an der ganzen Breite von Vermittelungen, wie sie die Lebensgemeinschaft mit sich bringt, ihren Rückhalt fänden und Kontinuität erhielten; und sie würden nicht zur Bewurzelung gelangen, wenn gar jene Einflüsse der Umgebung ihnen entgegengesetzt wären. Die unbewußte Assimilation stellt einen mächtigen Faktor dar, mit dem die Erziehung rechnen muß und kann einer Elementarkraft verglichen werden, welche zweckgemäß geleitet das Werk der Vernunft vollführen hilft, unbewacht und ungezügelt das mühsam Geschaffene vernichtet.

Insofern die Erziehung das heranreifende Geschlecht fürsorgend und fördernd in seiner Entwickelung begleitet, ist ihr Blick in die Zukunft gerichtet; aber, dem Doppelantlitze des Janushauptes vergleichbar, schaut sie zugleich in die Vergangenheit, auf die Kette der Geschlechter, welcher sie ein neues Glied anfügt, und auf die überkommenen Güter der Gesittung, die sie wie einen Fideikommiß zu erhalten und weiterzugeben beflissen ist. So ist sie auch Pflichtausübung in doppeltem Sinne: Ausübung einer Liebespflicht gegen die Nachkommenschaft, und einer sozialen Pflicht gegen die Lebensgemeinschaften und Träger der Gesittung, an welche sie die Jugend gleichsam abliefert, damit dem Gemeinwesen die Bürger, der Gesellschaft die arbeitenden Kräfte, der Nation die Volksgenossen, dem Glaubensverbande die Verehrer der Gottheit nicht ausgehen. Zu dem individualen Ethos der Erziehung gehört untrennbar das sociale; in der elterlichen Autorität spiegelt sich die der öffentlichen Gewalten wieder, in der erziehlichen Disciplin die Zuchtübung im Gemein-

2*

wesen, in der Familiensitte das allgemeine Sittenleben, und der geistige Inhalt, der dem Unterrichte zu Grunde liegt und der Zucht die leitenden Maximen giebt, geht zurück auf den Lebensinhalt der Gesellschaft. Daher gestaltet sich die Erziehung, so groß auch der Spielraum der Individualität in ihr ist und vermöge ihrer Beziehung auf das persönliche Element sein muß, doch als ein homologes Thun, und, wie die Geschichte zeigt, besonders die des Altertums, kann es sich wohl auch zu einer kollektiven Thätigkeit steigern, indem die Erziehung als öffentliche Angelegenheit behandelt wird und mehr oder weniger das Gemeinwesen als Träger derselben auftritt. Allein auch wo eine solche Kollektivgestaltung nicht eintritt, kann man von einem Erziehungswesen reden, als einem Ganzen von Sitten, Einrichtungen, Maßregeln, Veranstaltungen, in welchem die pädagogische Obsorge zum Ausdrucke kommt, wenngleich dasselbe nicht die Form eines geschlossenen und abgegrenzten Organes des socialen Körpers annimmt.

Im ganzen der socialen Lebenserneuerung nimmt die Erziehung eine mittlere Stellung ein; die Fortpflanzung und das Aufziehen der Nachkommenschaft fallen vor die Erziehung, die Eingliederung der nachwachsenden Elemente in die besonderen Lebenskreise, und die damit verbundene Anbildung und Anübung von Fertigkeit und Kenntnis setzen gemeinhin den Abschluß der Erziehung voraus. Diese bewegt sich in einer gewissen Allgemeinheit und innerhalb einer grundlegenden Sphäre, und wird darum der Ausbildung für den Beruf und in dem Berufe gegenübergestellt. Zwar kann auch die Berufsbildung pädagogische Elemente in sich aufnehmen — wie es z. B. im Lehrlingswesen zu wünschen und zu fordern ist — und es kann andererseits die künftige Lebensbestimmung schon an die Wiege des Kindes treten — wie es die Fürstenerziehung zeigt —, aber das pädagogische Ethos unterscheidet sich trotzdem bestimmt genug von der Tendenz, für bestimmte Leistungen zu befähigen; der Erziehung ist das Individuum Gegenstand fürsorgender Liebe, sie bewegt sich in den allgemeinen und fundamentalen Voraussetzungen der sittlichen Lebensgestaltung, und sie macht nur insofern leistungsfähig, als die ethische

Affimilation der Jugend, welche sie vollzieht, die Grundbedingung aller socialen Leistungen ist. Bei der Qualifikation für den Beruf dagegen wird in erster Linie mit den Interessen des Berufskreises und mit seinen speciellen Anforderungen gerechnet und erst in zweiter Linie mit den Werten des sich gestaltenden persönlichen Lebens.

Somit stellt sich das Erziehungswesen dar als die homologe Thätigkeit der erwachsenen Generation, durch welche dieselbe fürsorgend und stellvertretend die Strebungen der jugendlichen Natur regelt und ethischer Gestaltung entgegenführt, indem sie dem Nachwuchse die Grundlagen ihres eigenen geistig-sittlichen Lebensinhaltes zu eigen giebt.

Ungleich schwerer ist es, den Bedeutungskreis des vieldeutigen Wortes Bildung so zu fixieren, daß seinem Reichtum nichts abgebrochen und doch dem Hereinschwanken störender Nebengedanken gewehrt wird. Nach der Art von Verbalsubstantiven bezeichnet es zugleich eine Thätigkeit: das Bilden, und einen Zustand: die Gebildetheit, und die Zusammensetzungen schließen sich entweder der einen oder der anderen Bedeutung an (Bildungswesen, -anstalt, -ziel u. s. w. und Bildungsgrad, -erwerb, -quellen u. s. w.). Seine sinnliche Grundbedeutung: Formung oder Form eines materiellen Stoffes, hat es auffallend spät abgelegt und seinen Übertritt auf das geistige Gebiet erst vollzogen, nachdem es die Erbschaft älterer Ausdrücke, wie Erudition, Formation, Geisteskultur, Aufklärung u. a. angetreten hatte [1]).

Das sich zunächst darbietende Moment des Begriffes ist: inneres geistiges Gestalten, und in diesem Sinne wird Bildung dem bloßen Anlernen und Anlehren entgegengestellt; das Bilden teilt

---

[1]) Bei Winkelmann wiegt die sinnliche Bedeutung noch vor: Goethe und Schiller verwenden in der Dichtung das Wort nur in dieser Bedeutung (vergl. „Bildung und Streben", „Bildung und Farbe", „reizende Bildungen", „eine Bildung voller Saft" u. a.). Kant gebraucht Kultur, wo wir Bildung sagen; unsere „allgemeine Bildung" war dem vorigen Jahrhundert „universelle Erudition"; sich bilden hieß: „sich formieren". Für Bildung im Sinne von intellektueller Verselbständigung brauchte man das Wort Aufklärung.

wohl mit dem Lehren die Darbietung eines Inhaltes, aber es geht über den bloßen Kenntnis- und Fertigkeitserwerb hinaus, indem es dessen Materie zu einem frei verfügbaren, geistig fruchtenden Elemente macht. Der Lehrgehalt eines Gegenstandes ist sein Beitrag zur Erweiterung des Wissens, sein Bildungsgehalt ist das Inkrement, das er der plastischen Kraft des Geistes giebt; Gelerntes und Angeübtes kann der Vergessenheit verfallen; einmal erworbene Bildung bleibt, auch wenn ihre Vehikel zum guten Teile vergessen worden wären; jene sind ein Besitz, diese ist zugleich eine Bestimmtheit der Persönlichkeit.

Als Faktor der Individualität steht die Bildung neben anderen Faktoren der Art, als: Naturell, Temperament, Talent, Anlage; allein sie tritt zu diesen Naturbestimmtheiten in Gegensatz dadurch, daß sie sich als Produkt der Freiheit kennzeichnet. Bildung ist Ergebnis von Arbeit, und zwar ebensosehr von der Arbeit des Subjektes selbst, als von der Mitarbeit anderer; zum Bildungserwerbe gehört freithätiges Ergreifen eines geistigen Inhaltes — in diesem Sinne sprechen wir von Bildungsstreben, vom Schöpfen der Bildung, Quellen derselben u. s. w. — und gehören zugleich mehr oder weniger organisierte Veranstaltungen, deren Totalität das Bildungswesen ist. Die Bildungsarbeit ist zugleich eine individuale und eine sociale. So gewiß die Bildung, welche ein Individuum hat, sein eigenstes Eigentum ist, so wenig ist sie ein separater Besitz, vielmehr ein solcher, den der Besitzende mit anderen teilt, wenn nicht auch gemeinsam erworben hat. Gebildet sein heißt: Einer der Gebildeten sein; der Träger der Bildung ist nicht bloß das Individuum, sondern zugleich ein Kreis, eine, wenn auch nur lose gefügte Gemeinschaft, und in diesem Sinne wird der Bildung das Prädikat: allgemeine gegeben, als einer allen gemeinen geistigen Bestimmtheit. Doch will dasselbe nicht in ganzer Strenge gefaßt sein, vielmehr ist die Gemeinsamkeit der Bildung eine social begrenzte und abgestufte. Wir sprechen von Stufen, Arten oder Richtungen der Bildung und unterscheiden die gelehrte Bildung als ein besonderes Niveau von der weltmännischen oder Weltbildung und beide von der Vulgärbildung größerer Massen, welche wir wohl auch bei exklusiverer Fassung des Wortes als Nichtbildung bezeichnen, allerdings mit Unrecht, da die Massen nicht außerhalb der Bildungsarbeit stehen und auf höheren Kulturstufen im Bildungswesen durch umfängliche Veranstaltungen vertreten sind.

So verschieden der geistige Inhalt ist, dessen Aneignung und Verinnerlichung das Ersteigen einer der Bildungsstufen bedingt, so hat er doch bei jeder derselben das Gemeinsame, daß er sich aus gewissen allgemeinen, übergreifenden und grundlegenden Elementen: Fertigkeiten, Kenntnissen, Einsichten zusammensetzt. Auch in diesem Sinne wird die Bildung allgemein genannt, als einen gemeinsamen, gemeingültigen und gemeinnützigen Inhalt in sich fassend[1]), und sie tritt als solche der speciellen oder beruflichen Befähigung gegenüber. Bildungsstudien gehen den über die Fachstudien übergreifenden Elementen nach; das Bildungsstreben tritt über den Kreis von Wissen und Können, wie ihn der Beruf verlangt, hinaus, die Teilung aufhebend, welche die Kulturarbeit mit sich brachte. Nach dieser Seite vornehmlich liegen die Gefahren der Bildung, denen sie verfällt, wenn sie als Halbbildung nur die Oberfläche des Wissenswürdigen streift, oder als Modebildung sich an dem bunten Gewande freut, wie es sich die Selbstgefälligkeit aus vielerlei Stoff mit immer neuem Zuschnitt zu bereiten weiß, oder als Zeitbildung die wechselnden Elemente überschätzt und die bleibenden Grundlagen des geistigen Gemeinlebens vernachlässigt.

In der Beziehung auf das Grundlegende tritt die Verwandtschaft hervor, welche zwischen der Bildung und der Erziehung besteht. Die gemeingültigen Elemente, welche die Materie der Bildung ausmachen, greifen in jene Grundlagen des geistig sittlichen Lebensinhaltes hinüber, welche die Erziehung dem Menschen eigen zu geben

---

[1]) Die griechische Terminologie zeigt den nämlichen Bedeutungsübergang; die ἐγκύκλια παιδεύματα oder μαϑήματα sind ursprünglich die dem Kreise der Gebildeten gemeinsamen Studien, später aber werden sie gefaßt als der den Kreis des Wissenswürdigen nach seinen allgemeinen Elementen umfassende Unterricht.

unternimmt. Aber auch die sittliche Doppelaufgabe der Erziehung: die ethische Gestaltung des werdenden Lebens und die Fortpflanzung der Güter der Gesittung, gestattet eine Ausdehnung auf die Bildung: auch diese will mehr sein als eine Ausstattung oder ein Schmuck; die innere Form, welche sie der Persönlichkeit giebt, soll zugleich ein sittlicher Halt derselben sein, und nicht minder steht das Bildungswesen im Dienste der Bewahrung und Übertragung von geistigen Gütern. Dennoch besteht ein genügend befestigter Unterschied zwischen Erziehung und Bildung; jene ist in erster Linie auf die Strebungen und den Willen, diese auf die geistige Thätigkeit gerichtet; jene ist ethische, diese intellektuelle Assimilation; jene ist auf Autorität und Gehorsam gestellt, diese verlangt zwar ebenfalls die Unterordnung des Subjekts unter höhere Einsicht, zugleich aber dessen freithätige Mitwirkung. Das Erziehungswerk findet seinen Abschluß mit dem Reifen der Vernunft, die Bildungsarbeit setzt sich darüber hinaus fort und kann das ganze Leben erfüllen; das Erziehungswesen erscheint bestimmt durch das Ethos und die Formen des häuslichen und des öffentlichen Lebens, durch die sociale Gliederung und Sitte der Gesellschaft; das Bildungswesen hängt in erster Linie ab von der geistigen Thätigkeit, wie sie in Sprache und Sprachkunst, Glauben und Wissen, Kunstschaffen und Forschung sich äußert; jenes bleibt bei homologer Gestaltung der erziehenden Thätigkeit stehen, das Bildungswesen schreitet zu kollektiver Zusammenfassung und Organisation fort und gestaltet sich zu einem Organe der Gesellschaft, bestimmt, die Bewegung der intellektuellen Güter zu regeln, nicht ganz ohne Analogie mit dem Markte, welcher die materielle Güterbewegung reguliert.

Der Ausdruck Bildungswesen ist der deutschen Sprache eigentümlich; die Alten entbehren eines Wortes für die ihnen in beschränkterem Umfange bekannte Sache, die neueren Sprachen, deren Ausdrücke unserem: Schulwesen, Lehrwesen, öffentlicher Unterricht u. a. entsprechen, bezeichnen den Gegenstand nicht umfassend genug. Das Schulwesen, als der Komplex der eigentlichen Bildungsanstalten, ist wohl der feste, gleichsam krystallisierte Kern des Bildungswesens, aber dieses faßt zugleich den Bildungserwerb in sich, wie er durch Einzelunterricht, Privatstudium, Autodidaxie vollzogen wird und ebenso jene Veranstaltungen und Quellen der Bildung, welche, wie der intellektuelle Verkehr, die Litteratur, die Presse, die Kunst, in minder gebundener Form als Unterricht und Studium, geistige Inkremente vermitteln. Ebensowenig decken sich Bildungs- und Lehrwesen; letzteres faßt jenes freischöpfende Lernen nicht in sich und ersteres schließt wieder diejenige Belehrung und Unterweisung aus, welche in der Tendenz auf berufliche Leistungsfähigkeit aufgeht: in sein Bereich fällt weder das Lehrlingswesen, noch der specifische Fachunterricht, noch die praktische Anleitung, wie sie an den Stätten des Berufes selbst erteilt wird. Zugleich sagt Bildungswesen mehr als jene sinnverwandten Bezeichnungen und als etwa das Wort Bildewesen sagen würde: es drückt zugleich Weg und Ziel, Mittel und Zweck aus; es ist dasjenige Lehr- und Lernwesen, welches zur Bildung zu führen bestimmt ist, und bei großer Mannigfaltigkeit der Formen in dieser Ziel und Maß findet.

Sollen diese Bestimmungen in eine Definition zusammengefaßt werden, so wäre das Bildungswesen zu bezeichnen als der Komplex von Anstalten, Veranstaltungen und Mitteln, welche dem Individuum zur Aneignung gewisser grundlegender, gemeingültiger Fertigkeiten, Kenntnisse und Einsichten als frei verfügbarer und befruchtender Elemente des geistigen Lebens und damit zur Erreichung bestimmter Stufen intellektuell-moralischer Befähigung verhelfen.

II.

Der platonische Sokrates sagt, daß das Staunen ein Affekt sei, der dem Denker wohl anstehe, weil mit ihm die Spekulation anhebt, und Aristoteles ist sogar der Ansicht, daß die Menschen von je von dem Verwundern aus zum Philosophieren vorgeschritten seien¹). Es wird damit treffend die Grundstimmung der echt wissenschaftlichen Forschung bezeichnet, die in der That auf dem staunenden Versenken in ein Gegebenes beruht, das wir, losgelöst aus seinen Beziehungen zu unserem Wohl und Wehe, zu unseren Plänen und Aufgaben, betrachten, verfolgen, ergründen, nur um zu erfahren, was es damit für ein Bewenden haben möge. Diese selbstlose Empfänglichkeit für den Reiz der Dinge und der Geschehnisse zeigt sich in ihren ersten Äußerungen in den verwunderten Kinderfragen und in den Naturmythen jugendlicher Völker; sie wirkt mit bei aller und jeder Forschung, auch wo diese noch unmittelbar praktischen Interessen dient; aber leitendes Motiv wird sie erst, wo dieser Dienst seine anfängliche Strenge verloren und die Reflexion sich ihrer Tributpflichtigkeit an das Leben einigermaßen entzogen hat.

Nicht zu gleicher Zeit treten die verschiedenen Wissenschaften aus dem Stadium der Gebundenheit an praktische Zwecke in das höhere, dessen Schwelle jenes $\vartheta\alpha\nu\mu\acute{\alpha}\zeta\varepsilon\iota\nu$ bezeichnet. Den wenigsten wird die Gunst zu Teil, wie sie z. B. die Himmelskunde genießt, die die Wunder schon an ihrer Wiege findet und kaum eine irdische Dienstbarkeit abzustreifen braucht, um in das reine Element der Theorie zu treten; weitaus die meisten müssen erst die Schweite suchen, in der die Dinge und Vorgänge als ein Gegebenes, das der Geist in sich nachbilde, erscheinen; denn was den Geist der Untersuchung zuerst weckte, war nicht sowohl ein Gegebenes, als vielmehr ein Aufgegebenes und sein erstes Geschäft war nicht, Thatbestände und Gesetze, sondern Regeln und Vorschriften aufzusuchen. Früher gelingt es der der Natur zugewandten Forschung, sich zur reinen Theorie zu erheben; später der auf den Menschen und die moralische Welt bezogenen; innerhalb letzterer früher den Wissenschaften, welche feste

---

[1]) Plat. Theaet. p. 155. Arist. Met. I, 2, p. 982. Der nämliche Gedanke kehrt im Altertum öfter wieder, vergl. Olympiodor Εἰς τὸν Πλάτωνος πρῶτον Ἀλκιβιάδην ed. Creuzer, p. 24 und Proclus in der gleichnamigen Schrift bei Creuzer, p. 46.

und große über das Individuum hinausliegende Erscheinungen behandeln, später denjenigen, deren Gegenstand mehr fließender Natur, enger an das Subjekt geknüpft und dessen Willkür unterzogen ist, oder sich in die Niederungen des Lebens hinein erstreckt und die Farbe der Alltäglichkeit annimmt, dieser gefährlichsten Feindin der staunenden Betrachtung.

Von solcher Ungunst werden mehr als andere Disciplinen diejenigen bedrückt, welche die Erziehung der Jugend und die Bildung der Menschen zum Gegenstande haben. Sie entbehren so großer gegenständlicher Objekte, wie sie die Politik am Staate, die Jurisprudenz an der Rechtsordnung besitzen; das Thun, welches sie beleuchten und aufklären sollen, hat zunächst nur das Individuum zum Träger und zum Beziehungspunkte, steigt bis zum Kleinen und Kleinsten herab, gestattet der Willkür, dem Naturell, den individuellen Interessen beträchtlichen Spielraum und fordert darum allenthalben Rat und Regelung heraus. Die letzten Ziele sind zwar idealer Natur und von ihnen aus angesehen erscheinen Pädagogik und Didaktik als die idealsten Kunstlehren, aber auch dadurch werden sie abgehalten, ihren Gegenstand als ein Gegebenes zu betrachten und mit dem Interesse der Forschung zu behandeln. So treten die Erziehungs- und die Unterrichtslehre allermeist als Komplexe, im günstigen Falle als Systeme von Grundsätzen, Regeln, Vorschlägen auf, an Rat und Wohlmeinungen reich, arm an Beobachtungen und Thatsachen. Wissenschaftliche Haltung kann zwar einem namhaften Teile dieser Litteratur nicht abgesprochen werden; allein sie rührt mehr daher, daß die Schriftsteller in einer anderen Wissenschaft als: Theologie, Philologie, Philosophie, Politik heimisch sind und dies ihrer Darstellung zu gute kommt, als daher, daß aus dem Gegenstande selbst Funken geschlagen würden, die ihn fremden Lichtes entraten ließen. Wiederholt ist, zum Teil sogar von ihren Bearbeitern selbst, beiden Disciplinen der Charakter von Wissenschaften abgesprochen worden, ja man hat nicht Anstand genommen, das populäre Räsonnement, das Widerspiel der wissenschaftlichen Reflexion, als ihr eigentliches Element zu bezeichnen.

Und doch hängt es nur von der Wahl des rechten Standortes ab, um sich zu überzeugen, daß es beiden Gebieten keineswegs an dem gebricht, was die wissenschaftliche Betrachtung herausfordern muß und lohnen kann. Minder augenfällig und weiter zurückliegend schließen auch sie ein θαυμαστόν in sich, einen gegebenen großen Thatbestand, selbständig und umfassend genug, daß sich die staunende Betrachtung darein versenken könne, wenn anders die Phänomene, welche unsere vorausgegangene Darstellung aufgewiesen hat, diese Bezeichnung verdienen. Denn das ist wohl nicht fraglich, ob es eine der Wissenschaft würdige und zugleich ihrer bedürftige Aufgabe sei, zu untersuchen, welche Bewandtnis es habe mit jener wunderbaren Solidarität der Generationen, vermöge deren die Schöpfungen und Errungenschaften der Menschheit sich erhalten bei dem steten Wechsel ihrer Träger; durch welch glückliches Kontagium es geschehe, daß was von voraufgegangenen Geschlechtern erworben und gehegt wurde, was ihnen Sittigung und Bildung gab, sich überträgt auf die nachfolgenden, ohne daß ein Sprung, ein Riß die Kulturarbeit unterbräche; wie dieser Verjüngungsprozeß des Socialkörpers sich mit dessen Lebensfunktionen verflicht und verflößt und sich doch zugleich seine eigenen Bahnen schafft und seine besonderen Organe gestaltet.

Pädagogik und Didaktik sind dadurch zu Wissenschaften zu erheben, daß ihr Horizont ausgedehnt wird auf die großen Kollektiverscheinungen, in denen die erziehende und bildende Thätigkeit der Menschen Gestalt gewinnt, und daß sie auf diese Weise mit Untersuchungen in Kontakt gesetzt werden, welche auf die socialen Phänomene im einzelnen und im ganzen gerichtet sind.

An sich ist das Bedürfnis, die Erziehungs- und Bildungslehre in den Kreis der Socialforschung zu ziehen, keineswegs neuen Ursprungs, sondern hat sich, wie die Geschichte beider Schwesterdisciplinen zeigt, von je geltend gemacht, ja aus diesem sind sie genau genommen allererst hervorgegangen. Wo die Alten systematisch von Kinderzucht und Jugendbildung handeln, geschieht es zu praktischen Zwecken aber im Zusammenhange mit Untersuchungen, welche auf Staat und Gesellschaft gerichtet sind, und Platons Politeia steht an der Spitze sowohl der pädagogischen als der politisch=socialwissen= schaftlichen Litteratur. In diesem Werke tritt die Erziehung zweimal auf: das erste Mal als die Gesamtheit der Vermittelungen, durch welche die Vollbürger des idealen Gemeinwesens mit dem Ethos, worauf dieses beruht, erfüllt werden sollen[1]); das andere Mal als die Kraft, welche das gegebene unvollkommene Gemeinwesen in die Bahnen der idealen Gestaltung hinaufheben soll, indem sie die Philo= sophen=Regenten der Zukunft formt, deren Geist auf das Ewige, Jenseitige richtend[2]). In den „Gesetzen" ist das Princip des zu be= gründenden Kolonialstaates die Norm, nach welchem Zeugen und Ziehen, Lehre und Zucht, ja selbst die Spiele der Kinder geregelt werden[3]). Aber auch eine Art vergleichender Pädagogik ist in dem Werke vertreten, indem bei Hellenen und Barbaren verschiedene Er= ziehungsweisen aufgesucht, verglichen, beurteilt werden[4]). In meh= reren tiefsinnig=schönen Stellen wird die Erziehung als Lebenserneue= rung, als social=religiöse Pflicht, als Überlieferung der Güter der Gesittung bezeichnet; so in dem an einen pythagoreischen Gedanken anklingenden Satze: „Wir sollen Kinder erzeugen und erziehen, in= dem wir die Fackel des Lebens weitergeben, auf daß ein Geschlecht nach dem anderen erwachse, den Göttern zu dienen nach Gesetz und Brauch"[5]).

Auch Aristoteles' Pädagogik ist durchaus socialphilosophischer Natur: die Erziehung bestimmt sich nach der Verfassung und ist deren erhaltendes Element: jede Verfassung entstammt dem die Bürgerschaft erfüllenden Ethos, wird verbürgt durch dessen Erhaltung, gefördert durch dessen Verbesserung, was beides der Erziehung obliegt[6]). Auch die häusliche Erziehung verlangt, daß man den Blick auf das Al-

---

[1]) Rep. II p. 376 bis III p. 412.
[2]) Ib. VI p. 503 bis 541.
[3]) Legg. VII p. 798.
[4]) Die spartanische Erziehung vorzugsweise II p. 666. Die persische III p. 694. Die altattische III p. 700. Die ägyptische VII p. 798 und 819.
[5]) Ib. VI p. 776. Vergl. Jambl. Vit. Pyth. 85. In den Legg. ferner II p. 659; III p. 681 und X p. 887.
[6]) Arist. Pol. VIII, 1. p. 1336.

gemeine und das Ganze richte: auch wer nur einen kleinen Kreis zur Tugend leiten will, muß das zu erwerben suchen, was den Gesetzgeber macht¹).

Wie diese Anfänge einer systematischen Pädagogik das Erziehungswesen auf seiner socialen Unterlage aufsuchen, so behandeln auch die viel später fallenden Versuche einer methodischen Lehrkunst das Bildungswesen nach seinen Beziehungen zu Gesellschaft und Gemeinwesen. Die im XVII. Jahrhundert auftretende Didactica will nicht bloß den Lehrenden und Lernenden ihr Geschäft erfreulicher und fruchtbringender gestalten, sondern auch das Lehrwesen als Ganzes regenerieren und dadurch Heil und Gedeihen des christlichen Staates fördern. Wolfgang Ratke († 1635) verfolgt mit seinen Reformen keinen geringeren Zweck als den, „wie im ganzen Reiche eine einträchtige Sprache, eine einträchtige Regierung und endlich auch eine einträchtige Religion bequemlich einzuführen und friedlich zu erhalten sei", und Christoph Helwig († 1617) und Joachim Jung († 1657) bezeichnen in ihrem Gutachten über Ratke's Vorschläge die Lehrkunst als „der Regimentskunst nötiger und nützlicher denn alle anderen Künste, sintemal durch Lehre der höchste und endliche Zweck der Regimenten erreicht werden muß, wie allen Vernunft- und Regimentlehrern wohl bewußt"²). Noch mehr tritt die universale Tendenz der Didaktik bei Amos Komensky hervor, der sie als ein artificium omnes omnia docendi und als „die universelle Kunst, alles umfassende Schulen zu errichten" auffaßt. Wie die Werkstätten die Gewerbe, die Kirchen die Religion, die Gerichtshöfe das Recht, so sollen die Schulen die Bildung — „das Licht der Weisheit" — erzeugen, klären, mehren und „dem ganzen Körper der menschlichen Gesellschaft zuführen" und so ihres Ortes in eine Wechselwirkung eingreifen, welche jener der Glieder des lebendigen Körpers analog ist³).

---

¹) Eth. Nic. X, 10, p. 1180.
²) Vergl. Guhrauer Joachim Jungius und sein Zeitalter 1850. Über Ratke die neueren Darstellungen von G. Krause, R. A. H. Stoerl und besonders Gib. Vogt.
³) Didactica magna 8, 8.

Was für den animalischen Leib der Magen, das ist nach Komenský für den vielgliedrigen Schulkörper das collegium didacticum, ein Kreis von Gelehrten, dem die Gewinnung und Sicherstellung des Bildungsinhaltes obliegt¹). Sonst liebt er es, das Schulwesen mit der Offizin des Buchdrucks zu vergleichen, den Unterricht also als eine Art intellektueller Vervielfältigung, die Lehrkunst als eine geistige Typographie — er wagt sogar die Wortbildung: Didachographie — zu bezeichnen²). Dabei übersieht Komenský aber nicht, daß die Schulen weder das Ganze der Lehrthätigkeit darstellen, noch auch die Bildung zum Abschlusse bringen; er nimmt darum auch auf die schola materna, die erste, formlose Belehrung des Kindes in der Familie Bedacht³); behält die Lehre im Gebiete des Handwerks und der Kunst im Auge, deren alte, bewährte Traditionen er gern zur Richtschnur für den wissenschaftlichen Unterricht wählt⁴) und entwirft ein System von Mitteln zur Selbstbildung, eine „pansophische Bibliothek", die ein seminarium eruditionis universale darstellen soll⁵).

Die hochfliegenden Pläne dieser älteren Didaktiker mußten daran scheitern, daß sie trotz aller Weite des Blickes die historische wie die psychologische Bedingtheit der Bildungsarbeit unterschätzten, und in der folgenden Zeit geriet diese Auffassung der Lehrkunst in Vergessenheit. Die Weltansicht der Aufklärungsepoche, wie sie im allgemeinen ihren Standort im Subjekt nahm und auf das Individuum als solches, unangesehen seiner Beziehungen zur Gesamtheit und zur Vergangenheit reflektierte, faßte auch die Aufgabe der Jugendbildung vorzugsweise als eine individuelle, der das binäre Verhältnis von Erzieher und Zögling zu Grunde liege, und verlor so den Ausblick auf die socialen Faktoren derselben. Zwar fehlte es damals nicht an Stimmen, welche gegenüber der Privaterziehung die öffent-

---

¹) Didactica magna 31, 15.
²) Ib. 32 und Opera didactica omnia Amstelodami 1657 IV p. 85 f.
³) Did. Magn. 28.
⁴) Ib. 21, 21 Meth. ling. nov. Opp. D. O. II p. 103 bis 129 und sonst.
⁵) Prodromus Pansophiae Opp. D. O. I p. 404 sq.

liche geltend machten, ja es entstammt jener Zeit die Anschauung, daß die Bildung der niederen Gesellschaftsklassen durchaus eine öffentliche Angelegenheit sei, und sie bethätigte sich in den folgenreichen Schöpfungen der gouvernementalen Schulreform, allein sie bildet doch kein richtiges Komplement zu jener individualistischen Betrachtungsweise, da sie keine andere Kollektivthätigkeit kennt als die des Staates. Der politische Gesichtspunkt ist aber für sich allein nicht geeignet, das Verständnis des socialen Charakters der Erziehung und Bildung zu erschließen. Kann man es den Griechen billiger Weise nicht zum Vorwurfe machen, daß sie die sociale und die politische Ansicht der Jugendbildung nicht trennten, da ihnen ihr öffentliches Leben Gesellschaftsverbände, nationale und Stammeseigentümlichkeiten, und religiöse Institutionen mit dem politischen Gemeinwesen auf das Engste verwachsen zeigte, so muß dagegen die Staatspädagogik des vorigen und jetzigen Jahrhunderts der Vorwurf der Einseitigkeit treffen, wenn sie das Bildungs- oder gar das Erziehungswesen als eine Veranstaltung des Staates ansah und die anderen socialen und historischen Faktoren, welche es ins Leben gerufen: die Kirche, die Gesellschaft, die Sitte ignorierte. So gewiß der Staat nur einer der Verbände ist, die in ihrer Gesamtheit den socialen Organismus ausmachen, so gewiß ist die Lebenserneuerung des letzteren nicht zu verstehen, wenn sie vom Standpunkte des Staates allein angesehen wird. Erziehungsideale und Bildungsbestrebungen fußen auf den Gütern der Gesittung und des Geisteslebens, welche der Staat nicht schafft, sondern nur schützt, bestenfalls regelt und fixiert. Seiner organisierenden Thätigkeit muß der Inhalt von anderer Seite her zuwachsen aus schöpferischen Tiefen, in welche kein Herrschergebot und keine Regierungsverordnung hinabreicht. Dafür aber besaß eine Zeit, welche überall nur das bewußte, durch Räsonnement geleitete Thun gelten ließ, welche die Gesellschaft auf einen Vertrag, Glaube und Sitte auf die glückliche Erfindungsgabe eines erleuchteten Weisen zurückführte, kein Verständnis und ließ darum das Gebiet der Erziehungs- und Bildungsarbeit unbeachtet, welches über das Individuum hinausliegt und doch noch nicht in das Bereich der Wirksamkeit des Staates fällt.

Einleitung.

Dadurch, daß sich die sociale Ansicht der Jugendbildung zur politischen verengte, wurde sie unfähig die individuelle zu ergänzen, und es ist infolgedessen in die Erziehungs= und Bildungslehre eine Lücke gekommen, welche um so mehr zur Ausfüllung drängt, seit die Staatswissenschaft mit berichtigten Begriffen und auf Grund historisch=deskriptiver Vorarbeiten an das Bildungswesen herangetreten ist. Insbesondere kann die von Lorenz Stein aufgestellte, als Teil der Verwaltungswissenschaft bearbeitete Lehre vom Bildungswesen, welche ungleich umfassender und tiefer angelegt ist, als was ältere Staatsrechtslehrer, wie Pölitz, Aretin und selbst Mohl über den Gegenstand beibringen, die Pädagogik an ihre Versäumnis erinnern. Stein nimmt zum Ausgangspunkte den Begriff des geistigen Gutes, worunter er die „Kenntnis und Fertigkeit, als Produkt geistiger Arbeit und wirtschaftlicher Verwendung und als Moment an der Produktion neuer Güter" versteht[1]). Der Prozeß der Produktion des geistigen Güterlebens ist nach Stein die Bildung, ein Begriff, der zunächst noch in der Persönlichkeit beschlossen liegt; aber derselbe tritt aus dieser heraus, indem jedes Individuum der Mitarbeit anderer an seiner Bildung bedarf. Die Gesamtthätigkeit, die daraus entspringt, ist nun das Bildungswesen[2]). Es ist ein organisches Element des Gesamtlebens, welches durch eigene Kraft Dasein und Geltung gewinnt und das der Staat zunächst vorfindet und nicht zu schaffen braucht. Das Bedürfnis aber, den Fluß des geistigen Lebens durch bestimmte Grenzen und feste Kategorieen zu regeln, veranlaßt das Eingreifen des bewußten Gesamtwillens, wie er im Staate Ausdruck findet. Indem nun der Staat zu dem Bildungswesen hinzutritt und die in seiner Natur liegenden Principien auf dasselbe anwendet, entsteht das öffentliche Bildungswesen, getragen und geregelt durch das Bildungsrecht[3]). Im öffentlichen Bildungswesen unterscheidet Stein die drei Gebiete der Elementarbildung, deren rechtlich=öffentliche Gestalt das Volksschulwesen ist; das der

---

[1]) Verwaltungslehre 1868. Bd. V S. XIX. [2]) Das. S. 8.
[3]) Das. S. 12 und XIX.

Berufsbildung, zerfallend in Vor- und Fachbildung, sich gabelnd in gelehrte, wirtschaftliche und künstlerische und als drittes das der allgemeinen Bildung, welche das innerlich Verbindende der Berufszweige umfaßt und ihre Anstalten in Akademieen, Bibliotheken, Sammlungen, Theater, ihre Organe in der Presse findet. Jeder dieser großen Zweige des Bildungswesens wird von Stein durch die Hauptpunkte seiner Entwickelung und in der Organisation, die er in den Hauptstaaten Europas gefunden, verfolgt. Da sich Stein von der Einseitigkeit seiner Vorgänger, Bildung und Bildungswesen als ein Erzeugnis des Staates anzusehen, freihält, vielmehr das Autonome der Bildungsarbeit anerkennt, so ist er auch fern davon, die Pädagogik für einen Annex der Verwaltungslehre zu halten. Er weist ihr vielmehr ein eigenes Untersuchungsgebiet zu, welches er dahin bestimmt, daß sie „die Grundsätze und Gesetze, nach welchen die geistigen Güter dem Einzelnen durch die Mitarbeit anderer erworben werden", aufzustellen habe, während die Verwaltungslehre „die bestimmte äußere Gestalt und Ordnung der Bildungszweige, Organe und Anstalten, vermöge deren die Verwaltung die bildende Thätigkeit als eine Aufgabe der Gemeinschaft gegen sich selbst vollzieht"[1], behandelt.

In wie weit die Stein'schen Aufstellungen der Modifikation bedürfen, um das Gerüst einer Bildungslehre abgeben zu können, ist an dieser Stelle nicht zu erörtern; dies aber drängt sich unmittelbar auf, daß es bei der zuletzt berührten Gebietsteilung nicht sein Bewenden haben kann. Die Pädagogik — oder richtiger Didaktik, welche beide bei Stein nicht bestimmt geschieden sind[2] — bedarf, wenn jene Definition derselben angenommen wird, noch eines Mittelgliedes, um mit der Verwaltungslehre in Verbindung zu treten, nämlich einer Untersuchung, welche zu zeigen hat, wie die individuelle, auf die geistigen Güter gerichtete Arbeit sich zu einer kollektiven gestaltet, also wie aus der Konkretion des Strebens und Wirkens der

---

[1] Verwaltungslehre 1868, Bd. V, S. XIX und XX.
[2] Siehe unten den IV. Abschnitt der Einleitung.

Einzelnen das Bildungswesen erwächst und welchen formenden Einfluß nationale, sociale, litterarische, wissenschaftliche, religiöse Faktoren auf dasselbe ausüben, noch bevor es der rechtlichen Fixierung durch den Staat entgegengewachsen ist. Diese Untersuchung, welche Stein principiell als erforderlich anerkennt, ohne ihr eine Stelle anzuweisen, fällt offenbar nicht der Verwaltungslehre, sondern der Bildungslehre zu, und es ist ein namhaftes Verdienst des Stein'schen Unternehmens, gezeigt zu haben, bis wohin diese ihre Grenzen vorschieben müsse, um an das politisch-rechtliche Gebiet heranzureichen und mit der Staatslehre zusammen zu arbeiten, ohne doch deren ihr fremdartigen Principien in ihr eigenes Gebiet herüberzupflanzen. —

Hat somit die Hinweisung der Pädagogik und Didaktik auf die kollektiven Erscheinungen nicht den Sinn, diesen Disciplinen den politischen Gesichtspunkt aufzudrängen, der immer nur einen Teil jener Erscheinungen überblicken läßt, so ist sie auch nicht in dem Verstande zu fassen, daß dadurch die Betrachtung zwar ins Weite, aber zugleich ins Flache gezogen würde und Erziehung und Bildung etwa als profuse Agentien des Lebens, ohne bestimmtes persönliches Subjekt und Objekt, ohne individuelle und zweckbewußte Vernunftthätigkeit angesehen werden sollten. Dazu ist die naive, durch keine Reflexion hindurchgegangene Auffassung allerdings geneigt, welcher es schon als Erziehen gilt, wenn die Jugend einigermaßen in Ordnung gehalten wird, und als Bilden, wenn einer Schülerherde ein überkommener Lehrstoff wohl oder übel beigebracht wird. Dieser naiven Ansicht giebt der Sophist bei Platon Ausdruck, wenn er meint, man dürfe so wenig nach einem Einzelnen als dem Vermittler der Tugendbildung fragen, als man frage, wer den Knaben Griechisch reden lehre, oder wer die jüngere Generation der Handwerker in ihrem Geschäfte unterweise[1]). Sie nimmt an der so vielköpfigen Erzieherschaft so wenig Anstoß, daß sie auch unpersönlichen Begriffen das Erziehen als Prädikat zusetzt: den Thunichtgut — hört man wohl — wird das Leben erziehen, die Not erzieht manchen, bei

---

[1]) Plat. Protag. p. 337.

dem Schule und Haus nichts ausrichteten. Dieser konfusen Kollektivität gegenüber, in der alle scharfen Striche verrinnen, ist die auf dem Individuum fußende Pädagogik im vollen Rechte, wenn sie Erziehen und Bilden nach ihrem idealen Gehalte und eigentümlichen Ethos als Werk der Persönlichkeit, auf die innere Verfassung einer zweiten Persönlichkeit gerichtet, verstanden wissen will, und nach dieser Seite liegt das Verdienst der Richtung, welche unter dem Vortritt Lockes die Pädagogik der Aufklärung eingeschlagen hat. Bei Locke ist alles auf das individual-persönliche Element bezogen; dies macht sich geltend in der Bestimmung des Erziehungszweckes als leiblich-geistige Gesundheit, in der souveränen Verfügung des Erziehers über die zu verwendenden Bildungsmittel nach dem Bedarfe des Subjekts, in der Weisung auf die Eigenart des Zöglings zu achten, endlich in der Opposition gegen den öffentlichen Unterricht. Bei Rousseau steigert sich diese Auffassung zu einem trotzigen Individualismus, welcher die Fäden durchreißt, die den Einzelnen an die Gesamtheit und an die Vergangenheit knüpfen und das Erziehungswerk, um es in seiner Eigenart zu fassen, in widernatürlicher und widergeschichtlicher Weise isoliert. Aber dadurch wird der subjektiv-individuale Faktor der Erziehung um so schärfer, man könnte sagen greller beleuchtet; manche von Rousseaus Forderungen — wie jene, die Kindesnatur zu belauschen, der Sinnesthätigkeit eine Rolle zuzuweisen, die eigene Erfahrung des Kindes zum Ausgangspunkte, seine Selbstthätigkeit zur steten Mitarbeiterin des Unterrichtes zu machen, die wissenschaftliche und die didaktische Methode zu unterscheiden — zeigen psychologischen Blick, haben specifische Aufgaben der Unterrichtskunst ans Licht gestellt und als Fermente der Methodik gewirkt [1]).

---

[1]) Wenn Herbart (Pädagogische Schriften, herausgegeben von Willmann 1873 — 1875, II 240) von Lockes und Rousseaus Pädagogik sagt: „So mußte der Standpunkt genommen werden, wenn das Eigentümliche der Pädagogik gegenüber der Sittenlehre sein bestimmtes Gepräge zeigen sollte", so ist dem beizupflichten; in dem weiterhin folgenden Satze aber: daß „das wahre Wesen der Erziehung nie zu Tage gekommen wäre", wenn jene Lehren nicht aufgestellt worden wären, liegt eine große Überschätzung derselben,

Von den Nachfolgern beider unternahm es zuerst Trapp, in seinem „Versuch einer Pädagogik" 1780 zur Erkenntnisquelle des Erziehers die Seelenlehre zu machen, und wenn er auch selbst auf der Oberfläche haften bleibt, so leitet er doch die folgenreiche Verbindung von Psychologie und Pädagogik ein. Die Durchführung dieser Verbindung ist das große Verdienst Herbarts, der als begründende Wissenschaft zugleich die Ethik — allerdings ein System, das man als Individualethik bezeichnen muß — heranzieht und die Pädagogik nach deduktiver Methode systematisch bearbeitet. Als Grundverhältnis gilt ihm das binäre Verhältnis von Erzieher und Zögling[1]), als Aufgabe: die Erziehung durch Wissenschaft zur Kunstübung zu erheben, als Erkenntnisprincip: der Zweck, das Innere des Zöglings einer idealen Verfassung entgegenzuführen, welche der Begriff der Tugend ausdrückt und die näher als die Vereinigung von vielseitigem Interesse und Charakterstärke der Sittlichkeit bestimmt wird, von der aber jede Beziehung auf den Beruf und auf sociale Aufgaben ferngehalten ist. Aus diesen Begriffen leitet Herbart ab die Kategorieen: Regierung, Unterricht und Zucht, die Bestimmungen über Verfahren, Materie und Gang des Unterrichtes, sowie über Verfahren und Wendung der Zucht. Als Hülfswissenschaft dient ihm dabei die Psychologie und mit besonderer Sorgfalt werden einesteils die Zwischenglieder behandelt, welche das Wissen und das Wollen vermitteln — Interesse, Teilnahme, Aufmerksamkeit, Gedankenkreis u. a. — und anderenteils die Verschmelzungen, vermöge deren sich die Vielheit der Anregungen zu einer Gesamtwirkung zusammenfaßt[2]). Zu den psychologischen Untersuchungen, welche der Pädagogik als Kunstlehre die Bedingungen und Mittel ihres Wirkens aufweisen, kommen aber bei Herbart noch andere hinzu, welche rein theoretischer Art sind und die Erziehung nur als Thatsache ihrer

---

von der Herbart in jüngeren Jahren freier war. Vergl. Päd. Schr. I, 336, 506 und II, 241, 258.

[1]) Vergl. Päd. Schr. I, 349 und II, 208.
[2]) Vergl. die komparative Übersicht der Herbartschen Pädagogik am Schlusse meiner Ausgabe II, 671 bis 688.

Möglichkeit nach zu erklären haben; sie behandeln die mannigfaltige individuelle Bildsamkeit der Zöglinge, den Bildungsgehalt der Erziehungsmittel und die Wirksamkeit der Erziehungsveranstaltungen[1]); freilich hat Herbart nur die charakterologischen Partieen in Angriff genommen, damit aber meisterhafte Anfänge zu einer neuen „Prüfung der Köpfe" geliefert[2]).

Herbarts Pädagogik bezeichnet den Höhepunkt der individual-idealistischen Auffassung der Erziehung; bei Theodor Waitz tritt der ethische Gesichtspunkt gegen den psychologischen zurück[3]) und noch viel weniger kommt bei Fr. Ed. Beneke die Fülle von inhaltsvollen Beziehungen, wie sie das Erziehungswerk zwischen Mensch und Mensch knüpft und die Herbart bis in ihre feinsten Verzweigungen zu verfolgen weiß, zur Geltung[4]). Die neuere englische Pädagogik hat die Fortschritte der deutschen nicht mitgemacht; Herbert Spencer kommt über einen modernisierten Philantropinismus nicht hinaus[5]) und Alexander Bain ist zwar reich an scharfsinnigen Bemerkungen, faßt aber den Begriff der Persönlichkeit nicht tief genug, um für die individualistische Begrenzung des Horizonts zu entschädigen[6]).

---

[1]) Päd. Schr. I, 340 f., 371, 548, II, 283, 292 f.
[2]) In den „Briefen über die Anwendung der Psychologie auf die Pädagogik" Päd. Schr. II, 291 f.
[3]) Allgemeine Päd. II. Aufl. herausgegeben von O. Willmann 1875.
[4]) Erziehungs- und Unterrichtslehre 1835. Neue Ausgabe, Berlin 1876.
[5]) Erziehungslehre übersetzt von Fritz Schulze. Jena 1874.
[6]) Erziehung als Wissenschaft, Deutsch, Leipzig 1880 (Internationale Bibl. Bd. XLV). Wie fern ihm die sociale Betrachtungsweise liegt, zeigt sein Urteil über den gelegentlich von J. Stuart Mill (in der Rektoralrede zu St. Andrews. Ges. Werke. Deutsch von Gomperz Bd. I, 305 f.) ausgesprochenen Gedanken: die Erziehung sei „die Ausbildung, welche jede Generation vorsätzlich ihren Nachfolgern giebt, um sie in den Stand zu setzen, den bisher erreichten Kulturstand mindestens aufrecht zu erhalten und wenn möglich, noch zu erhöhen". Bain sagt von dieser Begriffsbestimmung, sie sei „mehr großartig als streng wissenschaftlich und man könne ihr nichts entnehmen". (Erz. als W. S. 6.) Der fruchtbare Gedanke Mills erscheint Bain sozusagen überwissenschaftlich; wir gestehen aber, daß uns die Bain'sche Bestimmung, die Pädagogik sei die Kunst und Methode des schoolmasters — unterwissenschaftlich vorkommt.

Der Verlegung des Standpunktes in das Individuum haben wir eine namhafte Bereicherung, namentlich Verinnerlichung der pädagogischen Begriffe zu danken, und dieser Zuwachs an Einsicht darf beim Vorschreiten in das sociale Gebiet keinesfalls verloren gehen. Der Weg zu diesem muß durch die individualistische Pädagogik hindurch gelegt werden und die Erweiterung des Horizontes auf die kollektive Erziehungs- und Bildungsarbeit darf den Blick für deren individual-ethischen und psychologischen Verhältnisse nicht abstumpfen.

Daß aber ein solches Vorschreiten und Erweitern überhaupt notwendig ist und daß die individualistische Ansicht selbst mit dem Netze eines so scharfsinnig angelegten Systems, wie es das Herbart'sche ist, die Thatsachen nicht zu umspannen vermag, kann nicht zweifelhaft sein, wenn man sich Wesen und Stellung der Erziehung und Bildung vergegenwärtigt. Allerdings ist der schließliche Zweck beider, dem Menschen eine gewisse innere Verfassung zu geben, aber was diese ausmacht und was zu ihr mitwirkt, kann niemals in eine abstrakte Formel zusammengepreßt werden, die nun als Erkenntnisprincip zu dienen vermöchte. Erziehung und Bildung sind immer zugleich Überlieferung und Assimilation und haben einen vielförmigen geistig-sittlichen Lebensinhalt und die Gemeinschaften, welche dessen Träger sind, und denen die assimilierende Kraft innewohnt, zur Voraussetzung. Für beide Thätigkeiten ist der Inhalt, mit dem sie arbeiten, niemals bloßes Mittel, über welches sie nach individualen Rücksichten verfügen dürften, sondern er stellt zugleich ein zu verwaltendes, geschichtlich gegebenes Gut dar; ebenso sind ihre Formen, Verfahrungsweisen und Veranstaltungen derart mit anderen Bethätigungen verwachsen und geschichtlich bedingt, daß keine Deduktion sie zu erschöpfen vermag, welche vielmehr immer nur einzelne Fäden des Gewebes herausziehen kann, den Rest um so unentwirrbarer zurücklassend. Die Erziehung als Kunst mag einen der Höhepunkte der pädagogischen Thätigkeit bezeichnen, ihren Umkreis bezeichnet sie nicht; wo immer ein Geschlecht mit fürsorgender Liebe der ethischen Assimilation des Nachwuchses obliegt, wo ein Vater treulich „hinterm Webstuhl ab sich müht, daß sein blonder Junge wachse" (Freiligrath), wo eine Mutter betet, daß Gott ihren Kindern Leben und Gesundheit gebe und ein reines Herz bewahre, da ist Erziehung, und möglicherweise solche, an deren halb unbewußte Kraft keine Kunst heranreicht. Eben so wenig ist die Bildungsarbeit beschränkt auf jene höchste Leistung der allseitigen Ausgestaltung eines individuellen Geisteslebens, vielmehr ist ihre Stelle überall, wo sich intellektuelle Bedürfnisse, geistige Interessen regen und Gestaltung suchen und erhalten. — Wohl kann man die Beziehung zwischen zwei Individuen das Grundverhältnis der Erziehung und Bildung nennen, aber nur, wenn man darüber nicht vergißt, daß die Beziehung zwischen zwei Generationen ein ebenso fundamentales Verhältnis ist. Die Aufgabe der Erziehungs- und Bildungslehre ist nur dann im ganzen Umfange zu fassen, wenn man die individuale und sociale Ansicht von vornherein verbindet und so zugleich dem Reichtume und der Tiefe des persönlichen Verhältnisses und der Mannigfaltigkeit der socialen und geschichtlichen Verflechtungen gerecht zu werden sucht. Man kann den Charakter des Problems durch das Paradoxon ausdrücken: ohne Verständnis des Erziehungs- und Bildungswesens ist die Frage nach dem Wesen der Erziehung und Bildung nicht zu lösen, aber umgekehrt ist wieder letzteres der Schlüssel zu ersterem. Die Prozesse und Akte, wie sie sich in und zwischen Individuen anspinnen und abspielen, können nur mit Hinblick auf die Assimilation der Jugend im großen verstanden werden, aber umgekehrt will diese Kollektivthätigkeit in letzter Linie aus der Konkretion von ungezählten individualen Prozessen und Akten erklärt sein. Man kann die Didaktik mit gleichem Rechte definieren als die Lehre vom Bildungswesen und als die Lehre vom Bildungserwerb, wie er von Individuen vollzogen und vermittelt wird; nur muß, wenn man die letztere Fassung wählt, festgehalten werden, daß der Bildungserwerb immer durch die Gestalt, welche die bildende Arbeit schon angenommen hat, in der sie gleichsam substanziiert vorliegt, also durch das Bildungswesen bedingt ist und weder Ziele noch Stoffe, noch Mittel des Unterrichts jemals von dem Individuum autonom festgestellt werden können. Wird dagegen die erstere Fassung gewählt, so muß vor Augen stehen, daß es sich nicht bloß um die Darstellung der Schale oder des Gehäuses handelt, das sich die Bildungsarbeit gebaut hat, sondern zugleich um die Aufzeigung der in ihr webenden Kräfte, die schließlich auf das individuelle Streben und Schaffen zurückgehen. Es muß im ersteren Falle synthetisch bis zur Erklärung der Kollektiverscheinungen vorgeschritten, im letzteren analytisch bis zu den individualen Prozessen zurückgegangen werden. Gölte es, der Doppelseitigkeit der Aufgabe in der Definition selbst Ausdruck zu geben, so wäre diese dahin zu fassen: die Didaktik ist die Lehre vom Bildungserwerb, wie er auf Grund und als Grund des Bildungswesens von Individuen vollzogen und vermittelt wird; und analog wäre die Pädagogik als die Lehre von der fürsorgenden, auf die ethische Assimilation der Jugend gerichteten Thätigkeit, wie sie auf Grund und als Grund des Erziehungswesens von und auf Individuen ausgeübt wird, zu bezeichnen.

Die Schwierigkeit, welche darin liegt, daß weder das individuale, noch das sociale Princip einen schlechthin festen Standort und Ausgangspunkt gewährt, sondern jedes auf das andere hinweist und sich gleichsam hinter ihm versteckt, ist der Erziehungs- und Bildungslehre keineswegs eigentümlich, sondern es stoßen darauf alle Untersuchungen, welche die moralische Welt im einzelnen und im ganzen zum Gegenstande haben, falls ihr Tiefgang kein zu geringer ist. Der Staat beruht auf dem politischen Bewußtsein der ihm Angehörigen, auf dem ἦθος der Bürger, und will aus ihm erklärt werden, und doch ist dieses selbst nichts Anderes als ein Produkt des Staatslebens, Wurzel und Blüte zugleich. Der Markt ist ein großer Mechanismus, dessen Triebkräfte und darum Erklärungsgründe in den mannigfaltigen wirtschaftlichen Bedürfnissen der einzelnen Menschen liegen, aber ohne ihn gäbe es weder Wirtschaft noch wirtschaftliche Bedürfnisse, denn der Vater dieser ist der Verkehr, der im Markte seine substantielle Gestalt gewinnt. Für das Problem der Sprache ist der Schlüssel der sprechende Mensch, aber was ist dieser ohne die Sprache, welche ihm die Volksgemeinschaft entgegenbringt, und wie ist er anders zu verstehen als teilhaft des Gemeingutes, welches eben erklärt werden sollte aus seiner individuellen psychischen Thätigkeit? Sitten und Institutionen, Volks- und Zeitgeist stellen sich als objektive Mächte dar, die dem Geiste der Einzelnen ein Gepräge geben, welches ohne sie nicht gedeutet werden kann; aber näher betrachtet drohen sie sich selbst in Bewußtseinserscheinungen aufzulösen, für die kein anderer Ort übrig bleibt, als das individuelle Bewußtsein, und was aus ihnen erklärt werden sollte, wandelt sich zu ihrem Erklärungsprincip um.

Diese Doppelseitigkeit der Probleme drängt sich gleich sehr solchen Denkern auf, welche durch ihre ganze Richtung vorwiegend auf die Kollektiverscheinungen hingewiesen werden, wie solchen, welche mit Vorliebe auf das Individuelle reflektieren. Platon geht bei der Untersuchung über die Gerechtheit, welche die Aufgabe seiner Politeia bildet, von den großen Schriftzügen aus, mit denen sie in dem menschlichen Gemeinschaftsleben eingezeichnet ist und hofft, daß diese ihm die kleine Schrift deuten werde, mit welcher die Gerechtheit in des Menschen Gesinnung und Handlungen geschrieben steht[1]); aber er sieht sich doch im Verlaufe der Untersuchung darauf geführt, daß im Grunde die große und die kleine Schrift, der sociale Kosmos und das Individuum einander gegenseitig deuten müssen, und in diesem Sinne vergleicht er sie mit zwei Hölzern, die man gegeneinanderhalten und reiben müsse, um die Flamme hervorzulocken[2]). Von der entgegengesetzten Seite her kommt zu derselben Erkenntnis Herbart, welchen seine individualistisch angelegte psychologische Forschung dahin führt, anzuerkennen, daß der Mensch nicht zu verstehen sei, ohne die Gesellschaft und die Geschichte, obwohl diese doch wieder rückwärts aus der Zusammenwirkung der Einzelnen entsteht, so daß „man nicht auf einmal und auf einem geraden Wege fortgehend, sondern nur allmählich mit abwechselnd hin- und hergelenkten Schritten der richtigen Auffassung der psychologischen Thatsachen sich annähern kann"[3]), eine Erkenntnis, durch deren Anwendung auf Ethik

---

[1]) Rep. II p. 368.   [2]) Ib. IV p. 435.
[3]) Werke VI, 21. Vergl. IX, 185.

und Pädagogik Herbart diesen Wissenschaften eine wesentlich andere Gestalt hätte geben müssen¹).

Die neuere Forschung hat es mit Erfolg unternommen, durch jenes Feuerreiben Licht zu gewinnen, durch diesen Wandelgang sich dem Verständnis der moralischen Welt zu nähern und es hat die Forderung, das Einzelwesen und die Gesellschaft, den Mikrokosmus des persönlichen und den Makrokosmus des socialen und geschichtlichen Lebens wechselseitig aus einander zu deuten, wenigstens für die deutsche Wissenschaft fast schon die Geltung eines methodologischen Princips erhalten. Für die zur wissenschaftlichen Gestaltung vordringende Erziehungs- und Bildungslehre hat dies die doppelte Bedeutung, daß sie an den Unternehmungen dieser Art ebensowohl ein ermutigendes Vorbild für die Anwendung der die individuelle und die sociale Ansicht verknüpfenden Methode, als einen Vorrat von Materien und Vorarbeiten für das eigene Unternehmen findet.

Ein Untersuchungsgebiet, in welchem jenes Princip eine fruchtbare Anwendung erhalten hat, stellen die von M. Lazarus und H. Steinthal begonnenen völkerpsychologischen Forschungen dar, die einen Wechselverkehr zwischen der Psychologie einerseits und der Philologie, Ethnographie und Geschichte andererseits in Gang gesetzt haben, dem jene die namhafte Erweiterung ihres Horizonts, diese eine tiefere und zugleich feinere Fassung ihrer Aufgaben, die moralischen Wissenschaften im allgemeinen aber wertvolle Anregungen zu danken haben. Für die Pädagogik und Didaktik gilt es, einen ganz ähnlichen Verkehr zwischen den auf den psychologischen

---

¹) In meiner Ausgabe der pädagogischen Schriften Herbarts sind die Stellen hervorgehoben, in welchen sich das Bedürfnis zeigt, über den individualistisch angelegten Grundriß hinauszugehen und der Doppelseitigkeit des Problems gerecht zu werden. Vergl. Päd. Schr. I, XXXV und II, 287. Eine ähnliche Wendung vollzog Theodor Waitz in seiner praktischen Philosophie, die er anfangs in abstrakt-konstruierender Weise auf das Individuum begründete, um später den socialen Begriffen mehr und mehr principielle Geltung zuzuschreiben und schließlich bei den anthropologischen Forschungen anzulangen, welche er größtenteils darum unternommen, um der Ethik eine empirisch-sociale Basis zu geben. Vergl. meine Ausgabe, S. LX f.

Prozeß der Erziehung und Bildung und den auf ihre geschichtlich-sociale Gestaltung gerichteten Untersuchungen herzustellen, und schon wegen dieser formalen Analogie hätten unsere Disciplinen Grund, mit der Völkerpsychologie Fühlung zu suchen, wenn sie sich nicht zugleich durch ihren Gegenstand eben dahin verwiesen sähen. Von den großen Verbänden, welche vereint den socialen Organismus konstituieren, ist der nationale, der Volksverband, weil von der Natur am unmittelbarsten vorbereitet, der ursprünglichste und festeste, und wenn es sich um die sociale Lebenserneuerung handelt, so kommt als Subjekt und Träger derselben in erster Linie das Volk in Betracht. Vorzugsweise der nationale Typus wird durch Vererbung übertragen, die Güter des Volkstums: Sprache, Schrifttum, Volkssitte und -glaube sind die bedeutsamsten Vehikel der unbewußten wie der bewußten Assimilation der Jugend; ja man kann sagen, dem Volke eignet die Jugend: die Familie spricht von ihren Kindern, die Gesellschaftskreise reden von ihrem Nachwuchs, aber die Jugend heißt nach der Nation die griechische, die römische, die deutsche. Was den Erziehungssitten ihr Gepräge giebt, ist zwar nicht der Volksgeist allein, aber seine Mitwirkung dazu ist eine hervorragende: die christlichen Erziehungssitten sind andere bei diesem, andere bei jenem Volke und auch die ständischen verleugnen, wenngleich die Erziehung des Adels, der Bauernschaft u. s. w. einen überall wiederkehrenden Typus verraten, doch nicht die nationalen Unterschiede. Die vereinzelt unternommenen Versuche zu vergleichender Darstellung des Bildungswesens — als deren bedeutendster die Wieseschen „deutschen Briefe über englische Erziehung" zu nennen sind — haben gezeigt, wie sich auch hier nicht selten in überraschender Weise der nationale Charakter geltend macht von den organisatorischen Ideen an bis hinab zum Schulschlendrian und den Schülerunsitten.

Die psychologische Analyse des Volksgeistes, die Charakteristik des psychischen Nationaltypus, die Darlegung der das Volkstum ausmachenden Faktoren und ihres Verhältnisses zu einander, Aufgaben, welche sich die Völkerpsychologie gestellt und mit Glück in Angriff genommen hat, leisten demnach der Erziehungs- und Bildungslehre unentbehrliche Dienste und selbst gelegentliche auf ihren Gegenstand fallende Schlaglichter können diesen in dankenswerter Weise erhellen[1]). Umgekehrt kann aber in manchen Untersuchungen die Völkerpsychologie von einer ihr homogenen Pädagogik mannigfache Förderung erhalten; so kommt für die Fragen nach dem Ursprunge der Sprache und der Sitte das Erwachen des Sprach- und Sittenbewußtseins beim Kinde wesentlich in Betracht, und so wenig dies von den Forschern übersehen worden ist[2]), so können solche Untersuchungen doch erst Körper bekommen, wenn die Pädagogik das ihr zugehörige Material verarbeitet und organisiert hat. Für das ganze Gebiet von psychischen Vermittelungen, welches wir als das der ungewollten Assimilation bezeichnet haben (oben S. 10), und das sich in das Volks- und Völkerleben weit hinein erstreckt (S. 14), werden die pädagogischen Erscheinungen — um den baconischen Ausdruck zu brauchen — immer die instantiae ostensivae sein, wie denn die Erziehungslehre, darauf angewiesen, zwischen bewußten und unbewußten Einwirkungen bestimmter zu unterscheiden, allererst Anlaß giebt, jenes Gebiet als ein besonderes abzugrenzen.

Aber selbst eine wichtige Kategorie kann der Völkerpsychologie aus einer erweiterten Bildungslehre zuwachsen und zwar die der Bildung selbst. Was einem Volke als Bildung gilt, also jener, wie immer beschaffene, loser oder fester gefügte Komplex von allgemein geltenden und verwendbaren Fertigkeiten und Kenntnissen, ist ein eigenes Gebiet und zugleich ein Zeugnis seines Schaffens, allerdings durch die vorhandene Sprache, Dichtung, Wissenschaft, Kunst, Religion und andere Faktoren bedingt, aber doch in keiner jener Bethätigungen aufgehend. In der παιδεία zeigt der hellenische Volksgeist um

---

[1]) Vergl. die inhaltsvollen Bemerkungen Lazarus' in dem Aufsatze „Über die Verdichtung des Denkens in der Geschichte" (Zeitschrift für Völkerpsychologie und Sprachwissenschaft II S. 55) und in der Abhandlung „Über das Verhältnis des Einzelnen zur Gesamtheit" (das. S. 443 f., abgedruckt im „Leben der Seele" 2. Aufl. I, 323 f.) und die Andeutungen Steinthals in dem Artikel „Zur Stylistik" (Zeitschrift IV, S. 465).

[2]) Lazarus „Leben der Seele" 2. Aufl. II S. 166 f. und Zeitschrift I S. 471. Steinthal, Einleitung in die Sprachwissenschaft an vielen Stellen.

nichts weniger seine schöpferische Kraft als in seiner Litteratur, Wissenschaft und Kunst, und sie ist mehr als etwa nur die Form des geistigen Konsums dieser Güter; wenngleich sie denselben ihren Inhalt entnimmt, so ist das Princip, durch welches sie ihn zu einer Einheit verknüpft, ein ihr eigenes und durch den Hinweis auf jenen Inhalt noch nicht erklärt. — Was sich unter dem Namen des Humanismus im XV. Jahrhundert als geistige Bewegung und bald als Lebensmacht zuerst in Italien, dann bei den anderen Völkern Europas geltend macht, war weder Wissenschaft, noch Poesie, noch Kunst, obgleich die Vertreter des neuen Elementes bald als Gelehrte, bald als Poeten, bald als Künstler und Kunstliebhaber auftreten, vielmehr war es eine eigentümliche Proteusgestalt, wie sie Burckhardt meisterhaft geschildert hat[1]), die sich nach manchen Wandlungen im Bildungswesen verfestigte und dort noch heute nachwirkt. Beide Beispiele können zeigen, daß in der Reihe der intellektuellen Schöpfungen des Volksgeistes, als welche die Völkerpsychologie zunächst: Sprache, Mythus, Dichtung, Wissenschaft und Kunst ins Auge gefaßt hat, auch die Bildung eine Stelle beanspruchen kann, wie sie eine solche im Gebiete der organisatorischen Thätigkeit in Gestalt des Bildungswesens bereits erhalten hat.

Ein anderer Zug von Untersuchungen, in welche die Erziehungs- und Bildungslehre hinein zu versetzen ist, sind die moralstatistischen, vorzugsweise jene, für welche der von Alexander von Öttingen geltend gemachte socialethische Gesichtspunkt der leitende ist, der die Gesetzlichkeit der Kollektivbewegung mit der individuellen Freiheit in Einklang zu setzen unternimmt[2]). Für eine Darstellung des socialen Erneuerungsprozesses bieten diejenigen moralstatistischen Ergebnisse, welche die Polarität und das Gleichgewicht der Geschlechter, die Eheschließung und die Progenitur betreffen, eine breite empirische Grundlage und sie sind vorzugsweise geeignet, den Gedanken der

---

[1]) J. Burckhardt Die Kultur der Renaissance in Italien 2. Aufl. 1869.
[2]) A. von Öttingen Die Moralstatistik und die christliche Sittenlehre. Ein Versuch einer Socialethik auf empirischer Grundlage. Erlangen. Zuerst 1868.

Solidarität der Gesellschaft und der Generationen auszureifen, in der sich Natürliches und Sittliches, Nothwendigkeit und Freiheit so wunderbar ineinander flechten. Die von der Moralstatistik als „das Gesetz der Kompensation" bezeichnete Thatsache, daß nach Ereignissen, welche, wie große Kriege u. s. w. die männliche Bevölkerung in namhafter Weise zusammenschmelzen machen, die Knabengeburten über das normale Maß steigen und zugleich die Knabensterblichkeit abnimmt, gerade als sollten dem verletzten Organe alle Lebenssäfte des Socialkörpers zur Wiederherstellung zugeleitet werden, ist recht eigentlich ein $\vartheta\alpha\upsilon\mu\alpha\sigma\tau\acute{o}\nu$, welches das Weben der Kräfte ahnen läßt, die den Naturhintergrund des socialen Erneuerungswerkes bilden[1]). — Die statistischen Beobachtungen über die Sterblichkeit der Altersklassen haben ermöglicht, von dem successiven Bestande einer zu bestimmter Zeit ins Leben getretenen Generation ein Bild zu gewinnen; die graphische Fixierung eines solchen kollektiven Lebenslaufes stellt einen Stamm dar, der mit breiter Basis beginnt, anfangs — wegen der Kindersterblichkeit, die nach einem Jahre den Bestand um ein Viertel verringert — schnell an Breite abnimmt, dann aber langsamer sich verjüngt, bis er, wo der Bestand nach etwa zwanzig Jahren auszudrücken ist, die Hälfte der Basis beträgt. Damit wird zwar noch nicht ein Bild der socialen Lebenserneuerung, wohl aber der haltbare Rahmen zu einem solchen gewonnen. Zu seiner Ausfüllung giebt die Schulstatistik einen wichtigen Beitrag, indem sie die großen Bildungswege aufzeigt, welche eine Generation einschlägt und die letztere wenigstens bis zur Erreichung von bestimmten Niveaus begleitet. Noch fehlt es aber an einem Gesamttableau, welches die ganze Verzweigung der Bildungs- und Lebenswege, das Geflecht von größeren und kleineren Adern, die dem socialen Organismus das junge Blut zuführen, aufweise.

Auch das Unternehmen der Moralstatistik, geistige Kollektiverscheinungen der Messung zu unterwerfen, verspricht der Bildungslehre Gewinn abzuwerfen, indem es gewisse Visierstangen zur Aus-

---

[1]) Daselbst I S. 343 f.

messung eines Feldes befestigt, welches bei bloßer Schätzung so vielfach über seine Dimensionen täuschen kann. Die Ziffern, welche den Schulbesuch, die Schreibfähigkeit der Erwachsenen (Ehekontrahenten, Rekruten), die Brieffrequenz, die litterarische Produktion, den buchhändlerischen Verkehr u. a. ausdrücken, geben nicht zu unterschätzende Bestimmungen an die Hand, den Bildungsstand der Gesellschaft und die in derselben sich vollziehende Cirkulation der geistigen Güter zu beurteilen, mag immerhin beides auch von solchen Faktoren mit bestimmt werden, die sich ihrer Natur nach der Zählung und Rechnung entziehen.

Durch die vorzugsweise die Kriminalität zum Stützpunkte nehmenden Untersuchungen über den Einfluß des Bildungsstandes auf die Volkssittlichkeit, hat die Moralstatistik einen Beitrag zur Lösung von Fragen gegeben, welche für die Pädagogik wie für die Ethik die größte Bedeutung haben. Freilich hat es auf diesem Gebiete nicht an voreiligen und falschen Schlüssen gefehlt, welche wie der Perdonnetsche Satz: „Unterrichten ist Versittlichen", auf der Verkennung des Unterschiedes von Wissen und Gewissen, Intelligenz und Willen beruhen; allein an solchen Mißgriffen trug nicht sowohl die statistische Beobachtung, als vielmehr die unzulängliche ethische Anschauung, welche jene zu deuten unternahm, die Schuld. Der seit dem vorigen Jahrhundert auch in der Ethik herrschend gewordene Individualismus und der ihm nächstverwandte Intellektualismus hatte sie dem socialen Gebiete so entfremdet, daß ihr für die, man kann sagen, plötzlich in den Gesichtskreis getretenen Kollektiverscheinungen, wie sie die Statistik aufwies, die Gesichtspunkte fehlten. Es ist das Verdienst Öttingens, die Erweiterung der älteren Personalethik zur Socialethik nachdrücklich gefordert und damit ihre Befähigung zur Verarbeitung der moralstatistischen Thatsachen angebahnt zu haben. Wenn er dabei zugleich dem christlichen Ideeengehalte seine konstitutive Bedeutung wiedergiebt, so ist dies nicht, wie es wohl aufgefaßt wurde, eine Liebhaberei, die dem Theologen zugute zu halten sei, sondern es beruht auf der Einsicht, daß nirgend tiefer und reiner als in jenem die Gegensätze von Einzelwesen und Gesamtheit, von persönlichem Werte und gliedlicher Dienstbarkeit, von sittlicher Freiheit und natürlich-geschichtlicher Gebundenheit ihre Versöhnung finden, und nur das wäre zu wünschen gewesen, daß sich Öttingen gegenüber den großen socialethischen Erscheinungen der christlichen Welt, welche über das Luthertum hinausliegen, größere Unbefangenheit bewahrt hätte. —

Den leitenden Gedanken einer Völkerpsychologie und einer Socialethik sind die Principien, nach denen August Comte seinen oft überschätzten Plan einer Sociologie gestaltet hat, nicht ebenbürtig und insbesondere wenig geeignet, in der Frage der Wechselwirkung von Individuum und Gesellschaft Aufschlüsse zu geben. Die Ansicht Comtes, daß die Psychologie lediglich ein Teil der Biologie sei und an der Phrenologie ihren wissenschaftlichen Kern habe, kann eine Untersuchung des individuellen Seelenlebens unmöglich zur Entfaltung kommen lassen; der unorganische Charakter seiner Moralphilosopheme, deren sensualistischer Grundzug durch die seltsamste Aufpfropfung höherer und reinerer Elemente nicht berichtigt wird, läßt seine Gesellschaftslehre bis zu den Aufgaben der Socialethik gar nicht vordringen: sie bleibt Socialphysik und verdunkelt die ethischen Probleme, indem sie voreiliger Weise den Begriff des Gesetzes, wie er von der natürlichen Welt abstrahiert ist, auf die moralische ausdehnt. Auch die geschichtsphilosophischen Ideeen Comtes halten einer unbefangenen Prüfung nicht Stand; der bis zum Überdruß wiederholte Gedanke, daß die menschliche Intelligenz zuerst eine Kindesperiode, in welcher der Glaube und die Theologie, dann eine Jünglingsepoche, in welcher das abstrakte Denken und die Metaphysik herrschte, durchlaufen habe, um endlich in das Mannesalter des Positivismus zu treten, dessen Signatur die Erfassung der Thatsachen sei, ist kein Schlüssel für den Entwickelungsgang des menschlichen Geistes. Dem innern Werte nach müßten die Principien der drei Comteschen Epochen geradezu in umgekehrte Reihenfolge treten: der Kultus der Thatsachen bezeichnet die unterste Stufe des Weltverstehens, die von der Erscheinung zum Wesen vorstrebende Spekulation eine höhere, die höchste aber die Einsicht, daß das Organ des

Verstehens überhaupt nicht im stande und nicht berufen ist, das Ganze des Gegebenen zu ergreifen, daß es vielmehr eine Realität giebt, deren sich der Menschengeist nur im Glauben bemächtigen kann. Comtes Äußerungen über Erziehung und Bildung haben sehr verschiedenen Wert: sie sind ungereimt-phantastisch, wenn er jene als die Hebel der neuen positivistischen Weltepoche charakterisiert und zu ihrer Regelung eine Hierarchie der Intelligenz beruft, bei der weder etwas von einem ἱερόν, noch von intellektuell-belebender Kraft anzutreffen ist; sie sind dagegen scharfsinnig und treffend, wo er die Erziehung in dem Konsensus der socialen Erscheinungen aufsucht, und fordert, daß man zu ihrem Verständnisse über die psychologischen und abstrakten Bestimmungen hinausgehen und den geschichtlich wechselnden Stand der Civilisation heranziehen müsse[1]). In der Aufweisung dieses Konsensus, d. i. der Zusammengehörigkeit und der Wechselwirkung der Kollektiverscheinungen, wie sie Comte als Aufgabe der socialen Statik charakterisiert, liegt das Anregende und Fruchtbare seines Unternehmens, und insofern die Socialforschung erst anhebt mit der Reflexion auf die Totalität der gesellschaftlichen Phänomene, kann Comte unter den Bahnbrechern derselben eine Stelle beanspruchen.

In der Fixierung der Totalansicht der socialen Erscheinungen liegt auch das große Verdienst jener Unternehmungen unserer Tage, welche die moderne Naturforschung, insbesondere die Entwickelungslehre zur Begründung der Gesellschaftswissenschaft heranziehen: der sociologischen Theorieen Lilienfelds und Schäffles[2]). Beide

---

[1]) Vergl. Cours de philosophie positive IV, 349. La vicieuse prépondérance des considérations biologiques et l'irrationel dédain des notions historiques ont pareillement conduit à méconnaître profondément la véritable évolution sociale et à supposer une fixité chimérique à des dispositions essentiellement variables. Cette influence nuisible est surtout très marquée dans la plupart des théories relatives à l'éducation, presque toujours considérée ainsi à la manière théologico-métaphysique, abstraction faite de l'état correlatif de la civilisation humaine.

[2]) Paul von Lilienfeld Gedanken über die Socialwissenschaft der Zukunft, 4 Bde. Mitau 1873 f.; Albert Schäffle Bau und Leben des socialen

Forscher gehen darauf aus, dem uralten Gleichnisse, welches das sociale Leben durch das organische deutet, die Bildlichkeit abzustreifen und die Analogie von Gesellschaft und lebendem Körper als eine reale nachzuweisen, derart, daß beide als Kräftekomplexe gefaßt werden, dieser als Komplex physischer, jener als ein solcher ideeller Kräfte. Zur Durchführung dieser leitenden Idee wählt der geistvolle Gouverneur von Kurland eine mehr aphoristische, an verschiedene Probleme anknüpfende Darstellungsform; Schäffle dagegen unternimmt es, gleichsam das Gradnetz des Globus, den der sociale Kosmos darstellt, zu zeichnen und auf Grund umfassender Kenntnisse auszufüllen. Seine sociologische Encyklopädie bezeichnet für eine zu den kollektiven Erscheinungen vordringende Erziehungs- und Bildungslehre in gewissem Betracht den terminus ad quem, indem sie die Stelle zeigt, welche ihr Gegenstand im Gefüge des ganzen Komplexes auszufüllen bestimmt ist, und wir haben an der Spitze dieser Erörterungen die hohe Bedeutung des Begriffes des Socialkörpers im Sinne dieser Theorieen für den vorliegenden Zweck gewürdigt.

Dennoch wird man den Gesichtspunkt der auf der Naturforschung basierten Sociologie nicht überschätzen dürfen: er beherrscht zwar ein weiteres Gebiet als irgend ein anderer, aber seine Verwendbarkeit zur Erklärung der Erscheinungen ist doch nur eine begrenzte. Jene Theorieen haben für das Problem der Wechselwirkung von Individuum und socialem Kollektivwesen keine Handhabe und können sie nicht haben, weil sie Begriffe der natürlichen Welt auf die geistige übertragen, unangesehen der generischen Verschiedenheit beider Gebiete. Die Auffassung, daß die Analogie von Gesellschaft und lebendem Körper mehr sei als ein lehrreiches und fruchtbares Gleichnis, daß sie auf einer realen Konformität beider beruhe und darum geradezu als sociologisches Erkenntnisprincip benutzt werden könne, beruht auf einer Übereilung. Der Gesellschaft wird nicht genug gethan, wenn man sie als einen Komplex ideeller Kräfte bezeichnet:

Körpers. Encyklopädischer Entwurf einer realen Anatomie, Physiologie und Psychologie der menschlichen Gesellschaft, 4 Bde. Tübingen 1875 f.

sie ist vielmehr ein ideeller Komplex von Kräften. Eine durch Sprache, Sitte, nationale Interessen u. s. w. verknüpfte Menschenmasse ist noch nicht ein Volk, sondern erst eine solche, die sich als ein Volk auffaßt, betrachtet, weiß¹); eine Schar von Gläubigen, welche von einem und demselben religiösen Ideeengehalte durchdrungen sind, macht noch keine Religionsgemeinschaft aus, sondern erst das Bewußtsein derselben, im Glauben vereinigt zu sein. Beim tierischen Organismus genügt eine gewisse Komplikation von Kräften, um dem Wesen Realität zu geben, beim socialen müssen die webenden Kräfte zunächst eine Tat des Bewußtseins veranlassen, welche ihm erst Realität verleiht; ohne diese Tat, also einen Akt der Freiheit, eine geistige Setzung ist das sociale Wesen gar nicht vorhanden. Darum hat das Einzelbewußtsein für das sociale Kollektivwesen eine ganz andere Bedeutung, als das organische Einzelwesen, die Zelle, für den lebenden Körper. Die Zelle ist Bestandteil des Organismus; das Einzelbewußtsein ist nicht bloß Bestandteil des socialen Kollektivwesens, sondern zugleich der Herd der immer neuen ideellen Erzeugung desselben. Die Zelle ist gegenüber dem Organismus eine Einheit niederer Ordnung, oder teleologisch ausgedrückt: sie ist für denselben da, auf ihn als Zweck bezogen; das Verhältnis von Individuum und Gemeinschaft dagegen ist durch eine analoge Unterordnung nicht zu bestimmen: beide sind für einander da, keines ein bloßes Mittel für das andere; die moralische Welt läuft in zwei Spitzen zugleich aus: in der individuellen Persönlichkeit und in der geistig-sittlichen Gemeinschaft; der Stufenbau der physischen Welt macht hier einem neuen architektonischen Principe Platz.

Die tiefe und zugleich anspruchslose Weisheit der christlichen Weltanschauung weist auch in diesem Punkte auf das Rechte hin, und an ihr kann die naturalistische Auffassung ihre Rektifizierung finden. Das Gleichnis vom lebendigen Leibe hat für die christliche Ansicht eine fundamentale Bedeutung, und keine mechanistische oder

---

¹) Vergl. darüber die treffenden Bestimmungen im Programme der Zeitschrift für Völkerpsychologie und Sprachwissenschaft Bd. I.

individualistische Zeitströmung hat die Kirche an ihrem organischen Charakter irre gemacht; aber die Eingliederung in den mystischen Leib bedeutet nicht die Aufhebung des absoluten Wertes des individuellen Geistes, vielmehr ist die Obsorge, daß jeder Einzelne das Leben habe und Keiner Schaden leide an seiner Seele, welchen Schaden alle Güter der Welt nicht aufwögen, die höchste Funktion der christlichen Gemeinschaft.

III.

Mit der Forderung, Pädagogik und Didaktik auf die socialen und kollektiven Erscheinungen ihres Gebietes auszudehnen, ist auf das Engste die andere verbunden, ihren Horizont zugleich nach Seiten der Geschichte zu erweitern, ja beide sind, richtig verstanden, nur verschiedene Fassungen eines und desselben Princips. Erziehung und Bildung im ganzen des socialen Erneuerungsprozesses aufsuchen, heißt nichts anderes, als ihre Stellung in der geschichtlichen Lebensbewegung, ihre Mitwirkung zur historischen Kontinuität der menschlichen Dinge zu erkennen streben; sie als ein Verhältnis der Generationen, als Überlieferung und Assimilation auffassen, bedeutet, sie unter den historischen Gesichtspunkt stellen, denn was da überliefert wird und worin die assimilierende Kraft liegt: die geistig-sittlichen Güter und die menschlichen Verbände sind überall ein geschichtlich Gewordenes und durch Geschichte zu deutendes; den Kräften und Verhältnissen nachgehen, welche sich im Erziehungs- und Bildungswesen kollektiv zusammenfassen, heißt mit historischen Erscheinungen und Werten arbeiten, denn dieselben sind, wenn schon in letzter Linie auf die menschliche Natur zurückgehend, doch verschieden gestaltet nach den Epochen der geschichtlichen Entwickelung.

Trotz dieser Verwandtschaft der socialen und der historischen Betrachtungsweise hat die Erziehungs- und Bildungslehre von je eine gewisse Sprödigkeit gegen die Anwendung der letzteren gezeigt, selbst da, wo sie die erstere nicht vernachlässigt, so daß es nicht an Systemen fehlt, bei denen die kollektiven Erscheinungen zwar in Betracht gezogen sind, nicht aber ihrer geschichtlichen Bedingtheit genug gethan wird. Der Grund davon liegt darin, daß allermeist die pädagogische Reflexion durch den praktischen Antrieb hervorgerufen wird, die bestehenden Erziehungssitten und Bildungsformen zu verbessern, wenn nicht völlig zu neuern, und daher weniger auf deren Ursprung und Entwickelung als auf deren Gestaltung für die Zukunft gerichtet ist. Ein reformatorisches Streben aber wird niemals der Vergangenheit gerecht; indem es darauf ausgeht, das Gegebene umzubilden, kann es nicht unbefangen die Kräfte und Werte untersuchen und schätzen, welche in diesem vorliegen und so nicht das volle Verständnis für die darin aufgesammelte geschichtliche Arbeit bewahren.

Platon verschmäht zwar nicht, für den Erziehungsplan seiner Denker-Regenten Anknüpfungspunkte im Überlieferten zu suchen: teils in nationalen Erziehungssitten, teils in der tiefsinnigen Pädagogik der Pythagoräer; allein wie wenig seine Auffassung der Jugendbildung eine historische ist, können seine Forderungen, daß sie ohne Familienleben, ohne Verwendung der volkstümlichen Tradition und Dichtung, ja für den Anfang ohne den Verkehr der Jugend mit dem für unverbesserlich erachteten älteren Geschlechte bewerkstelligt werden solle. Aber auch in den „Gesetzen", wo sich Platon näher dem Gegebenen hält und selbst der Auffassung der Erziehung als Fortpflanzung sittlicher Güter so weihevollen Ausdruck giebt (oben S. 29), fehlt doch der Ausblick auf die geschichtlichen Vermittelungen, wie sie alle Einrichtungen des Gemeinwesens bedingen und durch keine aus einem abstrakten Principe hergeleiteten Bestimmungen ersetzt werden können[1]). Im Grunde haftet der gleiche Mangel notwendig jeder Staatspädagogik an, deren Einseitigkeit die Ungeschicht-

---

[1]) Darüber R. Hildenbrand Geschichte und System der Rechts- und Staatsphilosophie I, 200.

lichkeit ist, welche darin besteht, daß über der organisatorischen Thätigkeit des Staates die historischen Faktoren, welche früher als der politische Verband das Erziehungs- und Bildungswesen formten, vergessen werden.

Für die Lehrkunst des XVII. Jahrhunderts, welche ebenfalls die gefährliche Nähe der „Regimentskunst" suchte (S. 30), ist das Motto, welches ihr Bahnbrecher Wolfgang Ratke seinen Schriften gab: vetustas cessit, ratio vicit, bezeichnend, und wenn auch bei dem bedeutendsten Vertreter jener Bestrebungen, bei Komensky, der Bruch mit der Vergangenheit nicht so schroff ausgesprochen ist, so giebt doch auch er sich keine Rechenschaft darüber, wo seine universale Studienreform in der vorausgegangenen Entwickelung ihre Stützpunkte finden möge¹). Immerhin besaß diese ältere Didaktik solche Stützpunkte wenigstens in dem festgehaltenen philologischen und theologischen Elemente der Bildung, die ihr folgende Aufklärungspädagogik aber gab auch diese auf. Bei Rousseau ist der vollständige Bruch mit der Vergangenheit geradezu Princip, und obschon die Nachfolger seine Maxime: „Thut immer das Gegenteil des Hergebrachten und ihr werdet das Rechte treffen," einigermaßen milderten, so waren sie doch davon überzeugt, daß das Traditionelle mindestens verdächtig sei und daß die Pädagogik von vorn anfangen müsse und könne. Man sah damals auf diesem wie auf allen Gebieten das Heil in der Erfindung neuer Methoden, der Erschließung unbetretener Wege, die zu einer Vollkommenheit führen sollten, von welcher ältere, unaufgeklärte Zeiten gar keine Vorstellung gehabt, und

---

¹) Zwar führt Komensky seine unmittelbaren Vorgänger, wie Ratke, Bodinus, Fortius, Bateus u. a., gewissenhaft an (vergl. Didactica magna Einl. §. 10 und Methodus linguarum novissima cap. 8); allein sowohl die großen encyklopädischen Werke des Mittelalters, die entfernteren Vorläufer seiner pansophischen Unternehmungen, als auch viel gebrauchte ältere Schulbücher, wie J. Murmellius' Pappa, in welchem das Princip der Janua, die Vokabeln nach sachlichen Rücksichten anzuordnen, schon angewendet wird, sind ihm nicht bekannt. Ebensowenig würdigt er das System der sieben freien Künste, welches die von ihm geforderten mathematischen Studien in sich begriff, und knüpft nur äußerlich an dasselbe an (Did. magna cap. 30).

der Gedanke lag gänzlich fern, daß man dabei freiwillig oder unfreiwillig mit dem Vermächtnisse eben jener Zeiten arbeite, bedingt und bestimmt sei durch das, was von je über den Gegenstand gedacht und verfügt, darin versucht und geleistet worden.

In eigentümlicher Weise erscheint der damals herrschende Zeitgeist mit dem entgegengesetzten Bedürfnisse nach Anschluß an das Altbewährte und Wurzelhafte bei Pestalozzi verbunden, dessen Bestrebungen vornehmlich durch die Vereinigung dieser heterogenen Elemente so schwer verständlich werden. Er betont, zumal in seinen älteren Schriften, daß für die Erziehung nicht in neuen Erfindungen, sondern in der anspruchslosen, aber tiefen häuslichen Weisheit, wie sie die Vorfahren besessen, Hülfe zu suchen und an die „verehrungswürdigen Überreste einer besseren Erziehungszeit unserer Alten"[1] anzuknüpfen sei. Dagegen tritt sein Erziehungsunternehmen selbst mit dem größten Anspruche auf Neuheit und Vollkommenheit auf, und werden selbst naheliegende geschichtliche Stützpunkte nicht gewürdigt und genutzt; bei Aufstellung seiner drei Bildungsmittel: Sprache, Form und Zahl, kommt es Pestalozzi nicht in den Sinn, daß diese die nämlichen seien, die vom Altertum her dem Unterrichte zu Grunde gelegt worden — den Pythagoräern war die Zahl und das Maß das Fundament der Weisheit und nach ihr das Weiseste die Geisteskraft, die den Dingen die Namen gegeben — und daß bei ihrer didaktischen Organisation auf diese tausendjährige Verwendung Rücksicht genommen werden müsse; ebenso entgeht ihm bei dem Suchen nach einem idealen Kern für den Volksunterricht, daß dieser durch das Christentum längst gegeben und organischer Erweiterung durch nachgewachsene Elemente wohl fähig sei.

So weit Pestalozzis Unbehülflichkeit und die zweckbewußte Klarheit Herbarts von einander abstehen, so zeigt sich doch auch bei letzterem ein ähnlicher Mangel an Ausgleichung zwischen der

---

[1] Schweizerblatt 1782. Ges. Werke herausgegeben von Seyffarth VII 273, 294 u. sonst.

unhistorischen Auffassung der Erziehung, wie sie im Zeitgeiste lag, und einer tiefer gehenden Ansicht der Sache. Princip und Anlage seiner Pädagogik sind individualistisch, und diese hat darum eine zu schmale Basis, als daß die Würdigung der historischen Faktoren der Erziehung Platz greifen könnte. Er ist der Ansicht, daß das Eigentümliche der Pädagogik und das wahre Wesen der Erziehung erst durch die mit Locke beginnende Reflexion auf das Individual-Persönliche eines bestimmten Zöglings zu Tage gekommen sei[1]), und legt nur darauf Gewicht, daß sich seit Locke die Erziehungskunst kontinuierlich entwickelt habe[2]); in seiner Rezension über die Erziehungslehre von Schwarz bezeichnet er dessen Mitteilungen über das Bildungswesen des Mittelalters „als wenig anmutige Dinge, die ihr historisches Interesse haben, auch wohl ein gerechtes Vergnügen über den heutigen bessern Zustand des Unterrichts und der Erziehung gewähren", und auch die Angaben über die Humanisten interessieren ihn weniger als die Frage, was ein Methodiker wie Johannes Sturm wohl heutigen Tages anordnen würde[3]): so wenig giebt er dem Gedanken Raum, daß im Mittelalter unsere Universitäten, in der Renaissancezeit unser Gymnasialwesen ihre Wurzeln haben und ohne Zurückgehen auf diese älteren Perioden der Grundstock unserer heutigen Bildung nicht zu verstehen ist. Dem gegenüber fehlt es aber bei Herbart nicht an Äußerungen, welche zeigen, daß sein Blick nicht so ganz durch die Schranken des Systems eingeschlossen war, sondern sich gelegentlich auf die historischen Voraussetzungen des Erziehungswertes richtete. Schon in der „Allgemeinen Pädagogik" von 1806 bezeichnet er als den „wahren und rechten Erzieher die ganze Macht dessen, was Menschen je empfanden, erfuhren und dachten" und als „das Höchste, was die Menschheit in jedem Moment ihrer Fortdauer thun kann, daß sie den ganzen Gewinn ihrer bisherigen Versuche dem jungen Anwuchs konzentriert darbiete"[4]). Noch ausdrücklicher hebt er später im Zusammenhange psychologischer Erörte-

---

[1]) Pädagog. Schriften II 240 und 233.   [2]) Das. II 295.
[3]) Das. II 233. 237.   [4]) Das. I 337.

rungen die geschichtliche Bedingtheit alles Menschlichen hervor; jedes Zeitalter überliefere dem folgenden seine am meisten ausgearbeiteten Gedanken, seinen Sprachschatz samt seinen Erfindungen, Künsten, gesellschaftlichen Einrichtungen; in jedem von uns lebe die ganze Vergangenheit und darum könne die empirische Psychologie, von der Geschichte des Menschengeschlechtes getrennt, nichts Vollständiges ergeben[1]).

Diese Erweiterung und zugleich Vertiefung der Anschauung vollzog sich nicht ohne den Einfluß jener allgemeinen Wendung zur historischen Betrachtungsweise, wie sie in den ersten Jahrzehnten des neunzehnten Jahrhunderts unter Einwirkung der damaligen Weltlage auf den verschiedensten Gebieten eintrat. Die individualistische und mehr oder weniger pietätslose Weltansicht der Aufklärungsepoche machte einer Lebensanschauung Platz, welche allenthalben auf die Vermächtnisse der Vergangenheit zurückgriff und in den historischen Faktoren den Widerhalt und den Erklärungsgrund des Gegebenen erblickte. Diese Wendung gewann in allen Wissenschaften Geltung; für die Jurisprudenz und für die Sprachforschung wurde sie epochemachend, Staatslehre und Nationalökonomie danken ihr wesentliche Bereicherung; die Erziehungs- und Bildungslehre erfuhr zwar keine Bearbeitung „nach historischer Ansicht", aber auch auf ihrem Gebiete wurde an der Herstellung der in der Aufklärungsperiode aufgegebenen Kontinuität gearbeitet und erwachte das Interesse für geschichtliche Untersuchungen. Namhafte Mitwirkung übten dabei, wie in anderen Wissenschaften, so auch hier, die Schellingsche und die Hegelsche Spekulation; ersterer neigte Schwarz zu, welcher das erste Mal

---

[1]) Lehrbuch zur Einleitung in die Philosophie 1813 W. I 302. Vergl. auch die Schrift „Über einige Beziehungen zwischen Psychologie und Staatswissenschaft W. IX 185 und 210. Wenn ich in der Einleitung zu den „Pädagogischen Schriften" Herbarts I, XXXV bemerkte, es bleibe unbenommen, zu behaupten, daß bei Herbart die Geschichte als Hülfswissenschaft der Pädagogik verwendet sei, so ist damit doch zu viel gesagt; was sich behaupten läßt, ist, daß die Konsequenz von Äußerungen, wie die obenstehenden, die Heranziehung der Geschichte als begründende Wissenschaft sein müßte, eine Konsequenz, die Herbart aber zu ziehen unterließ.

die „Geschichte der Erziehung nach ihrem Zusammenhange unter den Völkern" zu bearbeiten unternahm (1813 und 1829); der Hegelschen Schule entstammen die schätzbaren historischen Arbeiten von Fr. Cramer, Alex. Kapp, G. Thaulow u. a. Eine nachhaltigere Bedeutung aber gewann die Erneuerung des christlichen Elementes, welches ja unbeschadet des Nationalen und Antiken das eigentlich historische unserer Gesittung und Bildung genannt werden kann, der goldene Faden, welcher die Zeiten zusammenhält, indem er sie an das Außerzeitliche knüpft. Es ist nicht zufällig, daß die erste quellenmäßige Bearbeitung der Geschichte der Pädagogik, das Karl v. Raumersche Werk, das trotz aller Einseitigkeit einen bleibenden Wert beanspruchen kann, und ebenso die große, einen Schatz von historisch-pädagogischen Forschungen in sich schließende Kollektivarbeit, die von Schmid ins Leben gerufene „Encyklopädie des gesamten Erziehungs- und Unterrichtswesens", auf christlichem Boden stehen. Seitdem hat sich auf dem Gebiete der historischen Pädagogik eine rege Thätigkeit erhoben, und man hat in ihr mit Recht ein gewisses Schwergewicht, ein Element gesucht, welches die pädagogische Reflexion vor Flachheit, Verschwommenheit und Subjektivismus bewahren solle. Jedenfalls ist dem Gedanken der Boden bereitet, daß zwischen der Erziehungs- und Bildungslehre und der Geschichte vielfache Beziehungen bestehen und ist der Nachweis erleichtert, daß es darunter auch solche gebe, welche als innere und wesentliche zu bezeichnen sind.

Welche Gründe sind es also, die unsere Disciplinen bestimmen, sich an die Geschichtswissenschaft zu wenden, und welche Förderung haben sie von dieser zu erwarten?

Zunächst ohne Frage die Förderung, welche jede, sei es werdende oder relativ fertige, sei es der natürlichen oder der moralischen Welt zugewandte Wissenschaft dadurch gewinnt, daß sie mit Hülfe der Geschichte auf ihren eigenen Entwickelungsgang Ausblick erhält. Um sicher fortzuschreiten, muß sie wissen, wo sie hergekommen ist; um die Erkenntnis stetig zu mehren, muß sie das Erworbene an das Überkommene knüpfen; um das Neue nicht zu überschätzen, muß sie im Neuen das Alte zu erkennen wissen, um es nicht zu unterschätzen, muß sie die offenen Fragen, die sich durch die ganze Reihe der Versuche hindurchziehen, gegenwärtig haben. Diese Kontinuität principiell festzustellen, hat die Pädagogik doppelt Grund, weil Erziehungssysteme ihrer Natur nach der Zukunft zugewandt, wohl auch von kühner Hoffnung beschwingt, weniger als andere geistige Schöpfungen von selbst den Anschluß an das Vorausgegangene und schon Geleistete suchen.

Worauf diese Überlegungen hinweisen, ist die Geschichte der Erziehungs- und Bildungslehre. Sie hat es nicht unmittelbar mit der Erziehung und Bildung zu thun, sondern mit den darüber aufgestellten Meinungen, Theorieen, Systemen, mit den Männern, von welchen diese herrühren, den Werken, in denen sie niedergelegt sind. Ihre Stelle findet sie in der Geschichte der Wissenschaften; Beziehungen hat sie, der Natur ihres Gegenstandes entsprechend, vorzugsweise zur Geschichte der Philosophie, da die entwickeltere pädagogische Reflexion fast durchgängig durch die Spekulation mitbestimmt ist; nächstdem berührt sie sich mit der Geschichte der Theologie, der Philologie, der Litteratur, entsprechend der fundamentalen Bedeutung, welche die Religion sowie die Sprache und Sprachkunst für das Erziehungswerk haben. Sie wird ihrer Aufgabe um so besser entsprechen, je bestimmter sie die angedeuteten und die sonstigen Stützpunkte der pädagogischen Reflexion nachweist, je deutlicher sie ferner den Zusammenhang in dieser selbst ans Licht stellt, indem sie ferner aufzeigt, welche Analogieen zwischen den verschiedenen Aufstellungen bestehen, in welchem Betracht sich die darin aussprechenden Richtungen wechselseitig ergänzen, endlich, welche Anregung und Belehrung unsere eigenen Überlegungen daraus schöpfen.

Bei Untersuchungen dieser Art macht es sich aber unvermeidlich geltend, daß der Gegenstand, dessen theoretische Behandlung geschichtlich verfolgt wird, selbst ein geschichtlicher ist: die pädagogischen Systeme verschiedener Zeit haben andere, und andere Gestaltungen des Erziehungs- und Bildungswesens zu ihrer Voraussetzung, und die von ihnen vertretenen Grundsätze und Forderungen, mögen sie nun reformieren oder nur klären und begrifflich gestalten wollen, haben immer die jedesmalige Praxis zum Beziehungspunkte. Dadurch allein würde das historische Interesse auf jene Gestaltungen hingewiesen werden, wenn nicht dieselben zugleich die unmittelbarste Bedeutung für die Erforschung des Wesens der Erziehung und Bildung besäßen. Für dieses ist die menschliche Natur mit ihren bleibenden Zügen zwar ein Erklärungsgrund, aber nicht der einzige, und es fehlt viel, daß aus ihr die Kategorieen, die Aufgaben, die Erscheinungen des Gebietes abgeleitet werden könnten, ohne Zuhülfenahme der Analyse und Vergleichung des geschichtlich Gegebenen. Die lediglich mit abstrakten Bestimmungen operierende Betrachtung wird immer Gefahr laufen, Wechselndes als Bleibendes, Specielles als Allgemeines anzusehen, ihre Generalisationen auf zu schmaler Basis des Thatsächlichen vorzunehmen und die unabsehbare Verflechtung und Bedingtheit des Gegebenen zu unterschätzen. Dies zu verhüten und der Reflexion ein umfassendes und durchsichtiges empirisch-historisches Material unterzubreiten, ist die Aufgabe der Geschichte des Erziehungs- und Bildungswesens. Sie hat zur Geschichte der Erziehungs- und Bildungslehre eine analoge Stellung, wie die Kirchen- zur Dogmengeschichte, wie die Geschichte des Rechts zu der der Jurisprudenz, wie die Geschichte der Poesie und der Redekunst zu der der Poetik und Rhetorik; hier ist der Gegenstand der Inhalt selbst, dessen verschiedene Bearbeitungen, Erklärungs- und Regelungsversuche dort verfolgt wurden. Von Seiten der Geschichtswissenschaft angesehen erscheint sie als ein Teil der Kulturgeschichte, in nächster Beziehung stehend zur Geschichte der Sitten, der Religion, der socialen und politischen Verfassung, der wirtschaftlichen Thätigkeit. Wie andere Zweige der Kulturgeschichte ist sie angewiesen, ihren Stoff aus sehr verschiedenen Quellen zusammenzutragen, da uns Erziehungssitten und -maximen, Bildungsbestrebungen und -einrichtungen zumal in weiter zurückliegenden Zeiten nur selten in Form besonderer Darstellungen aufbehalten sind, vielmehr allermeist aus gelegentlichen Angaben, aus Gesetzen und Verfügungen, aus erhaltenen Lehr- und Bildungsmitteln und anderen mehr oder weniger indirekten Zeugnissen erschlossen werden wollen, wie ja selbst pädagogische Schriften, insofern sie auf Neuerung und Reform ausgehen, nur mittelbar als Quellen für die Kenntnis der wirklichen Zustände angesehen und behandelt werden können, eine Reserve, die nicht selten auch auf Gesetze und verwandte Bestimmungen auszudehnen ist. Für die der Gegenwart näher liegende Zeit mehren sich die Quellen, Dokumente und Hülfsmittel und geben unmittelbarer über das Gesuchte Aufschluß; für die Gegenwart selbst leistet die Statistik, „die stillstehende Geschichte", vorzugsweise für das Bildungswesen ihre wertvollen Dienste. Es ist aber die Darstellung des gegenwärtigen Standes des Erziehungs- und Bildungswesens ein wesentlicher Teil der Aufgabe. Mag die Staatengeschichte ein Recht haben, dasjenige auszuschließen, was noch im Flusse begriffen ist und darum „noch nicht der Geschichte angehört"; alle Kulturgeschichte wird richtiger die ἱστορία im Sinne der Alten fassen, wonach sie Kunde oder Erkundung von Vorgängen und Zuständen überhaupt ist, gleichviel, ob das zu Erkundende der Vergangenheit oder der Gegenwart angehört. Mag die deskriptive Darstellung sich von der erzählenden oder Vergangenes schildernden im Tone und selbst in der Anlage unterscheiden, so gehören sie doch beide untrennbar zusammen: soll das Gegebene historisch erklärt werden, so gilt es, dasselbe in seinem Bestande aufzuzeigen; sollen die in die Gegenwart einmündenden Strömungen aufgezeigt werden, so ist die Karte des Beckens, in dem sie sich sammeln, vor Augen zu stellen.

Diesen Strömungen bis zu ihren Ursprüngen nachzugehen, also retrospektiv die in der Gegenwart fortwirkenden Faktoren zu verfolgen, bietet sich wohl als die anziehendste und versprechendste Aufgabe der Erziehungs- und Bildungsgeschichte dar; sollen wir zu ihrer Charakteristik noch ein anderes Bild anwenden, so würde sie dahin gehen: den Stammbaum unserer Erziehungsansichten, -ideale, -sitten, unserer Bildungstendenzen, -mittel, -institutionen anzugeben, die Jahresringe zu weisen, die der Stamm im Laufe der Geschichte angesetzt, die Stellen zu bezeichnen, wo seine Äste und Zweige auseinandergehen, zugleich aber das Mark zu zeigen, welches ihn ernährt.

Eine solche Untersuchung ist weit genug zurückzugreifen angewiesen, da unsere Gesittung und Bildung eine viel verwickelte ist und von weither geleitete Elemente in sich faßt. An der Herstellung unseres Vorrates von Bildungsmitteln haben entlegene Zeiten und Völker gearbeitet; von den Phönikern stammt unser Alphabet, von den Ägyptern und Babyloniern Kalender und Kalenderkunde, von ersteren wahrscheinlich auch die Tierfabel und die Elementarmathematik; von den Indern unser Ziffernsystem und der exotische Teil unseres Märchenschatzes, während der heimische in das keltische, germanische, slavische Altertum, wenn nicht noch weiter zurückweist. Durch das klassische Altertum nehmen wir den Weg zur höheren Bildung, aber in noch weiterem Umkreise beherrschen die Alten unsern Unterricht: das grammatische System, welches in Alexandrien ausgebildet wurde, liegt allen unseren Sprachlehren zu Grunde; auf das Euklidische Lehrbuch geht unsere Schulmathematik zurück und hat nur erst angefangen, sich davon loszuringen; unsere Rhetorik, Poetik, Metrik, Musiklehre schließen antike Elemente in sich. Es wäre nicht schwer, in unserm Bildungswesen die Spuren des antiken Systems der sieben freien Künste nachzuweisen. So sind nicht bloß Bildungsstoffe, sondern auch die Formen, in denen sie auftreten, und welche wieder die Methoden nach sich bestimmen, zum Teil sehr alten Vermächtnisses; aber auch in unseren Bildungszwecken wirken Ideale nach, wie die griechische $\pi\alpha\iota\delta\varepsilon\iota\alpha$, die römische humanitas. In das Mittelalter kann fast die Hälfte unserer Universitäten und ein Teil unserer Gymnasien ihre Geschichte zurückverfolgen; die mittelalterlichen Origines und Specula sind die Ahnherren unserer Realencyklopädieen, der „Seelentrost" und „Edelstein" unserer Jugendschriften; in unserm Kinderleben sind die Verslein, Sprüche, Rätsel, Spiele noch nicht ausgestorben, an denen sich damals die Jugend ergötzte. Im allgemeinen bewahrt das Erziehungswesen infolge seines Zusammenhanges mit der lebendigen Sitte weniger derartiges Erbgut als das Bildungswesen, allein die Sitten selbst senken oft ihre Wurzeln tiefer in die Vergangenheit als es den Anschein hat.

Der Reiz, den es hat, dem nachzugehen, was in unserer Gegenwart fortlebt und in diese aus der Vergangenheit Licht zu bringen, ist ein starker Hebel historischer Forschung, aber doch nicht der einzige; die Lust des Erkundens erregen, seine Mühe lohnen auch fremdartige, jener Beziehung entbehrende Dinge und Vorgänge. Es mag zunächst eine höhere Art von Neugier sein, die darauf hinführt. die reifere Wissenschaft aber findet in Thatsachen aller Art, mögen sie auch das Ansehen von Kuriositäten haben, Ausbeute; keine ist zu gering und zu entlegen, um nicht als ein organisierbares Material zu gelten, um nicht irgendwo und irgendwie, sei es als Gegenstand der Vergleichung, sei es als einer der Stützpunkte für eine Verallgemeinerung, Dienste zu leisten. Damit ist eine weitere Unterstützung bezeichnet, welche seitens der Geschichte der Erforschung menschlicher Bethätigungen gewährt wird: sie zeigt nicht bloß deren Bedingtheit, sondern zugleich ihre Variabilität; sie lehrt uns nicht bloß die Vermittelungen unseres Thuns und Schaffens kennen, sondern sie zeigt auch die Analogieen desselben in fremden Lebenskreisen. Sie legt den empirischen Stoff vor, mit dem alle Begriffsbildung und Gewinnung allgemeiner Ansichten rechnen muß und ohne dessen Diskussion sie der sicheren Tragweite und der Beglaubigung entbehren würde. Für die Erziehungs- und Bildungslehre ist diese Verwendung des historischen Materials von um so größerer Wichtigkeit, weil sie, wie sich ihr Gesichtskreis überhaupt gern in die Enge zieht, zu Verallgemeinerungen auf zu schmaler Basis neigt. Wir vermeinen leichtlich, daß die Motive, die unser pädagogisches Thun leiten, und die Mittel, die ihm dienen, die Formen und Stoffe, in denen sich unsere Bildungsarbeit bewegt, mit der Natur der Sache selbst gegeben seien und gar nicht anders sein könnten, ohne jener etwas abzubrechen; nicht wenige unserer Erziehungsschriften machen bei dem Anspruche auf Allgemeingültigkeit den Eindruck, als ob nur das deutsche Haus, wohl gar nur das protestantische, das Kleinod der Erziehung in sich bergen könne, als ob unsere Schulen das Monopol auf Geistesbildung besäßen, wogegen nicht aufkommen könne, was ehemals und was anderwärts dafür gegolten und gilt. Wenn wir aber, das simple alte Sprichwort beherzigend, daß hinterm Berge auch Leute wohnen, aus dieser Enge heraustreten, so neigen wir wieder dazu, zu schnell ins Allgemeine aufzusteigen, mit dem Besonderen auch das Lebensvolle dahinten zu lassen und uns mit farb- und marklosen Bestimmungen zu begnügen. Beiden Arten von Verarmung der Reflexion ist die Geschichte abzuhelfen berufen, welche eine Fülle von Gestaltungen aufweist, die, nach Ethos und Tendenz, Stoff und Form verschieden, anders und anders das zu Grunde liegende Menschliche zum Ausdrucke bringen und uns anhalten, dasselbe mit leiser Hand herauszulösen.

Es ist somit ein innerliches und wesentliches Verhältnis, in welchem die Geschichte der Erziehung und Bildung zu den auf das Wesen dieser Bethätigungen gerichteten Betrachtungen steht: für das System der Pädagogik und Didaktik sind Untersuchungen über die Herkunft und die Variabilität der Erscheinungen ihres Gebietes nicht eine Beigabe oder Einlage, sondern ein konstitutives Element; Erkundung und Reflexion, Diskussion des empirisch-historischen Stoffes und Bearbeitung der Begriffe, geschichtliche und philosophische Behandlung gehören zusammen und führen nur in ihrer Verbindung zum Ziele. Und wiederum ist dieses Verhältnis jenen Disciplinen nicht eigentümlich, sondern wiederholt sich bei allen moralischen Wissenschaften, die insgesamt historischer und philosophischer Natur zugleich sind. Zur Erkenntnis des Wesens des Rechtes bedarf es der Erkundung dessen, was Rechtens war und ist, und ohne Hinblick auf die geschichtlichen Gestaltungen des Rechts sind die Versuche seiner Ableitung aus der menschlichen Natur, seiner Konstruktion aus der Idee schwankend und unverbürgt; erst die Koinzidenz der historischen und der rationalen Ansicht wird der Sache gerecht. Das Problem des Schönen vermochte die bloße Spekulation, so fruchtbringend ihre Bemühungen waren, nicht zu lösen: ebensowenig aber sind historische Untersuchungen über den Geschmack und das Kunstschaffen für sich allein im stande bis zu demselben vorzudringen und erst damit, daß Ästhetik und Kunstgeschichte gleichsam in ein Bette geleitet werden, sind die Bedingungen zu einer Kunstwissenschaft erfüllt. Nicht anders ist die Sittenlehre auf das Zusammenwirken jener beiden Elemente gestellt: sie muß, ihren Namen zur

Wahrheit machend, eine Lehre von den Sitten sein, den geschichtlich-veränderlichen Lebensformen und -normen, ohne sich jedoch dem unsteten Zuge der Empirie hinzugeben und der Aufgabe zu entsagen, in der menschlichen Natur die Wurzeln des Sittenlebens, in der menschlichen Bestimmung die Aufgabe der Sittlichkeit aufzusuchen. Es gilt von ihr, aber zugleich von allen Disciplinen, welche menschliche Bethätigungen zum Gegenstande haben, was Trendelenburg schön und treffend sagt: „Ihr Princip ist das menschliche Wesen in der Tiefe seiner Idee und im Reichtum seiner historischen Entwickelung; beides gehört zusammen; denn das nur Historische würde blind und das nur Ideale leer; und der richtige Fortschritt geschieht darin, daß das Historische den Anteil an der Idee und die Idee den Zusammenhang mit der Geschichte erstrebt"[1]).

Die Hinweisung der moralischen Wissenschaften auf die Geschichte tangiert, richtig verstanden, weder ihren spekulativen noch ihren normativen Charakter: durch die Aufnahme des historischen Elements werden sie ihrer Aufgabe: nicht bloß das, was ist, sondern auch das, was sein soll, nicht bloß das Faktische, sondern auch das Rechte hinzustellen, keineswegs entfremdet. Allerdings macht sich, wenn die historische Ansicht allererst auf ein Forschungsgebiet angewandt wird, zunächst die Neigung geltend, sich in die reichen und feinen Verzweigungen des Gegebenen zu vertiefen und die Frage zurückzulegen, welche Ziele und Aufgaben dasselbe in sich schließe und wie die neugewonnene Einsicht unser Thun befruchten möge. Der Begründer der historischen Rechtsschule, gewohnt, das organische Werden und Wachsen des Rechtes, sein Erquellen aus unbewußter Tiefe zu verfolgen, fühlt sich wenig angezogen von den legislatorischen Aufgaben der Gegenwart[2]), und sein großer Schüler, der die historische Grammatik der deutschen Sprache schuf, mit liebevoller Hingabe „die ein-

---

[1]) Naturrecht auf dem Grunde der Ethik 2. Aufl. 1868, S. 45; vergl. daselbst S. 103.

[2]) Savigny Vom Berufe unserer Zeit zur Gesetzgebung und Rechtswissenschaft 1814.

fachsten und wunderbarsten Elemente der Sprache, deren jedes ein unübersehliches Alter bis auf seine heutige Gestalt zurückgelegt hat", verfolgend, weist nicht bloß die Zumutung, Gesetze für den Gebrauch der deutschen Sprache aufzustellen, mit Unmut zurück, sondern sieht überhaupt in dem Ausklügeln von grammatischen Regeln ein armselig gedankenleeres Geschäft[1]). Gegenüber der Vielgeschäftigkeit des Polizeistaates, der sich in der Fabrikation von Gesetzen gefällt, wird man Savignys Scheu, seine Wissenschaft, die eben begonnen, aus der Vergangenheit neue Kraft zu saugen, für die Bedürfnisse des Tages nutzbar zu machen, würdigen, und ebenso Grimms Abneigung, seine Tiefblicke in die Sprachentwickelung in den Dienst der Technik des Sprechens und Schreibens zu stellen, gegenüber der platten Aufdringlichkeit der Dutzendgrammatiker und Sprachmeisterer. Und dennoch kann es bei dieser Reserve — um nicht zu sagen Flucht — der Wissenschaft angesichts der Aufgaben des Lebens nicht sein Bewenden haben. Die Rechtswissenschaft kann nicht darauf verzichten wollen, der Gesetzgebung und Rechtsübung eine Leuchte zu sein, und darf es nicht, weil darin eine Erprobung ihrer Principien und Methoden gegeben ist; und ebensowenig kann die Sprachlehre, ihres alten Ehrennamens: ars grammatica vergessend, die Aufgabe von sich weisen, der lebendigen Rede die Richte zu geben; und sie darf sich nicht damit bescheiden, den Genius der Sprache in seinem Wirken in der Vergangenheit zu belauschen: sie hat auch die Winke zu deuten, die er für unser eigenes Schaffen giebt. Die Abkehrung der Wissenschaft von den Zwecken des Lebens kann nicht eine endgültige sein, ja es ist im Grunde weniger eine Abkehrung, als ein nachdenkliches Stillestehen, wie zur Selbstbesinnung, auf welches erneutes rüstiges Zuschreiten folgt. Angesichts einer neuerquellenden Fülle von Thatsachen verdrießt es die Wissenschaft zeitweilig, in Imperativen zu sprechen, und sie läßt nur die Aussageform gelten, allein der Schlußpunkt des menschlichen Strebens ist ein Imperativ, der kategorische, wie ihn Kant genannt hat, und an ihm hängt ein System von

---

[1]) Jakob Grimm „Deutsche Grammatik" 1. Aufl. I. Vorrede.

hypothetischen Imperativen, deren Fassung und Deutung zu den Aufgaben der Wissenschaft gehört.

Nur in diesem Sinne haben wir oben (S. 27 f.) gefordert, daß die Erziehungs- und Bildungslehre, abstehend von dem Aufsuchen von Vorschriften und Anleitungen, sich in das Gegebene, als ein ϑαῦμα, vertiefe: in dieser staunenden Betrachtung und dem Aufmerken auf die ganze Ausdehnung des Problems soll nicht ihre praktisch-ethische Tendenz erlahmen, sondern nur die geschäftige und wohl auch kurzsichtige Eile gedämpft werden, welche regeln und reglementieren will, bevor geschaut und erkannt worden ist. Die menschliche Bethätigung, mit der es diese Disciplinen zu thun haben, behält stets den Charakter der Lösung von Aufgaben und selbst den einer Pflichtausübung, und sie ist mit unseren höchsten Interessen zu eng verwachsen, als daß die Betrachtungen darüber jene kühle Objektivität annehmen sollten und könnten, mit welcher wir Naturereignisse verfolgen. Nach dem Wahren forschen und das Rechte suchen fällt hier in eins zusammen. Die Frage: Was ist Erziehung, Bildung? ist gleichbedeutend mit der anderen: Was ist die Vernunft in diesem Thun? welche Ideeen liegen ihm zu Grunde und welche Normen entspringen aus diesen? sie kommt also zuletzt hinaus auf die Frage: Was soll Erziehung, Bildung? Die Untersuchung, die von dieser letzteren Fassung ausgeht, wird leicht an dem Jetzt und Hier haften bleiben und einen zu kleinen Maßstab für die Aufstellung der Normen verwenden; diejenige dagegen, welche den Weg durch den Reichtum des Gegebenen nimmt, oder gleichsam wie zur Vogelschau sich auf einen weitblickenden Standpunkt erhebt, wird von jenem Mangel freibleiben, ohne jedoch darum auf ihren normativen Charakter zu verzichten. Sie zieht die Geschichte der Erziehung und Bildung heran, um sich von dieser die Vernunft, die den verschiedenen Entwickelungsstufen, welche das Verhältnis der gereiften Generation zu der nachwachsenden durchlaufen hat, zu Grunde liegt, um sich die in den wechselnden Gestaltungen innewohnenden und treibenden Ideeen aufweisen zu lassen, und es ist kein Sprung, kein Wechsel der Betrachtungsweise, wenn die historische Reflexion in die ethisch-praktische ausläuft: Was ist die Vernunft in unserem heutigen Thun? Welche Ideeen sind die Leitsterne der Gegenwart?

Allerdings bleibt ein Unterschied bestehen zwischen einer wissenschaftlichen Betrachtung in dem angedeuteten Sinne und einer technischen Anleitung, und die theoretische d. i. historisch-philosophische Erziehungs- und Bildungslehre fällt mit der praktischen nicht zusammen; jene bewegt sich im allgemeinen, diese rechnet mit speciellen Bedingungen; jene weist das Wahre und Rechte auf, diese wägt die jetzt und hier gegebenen Kräfte und Mittel, es zu verwirklichen; jene giebt die Obersätze, diese die Untersätze und zieht die das Handeln leitenden Schlüsse. Die Theorie strebt nach Weite des Horizonts und Tiefe der Auffassung; die Stärke der Kunstlehre liegt in der Anwendbarkeit, Bestimmtheit, charaktervollen Einheit ihrer Weisungen, die dem individuellen Takte zugleich Anhaltspunkte und Spielraum zu geben haben. Allein Theorie und Kunstlehre sind nicht heterogen und nicht auf verschiedene Ansichten des Gegenstandes gegründet, und auch hierin kann man Herbart nicht beitreten, welcher die theoretische Pädagogik und die Pädagogik als Kunstlehre so unterscheidet, daß diese von Zweckbegriffen ausgeht, jene lediglich die Bedingungen der Erziehung ins Auge faßt (s. oben S. 37). Zweckbegriffe lassen sich nicht ohne θεωρία und ἱστορία feststellen und sind darum nicht der Ausgangspunkt der Reflexion und andrerseits lassen sich die Bedingungen irgend eines Handelns nicht anders als von diesem selbst aus, also an der Hand von Zweckbegriffen untersuchen; Theorie und Kunstlehre verhalten sich nicht wie Sein und Sollen, wie Gegebenes und Ideal, sondern wie Erforschung und Anleitung, die Erforschung aber ergreift in dem Sein zugleich das Sollen, im Gegebenen die Ideale.

Ist die bisher besprochene Beziehung zur Geschichtswissenschaft der Erziehungs- und Bildungslehre mit allen anderen moralischen Disciplinen gemeinsam, so findet zudem noch eine andere statt, welche ihr eigentümlich ist. Insofern das Erziehungs- und Bildungswesen eines der Gebiete der menschlichen Bethätigung darstellt, hat es seine Geschichte, allein es hat zugleich ein Verhältnis zu der Geschichte überhaupt, insofern es dem Prozesse der socialen Lebenserneuerung angehört, welche eine Bedingung aller geschichtlichen Bewegung ist. Die auf die ethische und intellektuelle Assimilation der Jugend gerichtete Thätigkeit arbeitet an der Geschichte und mittels der Geschichte; an der Geschichte, indem sie ihres Orts die Brücke von der Gegenwart zur Zukunft schlägt, der Kette der Generationen neue Glieder anfügt; mittels der Geschichte, indem die Mittel, mit denen sie wirkt, die Güter, die sie überträgt, die Verbände, welche sie reintegriert, der vorausgegangenen Entwickelung entstammen; sie ist zugleich ein Motor der Zukunft und ein Kondensator von Kräften aus der Vergangenheit.

Von diesem Doppelverhältnis der Erziehung zur Geschichte hat sich der Betrachtung vorzugsweise die eine Seite aufgedrängt, und man hat mit Vorliebe die Jugendbildung als den Hebelarm, mit dem die Zukunft zu bewegen sei, angesehen. Von der Überleitung des heranwachsenden Geschlechts in neue Bahnen erhoffte Platon die Verwirklichung seiner socialen Ideale und gleich ihm Rousseau, Fichte. Der Baseler Bischof Christoph von Uttenheim forderte, die Reformation der Kirche müsse von den Kindern beginnen; Leibnizens Wort: Si l'on réformait l'éducation, l'on réformerait le genre humain, ist zu einem Gemeinplatz geworden. So hochgespannte Hoffnungen bestätigt die Geschichte nicht, vielmehr ist die unbefangene Erwägung historischer Kausation geeignet, die Pädagogik zur Selbstbescheidung zu bestimmen. Wo sich große Wendungen vollziehen, ist immer das gereifte Geschlecht deren Träger, und neuerstehende Principien gestalten zuerst das Leben und dann die Jugendbildung um: das Evangelium wurde Männern und Weibern gepredigt, und erst in der christlichen Gesellschaft entwickelte sich die christliche Kinderlehre; der Humanismus fand in Kreisen von Gelehrten, Künstlern, Weltmännern Pflege, ehe er die Schulen eroberte; die Glaubensneuerungen des XVI. Jahrhunderts gaben früher der Kirche und der Gesellschaft, nachmals den Stätten der Jugendbildung eine veränderte Gestalt. Ja die weltgeschichtlichen Veränderungen vollziehen sich nicht bloß nicht kraft der Erziehung, sondern im Gegensatze zu derselben: die ersten Christen hatten eine jüdische oder heidnische, die Humanisten eine scholastische, die Reformatoren eine katholische Erziehung erhalten. Die Mächte des Lebens erweisen sich stärker als die Jugendeindrücke, die umbildende Kraft der Gegenwart überwiegt diejenige, welche den Nachwuchs an die Typen der Vergangenheit assimiliert. Aber auch in stilleren Sphären, bei dem stetigeren geschichtlichen Prozesse, wie ihn das Steigen, Kulminieren und Sinken der Künste, der Litteratur, der Wissenschaften darstellt, zeigt sich der Einfluß der Jugendbildung auf die Entwickelung wider Erwarten gering. Die großen Meister erheben sich zu ihrer Höhe auf Grund von verhältnismäßig mangelhaften Bildungsmitteln und unvollkommenen Eindrücken in der Periode ihres Werdens; die Epigonen bleiben klein, aufwachsend in der Fülle der vollendeten Vorbilder; ist der Geistesfrühling angebrochen, so sprossen die Talente aller Orten hervor und wissen aus dürftigem Boden ihre Nahrung zu saugen; ist dann der Acker weithin mit nährendem Stoffe wohl gesättigt, so stellen sich die Herbstgefühle ein, die den Schaffensdrang erlahmen machen.

Und doch hört die Erziehung darum nicht auf, eine geschichtliche Macht zu sein, auch wenn ihre Wirkungen von kraftvolleren Momenten aufgehoben erscheinen; in Wahrheit bestehen sie fort, die übermächtigen Kräfte modifizierend, bald verdichtend, bald ausbreitend. Die Männer des Umschwungs fußen unvermeidlich auf dem alten Systeme, und ihre Jugendeindrücke sind nie ohne Wirkung auf ihr Handeln, sei es, daß sie als unbewußte und unbewachte Nebenmotive in dasselbe eingehen, sei es, daß sie auch nur zum Stemmpunkte für die Bewegung in entgegengesetzter Richtung dienen. Die Erziehung bleibt so ein bestimmender Faktor selbst bei der Generation, welche der Träger einer geschichtlichen Neuerung ist: mit ganzer Kraft aber tritt sie in Wirkung, wenn es gilt, die neuen Principien dauernd in den Lebensinhalt der Menschen hineinzuarbeiten, denn dazu gehört, daß eine Reihe von Generationen mit ihnen tingiert werde. Für jene Principien ist es eine Probe, ob sie stark genug sind, die Jugendbildung in ihre Bahn zu ziehen; sie haben gewonnen, wenn sie es vermögen, sie sinken zu Episoden herab, wenn sie zu schwach sind, die Assimilation des Nachwuchses nach sich zu bestimmen. Auf das Erblühen und Welken von künstlerischen und diesen verwandten Bestrebungen hat zwar die Erziehung einen geringen unmittelbaren Einfluß, aber einen bedeutenden mittelbaren; dem Epigonentum kann keine Lehrkunst aufhelfen; wohl aber kann Unterricht die Früchte des Schaffens zum Gemeingute machen, den Geschmack in weiten Kreisen veredeln, Talente aus ihrem Verstecke hervorlocken und damit gleichsam langer Hand eine neue Blütezeit vorbereiten.

Diese und ähnliche Reflexionen, die sich weit verzweigen können, lehren, was in dieser Richtung die Erziehungs- und Bildungslehre einer pragmatischen Geschichtsschreibung zu danken hat: den rechten Maßstab für das Werk der Assimilation der Jugend, das Fernbleiben einerseits des überschätzenden Vertrauens, andererseits der skeptischen Geringschätzung seiner Tragweite.

Die andere Seite des Doppelverhältnisses von Erziehung und Geschichte — die Mitarbeit der Geschichte an der Erziehung — ist wohl ebensowenig wie die oben besprochene der Aufmerksamkeit älterer Zeiten entgangen, allein in diesen wurde umsoweniger darüber reflektiert, je mehr die pädagogische Praxis ein historisches Ethos hatte. Erst die neuere Pädagogik in ihrem Streben über den Individualismus mit seiner ungeschichtlichen Auffassung hinauszukommen, hat dieses Moment der Betrachtung unterzogen. Die Erziehung arbeitet mit den Kräften der Geschichte, insofern sie den werdenden Menschen historisch macht, ihn mit raschem Schwunge auf die Höhe der Gegenwart heraufhebt und in gewissem Betracht das Individuum in den kurzen Jahren der jugendlichen Empfänglichkeit die Bahn durchlaufen läßt, welche das Menschengeschlecht im Laufe von Jahrtausenden unter Mühsal und Kampf durchschritten hat. Es hat einen nicht geringen Reiz, diesem Gedanken nachzugehen, die Analogieen zwischen der individuellen und der generischen Entwickelung bestimmter zu fixieren und festzustellen, welche Fingerzeige die letztere dem Erziehungswerke zu geben vermöchte. Pestalozzi hing gern diesen Betrachtungen nach, ohne sie jedoch für sein System verwerten zu können; sie wirken bei Herbart mit, wenn er auf Grund der Kongenialität der früheren Knabenjahre mit der griechischen Heroenzeit jenen die Odyssee als Lehrstoff und Lebenselement zuweist, von da, Schritt haltend mit dem erwachenden empirischen und sympathetischen Interesse des Zöglings, zur naiven Geschichtserzählung Herodots und der farbenreichen Welt der griechischen Blütezeit übergeht, und weiterhin den ernsteren Regungen des reifenden Jünglings entsprechend, ihn den Verfassungsstreit der römischen Geschichte mitkämpfen läßt [1]). Einen neuen Gesichtspunkt brachte die moderne Entwickelungslehre, wie sie nach allen Seiten ihre Anregungen aussendet, auch an diese Frage heran; nach ihr durchläuft der menschliche Embryo der Reihe nach die Typen der Tierwelt, um bei der menschlichen Gestalt als deren Höhepunkt anzulangen und es lag nahe, in analoger Weise die Jugendentwickelung als ein Durchlaufen von historischen Typen aufzufassen, welche in dem der Gegenwart ihren Abschluß finden, so daß es beispielsweise als streng naturgemäß hinzustellen wäre, daß unsere Knaben den Weg durch das Altertum als die Periode der jugendlichen Lust am Schönen nehmen und eine unorganische Verkümmerung einträte, falls mit Überspringung jener Phase die reale Bildung verfrüht würde [2]). Für die Methode des Unterrichts erfließt aus dem in Rede stehenden Princip die Forderung eines im großen Stile genetischen Verfahrens, welches sich bei der Übertragung eines geistigen Inhaltes an die großen Phasen hält, welche die Erzeugung desselben durchlaufen hat: also z. B. die Lernenden von der homerischen Erdgestalt ausgehen läßt, sie dann zu Schülern des Ptolemäus und später zu solchen des Copernicus macht; vorher mit Pythagoras' Vorgängern die Seitenquadrate bestimmter Dreiecke vergleicht, nachmals mit jenem selbst den allgemeinen Satz feststellt; früher mit der naiven Naturforschung die Natur vom Gesichtspunkte der menschlichen Zwecke betrachtet, später zu dem voraussetzungslosen der entwickelteren Wissenschaft aufsteigt u. s. w.

---

[1]) Pädagogische Schriften I, 293. Anm. 22; ferner S. 441, 577, 598.
[2]) Lilienfeld Gedanken über die Socialwissenschaft der Zukunft 1873. I, 274.

Die Anregungen, welche aus dieser Verbindung historischer und pädagogischer Reflexion der letzteren erwachsen, sind äußerst fruchtbar, wenn Übereilungen vermieden und gegenüber der Analogie die tiefgreifenden Unterschiede zwischen der generischen und der individuellen Entwickelung gewürdigt werden. Der Weg, den wir die Jugend führen, ist nicht so fest gebannt in die Bahnen, welche die Menschheit gegangen ist, daß nicht unsere, der Erziehenden, Zwecke und Werturteile ihn wesentlich mitbestimmten; mag die Erziehung eine kompendiöse Wiederholung der Weltgeschichte sein: das Kompendium machen wir im Geiste bestimmter Ideale, die uns erfüllen. Die große Schrift, welche uns der generische Entwickelungsgang vor Augen stellt, reicht nicht aus, die kleine des individuellen zu deuten, denn jene bedarf selber der Deutung. Die philosophische Geschichtsbetrachtung, welche diese Deutung versucht, muß sich notwendig auf gewisse Grundanschauungen ethischer Natur stützen und erscheint hierin der Pädagogik, von welcher das nämliche gilt, lediglich gleichgeordnet, nicht aber als deren Erkenntnisquelle. Die naturalistische Auffassung aber, voreilig bereit, die Werke der Freiheit der Natur zuzueignen, kann zwar überraschende Lichter auf den Gegenstand werfen, allein zeigt sich auch hier nicht berufen, denselben in seiner Tiefe zu fassen.

IV.

Die vorstehenden Erörterungen suchten die Leitlinien aufzuzeigen, von deren Einhaltung gehofft werden kann, daß die Erziehungs- und Bildungslehre eine wissenschaftliche Gestaltung gewinnen und ebenbürtig neben die älteren verwandten Disciplinen, welche die anderen Sphären der menschlichen Bethätigung behandeln, treten möge. Was bisher gesagt wurde, bezog sich fast durchweg auf Pädagogik und Didaktik in gleicher Weise, und es wurde damit über den gegenwärtigen Zweck insofern hinausgegangen, als nur die Darstellung der Didaktik im Plane dieses Werkes liegt, die Pädagogik dagegen einer späteren gesonderten Bearbeitung aufbehalten bleibt. Diese Trennung der beiden Disciplinen bedarf einer besonderen Besprechung nicht bloß, weil das Verhältnis derselben, in dem sie begründet ist, im vorausgegangenen noch keine ausdrückliche Erörterung gefunden hat, sondern auch, weil die verschiedenen Meinungen darüber instruktive Gegensätze zeigen, welche geeignet sind, die hier aufgestellten Principien von anderer Seite zu beleuchten.

Im allgemeinen läßt sich sagen, daß, wo die richtige Verbindung der socialen und der individualen Auffassung der Erziehung und der Bildung verfehlt wird, auch eines der beiden Gebiete Verkürzungen und Beeinträchtigungen erfährt. Wiegt das Interesse für die kollektive Gestaltung der Jugendassimilation vor, so besteht die Neigung, das Bildungswesen, in welchem vorzugsweise die festen und greifbaren Formen organisierter Arbeit vorliegen, an erste Stelle zu setzen, die Erziehung als Ergänzung der Bildung zu fassen und so die Pädagogik als Annex der Didaktik zu behandeln. Wird dagegen der Standpunkt im Individuum genommen und die Erziehung als dessen innere Gestaltung nach einem postulierten Ideale aufgefaßt, so ist Gefahr, daß der Breite und Vielgestaltigkeit der Bildungsarbeit nicht genug gethan wird und die Didaktik, der Pädagogik einverleibt, einen zu engen Zuschnitt erhält.

Die erste dieser Einseitigkeiten begegnet uns im XVII. Jahrhundert, dem wir die Idee einer Didactica, oder wie man damals das Wort verdeutschte, einer „Lehrkunst" überhaupt verdanken[1]).

---

[1]) Den Namen dürfte Wolfgang Ratke, der sich den Titel didacticus beilegte, aufgebracht haben; jedenfalls wurde er durch die Debatten, welche Ratkes Studienreform hervorrief, gemeinüblich; er ist die Verkürzung von Methodus didactica, was daneben gebräuchlich bleibt. Komensky sagt auch Pantodidactica oder Pammethodica; den Titel Rhadiomathia führt ein Werk von Bartholomäus Bed Leipzig 1625; Obstetrix animorum nennt Edmund Richer, der französische Theologe, seine Lehrkunst (Paris 1600). Der nämlichen Zeit entstammen die Namen: Mnemonik, Cyklopädie, oder Encyklopädie, Polymathie, Polyhistorie, Pansophie, insgesamt Unterneh-

Was die Studienreformatoren jener Zeit bestimmte, ihren Unternehmungen einen neuen, eigenen Namen anzuheften, war nicht bloß der Geschmack der Zeit, die sich allerdings in klangvollen Titeln gefiel, sondern auch der Umstand, daß ihre Bestrebungen, weitergreifend als die der vorausgegangenen Zeit, das Bildungswesen als Ganzes zu umspannen suchten. In diesem Ganzen ist aber, wie die systematische Darstellung jener Ideeen bei Komensky zeigt, auch die Erziehung inbegriffen. Bei ihm wird der Begriff der Lehre dahin erweitert, daß sie auch die Tugend- und Sittenbildung, sowie die Leitung zur Frömmigkeit in sich begreift[1]); sie wird vorgeschoben bis in das Gebiet der häuslichen, mütterlichen Einwirkungen[2]); als eine der Bedingungen des Lernens wird auch die Obsorge für das physische Wohl in die Didaktik einbezogen[3]), so daß diese zugleich eine Pädagogik darstellt, in der freilich das Specifische des Erziehungsgeschäftes nicht zur Geltung kommt.

In größerem Maßstabe wiederholt sich der nämliche Fehler bei den Staatsrechtslehrern, soweit dieselben diese Materien in ihre Darstellungen einbeziehen. Die pièce de résistance ist ihnen das Bildungswesen; die Erziehung wird entweder unter der Bildung einbegriffen, oder verschwimmt unter den allgemeinen, auf Disciplinierung und Moralisierung der Staatsangehörigen gerichteten Maßregeln. Letzteres findet unter anderen bei Robert von Mohl statt; ersteres bei Lorenz Stein, der in diesem Punkte nicht frei von Unklarheit ist, indem er es unterläßt, zwischen Gesittung und Bildung, ethischer und intellektueller Assimilation zu unterscheiden und der Pädagogik ein eigentümliches Arbeitsfeld zuzuweisen. Was Stein Pädagogik nennt — die Lehre vom Bildungserwerb, wie ihn das Individuum vollzieht — ist in Wahrheit die Didaktik oder genauer,

---

mungen und Bestrebungen bezeichnend, welche mit den didaktischen in Verbindung stehen. Doch haben auch die termini Anthropologie und Psychologie ihren Ursprung im Jahrhundert des polymathischen Realismus, vergl. R. Eucken Geschichte der philosophischen Terminologie, Leipzig 1879, S. 75.

[1]) Didactica magna IV 6, XXIII u. f.   [2]) Ib. XXVIII.
[3]) Ib. XIV 4 und XV.

der dem Individuum zugewandte Teil derselben. Die von Stein postulierte Bildungswissenschaft wäre allerdings die ganze Didaktik, wie sie aber zu einer Wissenschaft der Erziehung steht, bleibt bei ihm unersichtlich.

Welche Schwierigkeiten andererseits die Bestimmung des Verhältnisses von Erziehungs- und Bildungslehre bei individualistischer Auffassung bereitet, ist am lehrreichsten aus den Aufstellungen Herbarts zu ersehen. Bei Herbart ist die Pädagogik die übergeordnete Disciplin; die Didaktik tritt als ein Teil derselben auf, koordiniert mit der Lehre von der Regierung und von der Zucht. Sie hat ihr Erkenntnisprincip an dem aus der Tugendidee abzuleitenden Begriffe des vielseitigen Interesses. Gegenstand der Didaktik ist lediglich der erziehende Unterricht, also derjenige, welcher das Individuum dem Tugendideale entsprechend gestaltet. Mit Zwecken und Motiven, welche über das Individuum hinausliegen, hat die Pädagogik, folglich auch ihr didaktischer Teil, nichts zu thun; so bezeichnet Herbart die socialen Gründe für die klassischen Studien — Vorbildung der leitenden Klassen der Gesellschaft, Bewahrung der alten Dokumente der Wissenschaft und Kunst u. s. w. — als „ebensowenig pädagogisch, als das Verfahren bei neugesetzten Grenzsteinen ein Häuflein Knaben heftig zu prügeln, damit sie sich die Grenzen und deren Bezeichnung genau merken sollten"[1]). „Alles was des Erwerbes oder Fortkommens wegen oder aus Liebhaberei gelernt wird, wobei man sich nicht um die Frage kümmert, ob dadurch der Mensch besser oder schlechter werde," fällt unter die Kategorie des nicht-pädagogischen Unterrichts und ist darum nicht Gegenstand der Didaktik, und ebensowenig sind es die Verfahrungsweisen, bei welchen es nur auf das tuto, cito, jucunde ankommt[2]). Dem entsprechend gehört auch das Schulwesen nicht zu den Materien der Didaktik; Herbart bezeichnet es als „einen großen und schwierigen Gegenstand, der nicht bloß von pädagogischen Principien abhängt, sondern auch die Aufrechterhaltung des gelehrten Wissens, die Verbreitung nützlicher Kenntnisse, die Ausübung unent-

---

[1]) Päd. Schr. II 470.   [2]) Das. II 531 (Umriß päd. Vorl. §. 57).

behrlicher Künste zum Zwecke hat"¹). In letzterem Betrachte verweist er das Bildungswesen in die praktische Philosophie und zwar in die Lehre vom „Kultursystem", welches neben der Rechtsgesellschaft, dem Lohnsystem, dem Verwaltungssystem, der beseelten Gesellschaft ein Glied in der Reihe der „gesellschaftlichen Ideeen" bildet und die Bethätigung der mannigfachen Kräfte um ihrer selbst willen zum Inhalte hat²).

Bei unbefangener Prüfung kann die Unhaltbarkeit dieser Bestimmungen nicht verborgen bleiben: sie ziehen den Kreis der Didaktik zu eng, indem sie den Unterricht nur von einer Seite auffassen und für die Bildungsarbeit als Ganzes keinen Platz haben. Aus dieser aber den auf Tugendbildung zielenden Unterricht herauszuheben, ist nicht durchführbar, ohne daß allenthalben Fäden zerrissen würden, welche Zusammengehöriges verbinden. Der Zweck, die Jugend durch Studien und Übungen sittlich, tugendhaft zu machen, fehlt in keiner der geschichtlichen Gestaltungen des Bildungswesens, aber nirgend steht er als der alleinige da; neben demselben waltet die bald so, bald anders ausgedrückte Absicht ob, ihr Kenntnis und Geschick zu geben, sie zu Leistungen allgemeinerer oder speciellerer Natur zu befähigen oder vorzubereiten, sie auszustatten, sei es für den Lebensweg überhaupt, sei es für besondere Bahnen, und mit all diesen subjektiven Zwecken ist der objektive, unpersönliche verbunden, durch Lehren und Lernen wertvollen Inhalt der Folgezeit zu erhalten, die Jugend in den Dienst der Propagation der geistigen Güter zu stellen. Diesem Zwecke gegenüber den der Tugendbildung als den sittlichen $\varkappa\alpha\tau'$ $\dot{\varepsilon}\xi o\chi\dot{\eta}\nu$ hinzustellen und jene als heteronomische Motive zu behandeln, ist nicht statthaft; denn Menschen zu Leistungen zu befähigen und damit der Arbeit entgegenzuführen, ist ebenfalls ein sittliches Thun und ein ebensolches ist es, das geistige Erbe der Vorfahren zu wahren durch Überlieferung an die nachfolgenden Geschlechter. Trotz der so hochachtbaren ethischen Tendenz Herbarts, wie sie sich in der Ver-

---

¹) Päd. Schr. II 666 (Umriß §. 338).
²) Gesammelte Werke herausgegeben von Hartenstein VIII 96, IX 424. Päd. Schr. II 34.

wendung des Tugendbegriffes ausspricht, wird so nicht einmal der sittlichen Gesamtaufgabe der Bildungsarbeit genug gethan, geschweige denn der mannigfaltigen Verflechtung derselben, wie sie Leben und Geschichte zeigen. So lassen sich auch die Materien der Lehrthätigkeit nicht aufteilen in solche, welche der Tugend und andere, welche äußeren Zwecken dienen: allen Studien und Übungen kann eine sittliche Wendung gegeben werden und zugleich haben alle zu irgend welchen äußeren Umständen und Verhältnissen Beziehung.

So treibt der Gegenstand selbst über die zu eng gezogenen Grenzen allenthalben hinaus; aber selbst wenn der Begriff der Erziehung über das individualpersönliche Verhältnis, auf welches ihn Herbart beschränkt, hinaus erweitert würde, so reicht er doch nicht aus, um den Gegenstand der Didaktik ganz einzubefassen. Vom Standpunkte der ethischen Assimilation der Jugend ist der Bildungserwerb und die ihm dienende Organisation nicht vollständig zu überblicken, ein Umstand, der Herbart auch bestimmte, dafür eine Stelle im Kultursystem zu suchen. Er unterläßt es aber, diesem Kultursystem eine konstitutive Bedeutung für die Didaktik einzuräumen und die kollektiven Gestaltungen, welche jenes behandelt, zusammenzuhalten mit den Thätigkeiten und Prozessen, mit welchen sich die Unterrichtslehre beschäftigt. Wäre er dazu vorgeschritten — und an Ansätzen dazu fehlte es nicht[1]) — so würde die letztere einen Stützpunkt außerhalb der Pädagogik gewonnen haben und das Problem der ganzen Didaktik: der Bildungserwerb nach seiner socialen und individualen Seite hervorgetreten sein. —

Im Gegensatze zu der individualistischen Sittenlehre, den großen Organismen der moralischen Welt ihr Recht widerfahren zu lassen, ist die Tendenz der ethischen Spekulation Schleiermachers, und bei ihm begegnen wir denn auch Begriffsbestimmungen über die Erziehungs- und Bildungslehre, welche Würdigung verdienen. Die Pädagogik ist ihm eine von den „technischen Disciplinen", welche von

---

[1]) Besonders in dem Abschnitte „Erziehungskunst" in der Encyklopädie der Philosophie. Päd. Schr. II 452 f.

der Ethik ausgehen, und zwar beschäftigt sie sich mit der Frage: „Was will die ältere Generation mit der jüngeren? wie entspricht deren Thätigkeit dem Zwecke, das Resultat der Thätigkeit?" Sie ist der Politik koordiniert und greift in diese hinüber, weil auch ihr das Problem angehört, wie der Staat bei dem Wechsel der Generationen fortbestehen und fortschreiten könne. Indem es aber auch zur sittlichen Aufgabe gehört, daß das Gesamtleben in der Kirche forterhalten werde, tritt die Erziehung auch mit dieser, die Pädagogik mit der Lehre von der religiösen Gemeinschaft — verstanden als ein Teil der Ethik — in Verbindung[1]). Für die Didaktik bildet ein dritter ethischer Organismus den Standpunkt: die Gemeinschaft des Wissens und der Sprache. Diese beruht auf der intellektuellen Wechselwirkung zwischen dem Einzel- und dem Gesamtbewußtsein. Ihr Grundverhältnis ist das des Lehrens und Lernens, bestehend in der Übertragung von Gedanken aus einem persönlichen Bewußtsein in ein anderes; der ethische Prozeß auf diesem Gebiete vollzieht sich durch das Zusammenwirken von Erfindung und Mitteilung, von virtuoser Hervorragung und intellektuellem Gemeinbesitz. Der Träger dieser Bethätigung ist die Schule im weitesten Sinne des Wortes, umfassend die eigentliche Schule, die Universität und die Akademie der Wissenschaften. Sie vermittelt das Wissen des Einzelnen und das des ganzen Volkes, also Individualität und Nationalität[2]).

Die Disciplin nun, welche die Organisation dieser sittlichen Gemeinschaft zum Gegenstande hat, ist die Didaktik, „welche", wie Schleiermacher bemerkt, „in einem größeren Sinn und Stil behandelt und mit beständiger Beziehung auf die Volkseigentümlichkeit durch alle Formen der Mitteilung hindurchgeführt zu werden verdient"[3]).

Ausgeführt hat Schleiermacher nur die Erziehungslehre; in den bekannten Vorlesungen darüber giebt er übrigens der Erziehung eine noch breitere Basis als in den eben angegebenen methodologi-

---

[1]) Erziehungslehre herausgegeben von Platz 1846, S. 7, 12 f.
[2]) Entwurf eines Systems der Sittenlehre herausgegeben von Schweizer 1835, §. 179.   [3]) Daselbst §. 282.

schen Erörterungen, indem er sie nicht bloß zu Staat und Kirche, sondern auch zur Gemeinschaft der Sprache und jener der Sitten — dem vierten ethischen Gebiete der Schleiermacherschen Sittenlehre —, also zur Totalität der Vernunftthätigkeit in Beziehung setzt[1]). Die Didaktik hat er nicht ausgeführt, sei es, daß er das empirisch-historische Material noch zu wenig bearbeitet fand, um nach einem so weitgreifenden Plane organisiert zu werden, sei es, daß er der Geschmeidigkeit seiner ethischen, aus den metaphysischen abgeleiteten, die moralische Welt a priori konstruierenden Kategorieen selbst mißtraute.

An Weite des Horizonts würde es einer Didaktik in Schleiermachers Sinne nicht fehlen, dagegen wäre zu besorgen, daß ihre Aufgaben der nötigen Begrenzung und darum Bestimmtheit ermangelten. Als Lehre von der Mitteilung müßte sie soweit reichen, als sich Lernen und Lehren in ganzer Ausdehnung, Überlieferung, geistiger Verkehr, Gedankencirkulation erstrecken; sie müßte auch die Wissenschaft von der Sprache als dem vornehmsten Mittel der Mitteilung, ja auch die von den Werken der Sprachkunst handelnden Disciplinen: Rhetorik, Poetik, Litteraturlehre einbegreifen, und insofern sie nicht bloß die Stätten des Unterrichts, sondern auch die der Pflege der Wissenschaft in sich faßt, erweitert sie sich von einer Theorie der Gedankenübertragung zu einer solchen der Gedankenerzeugung, also einer Wissenschaftslehre in weitester Ausdehnung.

Trotz dieser Bedenken sind die Schleiermacherschen Aufstellungen in hohem Grade anregend und fruchtbar. Wenn auch nicht in endgültiger Weise vollziehen sie die Loslösung der Didaktik von der Pädagogik, indem sie beiden Disciplinen gesonderte Ausgangspunkte und damit Selbständigkeit geben; in bezug auf die Pädagogik enthalten sie wesentlich richtige Gesichtspunkte, aber auch ihre Mängel bezüglich der Didaktik liegen mehr in der Unbestimmtheit und zugleich Starrheit der leitenden Begriffe, als darin, daß das Wesentliche der Sache verfehlt würde. —

---

[1]) Erziehungslehre S. 40, 108, 607.

Das Verhältnis von Pädagogik und Didaktik bestimmt sich nach dem Verhältnisse, in welchem die Gegenstände dieser Disciplinen: die beiden großen Erscheinungen der moralischen Welt, welche wir als Erziehungswesen und als Bildungswesen bezeichnen, zu einander stehen. Beide nun gehören zwar einer und derselben Sphäre an: der Gesamtheit der Vermittelungen, welche der Lebenserneuerung des socialen Organismus dienen, allein innerhalb dieser Sphäre erscheinen sie als gesonderte und zwar gleichgeordnete Gebiete. Das Erziehungswesen ist keine Provinz, noch weniger ein Annex des Bildungswesens: die Aufgabe der stellvertretenden Fürsorge für das werdende sittliche Leben hat ihr eigenes Ethos, ihre besonderen Motive, Zwecke, Mittel, Veranstaltungen gegenüber der Aufgabe, gewisse intellektuelle Güter zu einem geistig fruchtenden Gemeinbesitz zu machen. Aber auch umgekehrt ist das Bildungswesen mehr als eine Veranstaltung zu Erziehungszwecken: der Bildungserwerb und die ihm dienende kollektive Arbeit schaffen sich einen Organismus, der vom Gesichtspunkte der ethischen Assimilation des Nachwuchses allein nicht zu verstehen ist.

Wenn es sich um eine bloß deskriptive Darstellung handelte, welche die beiden Gebiete im ganzen des Lebens eines Volkes oder im ganzen der Kulturbestrebungen einer Zeit aufzusuchen hätte, so könnte es gar nicht in Frage kommen, daß ihnen gesonderte Plätze anzuweisen wären. Wie ein Volk seinen Nachwuchs erzieht, ist darzustellen im Zusammenhange mit der Schilderung seiner politischen und socialen Verfassung, seiner öffentlichen und häuslichen Sitten, seiner Gottes- und Weltanschauung im allgemeinen; dagegen was einem Volke als Bildung gilt, welche geistigen Güter bei ihm in allgemeinem Umlaufe sind, welche als Lehrgut verwendet werden, und welche Veranstaltungen den daraus erwachsenden Bedürfnissen dienen, muß da aufgezeigt werden, wo von seinen intellektuellen Interessen, von seiner Litteratur und Wissenschaft, Dichtung und Kunst die Rede ist. Diese Verschiedenheit macht sich noch mehr bei der geschichtlichen Darstellung der beiden Gebiete geltend. Die Geschichte des Erziehungswesens hat sich durchweg in der Nähe der Geschichte der Civilisation, der Sitten, der socialen Ordnungen zu halten; ihre Betrachtungsweise ist hauptsächlich die völkerpsychologische, indem sie zu zeigen hat, wie die Obsorge für den Nachwuchs durch den Volks- und Zeitgeist bestimmt ist. Die Geschichte des Bildungswesens hat die Geschichte des geistigen Lebens zum nächsten Stützpunkte, besonders die der sogenannten schönen Litteratur, in welcher sich das Niveau desselben am unmittelbarsten zu erkennen giebt; als Geschichte der Schulbücher, Bildungsschriften, Encyklopädieen wird sie selbst zur Litteraturgeschichte; als Geschichte der Lehrmethoden tritt sie mit der der Wissenschaften in Verbindung; nur bei der Verfolgung der Institutionen der Bildung, besonders des Schulwesens, bedarf sie der Anlehnung an die Geschichte der politisch-socialen Entwickelung. Auch sie hat den völkerpsychologischen Gesichtspunkt einzuhalten, indem sie dem Zusammenhange zwischen dem National- und Zeit- charakter und den Bildungsidealen und -bestrebungen nachgehen soll: zugleich aber liegt ihr ob, den oft so wunderbaren Erbgang zu ver- folgen, vermöge dessen sich Bildungselemente von einem Volke auf das andere, von einer Epoche auf die andere übertragen, sich sum- mieren und zu anderen und anderen Gestaltungen zusammensetzen, ein Vorgang, dem auf Seiten des Erziehungswesens nicht gleich aus- geprägte Erscheinungen entsprechen.

Diese Scheidung von Erziehungs- und Bildungswesen, die sich bei der deskriptiven und historischen Behandlung gleichsam von selbst vollzieht, wird die philosophische um so weniger aufzuheben ge- neigt sein, je mehr sie von jenen Nutzen zu ziehen beflissen ist. Aber auch die individualen Probleme der Pädagogik und Didaktik charak- terisieren sich dadurch als verschiedene, daß sie die Untersuchung an- weisen, getrennte Stützpunkte zu wählen. Zwar lenken sie beide Disciplinen in gleicher Weise auf die Psychologie hin und zwar einerseits auf die Psychologie als die Lehre von den Phänomenen des Bewußtseins, und andererseits auf jene, ihrer Ausgestaltung noch harrende Lehre von den menschlichen Typen, welche man bald als Ethologie (J. Stuart Mill), bald als Charakterologie (Bahnsen) bezeichnet, bald als einen Teil der Anthropologie behandelt hat; aber es sind andere Partieen dieser Wissenschaften, welche der Pädagogik, andere, welche der Didaktik als Stütze dienen. Jene wendet sich an die Theorie von den Strebungen und Gefühlen sowie an die Lehre von den ethischen Typen oder den Charakteren; diese dagegen an die Lehre von der Erkenntnisthätigkeit und an die Untersuchungen über die intellektuellen Typen: die Talente, die „Köpfe". Jener liegt daran, den Interessen= kreis psychologisch zu überblicken, seine Quellen zu erkennen, seine individuellen Unebenheiten nach ihren Ursachen zu verstehen; diese hat es mit dem Gesichtskreise zu thun, mit den psychischen Thätig= keiten, welche ihn konstituieren, den Anlagen und Geistesrichtungen, welche ihm seine individuelle Gestalt geben.

Auch zur Ethik stehen die beiden Disciplinen in verschiedener Beziehung: die Pädagogik in einer näheren, die Didaktik in einer entfernteren. Beide haben es mit Wertbestimmungen, Motiven, Auf= gaben, Gütern, sowie mit Elementen der sittlichen Persönlichkeit zu thun, aber die Pädagogik hat die werdende sittliche Persönlichkeit nach allen ihren Stützpunkten und Beziehungen zu verfolgen; sie hat ferner eine der Grundbedingungen der Erhaltung und indirekt der Erzeugung aller sittlichen Güter zu erklären und eine Bethätigung zu beleuchten, die den Charakter der Pflichtausübung trägt, während die Didaktik sich darauf beschränken kann, die sittlichen Lebensauf= gaben als den Abschluß und gleichsam die Einfriedigung der geistigen Strebungen, mit denen sie sich beschäftigt, hinzustellen. Dafür tritt sie mit anderen philosophischen Disciplinen in Verbindung, welche der Pädagogik fern liegen: mit der Logik als Methodenlehre des Denkens und mit der Erkenntnistheorie als Lehre von der Erzeugung des geistigen Inhaltes — eine Verbindung, die zur Zeit allerdings mehr als eine postulierte, denn als eine wirklich durchgeführte er= scheint.

―――――

Der Erhebung der Didaktik zu einem besonderen, in sich geschlos= senen Untersuchungsgebiete stellen sich nun aber noch andere und ge= wichtigere Bedenken, als die besprochenen Hoheitsrechte der Pädagogik entgegen, Bedenken, welche nicht sowohl die Selbständigkeit der Bildungslehre, als vielmehr die Thunlichkeit einer **einheitlichen Durchführung** derselben betreffen.

Es liegt im Wesen der Bildung, daß sie ihren Inhalt aus verschiedenen Gebieten des Wissens und Könnens schöpft. In ihren entwickelteren Formen begreift sie eine ganze Reihe von Elementen in sich, deren jedes zugleich ein mehr oder weniger umfassendes Forschungsgebiet oder eine Sphäre der Kunstübung darstellt; zumal umfaßt die moderne höhere Bildung eine große Vielfachheit von Materien: außer den historisch überkommenen Elementen — dem philologisch-litterarischen in seiner Ausdehnung auf todte und lebende Sprachen, dem theologischen, dem philosophischen und dem mathematischen — die vielförmigen, der Geschichts- und Weltkunde und den Naturwissenschaften angehörigen Kenntnisse und obenein technische, musikalische, gymnastische Fertigkeiten. Diese universale Tendenz der Bildung schließt aber den ausdrücklichen oder stillschweigenden Verzicht in sich, in so disparaten Gebieten bis zu fachlicher Sachkenntnis und Meisterschaft vorzudringen: der Gebildete als solcher, mit einem gangbaren, gemeingültigen Geisteserwerbe und vielseitiger Empfänglichkeit sich bescheidend, beansprucht weder Gelehrter noch Virtuos zu sein, und der Bildungsunterricht begnügt sich damit, überall nur die elementaren Schwierigkeiten zu überwinden, einen gewissen grundlegenden Fonds des Wissens herzustellen, die psychischen Vermittelungen, die für dessen Erweiterung erforderlich sind, geläufig zu machen, bestenfalls den Reiz der verschiedenen Studien einigermaßen zur Wirkung zu bringen.

Kann man der Bildungsarbeit diese Beschränkung auf das Elementare und Populäre zu gute halten, so ist zu dem gleichen Anspruche nicht berechtigt, wer es unternimmt, jene selbst der Untersuchung zu unterziehen und eine Bildungslehre aufzustellen. Für ein solches Unternehmen erscheint es als unerläßlich, die Provenienz der Bildung aus der Wissenschaft und selbst aus der Kunst zu überblicken, also auch mit den letzteren vertraut zu sein, nicht bloß die Früchte zu kennen, welche der Bildungserwerb einsammelt, sondern zugleich die Bäume, auf denen sie gewachsen sind. Wer über Bildungsgehalt der Lehrgegenstände, über Auswahl, Anordnung und Behandlung der Unterrichtsmaterien urteilen will, muß eindringendere Studien gemacht haben als es Bildungsstudien sind, und die Forderung scheint unabweisbar, daß sein Wissen mit der Bildung die Universalität und zugleich mit der Wissenschaft die Gründlichkeit gemein haben müsse.

Solche Anforderungen waren in der Periode, aus welcher die Idee und die Anfänge einer Didaktik stammen, einigermaßen erfüllbar: im XVII. Jahrhundert war das Streben nach encyklopädischer Gelehrsamkeit an der Tagesordnung; die Namen Polyhistorie, Polymathie, Pammathie, Pansophie, Cyklopädie hatten einen guten Klang, und von den Vertretern der Lehrkunst besaßen wenigstens einige — so Joachim Jung, Komensky, J. J. Becher — ein umfassendes und vielseitiges Wissen. Noch im vorigen Jahrhundert konnte Joh. Math. Gesner in seiner berühmten Göttinger Vorlesung: Isagoge in eruditionem universalem seinen Zuhörern Anweisungen zu Bildungsstudien nach allen Richtungen geben, denen es kaum irgendwo an Sachkenntnis und selbst Vertiefung fehlt, und der Theolog und Philolog Joh. Aug. Ernesti vermochte in den Initia doctrinae solidioris (zuerst 1734) die philosophischen Disciplinen, zugleich aber mathematische und physikalische Materien mit Beifall abzuhandeln. Ein derartiges Umspannen disparater Erkenntniskreise ist heutzutage durch die immense Ausdehnung derselben und durch die Ausprägung der ihnen zugehörigen Methoden verwehrt; allseitige Gelehrsamkeit, encyklopädische Forschung sind in sich widersprechende Begriffe geworden, da wir gelehrte Forschung nicht anders als auf ein begrenztes Gebiet bezogen denken, und einem Durchlaufen des orbis doctrinae den scientifischen Charakter absprechen; Polymathie ist uns untrennbar von der Nebenbedeutung des Zerfahrenen oder Barocken, Universalität von der des Oberflächlichen oder des Überspannten. Eine Didaktik, welche wie die Lehrkunst der Renaissance ein artificium omnes omnia docendi zu sein beansprucht, erscheint uns, nach heutigem Maßstabe gemessen, als eine Verstiegenheit, als ein Unternehmen ohne Basis, wenn nicht gar ohne Zweck, und es kann fraglich scheinen, ob nicht jedes analoge, wenngleich anders formulierte und instruierte Unternehmen von dem gleichen Urteile betroffen werde.

In gelehrten Kreisen begegnet man vielfach der Ansicht, daß das Was und Wie der Bildungsstudien auf Schulen von den einzelnen Fachwissenschaften aus bestimmt werden müsse, deren Vertreter vermöge der vollen Beherrschung der Materien und Methoden ihres Gegenstandes den besten Aufschluß über dessen zweckmäßigen Lehrbetrieb zu geben vermögen; nur die Nähe der Fachwissenschaften sichere didaktischen Vorschriften Verläßlichkeit und Gediegenheit; je mehr sich die Reflexion von jener entferne, um ins Allgemeine zu gehen, um so mehr verliere sie an Halt und wissenschaftlichem Charakter. Es hätte danach nur die specielle, von einer Mehrheit von Fachgelehrten vertretene Unterrichtslehre eigentliche Berechtigung; ihre Form müßte die eines Sammelwerkes, einer Kollektivarbeit sein; was darüber hinausgeht, wäre ein luftiger Bau, steter Umgestaltung von jener Grundlage aus entgegensehend, sohin einer einheitlichen Didaktik durch Aufteilung ihrer Aufgaben an die einzelnen Wissenschaften, auf welche der Inhalt der Bildung zurückweist, der Boden entzogen. Seit beim Schulunterrichte und bei der Lehrerbildung das Fachsystem eine erhöhte Geltung gewonnen, haben ähnliche Ansichten auch bei Schulmännern Platz gegriffen und nicht eben wenige bringen einer allgemeinen Unterrichtslehre, möge sie auch durch so klangvolle Namen wie Herbarts, Schleiermachers u. a. vertreten sein, abgesehen von anderen Bedenken, darum Mißtrauen entgegen, weil ihnen eine solche zumute, auf fremde Studiengebiete hinüberzuschweifen. Auch in der didaktischen Litteratur macht sich die Richtung auf Specialisierung geltend; man überläßt gern die allgemeine Reflexion über Unterricht und Bildung der Pädagogik und beschränkt sich auf bestimmte Schulformen oder Lehrfächer, so daß der Didaktik, gleichsam eingezwängt zwischen das Nachbargebiet und den durchschnittenen Boden der Einzeldarstellungen, der Raum zur Entfaltung benommen wird.

Und doch kann es bei dieser Ablehnung oder Zurückschiebung der übergreifenden Fragen nicht sein Bewenden haben; die Teile in der Hand zu behalten und auf das geistige Band zu verzichten, ist kaum irgendwo unzulässiger als bei den Aufgaben der Bildung und der Bildungslehre. Hier kann keine Specialarbeit von der Anwendung genereller Bestimmungen absehen: der Unterrichtszweck, das Verhältnis des Gegenstandes zu anderen, die Entwickelungsstufe der Schüler, die allgemeinen didaktischen Vermittelungen, die herrschenden Lehreinrichtungen, die geistigen Interessen der Zeit bilden unvermeidlich die Beziehungspunkte auch der speciellsten, der Fachwissenschaft noch so nahe gehaltenen Erörterung und diese steht darum immer in dem Bereiche gewisser allgemeiner didaktischer Ansichten und selbst Lehrmeinungen. Von der Vertrautheit mit diesen Voraussetzungen, der umsichtigen Anwendung jener Kategorieen, der sorgfältigen Einfügung der partiellen Vorschriften in die für das Ganze geltenden hängt aber der Wert solcher Arbeiten um nichts weniger ab, als von der Beherrschung des Materials. Eine Kollektivarbeit ohne gemeinsame leitende Grundsätze wäre ein dem Endzwecke wenig entsprechendes Aggregat: solche Grundsätze aber sind nicht anders als durch eigens darauf gerichtete und weitgreifende Reflexion festzustellen. Ja gerade die dringendsten Aufgaben des Bildungswesens der Gegenwart weisen auf das Ganze und das Allgemeine hin und stehen zu der Neigung zu fachlicher Abschließung in auffallendem Widerspruch; es ist zur Zeit weit weniger von Belang, die einzelnen Lehrgegenstände methodisch auszubauen, als deren wechselseitige Beziehungen zur Geltung zu bringen, die Fugen wahrzunehmen, in denen sich das vielfache Wissen und Können, aus welchem die Bildung erwächst, berührt, und Auswahl, Anordnung, Behandlung der fachlichen Materien mit Rücksicht auf die Gesamtwirkung des Unterrichts zu bestimmen. Unsere Lehrpläne leiden nicht an Unwissenschaftlichkeit, sondern an unorganischer Aufschichtung des Wissensstoffes, an Mangel der didaktischen Gliederung; unseren höheren Unterricht drückt nicht die Kenntnislosigkeit der Lehrer, sondern die Abschließung des Einzelnen von den Interessen des Nebenmanns und den gemeinsamen Zielen der Schule;

und die Abhülfe dagegen steht nicht bei den Fachwissenschaften, noch bei der speciellen Methodik, sondern bei der allgemeinen Bildungslehre.

Das Vorurteil, daß eine solche bei ihrer übergreifenden Tendenz einer gewissen Kraftlosigkeit oder unfruchtbaren Abstraktion verfallen müsse, stützt sich auf gewisse Eindrücke, denen sich auch ein Verteidiger derselben nicht entziehen kann, die aber doch nicht unbesehen als bestimmende Gründe zuzulassen sind. Die Weisungen über Bildung und Unterricht, welche gelehrte Kenner vom Standpunkte ihrer Fachwissenschaft aus geben, sind häufig durch wohlthuende Sicherheit und überzeugungwirkende Klarheit ausgezeichnet und stechen dadurch nicht selten vorteilhaft von den Aufstellungen der abstrakten Unterrichtslehre ab. Aus den wässerigen Fluten Basedowscher und Trappscher Lehrweisheit erheben sich die auf die Altertumswissenschaft fundierten consilia scholastica F. A. Wolfs, wie ein Eiland, auf dem man beruhigt Fuß faßt; die Bemerkungen Jakob Grimms und die Erörterungen Philipp Wackernagels über den Unterricht im Deutschen befreien uns mit eins von dem doktrinären Formalismus, mit welchem nach Pestalozzis Vorgang die Schulmethodik diesen Lehrzweig übersponnen hat; gegen die anspruchslose Gediegenheit der Vorschriften Nägelsbachs, Roths, Palmers u. a. treten in manchen Punkten selbst die scharfdurchdachten Distinktionen der Herbartschen Didaktik zurück, die von dem Vorwurfe nicht frei ist, über der formalen Tendenz das Specifische der verschiedenen Unterrichtsmaterien zu vernachlässigen und sich mit dem Hervorrufen psychischer Aktionen zu begnügen, anstatt bis zur Vermittelung von bestimmten Erkenntnissen vorzudringen. Durchgehends hat die Unterrichtslehre, sobald sie sich einer der Fachwissenschaften, sei es Philologie, oder Theologie, oder Geschichte, annäherte, den stärkenden und anfrischenden Einfluß derselben erfahren, und so liegt wohl die Auffassung nahe, daß sie solchen Umgang zumeist zu pflegen habe, um sich gedeihlich zu entwickeln.

So richtig dies ist, so darf doch daraus nicht die Unfruchtbarkeit systematischer Versuche geschlossen werden. So ist, um bei den angeführten Beispielen zu bleiben, der Philanthropinismus nicht lediglich nach seinen Resultaten, sondern auch nach seinen Zwecken zu beurteilen, und zu diesen gehörte das ganz berechtigte Streben, die Studien mit einander und mit den natürlichen Neigungen des Lernenden in Verbindung zu setzen und ihren Druck durch intellektuelle Belebung — mochte diese auch in kleinlichem Geiste aufgefaßt sein — zu lindern. Diese philopädische Tendenz der Aufklärungspädagogik hat auf die Folgezeit einen bestimmenden und keineswegs bloß nachteiligen Einfluß ausgeübt; die wässerige Weisheit jener Männer hat so manche Kanten und Härten weggewaschen, und selbst ihre Theorieen haben durch Anregung besser begründeter allgemeiner Untersuchungen wohlthätig gewirkt.

Nicht anders die Pestalozzische Unternehmung, wenngleich sie vielfach in unfruchtbaren Formalismus ausgelaufen ist. Die leitende Idee Pestalozzis: für die Lehrgebiete der Volksschule die letzten, wahren Elemente und die ihnen entsprechenden geistigen Elementaraktionen aufzusuchen, um den Lehrinhalt durch Kombination und Verzweigung dieser Elemente zu gestalten und das Lernen zu einer mit innerer Notwendigkeit sich fortspinnenden Abfolge von psychischen Aktionen zu machen, zeugt von einer Tiefe der Auffassung, bis zu der kaum irgend welche fachwissenschaftlichen Lehranweisungen vorgedrungen sind. Und dieser sein leitender Gedanke hat nicht bloß die Unterrichtslehre befruchtet — wir danken ihm die geometrische Anschauungslehre und mit ihr die Ergänzung der Euklidischen Methode, das Denkrechnen, die Anfänge des rationellen Zeichenunterrichts und die der Heimatskunde — sondern er hat selbst in das Gebiet der wissenschaftlichen Forschung anregend hinübergewirkt, ein allerdings einzig dastehender Fall, der aber für sich allein beweist, daß die Didaktik von den Fachwissenschaften keineswegs immer nur zu empfangen braucht, sondern selbstkräftig genug ist, um einmal auch geben zu können. Der Erkenntniskreis, für welchen die Pestalozzische Methode ein wesentliches Ferment gebildet hat, ist die neuere Geographie, deren Begründer Karl Ritter die Grundidee seines Werkes dem Verkehre mit dem schweizerischen Pädagogen und der Anwendung seiner Methode dankte¹).

So ist auch der Umstand, daß die Didaktik Herbarts mannigfacher Rektifikation durch unbefangene Würdigung sowohl des positiven Gehaltes der Lehre im allgemeinen, als der einzelnen Lehrmaterien im besonderen bedarf, kein Grund, die von ihm eingeschlagenen Bahnen als aussichtslose zu verlassen. So kurzsichtiger Geringschätzung des von ihm Dargebotenen wäre die Mahnung Goethes entgegenzuhalten, die auf alle bedeutenden Schöpfungen Anwendung findet: die Nachkommenschaft möge nicht „mit eklem Zahne an den Werken ihrer Meister und Lehrer herumkosten und Forderungen aufstellen, die ihr gar nicht eingefallen wären, hätten jene nicht so viel geleistet, von denen man nun noch mehr fordert"²). Keinerlei fachwissenschaftliche Lehranweisung kann das ersetzen, was Herbart

---

¹) Vergl. Kramer „K. Ritter ein Lebensbild" I 307 aus einem Briefe Ritters seine Erdkunde betreffend. „Meine erste Absicht bei der Unternehmung dieser Arbeit war, ein Versprechen zu erfüllen, das ich Pestalozzi gegeben hatte, für sein Institut im Geiste seiner Methode die Geographie zu bearbeiten; wirklich begann ich meine Arbeit, fand aber in der Bearbeitung des geographischen Stoffes nur Stückwerk und Zufälligkeit, also in der Behandlung der Wissenschaft Willkür. Da ich nun im Geiste der Methode (die Methodiker verstehen selbst nichts von Geographie) jede Willkür verschmähte und das Notwendige suchte, so fand ich es auch, glaube ich, glücklich aus dem geographischen Chaos heraus und nun wickelte sich mir, da ich einmal den Faden hatte, der ganze verwirrte Knäuel von selbst auf." Und daselbst II 146* aus Vulliemin, Le Chrétien évangélique 1869 p. 24: „C'est à Pestalozzi que Ritter fait remonter l'impulsion première à son esprit et la principale part de ce qu'il y a de meilleur dans son oeuvre. Quarante ans après son séjour à Yverdon nous l'avons entendu le déclarer avec bonheur: „Pestalozzi," nous disait-il, „ne savait pas en géographie ce qu'en sait un enfant de nos écoles primaires; ce n'en est pas moins de lui que j'ai le plus appris en cette science; car c'est en l'écoutant, que j'ai senti s'éveiller en moi l'instinct des méthodes naturelles; c'est lui qui m'a ouvert la voie et ce qu'il m'a été donné de faire, je me plais à le lui rapporter comme lui appartenant." Ferner daselbst I 275 und Ritters Erdkunde Bd. I, Einleitung.

²) Werke Ausg. letzter Hand 1830 XXXVII S. 62 (über Winkelmann).

bietet: die weitblickende Vertretung der Gesamtaufgabe des Unterrichts, die nachdrückliche Forderung, daß seine Einwirkungen sich in dem einen Gedankenkreise des Zöglings zusammenfinden und zu einem Totaleffekt verschmelzen müssen, der nicht mehr bloß ein intellektueller, sondern ein ethischer ist. Gerade an dem wunden Punkte der modernen Schulbildung, bis zu dem die specialisierte Betrachtung gar nicht vordringt, setzt Herbart seine Instrumente an; wenn eines und das andere davon mit einem neuen vertauscht werden muß, ja selbst wenn die Führung des Schnittes eine andere sein müßte, folgt daraus, daß die Operation aufzugeben sei?

Die Didaktik besitzt an gewissen bleibenden Problemen und immer wiederkehrenden Aufgaben ein Centrum, vermöge dessen sie einen eigenen und einheitlichen Untersuchungskreis darstellt, zugleich aber hat sie an ihrer Peripherie Berührungen mit einer Reihe von Wissensgebieten, die ihr den Antrieb zu specialisierender Verzweigung geben. Diesem Antriebe auf Kosten der Mitte nachzugeben, ist ebenso unstatthaft, wie die Mitte als das Ganze anzusehen und jenen Grenzverkehr gering zu achten. Die menschlichen Dinge insgemein bedürfen nicht bloß, wie der alte Spruch sagt, vieler Hände, sondern auch vieler Köpfe und insbesondere wollen die Fragen der Bildung und Lehre von mehr als einem Standorte aus angesehen werden; wer sachkundig ist in irgend einem ihrer Zweige, hat das Recht, gehört zu werden, aber, wenn er das Ganze fördern will, so muß er die Sprache der Lehrkundigen reden, den Schatz von Vorstellungen und Begriffen sich eigen machen, welchen die Lehrkunde verwaltet.

Nun ist es richtig, daß die Gegenforderung: der Lehrkundige müsse zugleich in universaler Weise sachkundig sein, bei dem heutigen Stande der Wissenschaft nicht erfüllbar ist; sie ist aber bei unserer Fassung der Didaktik keine wesentliche, wenn es auch den Anschein haben möge. Wenn die Didaktik, wie es bei ihren Begründern in der Renaissancezeit der Fall war, beansprucht, Lehrkunst zu sein, also darauf ausgeht, den vielgestaltigen Lehrbetrieb durchgängig zu regeln, so hat sie allerdings die Beherrschung aller zum Unterrichte beisteuernden Wissensfelder zur Voraussetzung; wenn sie dagegen,

von dieser unmittelbar praktischen und organisatorischen Tendenz
absehend, sich bescheidet, Lehrkunde, oder noch begrenzter: Bildungs-
kunde zu sein, so ist sie an eine derartige Universalität nicht geknüpft.
Die Bildungslehre muß allerdings auch weitgreifenden Problemen
gewachsen sein, zu zeigen im stande sein, wie sich Wissenschaft in
Bildung umsetzt, durch welche Vermittelungen ein Erkenntnisinhalt
zum geistigen Eigentum wird, welchen Bedingungen ein Lehrbetrieb,
der fruchten soll, unterliegt; aber diesen und anderen Aufgaben der
Art kann entsprochen werden, ohne encyklopädische Gelehrsamkeit, die
für uns einmal hölzernes Eisen ist, auf Grund begrenzter fachwissenschaftlicher Kenntnis, wenn diese nur in der rechten Weise zu Rate
gehalten wird. Um die Umsetzung von Wissenschaft in Bildung zu
verstehen, muß der Standpunkt freilich in ersterer genommen werden,
aber das Wesentliche ist, daß man jenen Prozeß auf einem Gebiete
verfolge und gleichsam durch Autopsie kennen lerne, um sich dadurch
für die Aufschlüsse empfänglich zu machen, welche Sachkundige über
den analogen Vorgang auf anderen Gebieten geben. Ebenso können,
ja sollen sogar die didaktischen Vermittelungen an einem bestimmten
Stoffe studiert werden, um das Gewonnene, nun zwar nicht als
Schablone für die anderen Stoffe zu verwenden, wohl aber als
Schlüssel zu benutzen für das Verständnis des Lehrgebrauchs auf
anderen Feldern. Nicht anders wird man die Bedingungen der
plastischen Kräfte des Unterrichts aufsuchen, als indem man sozusagen
an einer bestimmten Stelle gräbt, und, sobald man die Oberfläche
überwunden hat, den Verzweigungen, die sich dann darbieten, nach-
geht, die eigene Spürkraft durch die Funde Anderer ergänzend. Nicht
darauf weist die Bildungslehre hin, daß man sich in allem oder
möglichst vielem versuche, sondern darauf, daß man bei den Versuchen auf begrenztem Boden lerne, die rechten Fragen zu stellen,
an die Natur des Gegenstandes in erster Linie, an die Erscheinungen,
welche die allgemeinen Probleme bilden in zweiter, und in dritter
an die Kenner, deren Urteil ergänzend eintritt, wo die eigene Sachkenntnis ihre Grenze findet. Die Schwierigkeit also, welche darin
bestand, daß eine scientifische Behandlung der Didaktik auf die

unvereinbaren Forderungen: universale Ausbreitung einerseits und wissenschaftliche Vertiefung andererseits führe, löst sich dahin, daß in Wahrheit nur die letztere Forderung besteht, jene Ausbreitung aber sich auf eine gewisse vielseitige Empfänglichkeit, die partiale Sachkenntnis durch die Aufschlüsse verschiedener Sachkenner zu ergänzen, reduciert, ein Verhältnis, welches mit der wohlbegründeten Studienmaxime: in uno habitandum, in ceteris versandum nicht in Widerspruch steht.

Aber liegt nicht in der Forderung einer vielseitigen Empfänglichkeit immer noch ein Rest von Universalismus und ein Antrieb über die Grenzen zu schweifen, welche der moderne Wissenschaftsbetrieb, das fruchtbare Princip der Teilung der Arbeit befolgend, befestigt hat? Diese Frage kann wohl mit gutem Grunde durch die Gegenfrage beantwortet werden: ist wirklich dieses Princip der Teilung das einzige, welchem die neuere Wissenschaft ihre Erfolge verdankt, oder erhält sie ihre Signatur nicht zugleich durch andere Principien, welche jenes beschränken und damit die von ihm gebotene Beschränkung aufheben? Die Forschung der Gegenwart hat allerdings Großes geleistet durch Zerlegung früher ungeteilter Erkenntniskreise in Sektoren und Segmente, aber sie hat auch neue Kreise gezogen, sowie vordem getrennte in einander geschoben und ihre Durchschnittspunkte zu Lichtquellen gemacht. Im Verlaufe dieser Erörterungen waren mehrere Wissenschaften zu nennen, welche das Durchbrechen hergebrachter Scheidewände zur Voraussetzung und die Kombination verschiedenartiger Erkenntnisse zum methodischen Princip haben. So gelangt die Socialforschung zur Gewinnung ihrer Totalansicht der Phänomene der Gesellschaft nur durch Verbindung von Ergebnissen der Staatswissenschaft im weitesten Umkreise, der Kulturgeschichte, der Anthropologie, der Psychologie, der Ethik, ja selbst der Naturforschung, und wollte man dem Sociologen, der doch immer nur in einem dieser weiten Gebiete vollwichtiger Sachkenner sein wird, das ne supra crepidam! entgegenhalten, so hieße das, ihm sein ganzes Unternehmen verwehren. Die Völkerpsychologie beruht darauf, daß Ergebnisse und Materien, welche getrennten Wissensgebieten: der Philologie, der Linguistik, der Ethnographie, der Psychologie, der Kulturgeschichte u. a. angehörten, unter vereinigenden Gesichtspunkten in einen lebensvollen Kontakt gesetzt werden. Auch die neuere Individualpsychologie sucht ihre Stützpunkte in heterogenen Gebieten: zugleich in der Naturforschung und in den moralischen Wissenschaften, und sie wird auf die letzteren in um so breiterer Ausdehnung fußen müssen, je mehr sie das Princip zur Anwendung bringen, die individualen psychischen Phänomene durch die kollektiven Erscheinungen zu deuten (oben S. 41 f.). Das Charakteristische der von Karl Ritter neubegründeten Geographie ist, daß sie weder Natur- noch historische Wissenschaft allein, sondern beides zugleich ist, indem sie die mathematisch-astronomische, die physikalisch-naturgeschichtliche und die kulturhistorisch-ethische Betrachtung des Erdkörpers in eine Gesamtansicht vereinigt, von der jede partielle Untersuchung ihr Licht empfängt.

Diesen wissenschaftlichen Unternehmungen wird man trotz des Umfanges und der Heterogenität ihrer Voraussetzungen den Vorwurf universalistischer Verstiegenheit nicht machen können. Das Gleiche darf für den Versuch einer Bildungslehre in Anspruch genommen werden, umsomehr als deren Voraussetzungen, wie gezeigt wurde, in beschränkterem Maße, als es eine der genannten Forschungen gestattet, die Beherrschung disparater Materien in sich schließen.

Nach welchem Plane das Gebiet, dessen Selbständigkeit und Einheitlichkeit wir nunmehr nachgewiesen haben, zu bearbeiten ist, kann nach den allgemeinen methodischen Erörterungen, die voraufgegangen sind, in kurzem bestimmt werden.

Der Gegenstand der Didaktik ist die Bildungsarbeit, wie sie sowohl in ihrer kollektiven Gestaltung: dem Bildungswesen, als in ihren individuellen Erscheinungen: dem Bildungserwerbe, wie er durch den Einzelnen geschieht, sich darstellt.

Das Bildungswesen ist zugleich ein **Organismus** und ein **Organ**: ersteres, insofern es ein relativ abgeschlossenes Ganzes von Anstalten und Veranstaltungen zur Vermittelung der Bildung ausmacht, letzteres mit Rücksicht auf den Socialkörper, dessen Gesamtfunktion es sich einordnet. Es will betrachtet werden einerseits mit Rücksicht auf die Mannigfaltigkeit, die dasselbe in sich enthält und welche es in ein Gesamtbild zusammenzufassen gilt, und andererseits mit Rücksicht auf die historischen Vermittelungen, auf denen jene Mannigfaltigkeit beruht, also in den wechselnden Gestaltungen, die es im Laufe der Zeit angenommen hat.

Der Bildungserwerb ist wesentlich ein bewußtes und freies Thun und hat als solches den Zweck zum Lebens- und Kernpunkte, will daher in erster Linie von diesem aus gedeutet werden. Seiner **Materie** nach erscheint der Bildungserwerb als ein mannigfaltiger, und es sind die verschiedenen Gebiete aufzuzeigen, denen er seine stofflichen Elemente entnimmt. Die **Form**, welche dieselben sowohl gemäß ihrem Erkenntnisinhalt, als auch gemäß den Zwecken der Bildungsarbeit erhalten und schließlich die verschiedenen didaktischen Vermittelungen, wie sie durch psychologische Faktoren — die Seelenkräfte und die psychischen Funktionen — sowie durch ethologische Momente — Unterschiede der Bildsamkeit und der Entwickelungsstufen — bedingt sind, bilden die weiteren Gegenstände der Untersuchung, die somit zwanglos die Topik, welche die alten vier Principien des Aristoteles — wenngleich bei veränderter Reihenfolge — an die Hand geben, verwenden kann.

Für die Reihenfolge der Abhandlung dieser Punkte ist jene Verschränkung des socialen und individualen Princips (oben S. 40 f.) maßgebend, welche verbietet, Bildungswesen und Bildungserwerb auseinanderfallen zu lassen, da jedes nur als durch das andere bedingt verstanden werden kann. Dieser Forderung wird am zweckmäßigsten entsprochen werden können, wenn die Lehre vom Bildungswesen jene vom Bildungserwerb in ihre Mitte nimmt und zwar derart, daß ihr historischer Teil an die Spitze tritt, dagegen das Gesamtbild des Bildungswesens und der Nachweis seiner Verzweigung in das Ganze der socialen Bethätigung den Schluß bildet, eine Anordnung, bei welcher am ehesten zugleich dem socialen Charakter des Bildungserwerbes und der Konkretion des Bildungswesens aus individuellen Strebungen und Bethätigungen Rechnung getragen werden kann.

Soll auch auf die angemessenste Bezeichnung dieser Abschnitte der Untersuchung Bedacht genommen werden, so ist bezüglich des historischen Teiles zu erwägen, daß er nicht die Aufgabe hat, eine Geschichte der Bildung zu geben, da eine solche ein selbständiges Unternehmen und nicht ein Bestandteil des Systemes der Didaktik ist. Letzteres gilt nur von einer solchen Darstellung, welche an der Hand der Geschichte die typischen Formen, welche die Bildungsarbeit angenommen hat, aufsucht und die folgenden Untersuchungen auf die Mannigfaltigkeit des Gegebenen als ihre Basis hinweist, ohne sich doch in dessen tausendfachen Verzweigungen und Vermittelungen zu verlieren.

Der Abschnitt, welcher die Bildungszwecke zum Gegenstande hat, verlangt näher betrachtet insofern eine Erweiterung, als er auch diejenigen Antriebe zum Bildungserwerbe und zur Vermittelung desselben zu berücksichtigen hat, welche nicht genug ins Bewußtsein treten, als daß sie die Gestalt von Zwecksetzungen annähmen. Es sind daher nicht sowohl die Zwecke, als vielmehr allgemeiner: die Motive und Ziele der Bildungsarbeit, wie sie im Lernen und Lehren vorliegt, welche das ganze Feld der hier einschlägigen Untersuchung bezeichnen.

Auch für den folgenden Abschnitt wird die übliche Bezeichnung: Stoff oder Materie der Bildung (gewöhnlich: des Unterrichts) besser mit dem mehrsagenden Ausdrucke: Inhalt der Bildung vertauscht, welcher der Mannigfaltigkeit der Stoffe gegenüber auf die Einheit ihres Beziehungspunktes hinweist und jeden auf seinen Bildungsgehalt hin anzusehen auffordert. Die Fragen nach den Formen und den Vermittelungen des Bildungserwerbes werden zweckmäßig ungetrennt behandelt werden können, da beide vielfach in einander übergreifen; dagegen erfordert die Gesamtdarstellung des

Bildungswesens und die Aufweisung seiner Stellung je einen Abschnitt für sich; die letztere Aufgabe wird zugleich nach ihrer sociologischen und ihrer ethischen Bedeutung bezeichnet sein, wenn sie dahin gefaßt wird: die Bildungsarbeit im ganzen der menschlichen Lebensaufgaben aufzusuchen.

Wir haben damit der Untersuchung Ziele und Wege vorgezeichnet, mehr geleitet von den Fragen, die sich uns aus der Sache ergaben, als von der Erwägung der Mittel, die wir etwa zu deren Beantwortung besäßen. Eine solche Erwägung würde raten, die Ziele minder hoch zu stecken und ebenere Wege zu suchen; allein den Aufgaben, welche das Gegebene dem Triebe der Forschung stellt, darf nichts abgebrochen werden, auch dann nicht, wenn sie die Kräfte übersteigen. Sollte der folgende Versuch, zu dem eine solche Aufgabe der Antrieb war, nicht ausreichen, um als Lösung derselben zu gelten, so bescheidet er sich damit, die Aufgabe zu verdeutlichen und zur Herstellung der fehlenden Vorbedingungen zu ihrer Lösung den Anlaß zu geben.

Erster Abschnitt.

Die geschichtlichen Typen

des

Bildungswesens.

I.

Die Bildung in ihrem Verhältnisse zur Kultur, Civilisation und Gesittung.

§. 1.

Den Inbegriff der Einrichtungen, Bethätigungen und Güter, welche dem Leben der Menschen das Gepräge der Humanität und den menschenwürdigen Inhalt verleihen, oder, wie es die Alten ausdrückten, das ζῆν zum εὖ ζῆν, καλῶς ζῆν erheben[1]), pflegen wir mit dem Doppelausdrucke: Civilisation und Kultur zu bezeichnen. Dem Ursprunge des Wortes entsprechend verstehen wir unter Civilisation vorzugsweise die Institutionen und Lebensformen, welche den Menschen zum Gliede eines Gemeinwesens machen, also die auf Gesellung und Gemeinbung hinwirkenden, den wilden und einsamen Egoismus des sogenannten Naturstandes überwindenden Einrichtungen. In dem Worte Kultur wirkt ebenfalls die Grundbedeutung insofern noch nach, als mit demselben die Bestellung der vielfachen Arbeitsfelder bezeichnet wird, die sich dem über die Trägheit des Naturstandes hinausgeschrittenen Geiste darbieten und die ihnen zugewandte Arbeit mit Gütern lohnen, welche dem Dasein eine wohlthuende und würdige Erfüllung geben.

---

[1]) Arist. Pol. III, 9. Diod. XII, 13 und sonst.

Die Civilisation beruht auf Sitte und Recht, religiöser und staatlicher Satzung und socialer Ordnung; die Kultur auf Arbeit und Verkehr, Kunstschaffen und Forschung und schöpferischer Bethätigung aller Art. Jene umfaßt die Grundlagen des Lebens, welche der tiefsinnige Glaube der Alten als den Segen einer Lehre und Zucht ansah, die den Menschen von wohlthätigen Gottheiten: Osiris und Isis, Dionysos und Demeter zu Teil geworden sei; die Kultur begreift die Güter in sich, durch welche der Mythos Prometheus das hinbrütende Geschlecht der Sterblichen erwecken läßt, nicht ohne das so entfachte Streben vor Rast- und Maßlosigkeit zu warnen.

Die Civilisation vermenschlicht durch Bindung, die Kultur durch Belebung; die Stärke jener liegt in der Dauerbarkeit ihrer Grundlagen und in der Festigkeit ihres Gefüges; der Ruhm dieser in ihrer Breite und Fülle. Jene pflegen wir, als das überall wiederkehrende Fundament der Humanität, unberührt zu denken von den Unterschieden des Volkstums: wir sprechen von civilisierten Nationen, aber nicht von nationalen Civilisationen; die Kultur dagegen fassen wir gern als geknüpft an die schöpferische Kraft des Volksgeistes und benennen geradezu die Kulturen nach den Nationen, ein Wink des Sprachgebrauchs, der lehrreich bleibt, auch wenn ihm das durchgängige Zusammenwirken von menschlicher und volkstümlicher Anlage entgegengehalten werden muß.

Beide Begriffe nun hat die deutsche Sprache mit Wörtern heimischen Ursprungs wiederzugeben gewußt, jedoch nicht, ohne sie schöpferisch umzubilden und ihren vielverzweigten Inhalt eigentümlich zu appercipieren: in dem Begriffspaare: Gesittung und Bildung wiederholt sich der Gegensatz von Civilisation und Kultur, aber mit veränderter Fassung und Begrenzung des Gedankens.

Das Wort: Gesittung bringt Beziehungen zum Ausdrucke, die in dem entsprechenden Fremdworte unbezeichnet bleiben. Das letztere geht vom Bürgerverbande aus, das deutsche von der Bindung, welche die Sitte stiftet; aber es bezeichnet nicht bloß objektiv die Gesamtheit der Sitten, sondern auch die den Sitten konforme Sinnesart oder Gemütsverfassung und deutet damit zugleich auf die inneren

§. 1. Civilisation — Kultur; Gesittung — Bildung.

Wirkungen hin, welche aus den Anstalten der Civilisation auf den Einzelnen erfließen. Gesittet ist mehr als civilisiert: es drückt aus, daß die Form, welche die Civilisation zunächst dem äußeren Leben giebt, zugleich das innere bestimmt und von diesem bewahrheitet wird; man kann von äußerlich=civilisiertem, aber nicht von äußerlich=gesittetem Wesen sprechen, von Scheincivilisation aber nicht von Scheingesittung. Gesittung ist die bis zur Gesinnung vordringende Civilisation, die Überwindung der Wildheit, sofern sie zugleich der Anfang der Versittlichung ist.

Das Verhältnis von Kultur und Bildung ist insofern ein analoges, als wieder in dem deutschen Worte das subjektive Element mehr zur Geltung kommt, als in dem andern, welches europäisches Gemeingut ist. Bilden greift tiefer und determiniert vielseitiger als kultivieren; dieses lockt aus dem urbar gemachten Boden die Schaffenskräfte hervor, jenes führt sie bis zu innerer Gestaltung fort. Bezeichnen wir ein Volk als ein gebildetes, so geben wir ihm damit ein höheres Prädikat, als der Ausdruck Kulturvolk besagen würde; wir drücken aus, daß das Volk die Güter der Kultur nicht bloß zu erwerben und zu besitzen, sondern auch so zu verwenden weiß, daß sie für die Individuen Quellen persönlicher Eigenschaften werden, als da sind: geweckter Sinn, verfeinerter Geschmack, veredeltes Wesen. Um an den Gaben der Kultur Anteil zu gewinnen, reicht mäßige Empfänglichkeit aus, der Schmuck der Bildung will gesucht und mit Verständnis getragen sein; Kulturmensch ist, wer in eine Kultursphäre hineingeboren und =gewachsen ist; zum Gebildeten dagegen gehört obenein, daß eigene und fremde Bemühung die Elemente dieser Sphäre in der rechten Weise zusammengeführt und der Persönlichkeit einverleibt habe. Die Kultur, auf Teilung der Arbeit hingewiesen, stellt das Individuum in ihren Dienst und weist ihm eine mehr oder weniger specielle Bethätigung an: die Bildung sucht die aufgeteilten Gebiete wieder zu vereinigen, indem sie ihren Stoff allen oder doch mehreren derselben entnimmt, und sie gewährt dem Subjekte, die strenge Bindung an ein bestimmtes Werk lösend, ein freieres Verfügen über die Werte der Kulturarbeit.

Kultur und Bildung zeigen aber noch einen weiteren Unterschied, der über jenen hinausgeht, welcher zwischen Civilisation und Gesittung statthatte. Um letztere auseinander zu halten, kann die Bestimmung genügen, daß sie sich wie Äußeres zu Innen gewordenem verhalten, bei der Distinktion von Kultur und Bildung macht sich zugleich der verschiedene Umfang beider Begriffe geltend. Kultur bezeichnet ein weit umfassenderes Gebiet als Bildung, und diese ist eine Erscheinung neben anderen innerhalb der Kultur selbst. Die Kultur ist die Totalität des vielverzweigten Schaffens in Sprache, Litteratur, Glaube, Wissenschaft, Kultur, Kunst, Technik, Wirtschaft; die Bildung hat ihre Stelle in und zwischen diesen Gebieten, in keinem aufgehend, mit allen in Berührung stehend. Ihr Inhalt hat zwar eine Beziehung auf das Ganze der Kultur, aber er giebt es nur mit Auswahl und gleichsam in verjüngtem Maßstabe wieder; das Bildungsstreben ist auf gewisse allgemeine und grundlegende Fertigkeiten, Kenntnisse, Einsichten, auf einen gemeingültigen und gemeinnützigen Inhalt des Könnens und Wissens gerichtet, der sich zum Inhalte der Kulturarbeit etwa verhält wie ein centraler Kreisausschnitt zu dem ganzen Kreise. Die Bildungsarbeit giebt sich eine greifbare Gestalt in dem Bildungswesen, als einem Ganzen von Veranstaltungen zur Vermittelung des Bildungserwerbes, während sich die Kulturarbeit bei ihrer Universalität und peripherischen Verzweigung nicht in gleicher Weise in einer Institution substantiieren kann. Als Träger der Bildung können sociale Gruppen bezeichnet werden: gebildete Stände, gebildete Kreise; der Träger der Kultur ist das Volk als Ganzes, oder besser der Socialkörper, der alle Stände und Kreise in sich begreift.

§. 2.

Zeigt somit der Begriff der Bildung von den vier in betracht gezogenen socialpsychologischen Begriffen den kleinsten Umfang, so läßt sich erwarten, daß er auch der am meisten vermittelte und be-

§. 2. Abhängigkeit der Bildung von der Kultur.

dingte sein werde; und wirklich liegen sowohl in der Kultur als in der Civilisation und der Gesittung Voraussetzungen, die je nach ihrer Modifikation andere und andere Typen der Bildung erzeugen.

Am augenfälligsten erscheint dasjenige, was ein Volk als seine Bildung hegt und überliefert, bedingt durch den Ursprung und die Richtung der demselben angehörigen Kultur. Ob ein Volk seine Kultur im wesentlichen sich selbst verdankt, oder ob ihm Anstoß und maßgebende Elemente der Kulturentwickelung von anderen Völkern gekommen sind, macht sich zwar in allen Sphären seiner Bethätigung erkennbar, am meisten aber im Gebiete des geistigen Gemeinlebens, auf welchem die Bildung beruht. Völker von autochthoner Kultur treffen die Quellen und die Dokumente ihrer Bildung auf heimischem Boden und in der eigenen Vergangenheit an; das Lehrgut, welches sie ihrem Nachwuchse überliefern, ist ein nationales, die Sprache, in der es niedergelegt ist, hat zwar möglicherweise einen fremdartigen Klang, aber sie ist die Sprache der Vorfahren und verleugnet nicht die Verwandtschaft mit der lebendigen Rede. Dagegen sind Völker von derivierter Kultur darauf angewiesen, ihr Lehrgut auf fremdem Boden zu suchen und sich den Weg zur Bildung durch eine fremde Sprache, oder selbst durch deren mehrere mühsam zu bahnen, ein Verhältnis, das unvermeidlich eine schärfere Scheidung von gebildeten und ungebildeten Klassen mit sich bringt: ihre Bildung gleicht einer akklimatisierten Pflanze, deren Anbau geduldige Mühwaltung erheischt und doch auf gewisse Bezirke beschränkt bleibt. Aber diese Ungunst der Lage kann gerade zum Impuls eines um so höheren Aufschwungs werden, wenn Begabung und Energie genug vorhanden sind, die zugeführten Elemente vollständig zu assimilieren und der entlehnten Bildung eine nachgeborene nationale zur Seite zu stellen und mit ihr zu verschwistern; das Gegeneinanderwirken beider Faktoren leitet dann eine weit reichere Entwickelung ein, als sie bei Völkern bloß nationaler Bildung anzutreffen ist, bei denen die stete Reproduktion des nämlichen Inhaltes leicht zur Erstarrung und Entgeistung führen kann.

Ist so der Ausgangspunkt der Kultur von maßgebendem Einflusse auf den Charakter der Bildung, so wirkt darauf nicht weniger die von der Kulturentwickelung eingeschlagene Richtung ein, welche sich danach bestimmt, daß bald diese, bald eine andere kulturelle Bethätigung die vorwiegende und wegweisende ist. Wenn das Leben eines Volkes vorzugsweise von dem religiösen Elemente gestaltet und erfüllt ist, so giebt dieses naturgemäß auch für dessen Bildung die Grundlage ab. Lehren und Lernen dienen alsdann in erster Linie der Erhaltung einer geheiligten Überlieferung; die Pflege der geistigen Interessen steht der Priesterschaft zu, und die hieratische Bildung, welche den intellektuellen Gemeinbesitz dieser ausmacht, bezeichnet das höchste Niveau des Könnens und Wissens; und auch wo sich von ihr eine besondere Weltbildung oder Vulgärbildung abzweigt, bestimmt sich diese in Inhalt und Form nach jener. Das Bildungswesen zeigt strenge und streng festgehaltene Formen und Stufen; der Unterricht ist mehr auf Aneignung des Lehrinhaltes, als auf intellektuelle Befruchtung angelegt, dagegen ist das Verhältnis von Lehrer und Schüler so ganz auf Pietät gebaut, daß die Lehre versittlichender Wirkungen nicht entbehrt.

Das Widerspiel von diesem Typus der Bildung ist derjenige, welcher sich auf Grund einer Kultur von vorwiegend ästhetischer Tendenz entwickelt. Da ist der Dichter der Verwalter des Lehrgutes, welches sein Ansehen nicht bloß vermöge seines inneren Gehaltes, sondern auch auf Grund seiner vollendeten Form errungen hat; der Künstler und der Meister der Rede eröffnen immer neue Quellen der Bildung; ihre Schöpfungen nicht bloß genießen, sondern auch beurteilen zu können, charakterisiert den Gebildeten und hebt ihn über die Masse des nur schauenden und lauschenden Publikums empor. Lehrend tritt auf, wer etwas des allgemeinen Interesses Würdiges zu sagen hat; die Schulen sind Schülerkreise; die Bildung wird gesucht nicht als ein traditionell hochzuhaltender Besitz, sondern als ein edler Schmuck, als ein Mittel, die Persönlichkeit auszubauen und zu runden.

Festere Formen dagegen erhält die Bildung und das Bildungswesen da, wo das Interesse für Wissenschaft und Forschung

§. 2. Abhängigkeit der Bildung von der Kultur.

sich zu einem bestimmenden Elemente des Lebens erhoben hat. Das gelehrte Studium sondert sich von den der Bildung dienenden Bestrebungen, der Betrieb der Forschung von dem elementaren, dem propädeutischen, dem populären Kenntniserwerbe; die Schule als die mehr oder weniger organisierte Gesamtheit der Männer des gelehrten Wissens tritt der Schule als Lehranstalt gegenüber. Insofern die letztere die Aufgabe erhält, zur Wissenschaft vorzubilden, wird sie gelehrte Schule und Kern eines Bildungswesens von festerer Fügung. Neben der gelehrten suchen die Weltbildung und die Vulgärbildung ihre eigenen Bahnen, allein auch sie ziehen die Ergebnisse der gelehrten Arbeit in sich hinein; populäre Darstellungen, Encyklopädieen, Werke der schönen Litteratur, Volksschriften werden die Vehikel für die Verbreitung der durch die Forschung gehobenen Schätze, nicht immer zum Heile der Wissenschaft, aber vermöge einer dieser eigenen Expansivkraft, die sie „dem entsprungenen Wasser ähnlich macht, das unablässig fortrinnt, der Flamme, die, einmal geweckt, Ströme von Licht und Wärme aus sich ergießt"[1]).

Dem idealen Zuge, welchen die Bildung durch das Vorherrschen des religiösen nicht minder als durch das des ästhetischen oder des wissenschaftlichen Elementes erhält, geschieht in gewisser Hinsicht ein Abbruch, wenn die wirtschaftlich-technischen Interessen eine maßgebende Lebensmacht werden. Sie geben dem Lehren und Lernen eine Richtung auf das praktisch Verwendbare, erheben das Gemeinnützige zum Gemeingültigen und lassen die Tendenz, die Jugend leistungsfähig zu machen, über die andere, sie geistig zu gestalten, überwiegen. Dennoch wirken jene Interessen nicht schlechthin herabziehend auf das Bildungsstreben, sondern vergüten jene Nachteile durch wertvolle Impulse und Gaben: die Richtung auf Leistungsfähigkeit wird ein Gegengewicht zu der Neigung zum Selbstgenuß und zur Selbstbespiegelung, welche die bloß ästhetische Tendenz mit sich bringt; die Hebung der Arbeit erschließt das Verständnis für deren sittlichen Wert und verstärkt den Antrieb, den Lebensinhalt

---

[1]) J. Grimm „Über Schule, Universität, Akademie" am Anfange.

der Arbeitenden aller Klassen menschenwürdig zu bestimmen. Im Systeme des Bildungswesens wird dadurch nicht bloß der wirtschaftlich-technischen, sondern auch der Vulgärbildung eine Stelle gesichert; der gesamten Bildungsarbeit aber kommt die Vermehrung und Verbesserung der Mittel und Vehikel des geistigen Verkehres zu statten, welche eine gesteigerte Technik herzustellen vermag, ja Fortschritte in dieser Richtung können, wie es die Kunst des Buchdrucks zeigt, dem Bildungserwerbe eine völlig neue Gestalt geben: die Bildung druckender Nationen stellt einen eigenen und zwar höheren Typus dar, als es derjenige ist, den Völker und Zeitalter erreichen können, welche auf die Schrift beschränkt sind. —

Die Ordnung des Daseins, welche der Civilisation verdankt wird, ist für das Erstehen eines geistigen Gemeinlebens, wie es die Bildung als ihren Boden verlangt, eine weiter zurückliegende, aber nicht minder notwendige Bedingung als die Kulturarbeit. Allem inneren Gestalten muß die Zucht der unsteten Strebungen, aller feineren psychischen Wechselwirkung die Regelung der äußeren Beziehungen von Mensch zu Mensch vorangehen. Insofern sind die civilisatorischen Mächte die Grundlagen der Bildung, und wenngleich sie dieselbe nicht erzeugen, sondern nur tragen und schirmen, so macht sich doch ihr Einfluß darauf in vielfältiger Weise geltend. Die Wendepunkte der Lebensalter, welche Sitte und Recht fixieren, indem sie Unmündigkeit, Mündigkeit und Volljährigkeit gegen einander abgrenzen, sind wie für den Erziehungs- so auch für den Bildungsgang des Individuums von maßgebender Bedeutung, da sie mehr oder weniger bei der Abstufung oder dem Abschlusse desselben zum Augenmerk dienen. Von der Art und Weise, wie Sitten- und Rechtsordnung das Verhältnis der socialen Klassen zu einander bestimmen, hängt es ab, ob die Bildung einen ständisch geschlossenen Charakter annimmt oder auf einem umfassenderen homogenen Geistesleben ihre Basis findet. Sittliche und Rechtsanschauungen entscheiden darüber, ob und inwieweit das weibliche Geschlecht an den geistigen Gütern teilzunehmen habe, und gewähren oder versagen damit einem eigenartigen Zweige der Bildung die Entfaltung, einem bedeutsamen Fermente der Bildungstendenzen die Einwirkung. Die Ingerenz der Staatsgewalt auf das Bildungswesen tritt da am bestimmtesten hervor, wo dieses einen Umfang und eine Bedeutung erreicht hat, welche dessen rechtliche Organisation wünschenswert machen. Von dem Charakter der Staatsverfassung, von dem Verhältnisse des Staates zu den übrigen socialen Mächten, von dem die Verwaltung erfüllenden Geiste hängt es dann ab, welche Richtung das Bildungswesen als rechtlich umschriebenes Organ des öffentlichen Lebens einschlägt, und diese Richtung ist für die verschiedensten, selbst geringfügigsten Funktionen der Bildungsarbeit von bestimmendem Einfluß. Aber noch bevor ein derartiges Eingreifen stattfindet, übt die öffentliche Gewalt auf die Entwickelung der Bildung stetige Einflüsse aus: diese schlägt andere Bahnen ein in großen Staaten als in kleinen Gemeinwesen, andere in monarchischen als in republikanischen, andere da, wo ein konservatives Ethos das öffentliche Leben trägt, als da, wo die Lust an Wechsel und Neuerung freien Spielraum findet. In dem einen Falle wird das Erwachsen von geschlossen stabilen Formen des Bildungserwerbes, in dem anderen dessen bewegliches und individuelles Element mehr begünstigt, auch ohne direkte Einwirkung des Staates, lediglich vermöge des Konsensus, in den sich die verschiedenen Richtungen menschlicher Bethätigung von selbst setzen.

Wenn die Sitten- und die Rechtsordnung vorzugsweise die Formen und Veranstaltungen des Bildungserwerbes beeinflussen, so bedingt die Gesittung die innersten Triebkräfte des Strebens nach homogener Gestaltung des geistigen Besitzes. Die Bildungsideale, so vielförmig sie bei der verschiedenen Richtung der Kulturbestrebungen sein mögen, reichen mit ihren Wurzeln bis in den Boden der ethischen Anschauungen, Urteile, Begriffe hinein, in denen ein Volk seiner Gesittung inne wird. Unter den Motiven des Bildungsstrebens fehlt niemals das aus Überzeugung erwachsende, daß es recht und gut sei und zur Aufgabe des Menschen gehöre, einen wie immer gearteten geistigen Inhalt aufzunehmen, sich eigen zu machen und sich dadurch einer Gemeinschaft einzureihen. Wo die

Reflexion, und sei es auch nur die naive, volkstümliche, wie sie ihr Ergebnis in Spruch und Sprichwort niederlegt, sich über diese Fragen Rechenschaft zu geben sucht, kann sie nicht anders als Gesittung und Bildung in Beziehung zu einander zu setzen, und nur darin zeigen sich Unterschiede, daß dies bald mit größerem bald mit geringerem Ernste geschieht und daß bald die Gesittung der Bildung, bald diese jener zur Voraussetzung gegeben wird. In bezug auf den letzteren Punkt gehen die Bildungsideale charakteristisch auseinander: die einen greifen bis auf die Zucht zurück, aus der die Gesittung erwächst, die ihrerseits die Bildung als Frucht zu tragen habe; die andern fußen auf der Anschauung, daß die Bildung, als Freiheit gebende, einen eigenen Weg zur Gesittung, als ihrem letzten Ziele, bezeichne.

§. 3.

Ordnung und würdige Erfüllung des Lebens erscheinen somit als die Voraussetzungen der intellektuellen Verfeinerung und Angleichung der Menschen, worauf die Bildung beruht; und folgerecht müssen wir die letztere solchen Entwickelungsstufen absprechen, auf denen jene Voraussetzungen noch nicht erfüllt sind. Die Naturvölker, die ihren Namen davon erhalten haben, daß ihr Leben, fester Institutionen und dadurch geregelter Bethätigung entbehrend, unter dem ungebrochenen Einflusse der Naturbedingungen ihrer Wohnsitze steht, besitzen weder Bildung noch Bildungswesen, und das Gleiche gilt auch von jugendlichen Nationen, die, durch Anlage und Gunst der Verhältnisse zu höherer Entfaltung bestimmt, noch nicht über die Schwelle derselben geschritten sind. Zwar fehlt es auf diesen Stufen keineswegs an einem Gemeinbesitze von Vorstellungen, Fertigkeiten und selbst Kenntnissen, dessen Aneignung geistige Förderung gewährt und zum Teil mit Bewußtsein erstrebt wird. Schon in der Sprache ist ein Gedankeninhalt niedergelegt, welchen das nachwachsende Geschlecht als wertvolles Erbe empfängt, und die Sprachen der Naturvölker zeigen nicht selten in ihrem Bau Spuren eigentümlichen Scharfsinns und in ihrem Wortschatze einen überraschenden Reichtum von Naturbeobachtung; Überlieferungen, welche, wie die so oft wiederkehrenden Erzählungen von der großen Flut, in graues Altertum zurückreichen, Sagen und Mythen, denen weder Tiefe noch Poesie abgesprochen werden kann, bilden einen Stammbesitz, der nicht ohne veredelnden Einfluß bleiben kann; zu ihm gesellt sich vielfach Gesang und Tonkunst, als Dolmetscher der Empfindung; in Spruch, Sprichwort und Rätsel sind Lehren, Mahnungen, Proben des Verstandes und Witzes niedergelegt; Tanz und kriegerische Übungen werden betrieben, nicht bloß um der Lust und des Nutzens willen, sondern um dem Körper Elastizität und Anmut zu geben. Bei Nationen, die einer Kulturmission entgegenreifen, machen sich die charakteristischen Züge ihrer späteren Bildung schon in der Jugendepoche kenntlich. So wenig die Helden Homers jene Paideia besitzen konnten, die sich erst auf Grund der homerischen Poesie selbst entwickelt hat, so unverkennbar ist doch die Verwandtschaft der Jugendunterweisung, deren Ziele Achilleus' Erzieher Phoinix mit den Worten ausspricht: $\mu \acute{v} \vartheta \omega \nu$ $\tau \varepsilon$ $\acute{\rho} \eta \tau \tilde{\eta} \rho$' $\check{\varepsilon} \mu \varepsilon \nu \alpha \iota$, $\pi \rho \eta \varkappa \tau \tilde{\eta} \rho \acute{\alpha}$ $\tau \varepsilon$ $\check{\varepsilon} \rho \gamma \omega \nu$ (Il. IX. 445), mit dem Bildungssysteme der griechischen Blütezeit. Ebenso lassen sich in dem Unterrichte, welcher nach dem Liede Rigsmál in der älteren Edda der junge Jarl von dem Asen Heimdall-Rigr empfängt, unschwer Keime der ritterlichen Bildung des Mittelalters finden. Dennoch wird man daraufhin weder den begabteren Naturvölkern, noch den vorhomerischen Griechen, noch den heidnischen Germanen einen Typus des Bildungswesens zuschreiben können. Was ihnen dazu fehlt, ist ein gewichtiger und ausgeprägter Lehrinhalt, ein einigermaßen geschlossener Kreis von Stoffen des Wissens und Könnens, sind bestimmte Formen und Reihenfolgen des intellektuellen Erwerbs und die Ansätze zur kollektiven Gestaltung desselben. Für die Untersuchung aber ist ein derartiges der Fixierung noch entbehrendes geistiges Gemeinleben, welches immerhin ein Analogon der Bildung darstellt, darum von Wert, weil es die Elemente gleichsam in flüssigem Zustande sehen läßt, deren teilweise Krystallisation das Erstehen eines

Typus der Geisteskultur bedingt, zugleich aber Kräfte in Thätigkeit zeigt, die auf den höheren Stufen immer noch mitwirken, allein dort leichter übersehen werden können: die spontane Assimilation der Jüngeren an die Älteren, die zwanglose Übertragung und Anübung, den bei seiner Ungebundenheit doch so befruchtenden Verkehr des Alltagslebens.

Welche Fortschritte auf der Bahn der Civilisation, Kultur und Gesittung das Heraustreten aus der Bildungslosigkeit mit sich bringen, ist schwer mit Bestimmtheit anzugeben, doch wird man nicht fehlgreifen, wenn man einen Wendepunkt in die Zeit setzt, wo bei einem Volke die Schrift in Schwang zu kommen beginnt. Die Schrift ist das Ferment, welches am mächtigsten zur Fixierung des geistigen Inhalts eines Volkslebens wirkt: durch sie gewinnen die religiösen Vorstellungen feste Gestalt in heiligen Büchern; die traditionell überlieferten Kenntnisse verdichten sich zu einem Wissen, das den Kern gelehrter Forschung abzugeben vermag; aus mündlich fortgepflanzten Sagen und Dichtungen gestalten sich die kanonischen Werke der Poesie; die Erinnerungen der Vergangenheit werden zu geschichtlichen Aufzeichnungen, Rechtsbrauch und Sitte substanziieren sich zu Gesetzen. Erst der so festgelegte, zum Schrifttum erhobene Inhalt wird Objekt der eigentlichen Lehre; die ihn fixierende Kunst des Schreibens Gegenstand planmäßiger Einübung. Dem Lesen und Schreiben wird die erste strenge Lehr- und Lernarbeit zugewendet, und wie die Kunst der Buchstaben noch heute im Bildungsgange unserer Kinder an der Schwelle des Unterrichts steht, so bezeichnet sie dessen Eintreten in die Geschichte. Auf den Schriftbetrieb geht aber auch das Entstehen der Schulen zurück; wenigstens finden wir bei schriftlosen Völkern zwar allenfalls Jugendgesellung zu Zwecken der Zucht und körperlicher Übungen, nicht aber zu Zwecken gemeinschaftlichen Lernens. Mag auch Komenskys Bezeichnung der Schule als einer officina transfundendae eruditionis e libris in homines[1] nicht ganz zutreffend sein, so sind doch Schule und Buch zusammengehörig und haben in

---

[1] Opp. Did. O. II p. 527.

§. 3. Bildung und Schrift.

Konner gestanden, lange bevor es Schulbücher gab. Das Buch ist aber nicht bloß die Basis der Lehre, sondern zugleich deren Komplement; „Schreiben heißt zu dem Gesichte sprechen, Lesen heißt mit dem Gesichte hören"[1]); der Schriftzug wird eine Stimme, die weiter tönt und länger spricht als die lebendige und früher oder später den ganzen Bezirk eines Volkslebens durchhallt; noch lange bevor eine Leselitteratur erwächst, in der ein Publikum seine Bildung sucht und findet, werden Inschrift, Blatt und Buch zu Vehikeln gemeingültiger Kenntnis und zu den kräftigsten Mitteln, das Wissen und Können der Menschen auszugleichen.

Für die ganze Richtung, welche die Bildung eines Volkes nimmt, kann es ausschlaggebend werden, in welchem Stadium seines Aufstrebens ihm der Schriftbetrieb geläufig wird und welcher Inhalt durch ihn zuerst bleibende Form und kanonische Geltung erhält; für den Fortschritt der Bildung ist der Charakter der Schrift, je nachdem er größere oder geringere Leichtigkeit der Schrifterlernung bedingt, ja sind sogar die technischen Mittel des Schreibens, besonders der leichter oder schwerer zu beschaffende Beschreibstoff von nicht geringer, fördernder oder hemmender Wirkung. Andere Folgen hat es, wenn das erste Buch ein Hymnologium ist, andere, wenn zuerst geschichtliche Erinnerungen gebucht werden, andere, wenn Gesetze und Rechtsnormen an der Spitze des Schrifttums stehen; anders gestalten sich Schrifterlernung und -verwendung, wenn mehrere Schriftarten — heilige und profane, archaistische und vulgäre — neben einander in Gebrauch sind, als wenn nur ein System vorhanden ist; anders, wenn das Schriftsystem so schwierig ist, daß die ganze Unterrichtszeit für dessen Erlernung beansprucht wird, als da, wo kleine Knaben die Schreibkunst bewältigen können; anders, wenn Baumblätter und Bast, oder Schiefer und Papier sich zur Aufnahme der Schriftzüge darbieten, als wenn der Beschreibstoff einen Wertgegenstand bildet.

Können schriftlose Völker als vor der Schwelle der Bildung stehend bezeichnet werden, so bleibt noch die Frage offen, ob allen

---

[1]) Heinrich Wuttke, Geschichte der Schrift und des Schrifttums. Leipzig 1872, S. 11.

Völkern, die den Kulturgrad des Schriftbetriebs erreicht haben, auch Bildungserwerb und Bildungswesen zuzusprechen, oder ob die Erzeugung eines solchen noch an besondere Gaben und Umstände geknüpft zu denken sei.

Faßt man die Merkmale der Bildung ins Auge, durch welche sie sich von der Kultur unterscheidet, so kann man geneigt sein, jene als eine solche Blüte der Humanität anzusehen, welche nur unter günstigen Verhältnissen auf dem Boden der Gesittung und Kultur entsprießt. Es kann scheinen, daß es einer eigenen, mit der Kultur noch nicht gegebenen schöpferischen Thätigkeit bedürfe, um gewisse Kulturelemente einheitlich zusammenzufassen und sie der Persönlichkeit derart eigen zu geben, daß sie dieselbe intellektuell befruchten, ästhetisch und ethisch veredeln und daß die Gebundenheit der Kulturarbeit erst überwunden sein müsse, um deren Werte in solch freierer Weise auf das innere Leben zu beziehen. Es giebt Völker und Stufen des nationalen Lebens, welche schon eine bedeutende Entfaltung der Kultur aufweisen, bei denen jedoch die Idee der Persönlichkeit noch zu wenig entwickelt ist, als daß ihre Ausgestaltung das Augenmerk des Strebens bilden könnte. Soll diesen daraufhin auch das Bildungsstreben abgesprochen werden, oder soll man das Fehlen jener Momente darauf zurückführen, daß, wie jede Idee, so auch die der Bildung nicht auf einmal, sondern mit successiver Erweiterung und Vertiefung in die geschichtliche Wirklichkeit eintritt?

Von der Entscheidung darüber hängt insbesondere die Stellung ab, welche den orientalischen Kulturvölkern in der Geschichte der Bildung anzuweisen ist. Ihre Ansprüche auf Civilisation und eine sogar reiche Kulturentfaltung stehen außer Frage; allein die Starrheit ihrer Einrichtungen und Anschauungen, die strenge Bindung des Individuums an das Ganze und an das Herkommen scheint die freieren Regungen des Bildungsstrebens hintanzuhalten. Sie faßten ihre Lebensordnung und die ihr verdankte Erfüllung des Lebens als über den Einzelnen hinausliegende Güter auf, deren Erhaltung und Überlieferung die angelegentlichste Aufgabe des Menschen sei; der Wert des Einzelnen wurde darin gefunden, daß er seine

§. 3. Ob alle Kulturvölker Bildung besitzen?

Stelle im Gefüge der Gesellschaft ausfülle und, was von jenen Gütern ihm zugewiesen ist, bewahre und berge, gleich einem mit kostbarem Inhalte gefüllten Gefäße. Der altmorgenländischen Weltauffassung ist Rechtthun so viel wie korrekt handeln, wissen so viel wie auswendig wissen, Meisterschaft so viel wie können, was die Altvordern konnten. Ist es gleich zu viel gesagt, wenn man von einer „in die Fesseln der Priesterweisheit und den tiefsten Aberglauben verstrickten Unbildung" der Völker des alten Orients spricht, so ist doch gewiß, daß ihre sociale Verfassung dem Erwachsen eines homogenen intellektuellen Lebens und ihr Traditionalismus der freien Verwendung der Kulturwerte zu Bildungsinhalten nicht günstig war.

Allein daraufhin das Vorhandensein eines morgenländischen Typus der Bildung in Abrede stellen, hieße das geistige Weben und Schaffen jener altehrwürdigen Nationen zu gering anschlagen und bei Vorurteilen beharren, welche in unserer Zeit als behoben gelten können. Bei näherer Bekanntschaft mit dem alten Orient hat sich die hergebrachte Vorstellung von den eifersüchtigen, geheimniskrämerischen Priesterschaften, welche dem Volke den Zugang zum Wissen versperrten, um es in blödem Gehorsam zu halten, als nicht stichhaltig erwiesen. Bezüglich Ägyptens bezeugen schon die Nachrichten der Griechen, daß sich dort sehr früh von der priesterlichen eine Vulgärbildung abgezweigt hat, welche Platon seinen Landsleuten als in manchen Stücken mustergiltig zu empfehlen keinen Anstand nimmt[1]); daß bei den Indern die Kenntnis der Veden kein brahmanisches Monopol bildete, sondern der Religionsunterricht gleicher Weise für Krieger und Gewerbtreibende bestimmt war und noch ist, kann als bekannt gelten. Das Lehrwesen der Inder ist ein weitverzweigtes, wenngleich der Form nach mehr familienhaft als schulmäßig; das der Ägypter war ein wohl organisiertes und abgestuftes; die Inder besitzen nicht bloß eine gelehrte, sondern auch eine schöne Litteratur, welche nicht Studienzwecken, sondern der edlen Muße dient. Aber auch der persönliche Faktor der Bildung ist nicht so ganz unvertreten,

---

[1]) Plat. Legg. VII, p. 819.

wie es wohl den Anschein hat. Der Inder unterscheidet den Gelernten von dem Gebildeten und er entlehnt die Bezeichnung für den letzteren von derselben Vorstellung, die unserem Worte zu Grunde liegt, nur knüpft er nicht, wie wir, an das Formen eines Gefäßes, sondern, im Grunde noch sinnreicher, an dessen Festigung durch das Feuer an: ihm ist der Gebildete der vidagdha, der recht Gebrannte; und auch für den Halbgebildeten fehlt ihm nicht der Ausdruck: zwischen dem viçeshajna, dem allseitig Unterrichteten, und dem ajna, dem Unwissenden, hält der durvidagdha, der schlecht Durchgebrannte, mit welchem Brahma selbst nichts anzufangen weiß, die üble Mittelstraße[1]). Kann ein edles Selbstgefühl als Beweis der innerlichen Verarbeitung des Wissens gelten, so ist diese auch den Ägyptern nicht abzusprechen, wenn anders der stolze Ausspruch des ägyptischen Priesters bei Platon als authentisch gelten darf: „Ihr Griechen seid Kinder immerdar und ein Grieche wird nie ein Greis; ihr habt Kindersinn allesamt, denn ihr besitzt keine der Vorzeit abgelauschte Kunde und keine altersgraue Lehre"[2]), ein Wort, in dem sich gleich schön das Ethos des morgenländischen Traditionalismus wie die Würde der erfüllten Persönlichkeit ausspricht. Die Geschichte der Bildung aber erst mit dem Volke des ewigen Kindersinns anheben zu lassen, würde eine Unbilligkeit gegen die eigenartige und der Tiefe nicht entbehrende, wenngleich noch unvollkommene Fassung der Idee der Bildung in sich schließen, welche bei den Nationen des alten Orients, die zum Teil die Lehrer der Griechen, ja des gesamten Abendlandes gewesen sind, anzutreffen ist.

---

[1]) Bhartrihari I, 52, 97 in Böthlingk's Sanskrit-Chrestomathie. St. Petersburg 1845, S. 198. [2]) Plat. Tim. p. 22.

II.

Morgenländische Bildung.

§. 4.

Von den großen autochthonen Kulturen des Orients, deren Anfänge sich in der Vorzeit verlieren und deren Dauer nach Jahrtausenden gemessen wird, ist uns die der indischen Arier am meisten zugänglich geworden und noch am ehesten nach ihren inneren plastischen Kräften verständlich. Unsere Stammverwandtschaft mit dem Sanskritvolke läßt uns die doppelte Kluft, welche orientalisches und occidentalisches, altertümliches und modernes Wesen trennt, einigermaßen überbrücken; die abendländischen Elemente, welche der indischen Bildung nicht fehlen, einerseits, die Gaben und Anregungen, welche wir jener danken, andererseits, bieten uns gewisse Anknüpfungspunkte dar; der Umstand endlich, daß jene Kultur noch fortbesteht, ermöglicht uns, wenigstens von manchen der ihr entsprungenen Lebensformen eine anschauliche Kenntnis zu gewinnen.

Die Grundlage der indischen Bildung ist die Litteratur, welche der Inder als den Beda, d. i. die Wissenschaft, bezeichnet. Von dieser bilden wieder den Kern die Hymnen, Gebete, Formeln und Sprüche, welche zum Gottesdienste, besonders zur Opferhandlung gehören; der Rigveda umfaßt die Anrufungen der Götter, welche der Rilpriester (Hôtar) vorzunehmen hat; der Samaveda die Gebete des opfernden Priesters (Udgâtar), welche die Verse des Rigveda in anderer Verbindung wiederholen; der Yajurveda enthält die Weiheformeln, welche der Adhvaryu spricht; der Atharvaveda ist das Kultusbuch einer besonderen, dem Feuerkultus obliegenden Priesterordnung, die in der Liturgie keine bestimmte Funktion hat. An die sanhitâ eines jeden dieser vier Veden, d. h. den Text der Gebete und Formeln selbst, also den hymnologischen Teil, schließen sich die brâhmana und die sûtra, d. i. Erläuterungen von liturgischem, dogmatischem und lehrhaftem Inhalte an, welche den Grundstock der vedischen Theologie bilden[1]).

Stellen diese beiden Elemente, das hymnologische und das dogmatisch-liturgische, gleichsam die inneren Zonen des Veda dar, so legen sich peripherisch um dieselben die gesamten Schöpfungen der indischen Wissenschaft und Litteratur herum und zwar so eng, daß eine scharfe Bestimmung der Grenzen, bis zu denen der Veda reicht und bei denen sein Beiwerk und seine Ableger beginnen, fast unthunlich erscheint[2]). Welche Richtungen das Vedastudium der geistigen Arbeit vorzeichnete, zeigen die verschiedenen Systeme, in welche die Erklärungsweisen der heiligen Texte gebracht wurden. Man unterschied bald vier Arten von Vedenerklärung: die etymologische, die legendarische, d. i. durch Beibringung von Erzählungen und Geschichten erläuternde, die das Opferrituale behandelnde und endlich die motivierende, auf innern Grund und Zusammenhang basierte[3]); bald führte man sechs Vêdânga, d. i. Vedaglieder, also organisch aus dem Grundbuche hervorwachsende Richtungen der Forschung auf: die Lautlehre (çikshâ), die Lehre vom Ceremoniell (kalpa), die Grammatik (vyâkarana), die Exegese (nirukta), die Metrik (chanda) und die Astronomie (jyôtisha); letztere darum ein wichtiger Teil der Priesterwissenschaft, weil die Zeit der Opfer sorgfältig und im Vorhinein bestimmt werden mußte[4]). Noch umfassender ist das System der zehn Wissenschaften, welche, wie es heißt, „ältere Lehrer, vertraut mit dem Inhalte des Veda, daraus ausgezogen und zu leichterem

---

[1]) A. Weber, Vorlesungen über indische Litteraturgeschichte, 2. Aufl. 1876, S. 8 f. [2]) A. Ludwig, Der Rigveda, Bd. III, S. 15 f.
[3]) Das. S. 75. [4]) Das. S. 74.

§. 4. Die Inder.

Verständnisse einzeln vorgetragen haben", und welches außer jenen sechs Disciplinen noch umfaßt: das Gesetzbuch, also die Jurisprudenz (dharmaçâstra), die Legende (purâna), die Logik (nyâya-vistava) und die Dogmatik (mimânsâ) [1]).

In diesem Systeme nimmt dem Alter, wie der Würde nach die Grammatik, zugleich die für die indische Bildung wichtigste Disciplin, eine hervorragende Stelle ein. Die Brahmanen erwiesen der Sprache die Ehren einer Gottheit und richteten Hymnen an sie, zugleich aber unterzogen sie den Sprachkörper der geschicktesten Zergliederung. Die Kenntnis des Lautsystems ist, aller Wahrscheinlichkeit nach, älter als der Abschluß des hymnologischen Teiles des Rigveda [2]); gestützt auf die Arbeiten von vielen Generationen schuf Panini, welcher von der Mehrzahl der Sanskritforscher in das Zeitalter Alexander des Großen gesetzt wird, eine kanonische Sprachlehre, welche in acht Büchern und 4000 Regeln die Gesetze des Sanskrit behandelt und von der M. Müller sagt, daß sie vollständiger als irgend ein Werk der gesamten grammatischen Litteratur aller Nationen die rein empirische Analyse der Sprache durchführe [3]). Der grammatische Unterricht mußte um so mehr in seiner Bedeutung steigen, je mehr sich die Umgangssprache von der klassischen (sanskrita) der Litteratur entfernte und das Verständnis der Texte schwieriger wurde; daher die überschwenglichen Lobpreisungen der Sprachlehre, als Kunst, die zur Seligkeit führt, von der Gottheit offenbart, durch Askese von den Menschen errungen sei u. s. w. Für den Unterricht stellte man, da

---

[1]) Max Müller, Rigvêda-Prâtiçâkhya das älteste Lehrbuch der vedischen Phonetik. Text und Übersetzung mit Anmerkungen. Leipzig 1869, S. VIII.

[2]) Ludwig deutet die 15. und 16. Strophe des Hymnus X, 37 (in seiner Übersetzung Nr. 978) in dem Sinne, daß in den sieben Starken, die von unten aufsteigen, die Labialen, in den acht von oben kommenden die Gutturalen, in den neun mit der Worfel (der Zunge) von hinten hergeführten die Palatalen, in den zehn durch das Felsgewölb bringenden die Dentalen und Lingualen, in den letzten zehn die Vokale, in der Mutter die Stimme, in dem Säuglinge der Hauch personificiert seien.

[3]) Max Müller, Vorlesungen über die Wissenschaft der Sprache. Deutsch von C. Böttger, Leipzig 1866, I, S. 99.

die Grammatik Paninis wegen ihrer gedrängten Kürze dazu minder geeignet schien, besondere Lehrbücher her; späteren Ursprungs aber viel verwendet ist das Sprachbuch Siddhânta Kaumudî, „das Mondlicht der Sprachgesetze", aus welchem wieder ein Auszug: Laghu-siddhânta Kaumudî, „das kleine Mondlicht" u. s. w. veranstaltet wurde, welcher noch heute das übliche Elementarbuch der sanskritlernenden jungen Hindu ist[1]).

Wie die Sprachlehre, so hat auch die Sprachkunst der Inder ihre Wurzeln im Veda; die großen epischen Dichtungen Mahâbhârata und Râmâyana, als Gattung itihâsa genannt, genießen ein ähnliches kanonisches Ansehen wie jener und werden gelegentlich als fünfter Vede bezeichnet[2]). In ihnen erscheinen geschichtliche und lehrhafte Elemente in einander geschoben; aber nur die letzteren werden weiterentwickelt; das historische Interesse ist, bei aller Pietät für das Vergangene, bei den Indern nicht zur Entfaltung gekommen, sei es, daß es durch den Hang zu phantastischer und allegorischer Auffassung verkümmert wurde, sei es, daß die elegisch-mystische Ansicht von der Vergänglichkeit alles Menschlichen den Wert von geschichtlichen Aufzeichnungen gering erscheinen ließ. Um so günstigeren Boden fand die lehrhafte Dichtung, besonders die Fabel; Fabeldichtungen waren schon vor der makedonischen Invasion im Schwange[3]), und noch bevor sie in die Form der uns vorliegenden Sammlungen gebracht wurden, schöpften die westlichen Orientalen aus dem Geschichtenschatze

---

[1]) Es ist in Sanskrit abgefaßt, wobei man sich so wenig daran stößt, daß der Schüler ignotum per ignotum lernt, wie unsere Vorfahren an den lateinisch geschriebenen Grammatiken des Lateinischen. Es behandelt in 1000 Sutren: Die Lehre von den Lauten, deren Gruppen durch sinnreiche Abkürzungen eingeprägt werden, die euphonischen Regeln, die Deklination (in unbeholfener Anordnung), die Konjugation und die Wortbildung. Ist das „kleine Mondlicht" angeeignet, so folgt das eigentliche „Mondlicht", dann das Wurzellexikon (Dhâtupâtha) und das versificierte Synonymenverzeichnis (Amara-kosha, „der unsterbliche Schatz"). Dann erst wird zur Dichterlektüre geschritten. Vergl. den Aufsatz von Ballantyne in der Zeitschrift „The Pandit": „The Pandits and their manner of teaching", 1867, Nr. 10, und 1868, Nr. 21 und 23. [2]) Ludwig a. a. O. S. 16.
[3]) Lassen, Indische Altertumskunde, Bonn 1847, II, 501.

Indiens; ihrer Vermittelung vornehmlich verdanken wir die bei uns eingebürgerten Ableger indischer Tierpoesie[1]). Wie die lehrhafte Erzählung ist auch die Spruchweisheit in hohem Grade populär, ohne daß ihr jedoch unterrichtliche Pflege gewidmet würde; dagegen tritt das Lied zurück und hat sich die Musik, obwohl beim Kultus angewendet und in der Mythologie von den Gandharven vertreten, ja selbst theoretischer Bearbeitung unterzogen[2]), nicht zu einem Lebens- und Bildungselemente erhoben; das Gleiche gilt vom Drama, dessen Anfänge, mit dem Kultus zusammenhängend, nationalen Ursprungs sind, aber erst durch griechischen Einfluß zur Ausgestaltung gelangten.

Die Lehre von der Sprachkunst, jüngeren Ursprungs als die Grammatik, erhob sich ebenfalls zum Range eines Bildungsstudiums. Die indische Rhetorik und Poetik, deren Anfänge in das sechste Jahrhundert v. Chr. zurückreichen, handelt von der Bedeutung der Worte, von den Arten der Dichtkunst, den Gattungen des Stils und ihrer Verbindung, den Fehlern des Stils und dem Schmucke der Diktion[3]).

---

[1]) Vergl. die ausführlichen Untersuchungen Benfeys in dessen Übersetzung des Pancatantra, Leipzig 1859, Bd. I: Einleitung: Über das indische Grundwerk und dessen Ausflüsse sowie über die Quellen und Verbreitung des Inhaltes desselben.

[2]) Es wird ein Lehrbuch Gāndharvavēda, „Wissenschaft der Gandharven", genannt. Von den Indern rührt die Bezeichnung der Töne nach ihren Anfangsbuchstaben her; nach Benfey, („Indien" in Ersch und Grubers „Encyklopädie") wäre die indische Formel: sa ri ga ma pa dha ni zunächst zu den Persern, dann zu den Arabern und schließlich zu den Italienern (Guido von Arezzo) gelangt. Vergl. A. Weber, Vorlesungen, S. 291.

[3]) Von dem jetzt üblichsten Lehrbuche der Sāhitya Dērpana giebt Ballantyne in den oben (S. 120 A. 1) angeführten Aufsätzen einige Proben. „Was ist ein Satz?" „Ein Ganzes von Worten, welche vereinbar, auf einander bezogen und zusammengerückt sind." Zur Erläuterung wird zugefügt: „Er benetzt mit Feuer" ist kein Satz, weil hier die Worte unvereinbar sind; „Kuh, Pferd, Mensch, Elephant" ebensowenig, weil ihnen hier die Beziehung fehlt; wenn ich jetzt sage „Dēvadatta" und 24 Stunden darauf „geht", so resultiert auch kein Satz, weil die Worte auseinander gerückt sind. — „Was ist ein Wort?" „Eine Buchstabenfolge, die durch den Gebrauch, nicht aber nach logischer Ordnung (d. h. in der Abfolge der Laute, die sie im Lautsystem haben) verbunden ist und eine Bedeutung hat." Die Bedeutung kann eine

Die Logik, als Hülfswissenschaft der Dogmatik auftretend, bleibt zu dieser in der engsten Beziehung; sie ist die Lehre von den drei Beweisen und ihren Quellen, als welche bezeichnet werden: die Wahrnehmung, der Schluß und die Autorität der heiligen Schriften. Zwar berichten die Griechen von indischen Logikern, welche ex professo ihre Künste trieben — den πραμναι (prâmâna) —, allein sie wurden von den Brahmanen als Schwätzer verachtet und hatten als Lehrer keine Geltung [1]).

Wenn von den mathematischen Wissenschaften nur die Astronomie zu den vedischen Disciplinen gezählt wird, so sind doch auch die übrigen theologischen Ursprungs; die ersten Anfänge indischer Algebra finden sich in einem Lehrbuche vedischer Metrik, wo die für ein Metrum mit bestimmter Silbenzahl möglichen Permutationen von Längen und Kürzen in änigmatischer Form dargestellt werden, und geometrische Angaben erscheinen zuerst in Schriften, welche das Ritual behandeln [2]). Zum gelehrten Priesterstudium gehörig, ist die Mathematik doch auf das geistige Leben des ganzen Volkes nicht ohne Einfluß geblieben; die Inder sind die Erfinder des Zahlbezeichnungssystems, welches auf dem genialen Gedanken beruht, durch die Stelle der Ziffern auszudrücken, welche Potenz von 10 dieselben zum Faktor haben, ein System, das nachmals alle Kulturvölker von ihnen entlehnt haben und das alle Fortschritte der Arithmetik mitbedingt hat: eine solche Erfindung konnte nur bei einem Volke erwachsen, das viel und mit Lust mit Zahlen operierte und mußte wieder auf die Entwickelung des Zahlensinnes und der Rechenkunst bei der ganzen Nation zurückwirken [3]). Als ein Zeugnis mathematischer Begabung,

---

dreifache sein: eine ausdrückliche, eine angedeutete und eine untergelegte. Der Art nach sind die Worte: Geschlechtsnamen, Eigenschaftsnamen, Eigennamen, Thätigkeitsnamen. — Die Dichtung hat zwei Gattungen, eine solche, welche gesehen wird (d. h. die Anschauung beschäftigt), und eine zweite, die nur gehört wird.

[1]) Strabo XV, p. 719, und Lassen a. a. O. I, 835.
[2]) A. Weber a. a. O. S. 274 Anm.
[3]) Die indischen Ziffern sind die abgeschliffenen Formen der Anfangsbuchstaben der Sanskritzahlwörter für 1 bis 9; das Zeichen für Null, in dessen

§. 4. Die Inder.

wie sie sich außerhalb des gelehrten Studiums bethätigte, kann auch die ebenfalls auf Indien zurückgehende Erfindung des Schachspiels gelten, des geistvollsten aller Kriegsspiele, einer Schule des Ortssinnes und der Kombination.

Der eigentliche Träger der indischen Bildung ist die Kaste der Brahmanen, welche ihren Ursprung aus dem Haupte des Gottes ableitet, aus dessen Teilen die Welt entstanden ist, doch ist der Veda auch den Angehörigen der Krieger- und der Handwerkerkaste, d. h. allen Arya oder Stammesgenossen geöffnet; die ausgeschlossene Kaste der Çudra ist nicht bloß social, sondern auch ethnographisch von den übrigen geschieden. Durch die Umgürtung mit der heiligen Schnur wird der junge Arya in den Religionsverband aufgenommen: der Brahmanenknabe nach dem achten, der Sohn des Kshatriya nach dem elften, der des Vaiçya nach dem zwölften Jahre, und es folgt dann die Unterweisung im Veda, mit der Sprachlehre beginnend. Den Unterricht erteilt ein Brahmane; die Knaben sind seine Hausgenossen und zugleich Diener, mehr Lehrlinge als Schüler; die Lehrformen sind feierlich und altertümlich[1]), die Zucht mild. Auf die Erlernung

---

Schöpfung die eigentliche spekulative Leistung des Systems liegt, ist der Anfangsbuchstabe des Wortes çûnya (leer). Von den Indern entlehnten zunächst die Araber das dezimale Ziffernsystem und vermittelten dessen weitere Verbreitung auf dem Occident.

[1]) Im Rigvêda-prâtiçâkya, herausgegeben von M. Müller 1869, werden die folgenden Anordnungen gegeben: „So stelle der Lehrer das Hersagen an für Schüler, die sich ihm und dem Studium gewidmet haben: Er setze sich nach einer guten Weltgegend: nach Osten, Norden oder Nordosten. Ein Schüler setze sich nach rechts (Süden) oder auch zwei, sind es mehrere, so setzen sie sich, wie der Raum da ist. Nachdem alle Schüler des Lehrers Füße umfaßt und dieselben auf ihren Kopf gelegt haben, so laden sie ihn ein, indem sie sagen: „Lies, o Herr." Der Lehrer erwidert „Om! Möge das erste Gebet, welches die Thür zum Himmel für Schüler und Lehrer ist, stets den Anfang des Studiums bilden."... Aufgefordert beginnt der Lehrer herzusagen und zwar spricht er jedes Wort zweimal aus. Wenn eine Wortgruppe oder mehrere Wörter vorgesagt sind, so sagt der erste Schüler das erste Wort her. Wenn aber etwas zu erklären ist, so ist die Aufforderung Bho (Hochwürden); nachdem es erklärt ist sei die Zustimmung Om Bhô. Nachdem auf diese Weise ein Praçna beendigt ist, so sollen die Schüler den-

eines Veda werden zwölf Jahre gerechnet, alle vier Veden beanspruchen 48 Jahre. Die Lehrzeit wird mit einem religiösen Akte, der die „zweite Geburt" des Lehrlings feiert, beschlossen. Die meisten Schüler verlassen mit etwa 20 Jahren das Haus des Meisters (guru); andere bleiben ihr Leben lang bei ihm.

Brahmanenschulen mit kollegialem Unterrichte sind späten Datums und beruhen wahrscheinlich auf Nachahmung der muhammedanischen Medresses (Akademieen). So wenig sich der Gottesdienst der Inder um gewisse Tempel, ihre Gelehrsamkeit um Tempelbibliotheken und -archive koncentriert, so wenig nimmt auch ihr höheres Bildungswesen geschlossene kollektive Formen an. Dagegen sind die Schreib- und Leseschulen in Indien sehr zahlreich, aber ebenfalls ohne festere Organisation. Die Schüler sitzen zumeist unter freiem Himmel um den Lehrer und üben sich darin, Palmblätter zu beschreiben; ist ihre Masse zu groß, so verwendet der Lehrer die Reiferen als Gehülfen in der Art des wechselseitigen Unterrichtes, welchen Dr. Andreas Bell, Direktor des Waisenhauses in Madras († 1832), den Hindus abgelernt hat, um ihn als Monitorensystem nach Europa zu verpflanzen. Die Kenntnis der Schrift ist eine verbreitete und war es schon vor mehr als zweitausend Jahren: die Makedonier erstaunten über die Wegweiser mit Angabe von Ort und Entfernung, die sie allenthalben an den Wegen des Pandjab antrafen [1]

Fragt man nun nach dem Werte, welchen die Inder dem geistigen Erwerbe zuschreiben, so bieten sich viele Zeugnisse für die außerordentliche Hochschätzung des Wissens, Lernens und Lehrens dar. Einer der Sprüche Bhartriharis lautet: „Das Wissen (vidyâ) ist die höchste Zierde des Mannes, ein gesicherter Schatz, es schafft Genuß, Ruhm und Glück; das Wissen ist der Meister Meister, der Freund

---

selben memorieren, darauf ohne Unterbrechung repetieren und zwar mit dem ebenen Hochton, wobei selbständige Wörter nicht kontrahiert, Kompositionsglieder leise getrennt werden ... Nachdem alle in dieser Weise Praçna für Praçna ihre Lektion hergesagt und die Füße des Lehrers umarmt haben, werden sie entlassen, wohin sie wollen."

[1] Megasthenes frg. 34, 3 Schwanb.

in der Fremde, eine unvergängliche Kraft, ein reines Kleinod, Königen ehrwürdig; nimm dem Menschen das Wissen und er wird ein Tier"¹). Im Gesetzbuche Manus, dem Kodex der indischen Jurisprudenz, heißt es: "Wer heilige Erkenntnis der Veden giebt, ist ein verehrungswürdigerer Vater als der, welcher nur das natürliche Dasein giebt, da die zweite oder göttliche Geburt den Wiedergeborenen nicht bloß in dieser Welt, sondern auch zukünftig das ewige Leben zusichert. Was die Eltern zu ihrer gegenseitigen Lust einem Wesen mitteilen, ist nur menschliche Geburt, aber die Geburt, welche der Vedenlehrer mitteilt, ist die wahre Geburt, der weder Tod noch Alter schaden kann. Wer Jemandem die Wohlthat der heiligen Erkenntnis giebt, sei sie groß oder gering, der soll Guru oder verehrungswürdiger Vater genannt werden wegen dieser himmlischen Wohlthat"²). Der gleichen Auffassung entstammt die Ansicht, daß der Mensch ein dreifacher Schuldner ist: zuerst der Schuldner der Weisen, der Stifter und Väter des Glaubens, dann erst Schuldner der Götter, zuletzt der Eltern³). In diesen und zahlreichen anderen Aussprüchen wird das Wissen als erstrebenswert erklärt um der religiösen Vollendung willen, zu der es führt; es ist bei aller Hochschätzung doch nur Mittel zum Zwecke, Durchgangspunkt zum Ziele. Ist Zweck und Ziel erreicht, so haben die Schätze des Wissens keinen Wert mehr und können der Vergessenheit anheimfallen. Der Kreislauf des Strebens nach Erkenntnis gestaltet sich dem Inder so, daß der Knabe mit ehrfürchtiger Hingebung den Veda lernt, um als Mann treulich seine Vorschriften zu üben, als Greis in profunder Meditation Lehre und Gesetz zu vergessen. "Noch giebt es Brahmanenfamilien, in denen der Sohn die alten heiligen Lieder Wort für Wort auswendig lernt, in denen der Vater täglich seine heiligen Pflichten und Opfer verrichtet, während der Großvater alle Gebräuche und Ceremonieen für eitel hält, in den vedischen Göttern nichts als Namen sieht für das,

---

¹) In Böthlingk's Sanskritchrestomathie S. 199.
²) Manu II, 146 bis 149.
³) Max Müller, Religion und Philosophie. Deutsche Rundschau 1879 I, S. 57 f.

was, wie er weiß, über alle Namen ist, und Ruhe sucht, wo sie allein zu finden ist, in der höchsten philosophischen Erkenntnis, die für ihn zugleich die höchste Religion ist: sie ist Vêdânta, das Ende, Ziel, die Erfüllung des ganzen Veda"¹). Eine ähnliche Selbstauflösung der Erkenntnis begegnet bei Mystikern aller Zeiten, allein als System tritt sie doch nur bei den Indern auf, deren Leistungen in Forschung und Bildung um so bewundernswerter erscheinen, wenn man sie an den ihrer Geistesarbeit vorgesetzten Endzweck hält: die futura oblivio.

§. 5.

Die Bildung der Ägypter zeigt unverkennbare Analogieen mit der indischen: auch bei ihnen bilden Hymnologien den Kern der theologischen Litteratur und diese wieder den Ausgangspunkt für die Wissenschaft und die Bildungsstudien, tritt eine Priesterkaste als Pflegerin und Bewahrerin des Wissens auf, ohne jedoch dessen Ausstrahlung auf das ganze Volk, ja auf fremde Nationen zu verhindern, und steht die geistige Arbeit im Dienste der ethisch-religiösen Interessen. Im einzelnen aber machen sich bemerkenswerte Unterschiede geltend.

Die heilige Litteratur der alten Ägypter bestand aus den 42 Büchern, deren Ursprung sie auf den Gott Thoth, den die Griechen ihrem Hermes identificierten — daher hermetische Bücher —, zurückführten. Das älteste und am meisten heilig gehaltene ist das Buch der Lobgesänge; man glaubt es in dem Hymnologium wiedergefunden zu haben, welches sich in größerer oder geringerer Ausdehnung auf Papyrusrollen in altägyptischen Särgen vorfindet (unter dem Titel: „Das Todtenbuch der Ägypter" herausgegeben von Lepsius 1842); das zweite war das Buch vom rechten oder königlichen Wandel, Lebensvorschriften enthaltend, gleich dem Hymnenbuche bei

---

¹) Max Müller, Religion und Philosophie. Deutsche Rundschau 1879 I, S. 69.

allen feierlichen Umzügen vorangetragen und nach seinem Inhalte allem Volk bekannt. Gelehrten Inhaltes waren die vier folgenden, die Bücher des Horoskopen, welche die Beschreibung des Himmels, die Lehre von Sonne und Mond und von den Gestirnaufgängen enthielten. Die folgenden zehn Bücher umfaßten die Gelehrsamkeit des Tempelschreibers (Hierogrammateus), welche bestand: in der Hieroglyphenkunde, der Weltbeschreibung — „die Gesetze der Sonne und des Mondes und der Planeten betreffend" —, der Landesbeschreibung und der Vermessungskunst, besonders auf den Nil bezogen, endlich der Wissenschaft von der Anlage und Ausstattung der Tempel. Die nächsten zehn Bücher waren liturgischen Inhalts und bildeten das Wissen des Ceremoniärs (Stolistes); die folgenden zehn waren die eigentlich hieratischen Bücher und enthielten die Wissenschaft des höheren Priesters (Prophetes): die Lehre von den Göttern und den Gesetzen, also Dogmatik und Jurisprudenz. Die letzten sechs Bücher stehen diesen nicht an Ansehen gleich und gehören nicht zum eigentlichen Kanon: sie handeln „von der Beschaffenheit des Körpers, von den Krankheiten, den Instrumenten, den Arzneien, von der Behandlung der Augen und vom weiblichen Geschlechte"[1]).

Diese Werke, von denen eine Abschrift in jedem Tempelarchive niedergelegt war, bildeten den Kern einer sehr umfänglichen Litteratur; als die Zahl aller daher gehörigen Schriften gaben die Ägypter 36,525 an, die Zahl der großen Sothisperiode, aus der Verhundertfachung der Tage des Jahres gebildet.

Verglichen mit den vedischen Wissenschaften zeigen die Materien der Thothbücher die Sprachlehre weniger vertreten (nur etwa durch die Hieroglyphenkunde); dagegen eine breitere Entfaltung der mathematischen Wissenschaften, besonders der Astronomie, die zugleich in der Geographie ein Gegenstück findet, und ebenso die größere Schätzung der Arzneikunde. Sehr ausgesprochen ist zudem bei den Ägyptern das

---

[1]) Die Hauptstelle bei Clemens Alex. Strom. VI, 4, p. 633 ed. Sylburg, erörtert bei Lepsius, Chronologie der Ägypter, bei E. Röth, Geschichte der abendländischen Philosophie, Mannheim 1862, I, S. 112 f. und bei Heinrich Wuttke, Geschichte der Schrift, Leipzig 1872, S. 557 f.

Interesse für Geschichte: sie führten Jahrbücher von den Thaten ihrer Könige, verewigten Denkwürdiges aller Art in Inschriften und setzten einen Ruhm in ihre Kunde des Altertums, von der sie auch Ausländern gern mitteilten¹).

Die Pflege der mannigfaltigen Kenntnisse lag dem Priesterstande ob, so jedoch, daß die einzelnen Priesterordnungen auf bestimmte Wissenschaften hingewiesen waren; sie hatten die Thothbücher, in denen dieselben niedergelegt waren, auswendig zu wissen und „im Munde zu führen", und nur der höchsten priesterlichen Rangstufe war die Gesamtheit des Wissens vorbehalten. Doch hinderte diese Abstufung nicht, daß die Ägypter gewisse geistige Güter als einen, wenngleich bedingten Gemeinbesitz auffaßten. Es sind die sechs ebenfalls von Thoth-Hermes allen Ägyptern gespendeten Gaben des gemeinsamen Lebens: die Sprache, die Schrift, der Kultus der Götter, die Kenntnis der Gestirne, die Tonkunst und die Kunst der Körperpflege²). Der Schriftgebrauch war ein ungemein ausgedehnter und die Kunst des Schreibens und Lesens im ganzen Volke verbreitet. „Mit Riesenschrift sprachen die Tempel, gaben den Beschauern in Anrufungen an die Götter und im Lobpreis der Fürsten Lehren des Glaubens und die Erinnerungen nationalen Ruhms; öffentlich vor Jedermanns Blicken waren diese Inschriften in den dauerhaftesten Träger, in Granit und Porphyr, tief eingegraben, um beständig zum Volke zu reden"³). Schriftrollen wurden den Verstorbenen für die geheimnisvolle Reise ins Jenseits mitgegeben; fromme Sprüche und Wünsche und Vermerke aller Art standen auf den Gegenständen des täglichen Gebrauchs geschrieben, das Gerichtsverfahren, die Schließung von Verträgen war schriftlich: Alles irgend Erhebliche sollte in Schrift niedergelegt werden; häufig stellen die Abbildungen Götter und Menschen schreibend dar. Aus der Hieroglyphenschrift, deren Zeichen, ungefähr 650 an der Zahl, teils Einzellaute, der Mehrzahl nach aber Lautkomplexe — von den meisten Ägyptologen symbolisch, von

---

¹) Her. II, 3 und 100. Diod. I, 73. Tac. Ann. II, 60.
²) Diod. I, 16. Vergl. Plat. Phaedr. p. 213.
³) Heinrich Wuttke a. a. O. S. 576 f.

§. 5. Die Ägypter.

Seyffarth und seinen Anhängern dagegen phonetisch gedeutet — ausdrücken, entwickelte sich durch Abschleifung der Zeichen die hieratische oder priesterliche Bücherschrift, und aus dieser durch weitere Verkürzungen seit 500 v. Chr. die demotische oder Briefschrift, an 350 Zeichen umfassend[1]). Das gelehrte Studium, welches dieses Schriftsystem erforderte, war Sache der Priester[2]); dagegen erhielten auch die Angehörigen der niederen Kasten einen elementaren Unterricht im Schreiben und Lesen[3]).

Ein weiterer Gegenstand des vulgären Unterrichtes war Rechenkunst und Raumlehre; Platon hebt lobend die allgemeine Verbreitung dieser Kenntnisse im Volke hervor und tadelt nur, daß sie lediglich auf praktische Zwecke bezogen wurden und des höheren veredelnden Einflusses entbehrten[4]). Diese praktischen Zwecke sind die des Verkehrs, der Technik, besonders der Baukunst und der Verwaltung; die ägyptische Elle ist durch Genauigkeit ihrer Einteilung ausgezeichnet; die erhaltenen Grundrisse von Grabkammern stimmen genau mit den Ausführungen überein; die Anlegung von Flur- und Landkarten zum Zweck der Katastrierung und Statistik reichen in hohes Altertum hinauf[5]). Das ägyptische Ziffernsystem ermangelt des spekulativen Gedankens des indischen[6]), dagegen muß ihre Zahlenlehre wie ihre Geometrie, durch welche griechische Denker wiederholt nachhaltige Anregungen erhielten, einen philosophischen Grundzug gehabt haben[7]). Sternkunde und Sterndeutung konnten der Natur der Sache nach nicht die gleiche Verbreitung haben, wie Rechen- und Meßkunst; der Umstand aber, daß sie in den heiligen Büchern zweimal vorkommen: als die höhere

---

[1]) M. Uhlemann, Thoth oder die Wissenschaften der alten Ägypter. Göttingen 1850, S. 173 f. — [2]) Diod. I, 81 in. — [3]) Plat. Legg. VII, p. 819. — [4]) Plat. Legg. VII, p. 819, und V, p. 747. Rep. IV, p. 436. — [5]) M. Uhlemann a. a. O. S. 262 f. — [6]) Die Zahlen 1, 10, 100, 1000 hatten Zeichen, durch deren wiederholte Setzung das Vielfache derselben ausgedrückt wurde; sie haben außerhalb Ägyptens keine Anwendung gefunden, dagegen ist das ägyptische Zeichen der Addition (ein Kreuz) und die Bezeichnung der Brüche (ursprünglich das Bild eines Mundes, über das der Zähler, unter das der Nenner gesetzt wurde) in allgemeinen Gebrauch gekommen. Vergl. H. Brugsch, Numerorum apud veteres Aegyptios demoticorum doctrina. Berol. 1839. — [7]) Röth a. a. O. II, S. 586 f.

Wissenschaft des Tempelschreibers und als die niedere des Horoskopen, zeigt, daß gewisse einschlägige Kenntnisse und Ansichten als gemeinfaßlicher galten und gangbarer waren. Gewiß waren alle Ägypter mit ihrem Kalender und dessen mythologisch-astronomischem Apparate vertraut und nicht minder mit den, Beobachtung und Aberglauben verbindenden, Vorstellungen, auf denen das Horoskop beruht; die allen zugänglichen Denkmäler geben für wichtige Vorgänge außer Namen und Beschreibung zugleich die Gestirnstellungen an, unter denen sie sich begeben hatten, und jedem Neugeborenen wurde aus der Konstellation sein künftiges Schicksal bestimmt[1]. Mit der Sternkunde war die Tonkunst in mehrfacher Weise verflochten; jedem der sieben Töne stand ein Planet vor, die drei Saiten der Leier entsprachen den Jahreszeiten: die des hohen Tons dem Sommer, des tiefen dem Winter, des mittleren dem Frühling[2]. Aufs Engste war die Musik mit dem Kultus verwachsen; es war streng verwehrt, irgend welche Neuerungen in der Sang- und Spielweise vorzunehmen, und den Priestern stand eine musikalische Censur zu[3], eine Einrichtung, welche nicht das Zurückbleiben dieser Kunstübung beweist, sondern im Gegenteile darauf hindeutet, daß sie so im Schwange war, daß sie sich von den geheiligten Mustern zu entfernen drohte. Auch eine an die Gymnastik streifende Körperpflege muß populär gewesen sein, obgleich die Griechen den Ägyptern jene Kunst selbst absprechen; Thoth-Hermes gilt als Erfinder der Palästra, der Eurythmie und der ziemenden Körperbildung; Reinlichkeit, Salbungen, Diät-halten gehörten jedenfalls zur nationalen Sitte.

Das Lehrwesen der alten Ägypter hatte an den wohlorganisierten Priesterkollegien der großen Tempel und an den Archiven und Bibliotheken, die mit den Heiligtümern verbunden waren, Mittelpunkte zu festerer Gestaltung. Der Ägyptolog G. Ebers giebt eine Darstellung

---

[1] Das Horoskop beruht auf der Vorstellung des Herabkommens der Seele des Neugeborenen aus der Sternenwelt; es ist der Grad der Ekliptik, welcher im Augenblick der Geburt aufgeht; der diesem zunächst stehende Planet ist der Lebensstern. Vergl. Röth a. a. O. I, S. 214.

[2] Heinrich Wuttke a. a. O. S. 569. Diod. I, 16.

[3] Plat. Legg. II, p. 656, und VII, p. 799.

§. 5. Die Ägypter.

des Tempelschulwesens von Theben, nach welcher dasselbe eine überraschend hohe Stufe der Organisation zeigt[1]). Dasselbe war den älteren Stätten der Priesterweisheit von Heliopolis und Memphis nachgebildet; es umfaßte eine hohe Schule, in welcher Priester, Ärzte, Richter, Mathematiker, Astronomen, Grammatiker nicht nur Unterricht genossen, sondern auch, nachdem sie Einlaß in die höchsten Grade der Erkenntnis erworben und die Würde der Schreiber, d. i. Schriftgelehrten, erlangt hatten, eine Freistätte fanden. Eine große Bibliothek, in der Tausende von Schriftrollen aufbewahrt wurden und an die sich eine Papyrusfabrik anschloß, stand den Gelehrten zur Verfügung, von denen einige mit dem Unterrichte der jüngeren Schüler betraut waren, die in der gleichfalls zum Seti-hause (dem ganzen Tempelkomplex) gehörenden Elementarschule herangebildet wurden. Diese letztere stand jedem Schüler eines freien Bürgers offen und wurde von mehr als hundert Knaben besucht, die hier auch Nachtquartier fanden. In einem besonderen Gebäude wohnten die Tempelpensionäre, einige Söhne der vornehmsten Familien, auch selbst des königlichen Hauses. Der Übertritt aus dem Elementarunterrichte in die hohe Schule war an eine Prüfung geknüpft. War diese bestanden, so wählte sich der Studierende unter den Gelehrten der höheren Grade einen Meister, der seine wissenschaftliche Führung übernahm und dem er sein Leben lang wie der Klient dem Patron ergeben blieb. Durch ein zweites Examen war der Titel eines „Schreibers" und der Eintritt in die öffentlichen Ämter zu erlangen. Neben dieser Gelehrtenschule bestand hier auch eine Lehranstalt für Künstler, in welcher diejenigen Zöglinge Unterweisung empfingen, die für die Baukunst, Bildhauerei und Malerei bestimmt waren; auch in ihr wählte sich jeder Lehrling seinen Meister — die Wahl des Berufes wurde vorwiegend, wenn nicht ausschließlich, durch den der Eltern bestimmt: in dem Grabe eines Baumeisters wurden Dokumente ge-

---

[1]) In dem Roman Uarda Bd. I, S. 17 f. Ebers bemerkt, daß seine Schilderung „in jedem einzelnen Zuge aus Quellen geschöpft ist, welche der Zeit Ramses' II. und seines Nachfolgers Merneptah entstammen", also der Mitte des zweiten Jahrtausends vor unserer Zeitrechnung.

funden, welche angeben, daß seine Kunst durch 25 Generationen in der Familie erblich war. — Alle Lehrer dieser Anstalten gehörten zu der Priesterschaft des Seti-Tempels, welche aus mehr als 800, in fünf Klassen geteilten Mitgliedern bestand und von drei sogenannten Propheten geleitet wurde. Der Unterricht wurde in den offenen, gepflasterten, mit Matten belegten Höfen der einzelnen Gebäude erteilt, in die Säulengänge derselben mündeten die Zimmer der Priester und Gelehrten, in den oberen Stockwerken waren die Wohnungen der Schüler. Die Disciplin war hart; „die Ohren des Schülers sind auf seinem Rücken; er hört, wenn man ihn schlägt," lautet der Ausspruch eines altägyptischen Pädagogen; Gedächtnisarbeit schnitt vorzeitiges Klügeln ab, die strenge Unterwerfung unter die Autorität des Meisters übte eine herbe Geisteszucht.

Verglichen mit der indischen Bildung zeigt die altägyptische einen Zug, den man wohl einen realistischen nennen kann: dem theologisch-spekulativen Interesse steht das für die geschichtliche und natürliche Wirklichkeit zur Seite, Zahl- und Raumgebilde sind nicht bloß Objekt des Sinnens, sondern zugleich technischer Ausübung; neben den Bedürfnissen des Geistes werden die des Körpers in Betracht gezogen; das Erhalten und Weiterleiten der geistigen Güter wird Gegenstand kollektiver Organisation. Dennoch bildet auch hier das religiöse Element die Grundlage: die Erde ist das „Haus der Anbetung", alles Treiben des Menschen findet zuletzt im Dienste der Gottheit sein Ziel, das Wissen wird gesucht um ethisch-religiöser Vervollkommnung willen; die Schätze der Bücher sollen sein ein $\mathit{\iota\alpha\tau\rho\varepsilon\tilde{\iota}ov}$ $\mathit{\psi\upsilon\chi\tilde{\eta}s}$ [1]).

§. 6.

Was die Entzifferung der Hieroglyphen für die Aufhellung des altägyptischen Wesens geleistet hat, verspricht die Lesung der Keilschrift

---

[1]) Diese Inschrift gab Osymandyas der von ihm in Theben gegründeten Bibliothek. Diod. I, 49.

§. 6. Die keilschriftverwendenden Völker.

in bezug auf die vorderasiatischen Völker zu gewähren, welche, obwohl ethnographisch unterschieden, durch den gemeinsamen Gebrauch dieses Schriftsystems verbunden erscheinen: der turanischen Chaldäer, des semitischen Herrschervolkes von Babylon und Ninive und der arischen Eranier. Dieselben stehen in bezug auf Alter und Orginalität ihrer Kulturen den Ägyptern nach und es kann als ausgemacht gelten, daß sie diesen den Anstoß ihrer Entwickelung danken, derart, daß die Chaldäer unmittelbar unter ägyptischem Einflusse standen, die semitischen Eroberer die Kultur und Bildung der Chaldäer sich aneigneten und ihrerseits auf die Meder und Perser weiter wirkten. Das Verhältnis der Chaldäer und Semiten hat die Keilschriftforschung so weit klargestellt, daß in demselben das Übergehen einer geschlossenen Bildung von einem älteren Kulturvolk auf ein jüngeres — jedenfalls der erste Fall der Art in der Geschichte der Bildung — erkannt werden kann.

Die Ausgrabungen Layards in Ninive haben eine große Zahl von mit Keilschrift bedeckten Thontafeln zu Tage gefördert und die Entzifferung derselben hat ergeben, daß sie die Reste einer umfänglichen Bibliothek bilden[1]). Die Tafeln enthalten Materien der Mythologie, Geschichte, Geographie, Statistik, Naturgeschichte, Astronomie, Arithmetik, Architektur und Grammatik; und es sind die verschiedenen wissenschaftlichen Fächer durch die Farbe der Tafeln, schwarz, grau, bläulich, violett, rot, gelb, braun, weiß gekennzeichnet. Über den Ursprung der Bibliothek giebt unter anderen eine der zur Grammatik gehörigen Tafeln Aufschluß mit den Worten: „Palast Assurbanipals, Königs der Welt, Königs von Assyrien, dem der Gott Nebo und die Göttin des Unterrichts Ohren gegeben hat, um zu hören, und die Augen geöffnet hat, um zu sehen, was die Grundlage der Herrschaft ist. Sie haben geoffenbart den Königen, meinen Vorgängern, diese Keilschrift. Ich habe die Offenbarung des Gottes Nebo, des Gottes der höchsten Erkenntnis, auf Tafeln ge-

---

[1]) Zu dem Folgenden: Röth a. a. O. II, S. 339. H. Wuttke a. a. O. S. 647. A. Scholz, Die Keilschrifturkunden und die Genesis. Würzburg 1877. Benfey, Geschichte der Sprachwissenschaft, S. 33.

schrieben, ich habe sie bezeichnet, geordnet, aufgestellt in meinem Palaste zum Unterrichte meiner Unterthanen." Der königliche Gründer dieser Bibliothek ist der vierte seines Namens, der kriegerische Sardanapal der Griechen, welcher um die Mitte des siebenten Jahrhunderts vor Christus das Reich von Ninive beherrschte. Die Denkmäler der Wissenschaft, welche er aufstellte, sind nun aber nicht Erzeugnisse des semitischen Volkes der Assyrer, dem er angehörte, sondern Übersetzungen aus der älteren Litteratur der Chaldäer, der Erfinder der Keilschrift und ältesten Vertreter der vorderasiatischen Kultur. Auf ihre in einem ural-altaischen, der ungarischen und finnischen Sprache verwandten Idiom und nach altertümlichem Schriftsystem geschriebenen Werke war der Assyrer, der wissenschaftliche Bildung suchte, angewiesen, und dieses Studium war es ebenfalls, das den Propheten Daniel mit seinen Genossen durch drei Jahre am Hofe Nebukadnezars in Babylon beschäftigte, wo sie Unterricht empfingen „in aller Schrift und Wissenschaft" (Dan. 1, 4, 5 u. 17). Daß der Weg zur höheren Bildung für die Assyrer durch eine ihnen fremde Litteratursprache führte, ist durch die Tafeln grammatischen Inhaltes unmittelbar sichergestellt. In diesen — etwa 100 an Zahl — hat man ein Lesebuch oder Vokabular erkannt, welches ein fremdes älteres Idiom durch das gebräuchliche erklärt; von den drei Kolumnen der Tafeln giebt die erste den assyrischen Schriftzug, die zweite das zu erklärende Zeichen für das turanisch-chaldäische Wort und die dritte die Erklärung in assyrischer also semitischer Sprache. Ohne Frage ist dies Elementarbuch älter als die Bibliothek Assurbanipals und geht, wie alle ninivitischen Schöpfungen, auf babylonische Vorbilder zurück.

Von der Lehrweise der Chaldäer rühmen die Alten die schlichte Gediegenheit und ernste Gründlichkeit; „sie überliefern," sagt Diodor, „ihre Weisheit von einem Geschlecht zum anderen: der Knabe, von allen anderen Leistungen entbunden, empfängt sie von seinem Vater; indem sie so die eigenen Eltern zu Lehrern haben, ist ihr Unterricht ein umfassender und wird ihm Aufmerksamkeit und festes Vertrauen entgegengebracht; derart von Kindesbeinen in den Stu-

§. 6. Die keilschriftverwendenden Völker.

bien aufwachsend, gelangen sie bei der Gelehrigkeit des jugendlichen Alters und der langen Lehrzeit zu hoher Fertigkeit"¹). Der gelehrte Unterricht derjenigen, welchen das Chaldäische nicht Muttersprache war, muß aber eine schulmäßigere Form gehabt haben: wir lernen durch den Propheten Daniel eine Art Palastschule für semitische Jünglinge kennen. Auf viele Fragen, welche die Eigentümlichkeit dieser derivierten Bildung wachruft, sind wir zur Zeit ohne Antwort, können aber weiteren Aufschlüssen von seiten der rasch fortschreitenden Assyriologie entgegensehen. —

Wie sich das geistige Leben der Perser auf Grund der entlehnten chaldäisch-assyrischen und der ihnen eigenen arischen Kultur gestaltete, läßt sich nicht sagen. Die griechischen Berichterstatter heben lobend die Erziehung der Perser hervor, die darauf gerichtet gewesen sei, den Wahrheitssinn zu wecken und an nützliches Schaffen zu gewöhnen; zu Lehrern seien die einsichtigsten Männer bestimmt worden, welche der Jugend die Thaten der Götter und der großen Männer in Wort und Lied vorführten; zur Bildung der Königssöhne seien die vier Weisesten auserlesen worden, welche sie zur Wahrheit, Gerechtigkeit, Mannhaftigkeit leiteten und in die „Magie Zoroasters" einführten²). Die im vorigen Jahrhundert aufgefundenen heiligen Zendschriften, welche diese „Magie" enthalten, geben uns von dem altpersischen Religionssystem und der darauf fußenden Gesetzgebung Kenntnis; sie zeigen, daß der priesterliche Lehrstand in ähnlicher Achtung wie bei den Indern stand, der Unterricht in der Glaubenslehre ein auf alle Kasten ausgedehnter war, und bieten manche interessante Beiträge zur Kenntnis orientalischer Lehrformen³); allein sie lassen nicht erkennen, daß sich wie in Indien

---

¹) Diod. II, 29. — ²) Her. I, 136. Strab. XV, p. 733. Plut. Alc. I, p. 121 u. a. — ³) Wir treffen im Zendavesta hier und da die katechetische Lehrform und die Verwendung der Zahlen als Gedächtnishilfen an. Eine Stelle, in welcher beides verbunden erscheint und die auch inhaltlich von Interesse ist, weil sie die eranische Socialverfassung und Sittenlehre in gedrängtester Form enthält, ist die folgende: „Die Rede, die Ahura-Mazda gesprochen hat, enthält drei Hauptstücke, nennt vier Stände und fünf Oberherren. Welches sind die Hauptstücke? Gutes denken, sprechen, thun. Welches sind die

und Ägypten die priesterliche Weisheit in mannigfaltige gelehrte und Bildungsstudien verzweigt hätte. Daß dieses in der That nicht geschehen, wird durch die rasche Verdrängung der national-persischen Kultur durch die seit Alexander dem Großen eindringende griechische Bildung bestätigt. Jene besaß zu wenig Körper, um dem neuen Elemente Widerstand zu leisten; sie wich allenthalben zurück, und es bedurfte in der Zeit der Sassaniden einer förmlichen Restauration des alten Volkstums, für welche das Religionssystem den Stützpunkt darbot. Erst damals, also seit dem dritten Jahrhunderte unserer Zeitrechnung, schloß sich an die mit regstem Eifer wieder aufgenommenen heiligen Urkunden ein gelehrtes Studium an, welches über die Erklärung und Paraphrase derselben hinauswuchs und Materien der Weltkunde, Naturkunde, Geschichte ergriff, wie solche im Bundehesch, dessen Abfassung freilich erst ins Mittelalter fällt, zusammengefaßt erscheinen [1]).

§. 7.

Zur semitischen Völkerfamilie gehörend, frühzeitig von ägyptischer, später von vorderasiatischer Kultur beeinflußt, nimmt doch das

---

Stände? Priester, Krieger, Aderbauer, Gewerbetreibende. Alles Rühmliche vereint sich mit dem reinen Manne durch wahr denken, sprechen, handeln, wie es vom Herrn gelehrt wird nach der Lehre des Gesetzes. Durch die Thaten der Reinen nehmen die Welten an Reinheit zu. Welches sind die Oberherren? Der Hausherr, das Stammeshaupt, der Gemeindevorstand, der Gaufürst; Zarathustra ist der fünfte. Was wird gut gedacht? Das Reine von den Verständigsten. Was gut gesprochen? Die heilige Rede. Was gut gethan? Was mit Lobgesängen von den Reinsten gethan wird. Ahura-Mazda hat gesprochen. Zu wem hat er gesprochen? Zu den Reinen im Himmel und auf der Welt. Als was hat er gesprochen? Als der beste König." Yaçna XIX, 44 bis 58 bei Spiegel II, S. 99.

[1]) Das von Ferdinand Justi 1868 herausgegebene und übersetzte Buch behandelt in 35 Kapiteln in gedrängter Form und mit steter Anknüpfung an den Avesta: Die Weltschöpfung, den Kampf der guten und bösen Mächte, die Beschaffenheit der Erde, der Berge, der Meere, Flüsse, Tiere u. s. w., die Urgeschichte des Menschen, die Zeugung, die kosmische Bewegung, die Auferstehung, mythische Geschichten, die Zeitrechnung und die Dynastienfolge.

§. 7. Die Israeliten.

israelitische Volk im alten Orient eine Sonderstellung ein, die sich auch in dem Typus der Bildung, welchen es entwickelt hat, geltend macht. Schon äußerlich angesehen, unterscheidet sich die heilige Schrift, welche Juden und Christen als Glaubensurkunde verehren, charakteristisch von den kanonischen Büchern der polytheistischen Völker. Sie hat nicht ein Hymnologium zum Kern, aus welchem heilige Satzung, Geschichte, Forschung herausgewachsen wären, sondern sie hebt erzählend an, baut das Gesetz auf die Geschichte und läßt auf jene erst die hymnischen und prophetischen Ergüsse der Gottbegeisterung und die Weisheit der Sprüche folgen. Die gesta Dei sind die Grundlage des Ganzen, der Schlüssel zum Gesetz, der Jungbrunnen der Andacht und Betrachtung. Der Pentateuch hat ursprünglich nichts von jener Tendenz des Veda oder der Thothbücher, weitere und weitere Ringe anzusetzen und ein sinnendes und dichtendes Fortspinnen des religiösen Inhalts in Gang zu bringen; die Lehre von dem einen Gott begünstigt nicht das Versenken in die kosmischen Erscheinungen, welches Himmelskunde, Raum- und Zahlenlehre erzeugt; die theokratische Idee wehrt dem geschichtlichen Interesse, sich auf Verherrlichung von Kriegs- und Herrscherthaten in Chronik und Epos zu werfen; der bildlose Gottesdienst hält Kunst und Technik und die sie begleitenden Wissenschaften hintan. So fehlen die Voraussetzungen für das Erwachsen priesterlicher Wissenschaft und Weisheit und für die Organisation der Lehre. Die Lehre ist bei den alten Israeliten dem Inhalte nach auf das Gesetz und die heilige Geschichte beschränkt, um so ungebundener aber in der Form: das Wort Gottes lehrt der Hausvater so gut wie der Priester, wie der Prophet; gleichsam die Allgegenwart Gottes nachahmend, soll es das Ohr treffen daheim und draußen, beim Niederlegen und Aufstehen; es soll in das Auge fallen, durch Schrift und Denkzeichen versinnlicht (V. Mos. 6, 7), lehrende Rede soll Kultusgebrauch und Denkmal nimmer müde erklären (II. Mos. 12, 26; 13, 14. Joh. 4, 6. V. Mos. 32, 7).

Ihre Würde und Weihe erhält aber die Lehre und die sie begleitende Zucht durch Gott selbst, der das Volk seiner Wahl „groß gezogen, wie Jemand seinen Sohn erzieht" (V. Mos. 8, 5), der es „belehrt zu seinem Besten und geführt auf den Weg, den es gehen soll" (Jes. 48, 17). Alle Leitung und Unterweisung im einzelnen und kleinen wiederholt so nur, was dem ganzen Volke in seiner Geschlechterfolge zu Teil geworden ist und durch die Lehre wird immer von neuem das höhere Princip eingepflanzt und gegen den natürlichen Hang zur Vielgötterei geschützt, wie es von Anbeginn durch den Herrn gepflanzt und umhegt wurde. Der Beruf des Lehrers ist somit ein Wiederschein göttlichen Thuns: „die Lehrer werden glänzen, wie der Glanz des Firmaments, und die, welche Viele zur Gerechtigkeit geführt haben, wie die Sterne immer und ewig" (Dan. 12, 3). Wie das Volk, so ist aber auch der Einzelne Gegenstand der Fürsorge und Führung Gottes, der ihn „kannte, als er gemacht ward im Verborgenen und seine Tage bestimmte, da noch keiner von ihnen da war" (Ps. 139, 15, vgl. 22, 10, Jerem. 1, 7). Infolge dessen ist bei dem Volke der Bibel der Wert des persönlichen Daseins ein größerer, wird das Individuum durch das Glaubensleben mehr vertieft und gleichsam durchgearbeitet, als dies sonst im alten Orient uns entgegentritt; den individuell ausgeprägten Gestalten der Propheten beispielsweise hat keines der morgenländischen Völker etwas an die Seite zu setzen, bei denen nur selten eine markante Erscheinung aus dem Befang der Kaste herausragt.

So waren die alten Israeliten ein lehrendes Volk, ohne daß sie ein organisiertes Lehrwesen besaßen, und ihr Gottesglaube gab ihnen innere Gestaltung, wie sie sonst nur reichen und freiverfügbaren Bildungselementen verdankt wird. Zu einem Lehrwesen zeigt die vorexilische Zeit nur die Anfänge. Die in der Bibel mehrmals auftretenden Cönobien von Propheten [1]) repräsentieren keinesfalls eine Institution wie sie etwa dem ägyptischen Tempelschulwesen verglichen werden könnte. Sie haben die verschiedensten Erklärungen gefunden: die Kirchenväter sahen in denselben Vorläufer des Klosterwesens, die Rabbinen Akademieen, protestantische Theologen Predigerseminarien, die

---

[1]) I. Samuel 10, 5 f., II. Könige 2, 3 f. 4, 38.

§. 7. Die Israeliten.

Deisten Sitze der Freidenkerei und Studienanstalten für Moralphilosophie; es kann aber jetzt als ausgemacht gelten, daß es Jüngerkreise waren, wie sie sich um hervorragende Gottesmänner schaarten zur Pflege der heiligen Überlieferung und der liturgischen Musik ohne stabilen Charakter und festere Organisation[1].

Von einem Vulgärunterrichte der älteren Zeit ist nichts überliefert; doch scheint der Schriftbetrieb verbreitet gewesen zu sein, wie das Gebot, daß jeder den Kernspruch der Jehovahlehre an die Pfosten des Hauses und an seine Thüren schreiben" soll (V. Mos. 6, 4), erschließen läßt. Die Kunst der Landvermessung, welche die Israeliten aus Ägypten mitgebracht (Jos. 18, 4 f.), wird ihnen kaum verloren gegangen sein; eine allgemein verbreitete Fertigkeit war die Musik, zunächst die des Gottesdienstes, bei welchem das Volk durch Gesang und Spiel mitwirkte (Pf. 68, 26 f. u. sonst).

Die Entwickelung einer Gelehrsamkeit und eines Studienwesens fällt erst in die nachexilische Zeit und sie hebt, ähnlich wie bei den Persern, mit dem Streben an, die bedrohten nationalen Güter wieder sicherzustellen. In der Zeit der Bedrängnis war das versprengte Volk nur durch das Gesetz zusammengehalten worden, und es schloß sich nach seiner Wiedervereinigung mit gesteigerter Hingebung an dasselbe an, beflissen, seinen Vorschriften mit gewissenhaft-ängstlicher Genauigkeit nachzukommen. Dazu aber war die sorgfältige Erforschung des Gesetzes eine Vorbedingung, die Aufgabe, welche sich die Sopherim, deren erster Esra (um 450 v. Chr.) war, stellten. In dem der alexandrinischen Zeit angehörigen Spruchbuche Jesus' des Siraciden ist der Schriftgelehrte, nunmehr Vertreter einer socialen Klasse und Bildungsstufe, gezeichnet und sein Studienkreis bestimmt (Kap. 38, 25 f.). „Die Weisheit des Schriftgelehrten bedarf der Muße; wer keiner anderen Arbeit zu warten hat, kann sie empfangen, da sie ihn erfüllen wird; die Gewerbenden können nicht richten, noch die Schrift lehren, noch Zucht und Gerechtigkeit predigen, noch mit

---

[1] Vgl. Oehler in Schmidts Encyclopädie s. v. Pädagogik des alten Testaments.

Gleichnisreden vertraut sein. Der Weise muß die Weisheit aller Alten erforschen, die Geschichten der berühmten Männer innehaben, in die Feinheit der Gleichnisse eindringen, den verborgenen Sinn der Sprüche spüren und mit dunkler Bildersprache vertraut sein." Daß aber diese Kenntnis auch über das Wort der Schrift hinauszugehen hat, zeigt die Lobpreisung des Weisen in dem derselben Zeit angehörigen „Buche der Weisheit", wo jenem (Kap. 7, 17) die Wissenschaft zugeschrieben wird „von der Verteilung des Erdkreises und der Kraft der Elemente, vom Anfang, Ende und Mittel der Zeiten, von dem Wechsel und Wandel der Jahreszeit, von des Jahres Lauf und der Sterne Anordnung, von der Art der Tiere, der Gewalt der Winde, von der Menschen Gedanken, den Unterschieden der Kräuter und der Heilkraft der Wurzeln und von allem Verborgenen und Unvorhergesehenen, wovon ihn die Meisterin', die Weisheit, unterrichtet." Damit war die Bahn eröffnet zur Ausbildung der theologischen Wissenschaften und Hilfswissenschaften, welche sich nun in wachsenden Kreisen um die Schrift als ihren Kern legten, und nachmals in der Mischna und dem Talmud zusammenfaßten.

Die veränderte Lage nach dem Exil brachte aber auch für den Volksunterricht neue Aufgaben mit sich. Die Sprache der Schrift hatte aufgehört Volkssprache zu sein und bedurfte unterrichtlicher Überlieferung in Familie und Schule. Dem Hohenpriester Josua ben Gamla, um 67 nach Christus, wird zugeschrieben, daß er ein Elementarschulwesen organisiert habe, indem er für jede Stadt und jedes Dorf die Errichtung von Kinderschulen anordnete. Von den Juden des Mittelalters sagt Moses Maimonides, daß sie aller Orten Knabenlehrer anstellen, und die Stadt mit Fluch belegen, wo kein Unterricht erteilt wird, ja wenn dies nicht hilft, sie zerstören, „weil die Welt nur besteht durch den Hauch der Schulknaben" [1]). Der höchst rege Eifer für Studium und Lehre veranlaßte dazu, in die Bibel und die Vorzeit ein uraltes Studienwesen hineinzudeuten;

---

[1]) Die Nachweisungen bei Schwarz, Erziehungslehre. Leipzig 1829, I, 1, S. 204.

die Rabbinen erblickten in den Patriarchen Stifter von Akademieen, in dem Stamm Simeon den dem Priesterstamm Levi nebengeordneten Lehrerstamm u. a. Von den Lehrformen entwickelte sich die der Auslegung oder Exegese am meisten; eigentümlich ist den Juden die Disputation, welche aus dem Bedürfnisse, verschiedene Auslegungen in Einklang zu bringen, entsprang. Dagegen blieb der Sprachunterricht bei primitiven Formen stehen, und erst im XI. Jahrhundert begründete Rabbi Jona eine hebräische Sprachlehre nach dem Vorgange arabischer Sprachforscher.

Das alte und gemeinübliche, noch heute nicht ausgestorbene Verfahren, das Kind in die Sprache des Thorah einzuführen, besteht in dem Vorsprechen, Übersetzen und Wiederholenlassen von Worten und Sätzen des Textes, die mit Eins gelesen, gedeutet und memoriter eingeübt werden, ohne jede grammatische Analyse [1]). Nicht anders lehrten die Rabbinen, bei denen Reuchlin, Trotzendorf, A. H. Francke und Andere das Hebräische lernten, und Esra Edzardi, der Lehrer Franckes, stellte als Kanon des Sprachunterrichts die Regel auf: Lego biblia, relego biblia, repete biblia, ein Verfahren, das im XVII. Jahrhundert von Wolfgang Ratke und Anderen auf den Unterricht in den alten Sprachen übertragen wurde, und als Gegengewicht des dürren Grammatismus vorteilhaft gewirkt hat.

Die Juden der späteren Zeit haben der abendländischen Bildung wiederholt besonders durch Vermittelung morgenländischer Elemente Dienste geleistet. Im Mittelalter bildeten sie ein Bindeglied zwischen den Moslemen und den Christen; ihre philosophischen und medicinischen Studien kamen letzteren mehrfach zu gute; den orientalischen Geschichten- und Märchenschatz haben vorzugsweise Juden im Abendlande bekannt gemacht [2]). In der Periode der Renaissance werden die Rabbinen als Lehrer des Hebräischen und anderer orientalischen Sprachen gesucht; von Seiten der pantheistischen Philosophie der Cabbala ergehen unausgesetzt Einwirkungen auf die Spekulation; in

---

[1]) Mitteilungen darüber von Jost in Przoslas Zentralbibliothek 1839, Februarheft S. 49 f. — [2]) Benfey, Pantschatantra I, S. 10, 26 u. f.

der Popularphilosophie des vorigen Jahrhunderts spielen jüdische Aufklärer eine namhafte Rolle. Bei der vorschreitenden Assimilation des jüdischen Wesens an abendländische Kulturformen tritt die specifisch-jüdische Bildung zurück und stellt nur noch ein Überlebsel, aber immerhin eine interessante Erscheinung dar. „In keiner Volksmenge findet man so wenig Bücher bei den Gelehrten, und so viele bei den Nichtgelehrten, wie unter den Juden, da wo sie in Masse der alten Bildung zugethan sind; und nirgends findet sich auch ein so behagliches Wohlgefallen an dem Inhalte der Bücher als eben unter den Juden, die, oft von dem armseligsten Handel ausruhend, in ihren Unterhaltungen fast immer auf Etwas der Art fußen oder zurückkommen. Man findet den gemeinsten Trödler oder Viehhändler öfters am Sabbat und an Winterabenden hinter seinen Folianten über die schwierigste Kasuistik sich belehrend, oder mit hebräischen Historien und Dichtungen sich ergötzend, auch wohl schreibend oder gar dichtend"[1].

§. 8.

Von den bisher genannten Nationen gar nicht oder nur unbeträchtlich beeinflußt, hat die Bildung des chinesischen Volkes eigentümliche Bahnen eingeschlagen und zeigt den orientalischen Typus nicht unwesentlich modifiziert. Die Bildung wie die ganze Kultur der Chinesen entbehrt des religiösen Fundaments; der Sinn des Volkes ist dem Zeitlichen zugewandt und unterläßt dessen Anknüpfung an eine höhere Ordnung; die Kunst, deren Wurzel die religiöse Begeisterung ist, bleibt zurück, während die wirtschaftliche Thätigkeit früh eine bedeutende Höhe erreicht; dem Sittenleben mangelt die Weihe, welche es aus der Kleinlichkeit und Flachheit heraushöbe; die Wissenschaft entbehrt, in die Breite entwickelt, der Tiefe, wie sie die Forschung nur durch das Versenken in das Übersinnliche gewinnt; „das Leben der Chinesen ist werkeltägig und profan, statt der Kirche der

---

[1] Jost bei Brzoska a. a. O.

Staat, statt der Priester lauter Laien, statt der Festtage Arbeitstage, statt der Tempel nur Erinnerungshallen" ¹). Die kanonischen oder klassischen Schriften, welche die Grundlage der chinesischen Bildung ausmachen, haben nicht den Charakter von heiligen Büchern; sie sind nicht ein von einer Priesterschaft bewahrtes, uraltes Erbgut, sondern zu moralischen und Bildungszwecken zusammengestellt und zwar von „dem Könige der Lehrer" Kong=fu=tse (um 550 v. Chr.). Sie zerfallen in die Gruppe der King und der Schu; die Fünfzahl der King bilden: das Buch der Verwandlungen, bestehend aus 64 schon zur Zeit der Redaktion unverständlichen Figuren von wahrscheinlich kosmologischer Bedeutung, ferner das Buch der Gesänge, mit 311 Liedern moralischen, politischen und lyrischen Charakters, weiterhin das Buch des Ceremoniells oder der Sittenspiegel und zwei Bücher geschichtlichen Inhalts; die vier Schu enthalten: eine Staatslehre, eine Sittenlehre, moralische Dialoge und Sprüche. An die kanonischen Bücher schließen sich unmittelbar zahlreiche Kommentare und Paraphrasen an, mittelbar die unabsehbare chinesische Litteratur, vorzugsweise geschichtlichen, moralischen, poetischen Inhalts. Für die Fixierung des Bildungsstoffes gewannen die größte Bedeutung die Arbeiten des Polyhistors Tschu=hi — genannt „der Fürst des Wissens" — im XII. Jahrhundert nach Christus, welcher auch zum Zwecke des Jugendunterrichtes eine Encyklopädie, das Buch Siao=hio, d. i. „das kleine Studium", herstellte ²). Eine Sprachwissenschaft entwickelte sich auf Grund des Studiums dieser Urkunden nicht; dem Chinesen ist das gesprochene Wort etwas Gleichgültiges, lediglich der Aus= oder Abdruck des Schriftzeichens, welches zudem in mehr als einer Mundart oder Sprache gelesen werden kann, und so verschrumpft ihm die Sprachlehre zur Schriftbildererklärung ³). Zu den mathematischen Wissenschaften fehlen die Anfänge nicht: schon im XI. Jahrhundert vor Christus war das Rechnen und die Kalender-

---

¹) Adolf Wuttke, Geschichte des Heidentums. Breslau 1853, II, S. 68. — ²) Heinrich Wuttke, Geschichte der Schrift und des Schrifttums. Leipzig 1872, S. 353. — ³) Das. S. 320 f., 402 u. f.

kunde verbreitet, wurden Reichskarten auf Vasen gezeichnet, und statistische Angaben auf ehernen Tafeln zu Jedermanns Kenntnis aufgestellt, aber erst im Mittelalter brachten die Araber den Chinesen die Astronomie und Vermessungskunst, die Inder das dekadische Ziffernsystem zu [1]). Die Musik stellen die Chinesen als Erziehungsmittel sehr hoch: sie soll der Harmonie der Herzen dienen, eine Vorstufe zur Weisheit sein, das Abbild der Ordnung der Gesellschaft darstellen; doch ist sie weder nach der ästhetischen noch nach der theoretischen Seite ausgebildet worden und die Notenschrift lernten die Chinesen erst von den christlichen Missionären.

Der höhere Unterricht hat die King zum Hauptgegenstande; die Lernenden schreiben sie ab und prägen sich die denselben eigenen Schriftzeichen ein; die Vorgerückteren lernen deren Zergliederung und werden in der Verwendung von Wortbilderverzeichnissen geübt; die wichtigste Übung aber ist der Aufsatz, welchem Themata aus den kanonischen und encyklopädischen Schriften zu Grunde gelegt werden [2]); außerdem werden Verse gemacht und der Geschäftsstil geübt. Trotz der Trockenheit und Strenge dieses Unterrichts — das Schriftzeichen für kiao lehren enthält eine Hand mit einem Stocke [3]) — nehmen die Schüler reges litterarisches Interesse ins Leben mit; jeder Gebildete besitzt eine Bibliothek von wissenschaftlichen und belletristischen Werken, benutzt die zahlreichen öffentlichen Büchersammlungen und verfolgt mehr oder weniger die Tageslitteratur.

Der Elementarunterricht ist ebenfalls wesentlich Schriftunterricht, hat es aber nur mit den vulgären Schriftzeichen zu thun, deren Kenntnis nicht zur Lektüre der höheren Litteratur befähigt. Das üblichste Elementarbuch ist das von dem Lehrer Wang-po-heu im XIII. Jahrhundert n. Chr. verfaßte „Dreiwörterbuch" (San-tje-king), welches einen Text von 1068 Wortbildern in Gruppen von

---

[1]) Das. S. 277, 364 f. — [2]) Das. S. 388. Einen chinesischen Musteraufsatz nach einer achtgliedrigen Schablone gefertigt, teilt Lechler in seinen „Acht Vorträgen über China", Basel, 1862, mit, abgedruckt in Karl Schmidts Geschichte der Pädagogik I, S. 89 f. — [3]) Plath, Über Schule, Unterricht und Erziehung bei den alten Chinesen. München 1868, S. 26.

§. 8. Die Chinesen.

je drei, durch Schlußreime verknüpft, enthält und die wissenwürdigsten Materien berührt. Der Inhalt desselben, so wie die einzuhaltende Methode ist in vielen Erläuterungsschriften für die Hand der Lehrer behandelt worden ¹). Die Kinder beginnen mit 5 bis 6 Jahren zu lernen; die Übungen im groben Nachmalen der Wortzeichen nehmen mehrere Jahre, und ebensoviel die im feinern Nachbilden in Anspruch; erst mit 14 bis 16 Jahren können die Schüler leidlich lesen und schreiben ²).

Staatliche Fürsorge für den Unterricht ist schon in sehr früher Zeit bezeugt; unter dem Kaiser Yü (2205 bis 2198 v. Chr.) wurde eine Einteilung der Reichsgrundstücke für Regierungszwecke entworfen und dabei für den Unterricht ein nicht geringer Teil bestimmt ³); im Jahre 1097 v. Chr. ordnete der Kaiser Tscheu die Einrichtung kleiner und großer Schulen durch das ganze Reichsgebiet an ⁴). In der Periode des alten Reiches bis 750 v. Chr. waren die Schulen Staatsanstalten; die Hofschule, dem Range nach die höchste, hatte eigene Lehrer; in den Schulen der Provinzen und Bezirke unterrichteten die Beamten Jung und Alt ⁵); der Unterricht gehörte wesent-

---

¹) Es wurde in Europa zuerst durch Neumann bekannt gemacht, welcher dasselbe unter dem Titel „Lehrsaal des Mittelreiches" München 1836 herausgegeben, übersetzt und kommentiert hat. Der Inhalt ist in Kürze der folgende: Wichtigkeit der Erziehung, Beispiele trefflicher Kinder, die Zahlen, die drei Grundwesen (Himmel, Erde, Mensch), die drei Pflichten (Patriotismus, Pietät, Gattenliebe), die vier Jahreszeiten, die vier Weltgegenden, die fünf Elemente (Wasser, Feuer, Holz, Metall, Erde), die fünf Tugenden (Menschlichkeit, Gerechtigkeit, Schicklichkeit, Weisheit, Treue), die sechs Getreidearten, die sechs Haustiere, die sieben Leidenschaften (Freude, Zorn, Widerwille, Furcht, Liebe, Haß, Wollust), die acht Töne, die neun Generationen (vom Ururgroßvater bis zum Ururenkel), die zehn sittlichen Bande (zwischen Vater und Sohn, Gatten, Brüdern, Fürst und Volk, Alten und Jungen, und Freunden). Dann folgt die Aufzählung der kanonischen Bücher, eine Übersicht der Reichsgeschichte, schließlich Mahnungen zum Fleiß und Vorbilder desselben. Die große Popularität dieser Fibel bestimmte neuerlich christliche Missionäre, die christlichen Glaubenssätze und biblische Materien in eine genau analoge Form zu bringen, ein kluger Griff, der auch gute Erfolge erzielt haben soll.

²) H. Wuttke a. a. O. S. 386 f. — ³) Plath a. a. O. S. 13. — ⁴) H. Wuttke a. a. O. S. 278. — ⁵) Plath a. a. O. S. 56.

lich zur Polizierung des Volkes. Im neueren China sind die Bildungsanstalten Privatunternehmungen und der Staat sorgt nur durch das seit 650 n. Chr. in Aufnahme gekommene Prüfungssystem für die Homogeneität und Verbreitung der Bildung. Da von den Prüfungen die sociale Stellung des Einzelnen, insbesondere die Rangstufe in der Beamtenhierarchie abhängt, so ist der Eifer für Lernen und Studien ein ungemein reger und allverbreiteter; nicht nur hat jedes Dorf seine Schule, sondern es giebt in den Städten Abendschulen, ja Nachtschulen für die arbeitende Bevölkerung[1]). Das Examen, durch welches der Rang eines privilegierten Mitgliedes der Gesellschaft und zugleich der Anspruch zu den Höhergebildeten zu gehören, erworben wird, besteht in der Abfassung mehrerer Aufsätze in der Klausur hauptsächlich über Materien der Kings; von etwa einer Million von Konkurrenten bestanden dasselbe im Jahre 1767 nur 24 701. Die Anzahl der so Graduierten wird verschieden geschätzt, von den Chinesen selbst auf eine Million. Zur Behauptung des erworbenen Ranges muß die Prüfung alle drei Jahre wiederholt werden. Die nächsthöhere Prüfung öffnet den Zutritt zu den öffentlichen Ämtern und besteht ebenfalls in Klausurarbeiten, welche beinahe einen Monat in Anspruch nehmen; die dritte verleiht den Charakter des Gelehrten und erschließt die hohe Beamtenkarriere; sie dauert 13 Tage, hat Aufsätze von reinem und elegantem Stil zum Gegenstande und wird nur in der Hauptstadt abgehalten. Einer höchsten und letzten Prüfung unterziehen sich diejenigen Gelehrten, welche in die seit dem IX. Jahrhundert n. Chr. bestehende Akademie der Wissenschaften zu Peking um Aufnahme nachsuchen; sie findet im Kaiserpalaste selbst statt und ist nicht wie alle vorigen an bestimmte Termine gebunden[2]).

Bildung und Gelehrsamkeit erhalten durch dieses System eine politisch-wirtschaftliche Bewertung; das Wissen ist eine sociale Macht, ja noch mehr: ein Attribut der öffentlichen Gewalt. Dabei bleibt

---

[1]) Fr. Müller, Ethnographie S. 392.
[2]) Die klarste Darlegung des oft besprochenen Gegenstandes bei Plath a. a. O. S. 6

aber auf allen Stufen der encyklopädische Charakter des Wissens und die Bedeutung der formalen Fertigkeit bewahrt; es sind nicht Fachkenntnisse, welche die höheren socialen Stellungen erschließen, sondern Bildungswissen und Sprachkunst, und die Gelehrsamkeit unterscheidet sich von der Bildung nicht in Stoff und Richtung, sondern nur durch die größere Weite und Fülle der Kenntnisse; der Elementarunterricht und die höchsten Studien sind in gewissem Betracht auf die nämlichen Materien gerichtet. Bei dieser Homogeneität des Bildungsinhalts geht bei den Chinesen die Tendenz auf Wissenserwerb und Wissensverbreitung Hand in Hand; es ist bezeichnend, daß einer der Ausdrücke für „lehren" (hoei) durch ein Wortbild ausgedrückt wird, welches die Zeichen für: Wort und für: Jedermann vereinigt, also: Worte für Jedermann besagt; und ebenso, daß die Ausdrücke für Wissender und Lehrender, ähnlich wie in unserem Worte Meister in einander überspielen[1]); in den chinesischen Sprichwörtern: „Lernen und Lehren ist gegenseitig zunehmen", „Lehren ist halbes Lernen", kommt die gleiche Vorstellung von der Zusammengehörigkeit des Aufnehmens und des Weiterleitens des geistigen Inhaltes zum Ausdrucke.

Daß Lernen und Lehren auf ein sittliches Endziel gerichtet sein müssen, ist ein in chinesischen Einrichtungen und Aussprüchen allenthalben wiederkehrender Gedanke. Im „Sittenspiegel" heißt es: „Der rechte Gelehrte soll ein redliches Herz zu seinem Schatze, Gerechtigkeit zu seinem Grundeigentum und Bereicherung des Geistes zu seinem Erwerbe machen"[2]), und Tschuhi charakterisiert die beiden Stufen des Unterrichts mit den Worten: „Der niedere Unterricht giebt die Anweisung, nach der sittlichen Ordnung zu leben und in dieser fortzuschreiten; bestimmte Einsicht aber in den Grund dieser Ordnung verleiht der höhere Unterricht; er ist die oberste Vollendung aller Normen und feinste Ausbildung des Geistes; er lehrt, warum man der Ordnung nachzuleben und in ihr fortzuschreiten habe"[3]).

---

[1]) Plath a. a. O. S. 26. — [2]) Heinrich Wuttke a. a. O. S. 391.
[3]) Adolf Wuttke a. a. O. II, S. 198.

Das chinesische Bildungswesen ist mehrfach über Gebühr geschätzt worden; man pries es, daß im Reiche der Mitte zu Beamten Gelehrte genommen werden und vergaß, daß dadurch die Gelehrten zu Beamten wurden; man freute sich, daß dort die Schriftsteller zu Würden gelangen, bedachte aber nicht, daß dadurch das Schrifttum in die Hände der Würdenträger gekommen ist; man bewunderte die Regsamkeit der Chinesen in der Bildungsarbeit, ohne auf den geringen Wert der durch dieselbe breitgewalzten Stoffe zu achten; man beglückwünschte die Chinesen dazu, daß ihr Bildungswesen keinen Antagonismus von Kirche und Staat, von geistlichen und weltlichen Bildungselementen kenne, als ob dieser Vorzug nicht allzuteuer mit dem Mangel an Idealität und Tiefe, den die rast- und friedlose Lernerei jenes Volkes nirgends verleugnen kann, erkauft wäre.

Es würde über den Zweck dieser Darstellung hinausgehen, beizubringen, was über die Bildung sonstiger morgenländischer Völker bekannt geworden ist; eine Geschichte der Bildung müßte auch der geistigen Impulse gedenken, welche auf die asiatischen Völker von Seiten des Buddhismus ergangen sind, ferner die japanesische Kultur und den interessanten Wandlungsprozeß, in welchem dieselbe im Augenblicke begriffen ist, in Betracht ziehen, ja über den Osten hinaus den Westen ins Auge fassen und die eigenartigen Formen des geistigen Lebens der alten Mexikaner und Peruaner besprechen. An dieser Stelle davon absehend, werden wir nur noch eine große Erscheinung morgenländischer Kultur zu berücksichtigen haben: den Islam mit dem ihm eigentümlichen Bildungswesen, doch wird dies zweckentsprechender erst dort geschehen, wo derselbe in seinem Verhältnisse zur antiken und seinem Gegensatze zur christlichen Bildung betrachtet werden kann (§. 59).

III.

Die griechische Bildung.

§. 9.

Der Gegensatz von morgenländischem und hellenischem Wesen ist ein zu ausgeprägter, als daß er nicht schon die griechischen Forscher und Denker beschäftigt und zu völkerpsychologischen Parallelen veranlaßt hätte. Sie geben dabei in Hinsicht der Eigenschaften und Bethätigungen, welche sich auf den Staat und das öffentliche Leben beziehen, dem eigenen Volke den Vorzug, welches sich durch Temperament, Energie und einen aus der Selbstachtung erwachsenden Gemeinsinn der Freiheit würdig gemacht habe, während die Orientalen, der politischen Tugenden entbehrend, der Knechtschaft verfallen seien [1]; dagegen bezeigen sie der Weisheit und Wissenschaft des Morgenlandes, die, im fernsten Altertum wurzelnd und stetig um einen festen Kern anwachsend, mit feierlichem Ernste gepflegt und von Geschlecht zu Geschlecht übertragen wird, ihre volle Achtung, nicht ohne hier und da dem Wunsche Ausdruck zu geben, es möge das rege, aber zur Flüchtigkeit und Zerfahrenheit neigende griechische Geistesleben an ähnlichen Schwergewichten seinen Halt finden [2].

Daß in dem glänzenden und farbenreichen Gewebe der griechischen Bildung ein Einschlag morgenländischer Elemente nicht fehlt,

---

[1] Her. VII, 101 bis 105 und öfters. Arist. Pol. VII, 6, p. 1327. — Her. II, 4, 77, 79 u. f. — [2] Plat. Tim. p. 22 (f. o. S. 116). I Alc. p. 121. Legg. VII, p. 798 u. f. Diod. II, 29 (f. o. S. 134).

wird heutzutage unbefangener zugegeben, als in der Zeit des übertriebenen Kultus des Hellenentums, wo man diesem durch die Annahme hamitischer und semitischer Einflüsse zu nahe zu treten glaubte. Es kann als gewiß gelten, daß das Erblühen der griechischen Gelehrsamkeit zu Alexandria mitbedingt ist durch die aufgesammelten Wissenschätze der Ägypter, und ebenso daß letztere schon in viel früherer Zeit die Lehrer der Griechen in den mathematischen und technischen Disciplinen waren; dagegen ist noch streitig, ob die Anfänge der griechischen Spekulation auf Motive der ägyptischen und semitischen Glaubenslehren zurückgehen, oder selbsteigener Schöpfung entstammen; es ist sicher, daß vielfach morgenländische Kulte, Mythen, Sagen, Geschichten, Lieder, Sprüche von den Griechen angeeignet wurden; wahrscheinlich, daß diese schon in vorhomerischer Zeit von den Semiten den Schriftgebrauch überkamen; aber unausgemacht, ob der Glaubenskreis und Götterdienst, an den die Namen der hieratischen Sänger Orpheus, Musaios, Linos, Olen, Eumolpos, Thamyris u. A. geknüpft sind, morgenländischen oder hellenischen Ursprungs ist. Die orientalischen Einflüsse der verschiedenen Perioden hat Eduard Röth wie Glieder einer Kette zusammengereiht und die Auffassung vertreten, daß das griechische Geistesleben von einem pelasgisch-semitischen Grundstock ausgegangen sei, in den 'Ορφικά eine hieratische Litteratur, den Veden und Thothbüchern nicht unähnlich, besessen habe, die in der Hesiodischen Poesie noch nachklinge, aber durch die Homerische verdrängt worden sei, daß die ionischen Denker, in umfassendster Weise aber Pythagoras teils auf Elemente des alten Glaubenskreises zurückgriffen, teils neue, der ägyptischen Weisheit entnommene, aber jenen homogene, einführten, daß in dem religiösen Leben, besonders den Mysterien morgenländische Kulte und Lehren forterhalten würden, und so der Orientalismus der Neupythagoräer nur eine letzte Restauration der jenem alten Kulturzusammenhange verdankten Elemente sei[1]).

---

[1]) E. Röth Geschichte der abendländischen Philosophie. Mannheim 1862, bes. Bd. II, S. 278 f. u. II, S. 1 f., 71 f.

§. 9. Die griechische Bildung nach ihrem Inhalte.

Röths Aufstellungen sind in manchen Punkten hinfällig geworden, in anderen bedenklich, die Richtung aber, die er der Untersuchung gegeben hat, ist keinesfalls eine verfehlte.

Welches auch der Ursprung der vorgeschichtlichen Weihekulte der Griechen gewesen sein mag, sie bezeichnen für die Poesie, wie für die Bildung den Ausgangspunkt, und die Anfänge der letzteren haben ohne Frage einen hieratischen Charakter. Der Dienst der Musen, mit welchem Ausdrucke man später die Hingebung an Kunst und Wissenschaft bezeichnete, war ursprünglich ein von Priesterschaften vertretener Götterdienst; die Güter, welche den Pieriden verdankt wurden, waren nicht bloß Gesang und Tonkunst, sondern, wie die Namen: Mneme, Kleio, Urania, Polymatheia[1]) zeigen, zugleich Kunde der Vorzeit, Erinnerung ruhmvoller Thaten, Kenntnis der kosmischen Erscheinungen, Gelehrsamkeit verschiedener Art. Orpheus wurde nicht bloß um seines Gesanges willen, sondern auch darum gefeiert, weil er in die Geheimnisse der Natur gedrungen sei, die Heilkunde gelehrt, die Sitten veredelt habe. Musaios wurde eine Himmelskunde, Linos astronomische und naturkundliche Dichtungen zugeschrieben[2]). Hymnen und Gebete der hieratischen Sänger wurden noch später in Tempeln, so in Delos, aufbewahrt; in die spätere Poesie gingen aus ihnen „die festen Vorstellungen vom Weltbau, von den Kämpfen zwischen den olympischen Göttern und den Titanen, die stehenden Beiwörter der Götter, wie sie oft zu der übrigen epischen Mythologie gar nicht stimmen"[3]), über. Allein der Ideenkreis, den sie vertraten, verdichtete sich nicht zu heiligen Urkunden, an welche sich eine priesterliche Bildung hätte anschließen können; zur kanonischen Geltung für alle Folgezeit zu gelangen, war vielmehr der epischen Poesie vorbehalten.

Die Griechen verehrten in Homer den Begründer ihres gesamten geistigen Lebens. Er hat nach der gemeingültigen Anschauung

---

[1]) Letzteren Namen führte eine der drei Musen von Sikyon, Plut. Symp. 9, 14, 7. — [2]) Hor. Ars poet. 391 und daselbst die Ausleger, und Diog. Laert. prooem. §. 3 u. 4. — [3]) K. Otf. Müller, Geschichte der griechischen Litteratur. Breslau 1857, I, S. 47.

im Verein mit Hesiod „den Stammbaum der Götter aufgestellt, ihre Namen, Gestalten und Kulte bestimmt" ¹); er ist der Lehrer aller Dichter nach ihm gewesen, deren Werke „Brosamen waren von seinem herrlichen Mahle" ²), er war für alle Schöpfungen der Sprachkunst „das Muster und der Ursprung, wie Okeanos für alle Ströme und Quellen" ³); er war der Jungbrunnen des nationalen Bewußtseins, daraus es in seinem Kampfe mit dem Barbarentum immer neue Kräfte sog ⁴); seine Dichtungen galten als die unerschöpfliche Quelle von Gedanken, Ansichten des Lebens und der Natur, ja selbst von gelehrten Kenntnissen und von Motiven der Spekulation ⁵); „von ihm kam die gesamte Bildung und schließlich auch die Wissenschaft in das Leben" ⁶), er war der „Bildner von Hellas, der die Normen gab für innere und äußere Gestaltung des Daseins" ⁷).

Der Kanon der musischen Bildung sind also nicht hieratische Urkunden, sondern Schöpfungen des Dichtergenies, mag sich dies nun in der einen Person Homers konzentriert oder in der Sängerschule der Homeriden seine Stätte gehabt haben; es lag ihr nicht ein geschlossenes Lehrgut zu Grunde, das den Geist auf einen gegebenen Inhalt fixiert, sondern ein gestaltenreiches, ideales Bild nationaler Großthaten, wirkend und belebend durch bedeutenden Inhalt und vollendete Form zugleich. Dasselbe zu schauen, zu verstehen, zu genießen, war nicht einem bevorzugten Stande vorbehalten, der dem Volke an seinem Wissen abgestuftes Teilnehmen einzuräumen gehabt hätte, sondern es war Jedermann gegeben, von Achilleus' Zorn und

---

¹) Her. II, 53. — ²) Plat. Rep. X, p. 595. Athen, VIII, 49, wo Aeschylos seine Tragödie τεμάχη τῶν Ὁμήρου μεγάλων δείπνων nannte. — ³) Quint. X, 1 in. — ⁴) Isokr. Paneg. §. 159. — ⁵) Platon, der, obwohl Gegner der Homerischen Weltanschauung, allenthalben an Homerische Aussprüche anknüpft, nennt sie ἔπη κατὰ θεὸν πῶς εἰρημένα καὶ κατὰ φύσιν. Legg. III, p. 682. Alkidamas nennt die Odyssee καλὸν ἀνθρωπίνου βίου κάτοπτρον. Ar. Rhet, III, 3. Die Sophisten wollten in Homer ihren Stammvater finden. Plat. Prot. p. 316; Krates von Mallos deutet die ganze Gelehrsamkeit des alexandrinischen Zeitalters in den Dichter hinein. Strab. III, p. 157. — ⁶) Dion. Hal. ad Cn. Pomp. §. 13. δι' ὃν ἥ τε ἄλλη παιδεία πᾶσα παρῆλθε εἰς τὸν βίον καὶ τελευτῶσα φιλοσοφία. — ⁷) Plat. Rep. X, p. 606. τὴν Ἑλλάδα πεπαίδευκεν οὗτος ὁ ποιητής κ. τ. λ.

§. 9. Die griechische Bildung nach ihrem Inhalte.

Odysseus' Irrfahrt zu erfahren, an dem Rhythmus des Hexameters sein Ohr zu schulen, durch die Bilderpracht der epischen Sprache seine Phantasie, durch die Weisheitssprüche des Vaters der Dichter sein Gemüt zu befruchten. Die gleiche Wirkung ins Allgemeine war aber auch dem gesamten dichterischen und künstlerischen Schaffen gesichert, welches die vielseitigen Anregungen der homerischen Dichtung weiterführte und das griechische Leben mit so mannigfacher edler Zierde bereicherte.

Die musische Bildung hatte die Aufgabe, dem Einzelnen für die gemeinsamen geistigen Güter vielseitige und feine Empfänglichkeit zu geben. Der Unterricht, durch welchen dieselbe vermittelt wurde, umfaßte: Das Lesen- und Schreibenlernen, die Lektüre und das Memorieren von Texten, ferner Gesang und Musik. Der ABC-Unterricht hieß γραμματιστική oder γραμματική παιδική und wurde vom γραμματιστής erteilt, nicht ohne die Anwendung methodischer Erleichterungsmittel; ein solches ist die von dem Lustspieldichter Kallias um 400 v. Chr. verfaßte γραμματική τραγῳδία, in welcher die 24 Buchstaben (des damals neu einzuführenden ionischen Alphabets) der Reihe nach vorgeführt wurden, worauf Zusammensetzungen der Buchstaben in Vers und Melodie folgten, mit Einhaltung der Gliederung der Tragödie in Prolog, Chorlied u. s. w.[1]). In der alexandrinischen Zeit waren mit dem Elementarunterrichte grammatische Belehrungen verbunden; man unterschied die drei Redeteile (ὀνόματα, ῥήματα, σύνδεσμοι), lehrte die phonetischen Veränderungen (συστολαί, ἐκτάσεις), die Accente und die Kategorieen der Flexion (γένη, πτώσεις, ἀριθμοί, ἐγκλίσεις d. i. modi[2]). Die Memorier- und Lesestoffe, zum Teil zugleich Gesangtexte, waren verschiedener Art; die Kreter memorierten ihre Gesetze nach einer Melodie, die Arkader

---

[1]) Die ausführlichste Besprechung bei Graßberger Erziehung und Unterricht im klassischen Altertum, II. Teil. Würzburg 1875, S. 263 f. — [2]) Das. S. 259 und Ussing Darstellung des Erziehungs- und Unterrichtswesens bei den Griechen und Römern übersetzt von Friedrichsen. Altona 1870, S. 107. Die Hauptstellen bei Dionys. Halic. de compos. verb. 25 u. de admir. vi dic. in Dem. 52.

Hymnen, und beides die Athener¹); allverbreitet waren die Äsopischen Fabeln: es war eine sprichwörtliche Bezeichnung eines Ungebildeten, von ihm zu sagen: er hat nicht den Äsop an den Schuhen abgelaufen²); Homer wurde allenthalben auf den Schulen betrieben; auch muß eine Art von Chrestomathie in Gebrauch gewesen sein, wenigstens scheint die Mustersammlung, welche Platon (Legg. VII, p. 810) aufstellt, Älteres der Art vorauszusetzen. Lehrhafte Erläuterung des Gelesenen und Übungen im Vortragen, Wiedererzählen u. s. w. waren schon in der Blütezeit üblich; in der alexandrinischen Periode unterschied man die stilistisch-rhetorische und die sachliche Exegese bestimmter und schloß an erstere Stilübungen an: Entwickelung von Sentenzen, Ethologieen (Charakter- oder Situationsschilderungen) u. s. w. ³).

Der musikalischen Seite des musischen Unterrichtes legte die Volksansicht ein großes Gewicht bei und die pythagoräische Schule bestätigte und vertiefte diese Vorstellung: Rhythmus und Harmonie senken sich in die Seele, entwildern sie und geben ihr Takt und Gleichmaß; sie machen sie feinfühlig für das Schöne und Rechte überhaupt, schon in einem Alter, für welches es noch keine Begründung, ja keine Lehre giebt; zudem ist die Tonkunst eine würdige Beschäftigung der Muße, und das Verständnis von Tonwerken eine Quelle edlen Genusses⁴). Der feine musikalische Sinn der Griechen schrieb den verschiedenen Instrumenten und Tonarten ein ganz bestimmtes Ethos und diesem entsprechende Wirkungen zu: Flötenspiel galt als Reiz-

---

¹) Aelian Var. hist. II, 39. Polyb. IV, 20; Aristoph. Nubb. 967. Luc. Anach 22. — ²) Aristoph. Av. 471. ἀμαθὴς γὰρ ἔφυς κοὐ πολυπράγμων, οὐδ' Αἴσωπον πεπάτηκας. Die äsopische Fabel ist das populärste der dem Orient verdankten Bildungsmittel der Griechen. Daß ihre Heimat das Morgenland ist, wird nicht bestritten; allein man sieht teils Ägypten dafür an, so Zündel, „Äsop in Ägypten", Bonn 1846, teils Indien, so Keller, „Untersuchungen über die Geschichte der griechischen Fabel", Leipzig 1862; A. Weber, „Indische Litteraturgeschichte" 2. Aufl., S. 228 ist geneigt die griechische Tierfabel als ein „semitisches Gewächs" aufzufassen, während Keller nur eine assyrische Vermittelung annimmt. — ³) Ussing a. a. O. S. 123 f. — ⁴) Bes. Plat. Prot. p. 326; Rep. III, p. 398 sq. Ar. Pol. VIII, 5, p. 1339 sq.

§. 9. Die griechische Bildung nach ihrem Inhalte. 155

mittel der Leidenschaft, dem Klang der siebensaitigen Leier wurde edle Fülle und versittlichende Einwirkung zugeschrieben; die dorische Tonart war die der gehaltenen Kraft und des Mannesmutes; als anmutige und mildstimmende Begleiterin geben ihr manche die phrygische, andere die lydische Tonart zur Seite. Dem gesamten musischen Unterrichte wird der gymnastische als Ergänzung gegenübergestellt; allein beide sind durch gemeinsame Zwecke und Bindeglieder verschwistert. Auch die Gymnastik ist darauf angelegt, gehaltene Kraft und zugleich Anmut zu geben; in der Kunst des Tanzes und des die gesungene Melodie begleitenden Taktschrittes treffen beide zusammen[1]; das sehr entwickelte System der gymnastischen Regeln gab dieser Kunst ein theoretisches Element, das eine planmäßige Unterweisung mit sich brachte; als Kunst der Körperpflege griff sie zugleich in die Heilkunde über[2].

Die musische und gymnastische Ausbildung fand mit dem Abschlusse des Jugendunterrichtes nicht ihr Ende, sondern trat nur in das Stadium des freien Lernens und Genießens ein. Das Gymnasion lud die Erwachsenen in seine Hallen, zur Kraftübung und geselligen Unterhaltung; die Aufführung von Tonwerken belebte unausgesetzt das musikalische Interesse; Recitation und Theater erhielten und erhöhten die Vertrautheit mit dem homerischen Sagen- und Ideenkreise; die öffentlichen Reden und Beratungen nährten den Geschmack an der Sprachkunst und an der sinnvollen Gestaltung des Gedankens. Der Schule war es genug, für diese von allen Seiten strömenden Quellen der Bildung empfänglich zu machen: ein Witzwort Aristipps bezeichnete es als den geringsten, aber doch lohnenden Erfolg des Unterrichts, daß der junge Mensch, nicht selber ein Stein, auf den Steinsitzen des Theaters Platz nehme[3]. Bei diesem Zusammenwirken von Schule und Leben, erweiterte die erstere leichtlich den Kreis ihres Unterrichtes, wenn sich das Leben mit neuen Interessen bereicherte. „Wenn der Wohlstand wuchs, der Mußestunden mehr wurden, das

---

[1] Plat. I Alc. p. 108 rechnet das ἐμβαίνειν ὀρθῶς zur μουσική; gewöhnlich aber wird Tanz und Taktschritt zur Gymnastik gezogen. — [2] Bes. Plat. Rep. III, p. 403 sq. — [3] Diog. Laert. VIII, §. 72.

Streben weitere Ziele suchte, zumal vom Hochgefühle der Großthaten in den Mederkriegen getragen, ergriff man, was es nur zu lernen gab, weniger auf Auswahl als auf Menge bedacht" ¹). — So wurde um die Mitte des IV. Jahrhunderts v. Chr. das Erlernen der Zeichenkunst populär, auf Anregung des Malers Pamphilos von Sikyon ²); die Sophisten verbreiteten schon früher den Unterricht in der Rede- und Disputierkunst; mathematische und weltkundliche Kenntnisse drangen aus den Schulen der Philosophen in die Vulgärbildung ein.

Die musische Bildung ist die Verfeinerung des geistigen Lebens, welche dem freien Manne ziemt; sie hat einen weltmännischen Charakter und wie das hieratische, liegt ihr auch das gelehrte Wesen ursprünglich fern. Das Kulturelement, welches die homerische Dichtung, die Grundlage dieser Bildung, repräsentiert, schließt Antriebe zur Gestaltung in Fülle in sich, weniger aber solche zur Forschung und Wissenschaft. Wenn begeisterte Verehrer des Dichters ihn auch zum Vater der Wissenschaft machten (s. o.), so gingen sie zu weit; mit mehr Grund suchten andere die Anfänge der Forschung in den Theologumenen der hieratischen Sänger, andere in der Weisheit des Orients ³). In der geschichtlichen Zeit sind die Vertreter der Forschung die Philosophen: sie liegen keineswegs bloß der Speculation ob, sondern erscheinen im Besitze eines Wissens, das wohl ein gelehrtes genannt werden kann: Thales ist der erste griechische Astronom, Anaximander der erste Geograph, Pythagoras der erste Kenner der gesamten mathematischen Wissenschaften. Ihre Lehren wurzeln nicht nur nicht in dem geistigen Inhalt, auf welchen die musische Bildung gebaut ist, sondern setzen sich sogar in Opposition zu derselben; „es war von jeher eine Spannung zwischen Philosophie und Dichtung und es giebt unzählige Spuren ihres alten Streites" ⁴):

---

¹) Arist. Pol. VIII, 6, p. 1341. — ²) Plin. Nat. Hist. 35, 10, 77. Pamphili auctoritate effectum est Sicyone primum, deinde in tota Graecia, ut pueri ingenui omnia ante graphicen, hoc est picturam in buxo docerentur reciperetque ars ea in primum gradum liberalium. Arist. l. l. c. 3. — ³) Diog. Laert. Prooem. §. 1 sq. — ⁴) Plat. Rep. X, p. 607.

§. 9. Die griechische Bildung nach ihrem Inhalte.

eine solche ist vor allem in den Angriffen der Forscher gegen Homer zu erkennen. Diesen Angriffen liegen teils theologische Motive zu Grunde, so bei Xenophanes und Platon, wenn sie gegen die Vermenschlichung der Gottheit bei Homer Einsprache erheben, teils ethische, wie vorzugsweise bei Platon, wenn er den Dichter schilt, daß er den Nationalcharakter mit seinen Tugenden, aber auch mit seinen Schwächen idealisiert, nicht aber ein höheres Princip dem Volksbewußtsein einzupflanzen unternimmt; endlich aber liegt der Gegnerschaft eine verschiedene Auffassung der Bildung zu Grunde: so, wenn Platon dem „mimetischen" Dichter vorwirft, daß er zwar die bunte Fülle menschlicher Bethätigungen und Künste abzubilden verstehe, aber, dem Tausendkünstler gleich, in keiner heimisch und sachverständig sei, und so die Geister im Scheine des Scheins festhalte, anstatt sie in die Sache und ins Innere eindringen zu machen[1]); es scheinen auch Heraklit, den Feind aller Vielwisserei, ähnliche Erwägungen bestimmt zu haben, wenn er verlangt, daß Homer aus den Aufführungen hinausgeworfen werden und Schläge bekommen solle[2]).

Am bestimmtesten tritt der Gegensatz der auf die Forschung gebauten Geisteskultur zu der musischen Vulgärbildung in den Studienplänen hervor, welche in den pythagoräischen Cönobien Geltung hatten und denen Platon seinen idealen Unterrichtsplan im „Staate" frei nachgebildet hat. Bei Pythagoras war die Aufnahme in die Anstalt (σύστημα) an eine Prüfung geknüpft, welche sich auch auf das Vorleben, die Neigungen, selbst die Physiognomie des jugendlichen Bewerbers erstreckte: „der Künstler sucht das rechte Holz, wenn er eine Herme bilden will", ist eine pythagoräische Maxime, welche in der Form: Non ex quovis ligno fit Mercurius sprichwörtlich geworden ist. Die Lehrlingszeit dauerte fünf Jahre, während deren jederzeit die Ausweisung erfolgen konnte. Die Lehrlinge waren zunächst ἀκουσματικοί, sie hatten zu schweigen und zu hören und der Gedächtnisarbeit obzuliegen; der Satz: „Wir wissen so viel, als wir im Gedächtnis haben", ist ebenfalls pythagoräischen

---

[1]) Plat. Rep. X, p. 598 sq. — [2]) Diog. Laert. IX, §. 1.

Ursprungs. Der Lehrstoff bestand in kurzen Sätzen, von reichem Denkinhalt, von gnomischer oder katechetischer Form, z. B. „Verlaſſe die Heerſtraße, ſchlage Fußwege ein", „Rede nicht ohne Erleuchtung", „Was iſt das Weiſeſte? Maß und Zahl, und danach? die Schöpfung der Sprache". Die muſikaliſche Bildung war auf hieratiſche Weiſen beſchränkt; die Tonkunſt galt als Heilkunſt des Gemüts. Die höhere Stufe der Lehrlingſchaft war die der $\mu\alpha\vartheta\eta\mu\alpha\tau\iota\varkappa o i$, d. i. der Studierenden; ihr Studium ($\mu\acute{\alpha}\vartheta\eta\mu\alpha$) die Zahlen- und Raumlehre, Himmelskunde und Muſiktheorie, Wiſſenſchaften, welche danach den Namen der mathematiſchen empfangen haben. Ob, wie Röth will, ein Unterſchied zwiſchen einem Elementarunterrichte in denſelben, der die Lehrſätze iſoliert als Gedächtnis- und Denkſtoffe darbot und einem höheren, die Zuſammenhänge darlegenden ſtattfand, mag dahin geſtellt bleiben. Den Abſchluß der Lehrlingszeit bildeten die theologiſchen, auf den $\iota\varepsilon\varrho\grave{o}\varsigma$ $\lambda\acute{o}\gamma o\varsigma$ bezogenen Studien, welche zugleich die eſoteriſchen auf Kosmologie, Phyſik, Zahlenſymbolik gerichteten eröffnen[1]). Der platoniſche Lehrplan ſcheidet aus den $\lambda\acute{o}\gamma o\iota$, welche der muſiſchen Bildung dienen, alles, was das Göttliche zum Menſchlichen herunterzieht, und damit die ganze homeriſche Dichtung aus, läßt das Lyriſch-didaktiſche vor dem Epiſchen vorwalten und nur weihevolle Muſik gelten; der jugendliche Sinn ſoll von Eindrücken umringt ſein, welche ihm die Grundformen des Schönen und Guten in Rhythmus und Geſtalt von allen Seiten wiederſpiegeln, ſo daß dieſe ihm wie ein ABC der ſittlichen Welt geläufig und vertraut werden. Im reiferen Knabenalter ſoll der mathematiſche Unterricht eintreten, aber nicht-ſyſtematiſch ($\chi\acute{v}\delta\eta\nu$), noch weniger zwangsweiſe erteilt werden; Zahlenlehre und Rechenkunſt ſoll an geiſtiges Arbeiten gewöhnen und ſchnelle Faſſung lehren; die Raumlehre ſoll den Geiſt auf die ruhenden Formen im Fluß der Dinge hinheften, die Himmelskunde ſoll in der kosmiſchen, die Muſiklehre in der Klangbewegung die ewigen Geſetze erkennen laſſen. Für begabte Jünglinge kehren in reiferen Jahren die mathematiſchen Studien wieder, werden aber nun

---

[1]) Röth, a. a. O. II, S. 473 bis 516 u. S. 765 ff.

§. 9. Die griechische Bildung nach ihrem Inhalte.

nach ihrem Zusammenhange und als Vorstufe zur Dialektik d. i. zur Ideenlehre, der Wissenschaft vom Ewigen, betrieben.

Beide Denker weisen also der musischen Bildung eine nur propädeutische Stellung an, modifizieren sie dem entsprechend und lassen sie in mathematischen Studien ihre Fortsetzung finden, welche zur eigentlichen Forschung und dem Höhepunkte der Wissenschaft überleiten. Wenn Platon gelegentlich die Philosophie selbst eine musische Kunst nennt oder umgekehrt diese unter jener einbegreift [1]), so ist darin ein Nachklang des alten Musenkultus, nicht ein Herabsteigen zu der geläufigen Vorstellung zu erkennen.

Es konnte bei der Regsamkeit des geistigen Interesses, welche die Griechen auszeichnet, nicht fehlen, daß die allgemeine Bildung sich von den Studien und Ansichten der Forscherkreise manches aneignete. Wenn es von Pythagoras heißt, „er habe die mathematische Forschung zu einem Elemente der Bildung der Freien gemacht" [2]), so ist von einer über seine Schülerkreise hinausgehenden Einwirkung die Rede; schon zu Platons Zeit finden wir halbwüchsige Jünglinge mit Streitfragen über mathematische Geographie beschäftigt [3]), die von Pythagoras verbesserte Notenschrift und seine Musiklehre drang früh in die Musikschulen ein; noch mehr wirkten die Schüler Platons für die Verbreitung mathematischer Kenntnisse; Speusippos brachte dieselben in schulgerechten Zusammenhang [4]); in der alexandrinischen Periode war mathematischer Elementarunterricht allgemein. Ebenso drangen geläuterte ethisch-religiöse Ansichten in den populären

---

[1]) Phaedon, p. 61. φιλοσοφία μεγίστη μουσική, Tim. p. 88. μουσική καὶ πᾶσα φιλοσοφία. — [2]) Procl. Comment. ad. Eucl. II, p. 19. τὴν περὶ τὴν γεωμετρίαν φιλοσοφίαν εἰς σχῆμα παιδείας ἐλευθέρου μετέστησεν. — [3]) In dem Platon zugeschriebenen Dialoge Amatores p. 132 streiten sie über Sätze des Anaxagoras und Oinopidas, zeichnen Kreise und bilden deren Neigungswinkel mit den Händen nach. In Aristophanes „Wolken" v. 200 f. wirft ein junger Superklug mit Astronomie, Geometrie, Erdbeschreibung um sich. — [4]) So ist wohl das ἐν τοῖς μαθήμασιν ἐθεάσατο τὸ κοινὸν καὶ συνῳκείωσεν ἀλλήλοις bei Diog. Laert. IV, §. 2 zu verstehen, da der spekulative Zusammenhang dieser Disciplinen von Platon, wenn nicht schon von Pythagoras festgestellt worden war.

Gedankenkreis ein und man unternahm es, sie mit der homerischen Weltanschauung in Einklang zu setzen; schon Anaxagoras legte den Homer nach ethischen Gesichtspunkten aus, was später die Stoiker mit besonderem Eifer betrieben [1]).

Wenn so die strenge Forschung beitrug, den Inhalt der Bildung zu erweitern, so mußte in noch höherem Grade die Popular- und Lebensphilosophie dahin wirken. Die Popularphilosophie der Sophisten zeigt zwar ein zeitweiliges Erschlaffen des spekulativen und wissenschaftlichen Geistes und ein Zurücktreten des sittlichen Ernstes, der in der älteren Zeit das Leben wie das Gestalten und Forschen beherrscht hatte, allein die intellektuelle Thätigkeit hat sie in mehrfachem Betracht befruchtet, und die Geschichte der Bildung kann sie etwas höher bewerten, als die Geschichte der Philosophie es thut. Die Sophisten machten den Nutzen zum Wertmesser des Wissens und Könnens und suchten die Kunst, die Mächte und Faktoren des Lebens dem Individuum dienstbar zu machen. Als solche erkannte Gorgias die Kunst der Rede, die der Inbegriff aller Künste sei und alles Wissen entbehrlich mache; nicht so weit gingen die anderen, welche vielmehr auch auf einen Kenntniserwerb zum Zwecke der Redekunst Bedacht nahmen und zum Teil, wie Hippias von Elis, im Lernen und Lehren in die verschiedensten Wissensgebiete ausgriffen. Mit der Hinwendung der Reflexion auf die Fragen des Lebens, war dem Raisonnement, aber auch der Anwendung von Kenntnissen und Erfahrungen auf praktische Fragen eine Bahn eröffnet und Politik, Rechtslehre, Wirtschaftslehre, Moral in den Gesichtskreis gezogen, mochte gleich der Gesichtspunkt, von dem aus sie diskutiert wurden, ein niedriger sein. Ferner blieb das einmal erwachte Interesse für die Kunst der Rede nicht dabei stehen, die Effektmittel des Redners zu systematisieren, sondern ging einesteils den vielfachen Weisen der Gedankenverschlingung in Rede und Wechselrede nach, und schritt anderenteils zu Untersuchungen über die Sprache vor: die Debattierkunst der Sophisten ist die Wiege der Dialektik und Logik; ihre

---

[1]) Diog. Laert. II, §. 11 und die Ausleger zu Hor. Ep. I, 21 sq.

§. 9. Die griechische Bildung nach ihrem Inhalte.

grammatischen Distinktionen bilden den Anfang der Sprachphilosophie, aus welcher bei den Griechen — mit völlig anderem Entwickelungsgange als bei den Orientalen — die Grammatik erwachsen ist; an der Spitze dieser stehen die Aufstellungen des Sophisten Protagoras, der zuerst die Satzarten, welche er die „Wurzeln der Rede" ($\pi\upsilon\vartheta\mu\acute{\varepsilon}\nu\varepsilon\varsigma$ $\lambda\acute{o}\gamma\omega\nu$) nannte, unterschied, und das Genus der Nomina, sowie das Kongruenzverhältnis konstatierte [1]).

Auf den nämlichen Gebieten, wie das Räsonnement der Sophisten bewegte sich die gegen dasselbe gerichtete Lebensphilosophie des Sokrates, nur ist die Lebenskunst, welche sie sucht, tiefer gefaßt. Zu Kenntniserwerb und Studium gab Sokrates dadurch nachdrückliche Antriebe, daß er die Einsicht nicht bloß als das Mittel zur Tugend, sondern als mit dieser identisch erklärte und daß er überall die strengen Forderungen geltend machte, welche in der Sache liegen und von deren Erfüllung kein spielendes Räsonnement entbinden, denen kein unstet schweifender Wissenstrieb, sondern nur hingebendes Eingehen gerecht werden könne. Er hat der Dialektik den eristischen und spielenden Charakter einigermaßen abgestreift, den ihr die Sophisten gegeben, und durch die Ausbildung der Induktion und Definition den Grund zu dem Lehrgebäude der Logik gelegt, welches später Aristoteles aufführte. In der Sokratischen Methode ist das dialektische und didaktische Verfahren in eins verschmolzen; das Lehren wird zum Entbinden der Erkenntnis, das Darbieten zum Findenlassen, der Gedankenkreis des Schülers zur Geburtsstätte des Wissens.

In der Fortführung und Verknüpfung der von den Sophisten und von Sokrates ausgegangenen Antriebe liegt das Verdienst des Isokrates, aus dessen Schule zu Chios, wie man sagte, so viele Männer edler Bildung hervorgingen, als Helden aus dem troischen Pferde. Er erhob die Redekunst zu einem auf sittliche Endzwecke

---

[1]) Diog. Laert. IX, §. 53. Arist. Rhet. III, 5. Soph. elench. 14. Die von ihm unterschiedenen Satzarten werden bald auf vier bald auf sieben angegeben; entweder: Wunsch, Frage, Antwort, Befehl oder: Aussage, Frage, Antwort, Befehl, Meldung, Bitte, Anrufung.

Willmann Didaktik.

bezogenen Bildungsmittel, er veredelte die egoistische Polymathie der Sophisten zu vielseitiger Empfänglichkeit, als deren Vorbild er gern die Biene, die aus allen Blüten das Zuträgliche zu saugen verstehe, hinstellte¹), er machte die pythagoräisch-platonische Auffassung der Mathematik als Vorschule zur Philosophie populär²) und regte zur Beschäftigung mit der Geschichte an, wie er denn die Verschmelzung von Rhetorik und Historiographie einleitete, die der letzteren allerdings nicht zum Vorteile gereichte³).

Die Zusammenfassung aller den Philosophenschulen verdankten allgemeinen Bildungsstoffe gehört der alexandrinischen Periode an, welche das Studiensystem fixierte, das unter dem Namen der sieben freien Künste, auf so viele Jahrhunderte eine kanonische Geltung erhalten sollte. Der Name für dasselbe ist: $\dot{\varepsilon}\gamma\varkappa\dot{\upsilon}\varkappa\lambda\iota o\varsigma\ \pi\alpha\iota\delta\varepsilon\dot{\iota}\alpha$, $\dot{\varepsilon}\gamma\varkappa\dot{\upsilon}\varkappa\lambda\iota\alpha\ \pi\alpha\iota\delta\varepsilon\dot{\upsilon}\mu\alpha\tau\alpha$, $\dot{\varepsilon}\gamma\varkappa\dot{\upsilon}\varkappa\lambda\iota\alpha\ \mu\alpha\vartheta\dot{\eta}\mu\alpha\tau\alpha$⁴), d. i. gemeinübliche Bildung oder Studien, jedoch mit der Nebenbedeutung: Umkreis der Bildung oder der Studien. Es umfaßte: Grammatik, Rhetorik, Dialektik, Arithmetik, Musiktheorie, Geometrie, Astronomie.

Die Grammatik legte in dieser Epoche den ihr ursprünglichen sprachphilosophischen Charakter nicht ab — ihn hielten vorzugsweise die Stoiker aufrecht —, trat aber zugleich in den Dienst der gelehrten Behandlung, Emendation, Kritik, Exegese der Texte, und, zurücklenkend auf den Ausgangspunkt der Bildung, wendete sich die Sprachgelehrsamkeit vorzugsweise den homerischen Dichtungen zu. Man unterschied innerhalb der Grammatik einen technischen oder methodischen und einen exegetischen oder historischen Teil, von denen der erstere mit der Sprache und dem Sprechen, der letztere mit der Autorenerklärung zu thun hatte⁵). Zu Zwecken des Unterrichts und

---

¹) Ad Demon. §. 52 u. f. — ²) De permutatione §. 264 u. 265. — ³) Droysen, Grundriß der Historik, 2. Aufl. Leipzig 1875, S. 76. — ⁴) Die vollständigsten Nachweisungen s. bei Wower De polymathia tractatio 1603. cap. XXIV, p. 208—213. — ⁵) Bezüglich der verschiedenen Definitionen und Einteilungen der Grammatik ist zu vergleichen Sext. Emp. adv. Gram. p. 224 sq. Fabr. Andere Stellen bei Wower a. a. O. S. 51 sq.

§. 9. Die griechische Bildung nach ihrem Inhalte.

zwar für die Unterweisung junger Römer im Griechischen faßte Dionysios der Thraker um 60 v. Chr. die Ergebnisse der grammatischen Forschung in ein System zusammen, die erste praktische und elementare Sprachlehre der Griechen, die Gesamtheit der grammatischen Kategorieen und Kunstausdrücke enthaltend, welche nachmals in die lateinische und aus dieser in alle anderen Grammatiken übergegangen sind¹). Die Rhetorik untersuchte die verschiedenen Gattungen der Rede, handelte von der Auffindung und Anordnung des Stoffes, von der Wortgebung, Einprägung und der Aktion, stellte die Musterformen der Abhandlung auf (χρεία) und systematisierte die tropischen und figurierten Redewendungen. Was im Lehrgebrauche war, zeigen uns die τέχνη ῥητορική des Dionysios von Halikarnaß, eines jüngeren Zeitgenossen des Thrakers und die προγυμνάσματα von Hermogenes, Aphthonius und anderer Rhetoren, oder „Techniker", wie sie genannt wurden, aus der Kaiserzeit²).

Ein Lehrbuch der elementaren Dialektik, wie sie einen Teil des encyklischen Unterrichts bildete, ist nicht erhalten; die römischen Encyklopädieen, welche den Lehrstoff des griechischen Unterrichts reproduzieren (§. 12), bieten unter dem Namen der Dialektik Materien aus der Aristotelischen und der stoischen Logik dar, mehr dem rhetorischen Bedarfe angepaßt, als mit Würdigung der eigentlichen Aufgabe der Logik³).

Für die Geometrie und Arithmetik bildeten die wissenschaftliche Grundlage die στοιχεῖα des Platonikers Eukleides aus Gela (um 300 v. Chr.), die zwar nicht das erste systematische Lehrbuch darstellen, da schon der Pythagoräer Hippokrates anderthalbhundert Jahre vorher στοιχεῖα geschrieben hatte⁴), aber durch ihr

---

¹) Vgl. M. Müller, Vorlesungen über die Wissenschaft der Sprache übers. von Böttger. Leipzig 1866, I, S. 86 f. — ²) Krause, Geschichte der Erziehung, des Unterrichts und der Bildung bei den Griechen u. s. w. Halle 1851, S. 179 f. R. Vollmann, die Rhetorik der Griechen und Römer. Berlin 1872. — ³) Prantl, Geschichte der Logik I, S. 529, 578 f. — ⁴) Röth a. a. O. II, S. 586. Vgl. Bretschneider die Geometrie und die Geometer vor Eukleides. Leipzig 1870. Ueber Euklid Cantor Vorlesungen über Gesch. der Math. Leipzig 1880, S. 221 f.

Ansehen alles Frühere verdunkelten. Sie behandeln in sechs Büchern die Planimetrie, in vier Büchern die Arithmetik, in drei Büchern die Stereometrie bis zu den regulären Körpern; die Darstellung ist jene typische, vielbewunderte, auch von Philosophen nachgeahmte, welche für unsere Lehrbücher noch immer maßgebend ist: Definitionen ($ὅροι$), Postulate ($αἰτήματα$) und Axiome ($κοιναὶ ἔννοιαι$) stehen an der Spitze, der Lehrstoff wird in Lehrsätzen ($θεωρήματα$) und Aufgaben ($προβλήματα$) nebst deren Beweisen und Lösungen vorgeführt; der Aufbau ist von hoher logischer Kunst, aber gewährt in den Zusammenhang der mathematischen Wahrheiten keinen Einblick, da die Sätze weit mehr als „Memorier= und Denkstoffe", denn als Glieder eines wissenschaftlichen Organismus auftreten. In allgemeinerem Gebrauch mag nur das erste, mit dem pythagoräischen Lehrsatze abschließende Buch, welches besonders häufig kommentiert wurde, gewesen sein. Nach den römischen Encyklopädieen zu schließen, begriff man in die Geometrie auch geographische Belehrungen ein und bezog sich die encyklische Arithmetik, ihrem pythagoräischen Ursprunge getreu, nur auf Materien der Zahlentheorie= und =symbolik, nicht auf Rechenkunst und Operationslehre[1]). Was die encyklische Astronomie umfaßte, kann aus den Voraussetzungen geschlossen werden, die Strabon bei dem Leser seines geographischen Werkes macht, welcher bemerkt, daß wer sein Werk lesen wolle „nicht so unwissend und uninteressiert sein darf, daß er den Globus nicht kennt, noch dessen Kreise, die parallelen, senkrechten und schrägen, noch die Lage der Wendekreise, des Äquators und des Tierkreises, die Sonnenbahnen, welche die Breitenunterschiede und die Winde kennen lehren"; „denn wer dieses" fährt er fort „und die Lehre von den Horizonten und Polarkreisen und was sonst noch in den ersten Anfängen der Mathematik vorgetragen wird, nicht recht gefaßt hat, wie kann der dem hier Zu-lehrenden folgen"[2])? Daß sich auch an diese Globuslehre geographische Unterweisungen anschlossen, liegt in der Natur der Sache; die ver-

---

[1]) Unter die Technik des Rechnens vgl. Graßberger a. a. O. S. 321 und G. Friedlein, Die Zahlzeichen und das elem. Rechnen der Griechen u. s. w. Erlangen 1869. — [2]) Strab. I, p. 12 u. 13.

§. 9. Die griechische Bildung nach ihrem Inhalte. 165

sifizierten Leitfäden der Geographie aus der alexandrinischen Zeit, legen die Vermutung ihres Schulgebrauchs nahe ¹). — Die Musiktheorie umfaßte die Lehre von den Instrumenten (Organik), von der Höhe und Tiefe der Töne (Harmonik) und von deren Zeitdauer (Rhythmik); die Notenschrift, verschieden für den Gesang und die Instrumentalmusik, war komplizierter als die unsrige und verlangte einige Monate zur Erlernung ²).

Wenn die musische Schulbildung der Blütezeit ihre zwanglose Fortsetzung in der Mannigfaltigkeit der geistigen Interessen des Lebens fand, so bedurfte die encyklische Bildung der alexandrinischen Periode der Fortsetzung durch litterarische Beschäftigung und höhere Studien. Dieser Zeit gehört die Entwickelung einer Leselitteratur an, deren Anregungen und Belehrungen das ersetzen mußten, was vordem Leben und Verkehr an freien Bildungsquellen und allen zugänglichen geistigen Gütern geboten hatte³). Dieser Litteratur gehört auch die didaktische Poesie an, deren Kunstwert wohl ein geringer ist, die aber als Vehikel der Bildung nicht unterschätzt werden darf, da sie verschiedenartige gelehrte Kenntnisse teils gangbar machte, teils für praktische Zwecke bereit stellte; so behandelte man in Lehrgedichten: Astronomie, Geographie sowohl der Heimat als der Fremde, Geschichte, Mythologie, ferner Landbau, Jagd, Heilkunde u. a. Für die liebhaberische oder berufliche Beschäftigung mit gelehrten Dingen kam nun die Bezeichnung φιλόλογος und φιλολογία in Brauch, welche früher in dem Sinne von wissenschaftlichem und Bildungsinteresse (φιλόλογος: φιλῶν λόγους καὶ σπουδάζων περὶ παιδείας) wohl geläufig, aber kein stehender Ausdruck gewesen war, wozu sie Eratosthenes stempelte, der sich zuerst einen Philologen nannte. Der Begriff der Philologie berührt sich mit dem der Polymathie

---

¹) Bernhardy, Griech. Litt.-Gesch. I, S. 99. — ²) Boeckh, Encyklopädie u. Methodologie der philologischen Wiss. herausgegeben von Bratuschek. Leipzig 1877, S. 503 f. — ³) Der Zeit gewinnt ἀναγιγνώσκειν die Bedeutung: Lektüre treiben, sich mit Büchern beschäftigen; die Leseschriftsteller heißen ἀναγνωστικοί. Bernhardy, Griech. Litteratur I, S. 57. Graßberger a. a. O. S. 283 f.

($πολυμάθεια$), welche damals ebenfalls zu Ehren kam, nur wird in jenem das Interesse für die gelehrte, aus Büchern zu schöpfende Kunde, in diesem die vielseitige Lernbegierde als das Hauptmoment gedacht.

Philologie und Polymathie gewährten den Bildungsstudien noch keinen eigentlichen Abschluß, sondern schoben nur deren Grenzen vor; als das höhere Gebiet, auf welches sie hinleiten sollten, galt die Philosophie. In diesem Sinne schreibt Strabon dem Philologen Eratosthenes eine Mittelstellung zu zwischen dem, der sich der Philosophie, d. i. der strengen Forschung widmen will und dem, der sich dazu nicht getraut und doch aus Interesse und Bildungsstreben über die encyklischen Studien hinausgeht[1]). Es mußte aber die Philosophie um so mehr ihre Überlegenheit behaupten, als sie mit Aristoteles begonnen hatte, die Polymathie in sich hineinzuziehen, wie denn der große Stagirit, „der Meister derer, welche wissen", als das Vorbild eines, eindringende Forschung und umfassende Gelehrsamkeit in sich greifenden Strebens an der Schwelle dieser Periode steht. Alle Philosophenschulen sind darin einig, daß der Abschluß der Bildung in der von ihnen vertretenen Wissenschaft zu suchen sei, und gehen nur in der Bewertung der encyklischen Studien auseinander; die Stoiker wollten ihnen kein propädeutisches Gewicht zugestehen, während andere, besonders die Akademiker für sie eintraten und, ihrem Meister getreu, zumal in den mathematischen „die Handhaben" der Philosophie erblickten[2]); von denen aber, welche sich mit jener Propädeutik begnügten und nicht zur Forschung vordrangen, wurde das Witzwort Aristipps gebraucht, daß sie den Freiern der Penelope gleichen, die sich, da ihnen die Herrin versagt war, mit deren Mägden begnügten[3]).

---

[1]) Strab. I, p. 15. — [2]) Zenons Urteil bei Diog. Laert. VII, §. 82; günstiger äußerte sich Chrysippos ib. §. 129. Xenokrates sagte zu einem jungen Manne, der seinen Unterricht genießen wollte, aber der Musik, Geometrie und Astronomie unkundig war: $πορεύου, λαβὰς γὰρ οὐκ ἔχεις φιλοσοφίας$. Ib. IV, §. 10. — [3]) Ib. II, §. 79, vgl. Pseudoplut. de lib. educ. 10.

§. 9. Die griechische Bildung nach ihrem Inhalte.

Wie tiefere Naturen Philosophie und Polymathie zu vereinigen strebten, kann das schöne Gleichnis zeigen, welches von Nicolaos von Damaskus, Augustus' Zeitgenossen und Freunde, herrührt; er verglich das Studium mit einer Reise: hier kehrt der Wanderer ein, dort nimmt er bloß das Mahl, anderswo weilt er tagelang; manches betrachtet er genau, anderes obenhin, heimgekehrt aber wohnt er dauernd im eigenen Hause; so der Freund des Studiums: bei dem einen Gegenstande weilt er lange, bei dem anderen kurze Zeit, manche Disciplinen eignet er sich ganz an, von anderen genügen die Elemente, und wenn er von allem gekostet hat, was ihn anzog, so wendet er sich zur Philosophie, um bei ihr seine bleibende Stätte zu suchen [1]).

So suchte die griechische Bildung ihren Abschluß darin, wovon die morgenländische ausgegangen war. Während sich bei dieser der feste Kern des Wissens- und Forschungsbetriebes zuerst bildete und dem allgemeineren Kenntniserwerbe zum Stützpunkte diente, entfaltete sich bei den Griechen früh eine freie, mit ästhetischen Elementen gesättigte Vulgärbildung, der sich die allmählich erstehenden Forscherkreise gegenüberstellten, um ihr mehr und mehr die Ergebnisse der ernsteren Geistesarbeit zuzuführen und durch ihre Lehren dem geistigen Leben einen ähnlichen Halt, ein ähnliches Schwergewicht zu geben, wie sie der Orient an seinen Glaubenskreisen besessen hatte. Man hat es oft und mit Recht als providentiell bezeichnet, daß die griechische Bildung beim Hervortreten des Christentums der alten Welt ein homogenes Geistesleben, welches die neuen Impulse überallhin zu leiten geeignet war, gegeben hatte; man könnte aber auch in der Struktur des Inhaltes dieser Bildung einen providentiellen Zug erblicken: nicht ein mit uralten Glaubenskreisen untrennbar verwachsener Bildungsstoff, sondern ein lose gefügter, aber Festigung und Vertiefung suchender, war das günstigste Element für die Gestaltung des neuen Gottes- und Weltbewußtseins.

---

[1]) Suidas s. v. vgl. Pseudoplut. de lib. educ. 10, und G. J. Vossius de ratione studiorum Ultraj. 1651, p. 12.

§. 10.

Die Differenzierung des griechischen Wesens nach Stämmen und individuellen Gemeinwesen und nicht weniger die Verschiedenheit der Geistesrichtungen, welche neben- und nacheinander das hellenische Leben und Schaffen beeinflußten, erschweren es, das **Ethos** der griechischen Bildung kurz und bündig zu bezeichnen. Die παιδεία war dem Athener etwas anderes, als dem Lakedämonier; jener konnte für sich den Vorzug in Anspruch nehmen, daß er „seine Person in vielen Bethätigungen tüchtig und zugleich höchst gewandt und mit Anmut zu zeigen vermöge" und für seine Stadt der Ruhm, „die Bildungsstätte von ganz Hellas" zu sein[1]); der Spartiat mußte sich von den Nationsgenossen einen ἄμουσος schelten lassen und in der kraftvoll geschlossenen und selbstbewußten Persönlichkeit seine Stärke suchen: „man muß nicht glauben", sagt Archidamos, „daß sich Mensch von Mensch beträchtlich unterscheide, wohl aber, daß der Tüchtigste ist, wer die härteste Schule durchgemacht hat"[2]). So ist auch kein geringer Abstand zwischen der ernsten und tiefen Auffassung der Menschenbildung bei den Pythagoräern, ausgeprägt in ihren Satzungen über die Prüfung der Köpfe und der Herzen, über die wortlose Innigkeit des Lernens, über dessen festbestimmten Stufengang und der Ansicht der redseligen, vielgeschäftigen Sophisten, denen alles für lern- und lehrbar gilt, als ob Natur oder Gottheit nicht die Gaben verschieden verteilt hätten[3]) und fast nicht minder weit liegen der Doktrinarismus mit dem Xenophanes oder Heraklit den Volksglauben und die mit ihm verbundene Bildung bekämpfen, und die weitschauende,

---

[1]) Perikles bei Thuc. II, 41, 1. τῆς Ἑλλάδος παίδευσιν, vgl. Diod. XIII, 27, κοινὸν παιδευτήριον πᾶσιν ἀνθρώποις. Isocrat. Pan. 50 sagt, Athen übertrifft somit alle anderen Menschen, daß wer dort Schüler ist, anderer Lehrer sein könnte und daß ein Hellene heiße, nicht wer in Hellas geboren worden, sondern wer sich attische Bildung angeeignet hat. — [2]) Thuc. I, 84, 4. — [3]) Auf diese „Philisterei" der Sophisten hat treffend hingewiesen Steinthal in der Zeitschrift für Völkerpsychologie Bd. IV, S. 470.

§. 10. Das Ethos der griechischen Bildung.

durch historische Betrachtung hindurchgegangene Universalität eines Aristoteles auseinander; ja wir finden in einem und demselben Denker Strömung und Gegenströmung vereinigt: in seinem „Staate" setzt Platon den Abschluß der Geistesbildung in die Spekulation, in den „Gesetzen", läßt ihn ein tiefes Bedürfnis des Glaubens über alle Unvollkommenheit der Volksreligion hinwegsehen und in der Verehrung der Götter der Vorfahren den Ruhepunkt des inneren Lebens suchen.

Dennoch giebt es gewisse allgemein-hellenische Züge der Auffassung der Bildungsarbeit, und einer der hervorstechendsten ist die **scharfe Trennung des Bildungserwerbs von einem auf berufliche Zwecke gerichteten Lernen und Üben**; nur der erstere ziemt dem freien Manne, hat es mit freien Künsten und Werken ($ἔργα, μαθήματα ἐλεύθερα$) zu thun, letzteres dagegen hat etwas von Handwerk, Lohnarbeit, Knechttum ($βάναυσον, θητικόν, δουλικόν$) an sich. Auch die freien Künste dürfen nur bis zu einem gewissen Grade betrieben werden und nicht bis zur Virtuosität ($πρὸς τὸ ἐντελές$); gymnastische Bildung will nicht Athleten, musische nicht Musikanten herstellen. Des Freien ist nur dasjenige würdig, was aus Interesse an der Sache oder um der Freunde willen, oder zum Zwecke der Tugend oder zur würdigen Erfüllung der Muße gelernt und betrieben wird; aus solchen Studien besteht die $παιδεία ἐλευθέριος καὶ καλή$ [1]). Die wirtschaftliche Bewertung des Zuerlernenden galt dem Griechen für unwürdig und abgeschmackt; und verschiedene Anekdoten machen den banausischen Sinn zur Zielscheibe des Witzes. So jene bekannte von dem Schüler des Eukleides, der, als ihm der Meister den ersten Lehrsatz vorgetragen, fragte: „Aber was trägt es mir ein, wenn ich das lerne?" und den Eukleides damit beschämte, daß er seinem Burschen zurief: „Gieb ihm eine halbe Drachme, da er verlangt, daß ihm das Lernen etwas eintragen soll." So widerstrebte es auch der griechischen Auffassung, daß für die Anleitung zu Studien Geld genommen werden sollte, und die Sophisten, welche zuerst für ihren Unterricht Honorar ver-

---

[1]) Arist. Pol. VIII, 2 u. 3 in. p. 1337 u. 1338.

langten, unterlagen dem scharfen Tadel der Athener; Isokrates, der desgleichen that, scheint darum nicht in Athen, sondern in Chios seine Rednerschule errichtet zu haben; in späterer Zeit nahmen allerdings die „Techniker" durchgängig Honorar und werden zugleich Klagen laut, daß nicht mehr aus höherem Interesse, sondern um des Nutzens willen studiert werde ¹).

Die Bildung sollte nicht ein Werkzeug oder eine Ausrüstung sein, sondern ein Schmuck, eine Zierde des Menschen; so nannte sie Aristoteles ²), und Diogenes verglich sie mit einem goldenen Kranze, dem Ehre und Glanz beiwohnt ³). Noch schöner sagte Demonax: wie die Städte mit Weihgeschenken (ἀναθήμασι), so müsse man die Geister mit den Gütern der Bildung (μαθήμασι) schmücken ⁴). Aber diese Zierde darf kein angehängter Putz sein, sondern muß der Persönlichkeit einverleibt werden. Die Bildung ist der eigenste und unverlierbare Besitz des Menschen; in diesem Sinne sagte Stilpon auf die Frage, was er bei der Plünderung seiner Vaterstadt verloren habe: „Von dem meinigen nichts: Vernunft und Bildung habe ich behalten, alles übrige kann ich nicht mit mehr Recht mein Eigen zu nennen, als es die Eroberer können" ⁵). So wird auch ein Ausspruch Demokrits verstanden werden dürfen, welcher lautet: „Natur und Lehre komme auf Ähnliches hinaus; denn die Lehre stimmt den Menschen um und durch diese Umstimmung bildet sie ihm eine zweite Natur an" ⁶). Als Element der Persönlichkeit giebt die Bildung innern Halt und Richte, waches Geistesleben, freudiges und trostreiches Weben in Gedanken: in diesem Sinne wird von den der Bildung ermangelnden gesagt, sie schweifen in den Dingen umher wie Fremdlinge in den Straßen, oder sie führen

---

¹) Diod. II, 29. Galen. Method. med. I, 1. Unserem: Brotstudium entspricht der griechische Ausdruck ἐργολαβία. — ²) Bei Diog. Laert. V, §. 19. — ³) Joh. Damasc. im Anhange von Gaisford Stob. Ecl. phys. et eth. Bd. II, Nr. 92. καὶ γὰρ τιμὴν ἔχει καὶ πολυτέλειαν. — ⁴) Gaisford l. c. Nr. 53. — ⁵) Ib. Nr. 152. λόγος καὶ παιδεία. — ⁶) Mullach Democr. fragm. Berlin 1843, S. 186 u. 293. ἡ φύσις καὶ ἡ διδαχὴ παραπλήσιόν ἐστι καὶ γὰρ ἡ διδαχὴ μεταρρυσμοῖ τὸν ἄνθρωπον, μεταρρυσμοῦσα δὲ φυσιοποιεῖ.

§. 10. Das Ethos der griechischen Bildung.

ein Traumleben, von dem Gebildeten aber wird gerühmt, ihm gehen die frohen Hoffnungen nicht aus, er besitze ein heiliges Asyl in sich selbst ¹).

Als der schönste Schmuck des freien Mannes soll und kann die Bildung nicht gezwungener Weise übertragen werden: „Das freiwillige Studium von Wissenschaft und Kunst ist das rechte und kommt zum Ziele, das gezwungene ist vom Übel und ohne Zweck" ²); „keine Kenntnis soll von Freien auf knechtische Weise erlernt werden; den Leib macht erzwungene Leibesarbeit nicht schlechter, in der Seele aber haftet aufgedrängte Kenntnis nicht" ³). Den Antrieb des Lernens soll nächst der Lust, die es gewährt, das Streben bilden, „immer der erste zu sein und vorzuragen vor anderen" ⁴), jener Ehrtrieb, der die Kämpfer von Olympia beseelte, der den Wettstreit der Dichter und Künstler ins Leben rief, der den Nerv alles antiken Schaffens darstellt, und den erst das ausgehende Altertum als ein heteronomes, die Freiheit beeinträchtigendes Motiv anzusehen lernte. Frei gestaltend sollte aber auch die Lehre verfahren: je freier und schöpferischer der Lehrende den geistigen Inhalt beherrscht, um so fruchtbarer die Lehre; ein sinniger Vergleich läßt drei Arten von Studien ($\mu\alpha\vartheta\acute{\eta}\mu\alpha\tau\alpha$) den drei ersten Zeitaltern bei Hesiod entsprechen: golden ist der Wissenserwerb derer, die andern geben, ohne selbst empfangen zu haben, silbern derjenige solcher, die Empfangenes wiedergeben, ehern derer, die empfangen haben, aber nicht wiedergeben ⁵); ein Ausspruch, der die griechische Auffassung in ihrem Gegensatze zu dem Traditionalismus des Orients treffend kennzeichnet, zugleich aber die Neigung zur Überschätzung des geistig schaffenden Subjekts verrät.

Ein weiteres Merkmal der $\pi\alpha\iota\delta\varepsilon\acute{\iota}\alpha$ ist Fülle und Vielseitigkeit. Sokrates verglich sie einem Festzuge oder Feiertagsgewimmel, bei dem es vollauf zu schauen und zu hören giebt ⁶), oder mit

---

¹) Gaisford l. c. Nr. 134, 131, 140. Diog. Laert. I, §. 69. —
²) Aristoxenos bei Gaisford l. c. Nr. 119. — ³) Plat. Rep. VII, p. 537.
— ⁴) Il. VI, 208, XI, 783. — ⁵) Gaisford l. c. Nr. 97. — ⁶) Gaisford l. c. Nr. 44. $\pi\alpha\nu\eta\gamma\nu\rho\acute{\iota}\varsigma$ $\grave{\varepsilon}\sigma\tau\iota$ $\psi\nu\chi\tilde{\eta}\varsigma$ $\acute{\eta}$ $\pi\alpha\iota\delta\varepsilon\acute{\iota}\alpha$, $\pi o\lambda\lambda\grave{\alpha}$ $\gamma\acute{\alpha}\rho$ $\grave{\varepsilon}\sigma\tau\iota\nu$ $\grave{\varepsilon}\nu$ $\alpha\grave{\upsilon}\tau\tilde{\eta}$ $\psi\nu\chi\tilde{\eta}\varsigma$ $\vartheta\varepsilon\acute{\alpha}\mu\alpha\tau\alpha$ $\varkappa\alpha\grave{\iota}$ $\grave{\alpha}\varkappa o\acute{\nu}\sigma\mu\alpha\tau\alpha$.

einem Fruchtlande, das alles Treffliche hervorbringt¹). Aber er mahnt zugleich, dem Landmanne nachzuahmen, welcher zwischen den Baumreihen Furchen läßt, damit sie einander nicht den Raum benehmen²). Es bedurfte bei der Natur des Bildungsinhaltes und bei der Regsamkeit des griechischen Geistes weniger der Mahnung zu vielseitiger Ausbreitung, als umgekehrt der Erinnerung, über der Fülle nicht die Einheit, über dem bunten Schein nicht das Wesen zu verlieren. Die Gefahr der Ausartung in unstete Vielgeschäftigkeit und planlose Alleslernerei hat das griechische Bildungsstreben stets bedroht und keinerzeit haben Stimmen gefehlt, die davor warnten. Schon der homeridische „Margites" zeichnete den zerfahrenen Tausendkünstler, „der sich auf viele Dinge verstand, aber auf jedes schlecht verstand"³), und Pindar warnt vor der Neigung „von tausend Tugenden zu nippen, unbefriedigten Gemüts"; Heraklit lehrte: „Viellernerei giebt nicht Geist"⁴) und Demokrit forderte, man müsse, anstatt auf πολυμαθίη auf πολυνοίη bedachtnehmen⁵). Die Polemik Sokrates' und Platons gegen die Sophisten rügt scharf die Zersplitterung und Ungründlichkeit ihres Lehrens; „in allen Dingen ist die Unkunde keineswegs so schlimm und ein gar so großes Übel: viel größeren Schaden bringt es, unter schlechter Führung sich mit allerlei zu befassen und Viellernerei zu treiben"⁶). Der Vielgeschäftigkeit seines Zeitgenossen, stellte Platon seinen Imperativ: „Jeder thue das Seine" gegenüber und gründete darauf den Plan seines idealen Gemeinwesens. In der alexandrinischen Zeit ist es die Lust an buntscheckiger Gelehrsamkeit, in der jener nationale Hang wieder erscheint; in der römischen wird „das hungernde Griechlein, das alles kann, auf Befehl selbst in den Himmel steigen"⁷) zur Zielscheibe des Spottes.

Diese Verirrung des Bildungsstrebens wird von denjenigen Denkern an ihrer Wurzel gefaßt, welche den sittlichen Bezie-

---

¹) Gaisford l. c. Nr. 103. — ²) Ib. Nr. 102. — ³) Πόλλ' ἠπίστατο ἔργα, κακῶς δ' ἠπίστατο πάντα. — ⁴) Πουλυμαθίη νόον οὐ διδάσκει. Diog. Laert. IX, §. 1 u. f. — ⁵) Πολυνοίην, οὐ πολυμαθίην ἀσκεῖν χρή. Mullach l. c. S. 187. — ⁶) Plat. Legg. VII, p. 819. — ⁷) Juv. Sat. III, 77.

§. 10. Das Ethos der griechischen Bildung.

hungspunkt aller Bildung hervorheben, und von der gemeingültigen ästhetischen Auffassung derselben zur ethischen vordringen. Es hieße unbillig sein gegen die älteren Denker, besonders gegen Pythagoras, wenn man Sokrates als den ersten Vertreter dieser Ansicht bezeichnen wollte, wie überhaupt die gangbare Meinung, er habe allererst die Philosophie vom Himmel zur Erde gerufen, an Stelle der physischen Spekulation die ethische gesetzt, der Berichtigung bedarf: allein gewiß hat seine Wirksamkeit das ethische Moment der Bildung den Zeitgenossen und Nachfolgern kräftig ins Bewußtsein gerufen. Bei seiner intellektualistischen Anschauung, welche Tugend und Wissen identifiziert, mußte ihm die Bildung als der stärkste, wo nicht einzige Hebel zur Tugend erscheinen und die intellektuelle Förderung mit der ethischen zusammenfallen. Die folgenden Philosophen hielten an den sittlichen Endzielen der Bildung fest, ohne Sokrates in der Überschätzung der Einsicht und der Macht der Lehre zu folgen. Bei Aristoteles erscheint diese als eines der Mittel zur Tugend zu gelangen, erhält aber Zucht und Gewöhnung den gleichen Rang [1]), den Stoikern sind alle Studien Zuchtmittel, ja Heilmittel des Geistes.

Gegen den ethischen und ästhetischen Beziehungspunkt der Bildung trat bei den Griechen der religiöse zurück, ohne jedoch darum in Vergessenheit zu geraten. Die musische Bildung trug ihren Namen von Gottheiten; in Apollon und Hermes erschien sie in olympischen Gestalten verkörpert; die Sänger, deren Schöpfungen Gemeingut waren, galten nicht bloß für Schüler und Verehrer der Musen, sondern auch für Dolmetscher der Götter [2]). So ist es „etwas Göttliches, seiner und der Seinigen Bildung obzuliegen" [3]); ja die Bildung wird selbst zu einer Gottheit personifiziert, ihre Verehrer als ein Festreigen, $\theta\iota\alpha\sigma\sigma\varsigma$ bezeichnet [4]). In der Hinwendung des Geistes zum Göttlichen erblickten Pythagoras und Platon das Wesen der Geisteskultur; dem letzteren ist diese Hinwendung zugleich eine Abwendung ($\pi\varepsilon\rho\iota\alpha\gamma\omega\gamma\dot{\eta}$, $\mu\varepsilon\tau\alpha\sigma\tau\rho\omega\phi\dot{\eta}$) von dem wesenlosen Scheine, mit

---

[1]) Arist. Pol. VII, 13, p. 1332 u. Eth. Nic. X, 10, p. 1179. — [2]) Plat. Legg. III, p. 882. — [3]) Plat. Theag. p. 122. — [4]) Die Stellen bei Graßberger a. a. O. I, S. 192 u. II, 30.

welchem uns die Sinnenwelt umgiebt, der Unterricht eine Reinigung und Belebung eines Seelenorganes, „das mehr verdient erhalten zu werden als tausend Augen, da mit ihm die Wahrheit, das Göttliche geschauet wird" [1]. — Auch die social=ethische Auffassung, nach der Lehren und Lernen im Dienste der Erhaltung überkommenes Erbes steht, findet bei den genannten Denkern Ausdruck [2], allein im allgemeinen ist der Sinn der Griechen nicht auf eine derartige selbstlose Propagation geistiger Güter gerichtet; mit dem Streben ihrer Verewigung verbindet sich das nach dem Ruhme des eigenen Namens: der Nachdruck liegt nicht darauf, daß der Nachwelt ein Inhalt des Wissens und Könnens bewahrt bleibe, sondern darauf, daß das darangeknüpfte Verdienst ein unsterbliches sei.

Die Fragen der Bildung wurden wie die der Erziehung bei den Griechen vielfach erörtert und bildeten den Gegenstand allgemeinen Interesses. Die Punkte, um welche sich die Debatte bewegte, deutet uns Aristoteles an: „In unserer Zeit wird über die Aufgaben der Jugendbildung gestritten; man ist darüber nicht einig, was die Jugend lernen soll, um, sei es zur Tugend, sei es zum Lebensglück zu gelangen; auch ist nicht ausgemacht, ob man mehr auf die Intelligenz oder auf den Charakter wirken soll; die Alltagserziehung läßt die Frage unklar und giebt keine Entscheidung an die Hand, ob man betreiben solle, was die Bedürfnisse des Lebens verlangen oder was auf Tugend abzielt, oder auch Studien, die darüber hinausgehen: jede dieser Ansichten hat Anwälte gefunden" [3]. Die Philosophen handelten von dem Gegenstande zunächst im Zusammenhange mit socialphilosophischen Untersuchungen: so schließen die platonischen Schriften über den „Staat" und die „Gesetze" Pädagogik und Didaktik in sich, und ebenso die aristotelische Politik, die leider mitten in der Behandlung dieser Materien abbricht (s. oben S. 29). Aber es fehlte auch nicht an Schriften, welche eigens der Bildungslehre, teils im Zusammenhange mit der Erziehungslehre, teils für sich, gewidmet waren; er-

---

[1] Plat. Rep. VII, p. 521 u. 527. — [2] Vgl. oben S. 29. — [3] Ar. Pol. VIII, 2, p. 1337.

halten ist davon nur die dem Plutarch zugeschriebene Abhandlung über die Erziehung der Kinder; über die Bildung (περὶ παιδείας) schrieben: Demokrit, Antisthenes, Aristipp, Aristoteles, Theophrast, Klearch. Die Schrift des letzteren muß auch Materien aus der Geschichte der Bildung berührt haben: wenigstens handelte er darin von dem Verhältnisse der Weisheit der indischen Gymnosophisten zu der der Magier [1]). Der Stoiker Zenon schrieb „über die griechische Bildung", doch wohl mit Rücksicht auf ihren Gegensatz zu der anderer Völker [2]). Über das Studium der Dichter handelte derselbe Philosoph und ebenso Chrysipp und Plutarch; Anweisung zum Selbststudium, verflochten mit allgemeinen Mahnungen und Lehren, bilden den Inhalt mehrerer Abhandlungen des Isokrates, z. B. die Zuschriften an Demonikos und Nikokles und ebenso den der zahlreichen λόγοι προτρεπτικοί späterer Philosophen [3]). Einzelne Mittheilungen aus den verlorenen Schriften danken wir den späteren Excerptoren, besonders Stobäus und Johannes von Damascus, welcher letztere die Aussprüche der Philosophen mit solchen der Kirchenlehre in Parallele stellte.

§. 11.

Die der Bildung dienenden Anstalten waren im alten Griechenland, mit wenig Ausnahmen von lockerem Gefüge; die Schulen Privatunternehmungen und von anspruchlosester Einrichtung. Die Schreib- und Leselehrer unterrichteten nicht selten in Buden, ja auf offener Straße und auf Marktplätzen, so daß müßige Schwätzer, wie dies Theophrast in seinen „Charakteren" beschreibt, Lehrer und Schüler jeden Augenblick stören konnten. Der Beruf des Grammatisten war ärmlich und stand in geringem Ansehen; ein Sprichwort sagte von einem, der verschollen war: „Er ist entweder tot oder unter die Schul-

---

[1]) Diog. Laert. Proem. §. 9. — [2]) Ib. VII, §. 4. — [3]) Vgl. die Aufzählung der pädagogisch-didaktischen Schriften bei Graßberger a. a. O. II, S. 10 f.

meister gegangen". Oft trieben Freigelassene und Sklaven das Lehrgeschäft; Besitzende ließen den Elementarunterricht im Hause von Sklaven besorgen; auch den Schulknaben waren Sklaven, die παιδαγωγοί zur Aufsicht und Nachhülfe beigegeben, gewöhnlich solche, die zur Arbeit unverwendbar waren; als einmal bei der Obsternte ein Sklave vom Baume fiel und das Bein brach, sagte der Herr: „Nun ist er ein Pädagog geworden" [1]. Für den Musikunterricht bestanden besondere Schulen, etwas angesehener als die Schreibschulen, gelegentlich sogar mit den Statuen Apollons und Athenes geschmückt. Der Staat beschränkte sich auf gewisse allgemeine Bestimmungen: in Athen war die Zahl der Knaben begrenzt, die zugleich Unterricht empfangen durften und die Tageszeit für den Unterrichtsbeginn vorgeschrieben [2]; auch über den Lehrstoff gab es Vorschriften: so wurde das ionische Alphabet unter dem Archon Eukleides von Staatswegen eingeführt; für die Eltern bestand die Verpflichtung, den Kindern einen gewissen Grad musisch-gymnastischer Bildung zu Teil werden zu lassen [3]. Von einem durch den Staat beschafften Elementarunterrichte bietet nur die Gesetzgebung des Charondas, des berühmten Äsymneten Großgriechenlands, ein Beispiel; er verfügte, daß alle Bürgersöhne Schriftkenntnis zu erwerben hätten und für die Armen Lehrer vom Staate besoldet werden sollten [4]. Was in Sparta für die musische Bildung der Knaben geschah, ging bei dem öffentlichen Charakter der dortigen Erziehung ebenfalls vom Staate aus; so hat die von den Ephoren geübte strenge Musikzensur, welche die Einführung neuer Gesangesweisen hintanhielt, offenbar eine Beziehung auf den Unterricht.

Angelegentlicher sorgten die Gemeinwesen einesteils für den bildenden Kunstgenuß, wie ihn Theater, Konzerte und Aufführungen

---

[1] Gaisford a. a. O. Nr. 121. — [2] Aesch. Timarch. 9. — [3] Plat. Krit. p. 50. — [4] Diod. XII, 12. Gräfenhahn, Geschichte der Philologie im Altertum I, S. 67 und Ussing a. a. O. finden die Angabe bei Diodor nicht glaubwürdig, da der Fall vereinzelt stehe. Doch ist zu erwägen, daß es sich nicht um ein Staatsschulwesen handelt, welches den Griechen allerdings fremd war, sondern mehr um eine Form der Armenunterstützung.

§. 11. Griechisches Bildungswesen.

aller Art gewährten, andernteils für die gymnastische Ausbildung; jede Stadt hatte ein öffentliches Gymnasium, Athen deren mehrere; dieselben waren nicht bloß mit Übungsplätzen, sondern auch mit Parkanlagen, Alleeen und Hallen ausgestattet und mit den Bildsäulen von Göttern und Heroen geschmückt. Der Unterricht und die Übungen der Erwachsenen unterstanden der Aufsicht von Vorstehern; die Obsorge für das Ganze lag besonderen Kommissionen, den Sophronisten, ob; die Gymnasiarchen, in welcher Würde sich die reichsten Bürger abwechselten, hatten die Wettspiele und Feste zu veranstalten. In Athen regelten schon die solonischen Gesetze den Besuch, das Verhalten und die Aufsicht in den Gymnasien. Die Räume der Gymnasien waren zugleich Orte der geselligen Unterhaltung und des geistigen Verkehrs; so boten sie den Philosophen die Stätte für ihren Unterricht dar, welcher ebenfalls als würdige Erfüllung der Muße ($\sigma\chi o\lambda\acute{\eta}$) aufgefaßt wurde: Platon und seine Nachfolger lehrten in der der Athene geweihten und nach dem Heros Akademos benannten Akademie, in deren Platanenhain ein Tempel der Musen stand, dessen Bildwerken Platons Schüler die Statue des Meisters zufügten; Aristoteles und seine Anhänger in den Laubgängen des dem Apollon geheiligten Lykeion; die Cyniker in dem Herakles zugeeigneten Gymnasium Kynosarges, das in der älteren Zeit für solche Jünglinge bestimmt war, die nicht von beiden Eltern Anwartschaft auf das Bürgerrecht hatten [1]). Auf diese Schulen selbst wird gelegentlich die Bezeichnung Palästra übertragen, nicht ohne den Nebengedanken, daß sie dem Geiste etwas Ähnliches gewähren, wie die Ringschule dem Körper [2]).

Die Philosophenschulen trugen meist den Charakter ungebundener Vereinigungen von Lernbegierigen um einen Meister, die Aufnahme war wohl an den Besitz gewisser Kenntnisse geknüpft — so wies Platon in der bekannten Aufschrift alle zurück, die sich nicht mit Mathematik beschäftigt hatten [3]), — aber keine Honorarforderung

---

[1]) Ussing a. a. O. S. 135 f. — [2]) Vgl. Longin. 4, 4. $\Xi\varepsilon\nu o\varphi\tilde{\omega}\nu$ $\kappa\alpha\grave{\iota}\ \Pi\lambda\acute{\alpha}\tau\omega\nu\ \grave{\varepsilon}\kappa\ \tau\tilde{\eta}\varsigma\ \Sigma\omega\kappa\rho\acute{\alpha}\tau o\nu\varsigma\ \check{o}\nu\tau\varepsilon\varsigma\ \pi\alpha\lambda\alpha\acute{\iota}\sigma\tau\rho\alpha\varsigma.$ — [3]) $M\eta\delta\varepsilon\grave{\iota}\varsigma\ \grave{\alpha}\gamma\varepsilon\omega\mu\acute{\varepsilon}\tau\rho\eta\tau o\varsigma$ $\varepsilon\grave{\iota}\sigma\acute{\iota}\tau\omega\ \mu o\tilde{\nu}\ \tau\grave{\eta}\nu\ \sigma\tau\acute{\varepsilon}\gamma\eta\nu.$ Tzetz. Chil. 8, 972.

erschwerte dem Unbemittelten den Zutritt. Die Kontinuität der Schulen wurde nur durch die Lehre und die regelmäßige Succession der Leiter (Scholarchen) erhalten; einen Ansatz, den Schulen auch materielle Mittel zu sichern, zeigen die Testamente Theophrasts und Epikurs, welche ihren Nachfolgern Grundstücke vermachten [1]). Festere Organisation hatten nur die pythagoräischen Cönobien, die nicht mit Unrecht den ägyptischen Priesterschulen verglichen worden sind. Ihr fremdartiger Charakter ließ sie staatsgefährlich erscheinen und Pythagoras mußte die Auflösung seiner Schule in Sybaris erleben. Auch das Vorgehen der Behörden gegen Sokrates zeigt, daß der Staat eine tiefer greifende Lehrthätigkeit mit Mißtrauen betrachtete. Noch zu Ende des vierten Jahrhunderts kam es in Athen zu einem Konflikt zwischen der Staatsgewalt und den Philosophenschulen; als der Demagog Sophokles den Beschluß veranlaßte, daß ohne Bewilligung des Rates und des Volkes kein Philosoph eine Schule eröffnen sollte, verließen die Philosophen, unter ihnen Aristoteles' Nachfolger Theophrast, die Stadt und kehrten erst zurück, als der Beschluß zurückgenommen und dessen Urheber wegen gesetzwidriger Antragstellung bestraft worden war [2]).

Eine Mittelstellung zwischen den Philosophenschulen und den niederen Anstalten nehmen die seit Isokrates in Schwung kommenden Schulen der **Rhetoren** und der **Grammatiker** ein, die wie jene der Staatsaufsicht nicht unterworfen waren, deren Leitung aber einen Nahrungszweig bildete. So nahe es gelegen hätte, grammatisches und rhetorisches Studium in den Lehrgang **einer** Anstalt zusammenzufassen, so unterblieb dies doch; die Knaben gingen, wenn sie beim Grammatisten schreiben und lesen gelernt, zum Grammatiker und hörten oft noch vor Abschluß von dessen Unterricht den Rhetor [3]). Auch der mathematische Unterricht war an kein bestimmtes Alter und Vorstudium geknüpft, so daß die encyklischen Studien nicht ein eigentliches Schul- oder Klassensystem darstellen, sondern nur eine allgemeine Norm des Kenntniserwerbes.

---

[1]) Diog. Laert. V, §. 52 u. X, §. 17. — [2]) Diog. Laert. V, §. 38. — [3]) Vgl. Quint. II, 1, 12 sq., welcher diese Verbindung von Studien billigt.

§. 11. Griechisches Bildungswesen.

Die berufliche Vorbildung stand mit der bei den verschiedenen Lehrern und Schulhaltern zu erwerbenden in keinem bestimmten Verhältnisse. Von den höheren Berufsarten bedurfte das Priesteramt wohl gewisser Kenntnisse, allein sie wurden nicht schulmäßig überliefert; da die wichtigsten Priestertümer erblich waren, so genügten Familientraditionen zur Erhaltung des erforderlichen Wissens. Für die technischen Gewerbe und Handwerke bestanden Genossenschaften oder Innungen, welche ohne Frage auch für die Tradition der betreffenden Fertigkeiten sorgten [1]). Als eine ungewöhnliche Einrichtung wird es bezeichnet, daß in Syrakus Unterricht in verschiedenen Dienstverrichtungen erteilt wurde, also „die Sklavenwissenschaften" einen Lehrgegenstand bildeten [2]).

Wenn Bildungserwerb und Wissenschaftsbetrieb in der griechischen Blütezeit sich gleichsam sträuben, in feste und geregelte Formen einzugehen, so zeigt uns die alexandrinische Periode eine organisatorische Thätigkeit auf diesem Gebiete, welche an erster Stelle vertreten ist durch eine in ihrer Art großartige, der Forschung und Lehre bienende Institution, erwachsen auf dem Boden der ältesten Gelehrsamkeit: das Museum von Alexandria. Von Ptolemäus Philadelphus 322 ins Leben gerufen, vereinigte es an hundert Gelehrte in seinen weiten, prachtvollen Räumen; an ihrer Spitze stand der $\iota\varepsilon\rho\varepsilon\acute{\upsilon}\varsigma$, der Musenpriester, etwa dem Kanzler unserer Universitäten vergleichbar; nächst ihm war das angesehenste Mitglied der Bibliothekar; die verschiedenen Philosophenschulen, sowie die Vertreter der einzelnen Wissenschaften hatten besondere Vorsteher. Die Anstalt besaß ein eigenes Vermögen, die Mitglieder hatten nicht nur die Wohnung und die gemeinsamen Mahlzeiten frei, sondern bezogen zudem einen königlichen Jahrgehalt; zu ihrer Verfügung stand die umfassende Bibliothek, die nicht bloß mit Werken der griechischen, sondern auch mit solchen der orientalischen Litteraturen ausgestattet war; ferner astronomische und physikalische Instrumente, medizinische Anstalten, ein botanischer Garten und eine Menagerie zum Studium der Natur-

---

[1]) Boeckh a. a. O. S. 397. — [2]) Arist. Pol. I, 7, p. 1255.

geschichte u. s. w. Für die Vervielfältigung ihrer Werke war durch die angestellten Abschreiber gesorgt; um das Schreibmaterial in Fülle zu haben, verbot eine königliche Verordnung die Ausfuhr von Papyros; selbst auf die Arbeiten zur Ausstattung der Bücher war bedacht genommen. In wie weit es den Gelehrten zur Pflicht gemacht wurde zu lehren, ist nicht ersichtlich, doch sammelte sich um sie ein großer Schülerkreis und die Säulenhallen der Höfe wurden für die Vorträge verwendet. Den freieren Betrieb des Studiums teilte die Anstalt mit den Philosophenschulen; das konviktorische Leben der Gelehrten, ihre Einteilung von Kollegien, ihr priesterliches Oberhaupt, die Organisation des gelehrten Apparats, erinnert aber an die ägyptischen Tempelschulen, deren vorbildliche Bedeutung hier so wenig zu verkennen ist, wie der Einfluß der gelehrten Schätze Ägyptens auf die Entwickelung der alexandrinischen Polymathie. Die geschichtliche Bedeutung des Museums besteht einesteils in der Förderung und Ausprägung der gelehrten Bildung, anderntteils darin, daß es für die Kaiserzeit, in der es als kaiserliches Institut fortblühte, das Muster für höhere Lehranstalten abgab, obgleich es niemals ganz erreicht worden ist [1]).

Mit den alexandrinischen Gelehrtenkreisen wetteiferten erfolgreich die pergamenischen, welche die Attaliden in ihrer Residenz vereinigt hatten. Ob die κύκλοι Περγαμηνοί eine dem Museum entsprechende Organisation hatten, ist nicht ersichtlich; gewiß erhielten die Gelehrten alle mögliche Förderung: die von Eumenes II. gegründete Bibliothek kam an Glanz den alexandrinischen nahe; um Beschreibstoffe zu gewinnen, wurde die Fabrikation von Pergament — das von Pergamus seinen Namen erhalten hat — betrieben; Attalus III. gründete einen botanischen Garten [2]). Durch die Verbindung mit Rom gewannen die pergamenischen Gelehrten eine namhafte Bedeutung für die Übertragung griechischer Bildung auf die Römer. Auch die Seleuciden, welche ihr Reich auf den alten Kulturstätten Babylons und Ninives errichtet hatten, blieben in der Pflege der

---

[1]) Die Nachweisungen bei Parthey, Das alexandrinische Museum. Berlin 1838. — [2]) Gräfenhahn a. a. O. I, S. 410 f.

§. 11. Griechisches Bildungswesen.

Bildung nicht zurück; am Hofe des Antiochus zu Antiochia lebten Gelehrte, blühte eine berühmte Rednerschule, bestand eine bedeutende Bibliothek; von hier aus drangen griechische Bildungselemente nach den östlichen Ländern, nach Persien und Indien.

Daß aber nicht bloß Residenzen der Sitz ausgebreiteter und organisierter Studien waren, beweist der Ruhm, den die Stadt Tarsos genoß, von welcher Strabon sagt: „Ihre Einwohner zeigen einen solchen Eifer für die Philosophie und die übrigen encyklischen Wissenschaften, daß sie selbst Athen und Alexandria und jeden anderen Ort, wo es Schulen und Unterricht der Philosophen gab, übertreffen; nur besteht der Unterschied, daß die hier Studierenden sämtlich Einheimische sind, Fremde nicht leicht hinkommen, während anderwärts mehr Auswärtige weilen, in Alexandria sich aber beides vereinigt: der Zudrang von Fremden und die Auswanderung Einheimischer" [1]).

---

[1]) Strab. XIV, p. 673.

IV.

Die Bildung bei den Römern.

§. 12.

Wie die griechische, so weist auch die römische Wissenschaft und Bildung auf hieratische Anfänge zurück und zwar erscheint das ältere Kulturvolk der Etrusker, welches in den Tagetischen Büchern eine priesterliche Litteratur besaß, als der Lehrer des römischen. Noch im vierten Jahrhundert vor Christus schöpfte die römische Jugend gelehrtes Wissen bei tuskischen Priestern[1]). Die Tagetischen Bücher waren die Quelle der römischen Auguraldisciplin, die in eigenen Schriften niedergelegt wurde; jene selbst wurden mehrfach kommentiert, so von dem Etrusker Tarquitius und dem Juristen Labeo, welcher unter Augustus lebte. In wie weit die Vergleichung der disciplina Tagetis mit der vedischen und der Thothlitteratur berechtigt ist, muß dahingestellt bleiben; die Römer entwickelten aus derselben vorzugsweise die Divinationslehre, die Haruspicin und die Lehre vom Ritual[2]). Ein Unterricht in den Priesterwissenschaften bestand in Rom jederzeit, und mit den Materien der theologia civica,

---

[1]) Liv. IX, 36. Habeo auctores, vulgo tum Romanos pueros, sicut nunc Graecis, ita Etruscis litteris erudiri solitos. Über den Inhalt ihrer Wissenschaft sagt Diod. V, 40. γράμματα δὲ καὶ φυσιολογίαν καὶ θεολογίαν ἐξεπόνησαν ἐπὶ πλέον. — [2]) Über den Gegenstand vgl. hauptsächlich K. O. Müller Etrusker Bd. II, S. 3 f.

§. 12. Inhalt der Bildung bei den Römern.

welche man von der theologia mythica der Dichter und der theologia physica der Philosophen unterschied¹), waren Männer in öffentlichen Stellungen mehr oder weniger bekannt; Cäsar schrieb ein Buch über das augurium, und in der Kaiserzeit wird unter den Kenntnissen eines vielseitig gebildeten Mannes die Vertrautheit mit der Haruspicin hervorgehoben²).

Das Bildungselement, welches die dunkle und vielleicht zugleich dürftige Weisheit der Etrusker darstellte, mußte gegen die Fülle von Anregungen, welche das Bekanntwerden mit der griechischen Bildung ergab, zurücktreten. Diese ist für das römische Wesen das Pfropfreis geworden, welches dem Wildling andersartige Säfte zuführt und eine Frucht gemischten Charakters erzeugt. Die römische Bildung ist nicht die Blüte der nationalen Kultur, sondern erwächst durch die Assimilation eines fremden, fertigen Bildungssystems. Hier liegt in der Geschichte der Bildung der erste näher bekannte Fall vor, daß für ein Volk der Weg des Bildungserwerbes durch das Gebiet einer fremden Sprache und Litteratur führt. Die Beschäftigung mit Sprache und Sprachkunst nimmt auf Grund dieses Verhältnisses bei den Römern eine weit bedeutsamere Stellung ein, als anderwärts, und die spätere Vorstellung von der Grammatik als der Mutter und Führerin aller Künste und Studien findet im Grunde schon auf die römische Bildung Anwendung.

Was die Römer zuerst auf die Aneignung der griechischen Sprache hinwies, waren politische und sociale Verhältnisse, erst nach dem zweiten punischen Kriege wirkten dabei Bildungszwecke mit. Gelernt wurde das Griechische zunächst in zwangloser Weise, von griechischen Sklaven oder Freigelassenen, durch Konversation und durch Lektüre; das grammatische Studium datiert erst von Krates von Mallos, der 159 v. Chr. in Geschäften des Königs Attalus II. von Pergamus nach Rom gekommen war und sich durch einen Unfall zu längerem Aufenthalte in der Stadt gezwungen sah. Kann die pergamenische Grammatikerschule die Ehre in Anspruch nehmen, Rom das Sprach-

---

¹) Boeckh a. a. O. S. 290. August de Civ. Dei VI, 5. —
²) Krause a. a. O. S. 368, Anm. 3.

ſtudium gegeben zu haben, ſo bot ihm die alexandriniſche in der Sprachlehre des Dionyſius Thrax (ſ. o. §. 9, S. 163) das wertvollſte Lehrmittel dazu dar. In der Zeit der Republik war das Studium des Griechiſchen noch auf den Zirkel feingebildeter Männer beſchränkt und erſt zu Anfang der Kaiſerherrſchaft wurde es, freilich nicht auf lange Zeit, Gemeingut weiterer Kreiſe. Es war damals üblich, den Sprachunterricht mit dem Griechiſchen zu beginnen und man ging ſo weit, den Knaben längere Zeit nur in dieſer Sprache leſen und reden zu laſſen, was Quintilian wegen der Entfremdung des Ohres von der Mutterſprache tadelt, während er das Ausgehen vom Griechiſchen befürwortet, wenn nur das Lateiniſche bald genug folgt [1]).

Das einmal erwachte und an der fremden Sprache und Sprachlehre geſchulte grammatiſche Intereſſe wandte ſich notwendigerweiſe auch der Mutterſprache zu. Mit der wiſſenſchaftlichen Behandlung des Lateiniſchen hat L. Älius Präconinus, welcher den Beinamen Stilo „der Griffelmann" erhielt, den Anfang gemacht, indem er die älteren Sprachdenkmale erläuterte, und Befreundeten, wie Cicero, Varro, Lucilius Unterricht erteilte. Die von ihm angeregten Studien wurden in raſch wachſendem Umfange ſchulmäßig betrieben, in der erſten Kaiſerzeit gewannen die Schulhalter Q. Remmius Palämon und M. Valerius Flaccus Berühmtheit, die beiden erſten artis scriptores oder artilatores d. i. Verfaſſer von Schulgrammatiken. Die Sprachlehre bleibt aber keineswegs den Lehrern überlaſſen; die hervorragendſten Männer beſchäftigten ſich mit grammatiſchen Fragen; M. Varro, der größte Gelehrte ſeiner Zeit, ſchrieb 24 Bücher über die lateiniſche Sprache, C. Lucilius, der Genoſſe der Staatsmänner Lälius und Scipio, widmete das neunte Buch ſeiner Satiren der Verbeſſerung der Orthographie; J. Cäſar verfaßte, während der galliſchen Kriege „unter den ſauſenden Geſchoſſen mit den Beugungen der Nomina und den Geſetzen der Verba beſchäftigt", ein Werk de analogia, in welchem er unter anderen die Neuerung traf, dem ſechſten

---

[1]) Quint. I, 1, 12 sq. — M. Müller Vorleſungen über die Wiſſenſchaft der Sprache. Leipzig 1866, I, S. 93.

§. 12. Inhalt der Bildung bei den Römern.

Kasus den ihm verbliebenen Namen Ablativus zuzuteilen; der Kaiser Claudius suchte das Alphabet um einige neue Schriftzeichen zu bereichern (für den Laut v u. ps und den Mittelton zwischen i und u), die allerdings nicht Boden faßten [1]). Dieser grammatische Eifer ist nicht frei von einem mobischen Anstrich, er greift bei der Übertragung der Kategorieen und Kunstausdrücke der griechischen Sprachlehre nicht selten fehl [2]), allein es wirkt dabei patriotische Begeisterung für die Sprache der Väter mit, es wird Fleiß und Scharfsinn aufgeboten, um darin Gesetz und Regel nicht nur zu erkennen, sondern zur Geltung zu bringen. Diesen Studien verdankt die lateinische Sprache die Hintanhaltung des lautlichen Verfalles, dem sie entgegenging und die Einschränkung der andrängenden Gräcismen, ihre Reinerhaltung in der Zeit, wo sie als Reichssprache von Barbaren aller Racen gesprochen wurde, verdanken die Völker, welche die Erben der römischen Bildung wurden, ein wohl durchgearbeitetes grammatisches System, ein unschätzbares Mittel der geistigen Disciplin, ein Vorbild und Fachwerk für die Behandlung der heimischen Idiome.

Wie die Pflege der Sprachlehre, so brachte der derivierte Charakter der römischen Bildung auch die der Sprachkunst mit sich und nicht weniger als die Grammatik ist die Rhetorik für sie eine grundlegende Disciplin. Zwar stand das rednerische Können schon in der älteren Zeit in Ansehen, vermöge der praktischen Bedeutung, die es bei der Öffentlichkeit des politischen Lebens und der Rechtsverhandlungen besaß; allein zur Kunstübung der Rede schritt man erst infolge des Kontaktes mit der griechischen Bildung vor und begann

---

[1]) Boedh a. a. O. S. 740. — [2]) So ist die Übertragung des Namens des zweiten Kasus, den die griechischen Grammatiker γενική nannten, durch genetivus keine glückliche; jene faßten ihn als den Kasus, welcher die Art (γένος) ausdrückt, die Römer als den des Ursprungs oder der Geburt, als wenn er γεννητική hieße. (M. Müller a. a. O.) Ebenso wird der Name des vierten Falles αἰτιατική d. i. der Fall des Grundes oder der Ursache durch accusativus (bei Varro casus accusandi) nicht entsprechend wiedergegeben, da der griechischen Bezeichnung die Bedeutung: anklagen, fremd ist, und die Beziehung auf das dem Kasus zu Grunde liegende Verhältnis verloren geht; vergl. Trendelnburg Act. soc. Gr. Lips. I, p. 119.

nun in der Herrschaft über das Wort mehr als ein Erfordernis für den Staatsmann und Juristen, ein Mittel zur Ausgestaltung des geistigen Lebens, zur Vollendung der Persönlichkeit zu erblicken. Der Stoff der neuen Kunst war wieder zunächst die fremde Sprache; Cicero, Pompejus, Antonius, Augustus „deklamierten" früher Griechisch, ehe sie sich dazu der Muttersprache bedienten; die ersten Rhetorenschulen Roms waren griechische; erst L. Plotius Gallus (um 90 v. Chr.) eröffnete eine Schule für römische Redekunst, und nicht ohne Anfechtung sowohl seitens der römischen Patrioten, als auch der auf gründliche Schulung ausgehenden Staatsredner gewannen die rhetores Latini Boden[1]). Seit man an Cicero einen klassischen römischen Redner von unanfechtbarer Autorität gewonnen hatte, gilt die lateinische Beredsamkeit für vollwichtig, ohne daß jedoch Cicero immer den Primat behauptet hätte, da man vielmehr im Zeitalter Hadrians und der Antonine auf die älteren Autoren zurückgriff[2]). Die Redekunst galt als Gipfel und Abschluß der Bildung und Erziehung und Quintilian konnte seinem rhetorischen Lehrbuche eine Pädagogik und Didaktik einverleiben.

Grammatik und Rhetorik, die eigentlichen Bildungswissenschaften der Römer, stellen aber, da sie formaler Natur sind, nicht ein Lehrgut dar, wie es der Jugendunterricht als Grundlage bedarf. Ein solches besaß die ältere Zeit an den nationalen Heldenliedern, welche von den Knaben gelernt und bei Festmahlen von Jung und Alt gesungen wurden[3]) und ebenso an den Zwölftafelgesetzen, welche noch zu Ciceros Jugend einen Memorierstoff bildeten. Die pythagoräischen Sprüche, welche Appius Claudius Cäcus (um 300) in einem Gedichte zusammenstellte, können als der erste Versuch gelten, zu gleichem Zwecke Fremdes anzueignen. Das erste eigentliche Schulbuch aber war die Odyssia, welche der tarentinische Grieche Andronikos, zugenannt Livius, herstellte, der um 240 in Rom als Freigelassener und Sprachlehrer lebte; es hat sich bis zu Augustus' Zeit in den

---

[1]) Suet. de clar. rhet. I sq. — [2]) Eckstein in Schmid Encyklopädie s. v. Lateinische Sprache I. Aufl., Bd. XI, S. 498. — [3]) Von Ussing a. a. O. S. 129 in Frage gezogen.

§. 12. Inhalt der Bildung bei den Römern.

Schulen behauptet, wo es nach Stil und Form — er bediente sich des alten saturnischen Verses — längst veraltet war. Kaum funfzig Jahre nach Andronikos machte der „Halbgrieche" Q. Ennius aus Campanien jenem durch seine „Annalen" den Rang streitig, in welchen er mit Anlehnung an Homer und in dessen Versmaß die Geschichte Roms darstellte. Beide Werke wurden von den Dichtungen Vergils verdrängt, welche zum Teil schon zu Lebzeiten des Dichters durch den Grammatiker Q. Cäcilius Epirota im Unterricht verwendet wurden. Auch Horaz drang früh in die Schulen ein; es galt zu Anfang der Kaiserzeit für einen Schriftsteller als Ziel des Ehrgeizes, von der Jugend gelesen zu werden; Horaz bezeichnet es als die schönste Aufgabe des Dichters: „den Mund, den stammelnden, zarten des Knaben zu formen, niedriger Rede sein Ohr zu entfremden, das Herz ihm zu bilden durch freundliche Lehre, wackere Thaten im Liede zu berichten und dem jungen Geschlechte die bewährten Muster vorzuhalten"[1]). Quintilian will ebenfalls die modernen Dichter voranstellen und erst die Gereifteren zu den alten Poeten heranführen; allein im zweiten Jahrhundert nach Christus griff man wieder auf die Alten zurück: Vergil mußte zeitweilig dem Ennius, wie Cicero dem Cato weichen[2]). So bedurfte es verschiedener Experimente, um die Stelle auszufüllen, welche in der griechischen Bildung Homer behauptete, und wenn auch Vergils Dichtungen, von jenen Rückschwankungen abgesehen, eine fast kanonische Geltung gewannen, so waren sie doch nicht entfernt so mit dem römischen Geistesleben verwachsen, wie die homerischen mit dem der Griechen, und sie mußten bei dem zweisprachigen Charakter der Bildung mit diesen selbst den Primat teilen.

Nächst den Schulautoren trugen in der Zeit des erwachenden Interesses für das griechische Wesen die Komödiendichter am meisten dazu bei, weitere Kreise mit den neuen Bildungselementen bekannt zu machen; Plautinische und besonders Terentianische Sentenzen erlangten nicht selten sprichwörtliche Geltung, die Bühne stellte griechisches

---

[1]) Hor. Ep. II, 1, 126 sq. — [2]) Eckstein a. a. O. und Hertz Renaissance und Rokoko in der römischen Litteratur. Berlin 1865.

Leben vor Augen, und machte die griechische Weltanschauung und Mythologie populär. Als weitere Quellen allgemeiner Bildung wirkten die öffentlichen Reden und Deklamationen und bei der Popularität, welche in Rom das Rechtswesen genoß, konnte der feingebildete Advokat einen bedeutenden Einfluß auf die Hebung des Geschmacks ausüben. Dagegen fehlten Rom die öffentlichen Konzertationen mit Werken der Dichtkunst; Novitäten deklamierte man in Freundeskreisen, beim Mahle oder im Bade, eine Sitte, die zuerst der Redner und Kritiker Asinius Pollio einführte. Spricht sich darin das Streben des gebildeten Römers aus, jede müßige Stunde mit geistigem Genusse auszufüllen, so reicht doch ein derartiges Rezitieren nicht an die geistvollen Unterhaltungen der Griechen heran, aus denen die Kunstform des platonischen Dialoges sich entwickeln konnte [1]).

Von dem encyllischen Studiensysteme der Griechen fanden so Grammatik und Rhetorik den günstigsten Boden, die Einbürgerung der übrigen Disciplinen aber wurde durch die Richtung des römischen Sinnes auf das praktische einigermaßen hintangehalten. Aus den Lehrschriften, welche Cato Censorius, der „Alles was zu seiner Zeit gewußt und gelernt wurde, erforschte, innehatte und niederschrieb" [2]), für seinen Sohn abfaßte, ist zu ersehen, welcher Wissenserwerb dem Römer des alten Schlages als der notwendigste erschien. Cato war der Ansicht, man müsse die griechische Litteratur einsehen, aber nicht durchstudieren [3]), und so band er sich um so weniger an das Fachwerk der griechischen Studien. Für sein „Sittengedicht" benutzte er wahrscheinlich pythagoräische Quellen, seine Rhetorik stellte er nach dem Bedürfnisse des Forums, aber auf Grund von Studien in Thukydides und Demosthenes zusammen; sein Geschichtswerk Origines, das er, um dem Knaben das Lesen zu erleichtern, mit besonders großen und deutlichen Buchstaben schrieb [4]), hatte die nationale Ge-

---

[1]) Krause a. a. O. S. 305. — [2]) Cic. de or. III, 33, 135. — [3]) Plin. Hist. nat. 29, 1, 14. bonum illorum litteras inspicere non perdiscere. — [4]) Plut. Cat. Maj. 20. τὰς ἱστορίας συγγράψαι φησὶν αὐτὸς ἰδίᾳ χειρὶ καὶ μεγάλοις γράμμασιν, ὅπως οἴκοθεν ὑπάρχῃ τῷ παιδὶ πρὸς ἐμπειρίαν τῶν παλαιῶν καὶ πατρίων ὠφελεῖσθαι.

§. 12. Inhalt der Bildung bei den Römern.

schichte zum Inhalte; daran schlossen sich Handbücher für die Rechtswissenschaft, die Landwirtschaftslehre, die Kriegskunst und die Heilkunde an. Für die mathematischen Disciplinen ist somit bei ihm noch keine Stelle vorhanden, oder sie waren vielmehr ganz dem Elementarunterrichte, der das Rechnen mit Eifer pflegte, zugewiesen. Noch Cicero findet einen weiten Abstand zwischen den Griechen, bei denen die Geometrie in hohen Ehren und die Mathematiker im allgemeinen Ansehen ständen, und seinen Landsleuten, welche „das Ausmaß dieses Studiums nach dem Nutzen bestimmten, welchen das Messen und Rechnen gewährt"[1]. Noch weniger Boden fand die Musiklehre, da die Ausübung der Tonkunst geradezu als unschicklich galt[2]. Am meisten fanden sich die Römer von der Astronomie angezogen, deren Kenntnis für Landbau und Schiffahrt Nutzen gewährte und die als Himmelsbeschreibung zahlreiche mythologische Materien enthielt; die astronomischen Lehrgedichte des Aratos (Phaemonena und Diosemeia), wurden mehrfach, so auch von Cicero, übersetzt und drangen auch in die Schulen.

Als Bildungswissenschaften erscheinen die mathematischen Disciplinen zuerst in M. Terentius Varros libri IX disciplinarum, welche das ganze encyklische System umfaßten und für alle folgenden Encyklopädieen die Fundgrube bildeten. Über die Siebenzahl geht Varro insofern hinaus, als er die Medizin und die Architektur mit einbezieht, eine Anpassung teils an die ältere Hochschätzung der Heilkunde, teils an das in der römischen feinen Gesellschaft rege gewordene Interesse für Bauten. Über den Landbau und das bürgerliche Recht handelte Varro in besonderen Schriften und der vaterländischen Geschichte widmete der vielseitige Forscher, in dem sich die wissenschaftlichen Elemente der Bildung zur Zeit des Ausgangs der Republik gleichsam konzentrieren, sein Werk do vita populi Romani und die Antiquitates rerum humanarum et divinarum, denen der Kirchenvater Augustinus Fülle der Gelehrsamkeit und Reichtum der Gedanken nachrühmt[3]. Zum mathematischen Studium ermun-

---

[1] Tusc. I, 2, 5. — [2] Nep. Ep. 1. — [3] De civ. Dei VI, 2.

tert Varro durch Hinweis darauf, daß dessen Wert erst beim Fortschreiten darin zum Bewußtsein komme: "Diese Dinge", sagt er, lernen wir leider entweder gar nicht, oder wir brechen ab, ehe wir noch das Verständnis gewonnen, warum sie lernenswert sind; der Reiz und Nutzen dieser Wissenschaften liegt in dem, was über die Elemente hinausgeht (in postprincipiis), in ihrer vollständigen Durcharbeitung, während ihre Elemente wohl das Ansehen von Zwecklosigkeit und Trockenheit haben können"[1]). Quintilian weiß den Bildungsgehalt der Mathematik zu würdigen und giebt ihn (nach Isokrates) dahin an, daß sie dem Geiste zu schaffen gebe, den Verstand schärfe, die Fassungskraft gewandter mache und daß sich ihr Nutzen nicht wie bei anderen Studien erst, wenn man sie innehat, sondern im Lernen selbst geltend mache, für den Redner habe sie zudem die Bedeutung, ihm das Vorbild der Ordnung und des strengen Schließens zu geben, und seine Sachkenntnis nützlich zu erweitern[2]). Als Fachstudium kam die Feldmeßkunst in Aufnahme, seit Cäsar zur Katastrierung der Reichsländer aus Ägypten Geometer nach Rom berief; die Litteratur dieses Wissens- und Kunstzweiges war nicht unbedeutend; sie wird durch Julius Frontinus, den ersten der Gromatiker[3]) (um 74 nach Chr.) eröffnet, und hat für die Bildung des Mittelalters Bedeutung[4]). Die römische Bildung assimilierte Kenntnisse dieses Gebietes wenigstens bis zu einem gewissen Grade und in den encyklopädischen Lehrschriften der späteren Kaiserzeit haben Materien aus der Mathematik ihre feste Stelle.

Die Lehrschriften oder Kompendien, welche nach einem Systeme das Wissenswürdigste zusammenfassen, sind für die Tendenz der römischen Bildung auf das Praktische und auf Zeitersparnis bezeichnend. In der ersten Kaiserzeit schrieb A. Cornelius Celsus ein derartiges Werk, welches nachweislich Redekunst, Sittenlehre, Rechtskunde, Kriegswesen, Landwirtschaft und Medizin behandelte und wahrscheinlich den Titel cesti führte; erhalten sind davon nur acht

---

[1]) Gell. N. A. 16, 18. — [2]) Quint. Just. I, 1, S. 34 sq. — [3]) Der Name ist wahrscheinlich aus γνώμων verderbt. — [4]) Vgl. Werner Gerbert von Aurillac. Wien 1878, S. 74.

Bücher aus dem medizinischen Abschnitte — Celsus: medicorum Cicero —; im Zeitalter der Antonine bearbeitete der Neuplatoniker L. Apulejus aus Madaura, der Begründer der afrikanischen Latinität, die Dialektik, Rhetorik und die mathematischen Disciplinen; erhalten ist nur das Handbuch der Dialektik unter dem Titel de dogmate Platonis [1]). Sein Landsmann und gleich ihm Anhänger des Neuplatonismus, Marcianus Capella, welcher um 410 bis 427 schrieb, ist zu unverdientem Ruhme gelangt, dadurch, daß seine Encyklopädie zum Lehrbuche des Mittelalters wurde. Die beiden ersten Bücher seiner Satiricon libri IX stellen die Vermählung des Merkurs mit der Philologie dar, bei welcher Phöbus der Braut die sieben freien Künste als ihre Mägde vorführt, von denen nun jede den Inbegriff der betreffenden Disciplin vorträgt mit einer Trockenheit, die zu dem Schwulst der einrahmenden Erzählung übel absticht; auch Medizin und Architektur gehören zu dem Gesinde, kommen aber nicht mehr zum Wort [2]). In der Periode seiner Lehrthätigkeit als Rhetor unternahm der große Kirchenvater Augustinus die Herstellung einer Encyklopädie, vollendete jedoch nur die Schriften über Grammatik und Musik, während die Bücher über die Dialektik, Rhetorik, Geometrie, Arithmetik und Philosophie nicht über den Anfang hinauskamen [3]). Das ganze Gebiet umfaßte das Werk Cassiodors, des Zeitgenossen Theoderichs, de artibus ac disciplinis liberalium litterarum zur Bildung der Kleriker bestimmt. Zahlreiche andere Werke stellten gelehrte Kenntnisse aller Art ohne Einhaltung des encyklischen Fachwerks, manche ohne jeden Plan zusammen. Ein Denkmal großen Sammlerfleißes und eine Fundgrube für die folgenden Zeiten ist des älteren Plinius Naturgeschichte, welche in 37 Büchern Excerpte aus mehr als 2000 Schriftstellern über Materien der Astronomie, Geographie, Anthropologie, Zoologie, Botanik, Medizin, Mineralogie, Metallurgie und Kunstgeschichte enthält, und die der jüngere Plinius ein opus

---

[1]) Jahn, Über römische Encyklopädieen in den Ber. d. königl. sächs. Gesellschaft der Wissenschaften Philol.-hist. Klasse II, 1856, S. 263 bis 287. — [2]) Ebert, Geschichte der christl. Litteratur Leipzig 1874 I, S. 459. — [3]) August. Retract. I, 6.

diffusum, cruditum, nec minus varium quam ipsa natura nennen könnte ¹). Ein Vertreter des planlosen aber doch dem Zwecke eigener und fremder Belehrung dienenden Excerpierens ist A. Gellius der Verfasser der „Attischen Nächte", die er zu lehrhafter Unterhaltung für seine Kinder abfaßte. Mehrere Schriften der Art drücken ihre didaktische Tendenz in der einleitenden Widmung, sei es an den Sohn oder einen Freund des Autors aus, eine Gepflogenheit, welche nicht von den Griechen entlehnt ist, vielmehr auf Cato zurückzugehen scheint, wie denn überhaupt die individuellen Lernbedürfnissen dienende Schriftstellerei eine eigene Gattung der römischen Litteratur darstellt ²).

Der römische Sinn neigte mehr zur Philologie und Polymathie als zur Philosophie und diese Wissenschaft hat auf römischem Boden keine Fortbildung erfahren. Dagegen hat sie als Bildungsdisciplin, wenngleich nur für engere Kreise, Bedeutung gewonnen. Im Philosophieren das eigene Geistesleben nach Neigung auszubreiten und auszuarbeiten zog den Römer mehr an als wirkliche spekulative Forschung; das Wort des Ennius: philosophari est mihi necesse, at paucis, nam omnino haud placet ³) drückt den subjektiven und eklektischen Charakter des Betriebes dieser Wissenschaft aus, und wenn auch Cicero und Seneca nicht bei „Wenigem" stehen blieben, so blieb doch der Selbstgenuß bei der philosophischen Spekulation ein Hauptmotiv derselben. Bei Cicero kam der Antrieb dazu, die Kraft der Sprache an den abstrakten Materien zu erproben und mit ihm beginnt, abgesehen von Varro, „in dessen Munde die Dialektik lateinisch sprach", die Gestaltung der lateinischen philosophischen Terminologie, welche für die nachfolgende Zeit von so unabsehbarer Tragweite war ⁴). Einen anderen dauernden Ertrag hat die Beschäftigung mit der Philosophie der römischen Rechtswissenschaft abgeworfen, welcher durch dieselbe nicht bloß den begrifflichen Unterbau

---

¹) Plin. Ep. III, 5. — ²) Merклин: Die isagogischen Schriften der Römer. Philologus, Jahrg. IV, 1849, S. 413 bis 429. — ³) Cic. Tusc. II, 1, 1, vgl. de or. II, 37, 156. Rep. I. 18. — ⁴) Eucken Geschichte der philosophischen Terminologie. Leipzig 1878 S. 52 f. Minder günstig urteilt über Ciceros Terminologie Prantl Geschichte der Logik I, S. 512.

erhielt, sondern auch jene logische Vollendung empfing, vermöge deren sie als ein gedankliches Kunstwerk der Mathematik der Griechen an die Seite treten kann¹). —

So gehen alle wesentlichen Elemente der griechischen Bildung in die römische ein; aber die Art, wie sich die letztere mittels derselben Körper giebt, sticht nicht zum Vorteil von der Entwickelung des Inhalts der griechischen Bildung ab. Kein Litteraturdenkmal von höherem Alter und autoritativem Ansehen, mit dem ganzen Volksleben verwachsen, bildet die Grundlage: vielmehr sehen wir griechische Schulmeister bemüht, Rom gleichzeitig eine Litteratur und ein Lehrgut zu geben; es wirken nicht Poesie und Forschung zusammen, um allmählich die Sprachkunst und deren Theorie zu zeitigen, sondern letztere nimmt den eiligen Entwickelungsgang der Treibhauspflanze und der Sinn richtet sich auf die Form und das Formale früher als auf den die Form erzeugenden Inhalt; die herübergepflanzte Polymathie gewinnt breite Entfaltung, entbehrt aber der Einheit gebenden Philosophie, welche selbst zum Eklekticismus wird, und erhält eine nüchterne Beziehung auf das Praktische und Nutzbare. Und doch ist nicht zu verkennen, daß die Form, welche Rom dem griechischen Bildungsinhalte gab, die günstigste war für dessen Verbreitung und Erhaltung. Um in den antiken Kulturkreis einzutreten, bedurften die Völker des Mittelmeerreiches und später die des Nordens einer Schulung, für welche ein formal-praktisch gestalteter Bildungsinhalt eine weit geeignetere Grundlage abgab, als ein solcher von durchgeistigter Fülle. Das Sprachreglement Donats war da mehr an der Stelle als die Sprachphilosophie der Stoa oder die aristarchische Homerkritik, eine an die Rechtswissenschaft geknüpfte Redekunst mehr als die ethische Rhetorik des Isokrates, die praktischen Kenntnisse der Gromatiker mehr als Euklids logisch-architektonischer Scharfsinn. Der römische Bildungsinhalt ist trotz seines unorganischen Aussehens doch mehr als ein äußerlich aufgenommener; er ist in das nationale Bewußtsein hineingearbeitet und wurde dadurch dem großen

---

¹) Boeckh a. a. O. S. 705.

Eroberervolke ein Mittel zur geistigen Assimilation verschiedener Nationalitäten, der intellektuelle Mittelpunkt des lateinischen Kulturkreises.

§. 13.

Wie der Bildungsinhalt, so mußten auch die Bildungsideale der Griechen bei ihrer Verpflanzung nach dem Westen durch die dem römischen Wesen innewohnenden Tendenzen Modifikationen erfahren. Die Römer nahmen von den Griechen die ausdrückliche Unterscheidung von Bildungserwerb und Ausrüstung für den Beruf herüber, und die Ausdrücke: artes ingenuae, liberales, studia ingenua, liberalia sind lediglich Übersetzungen der griechischen Bezeichnungen; nur in dem Namen der bonae artes, welche die Studien und Übungen des vir bonus, des Patrioten und Ehrenmannes umfassen, liegt etwas spezifisch Römisches. Wie in Griechenland gelten die Bildungsstudien als ein Werk würdig-erfüllter Muße, als Genuß, als Zierde, als ein der Persönlichkeit einwachsendes Element: „Andere Bethätigungen sind nach Zeit, Lebensalter, Ort begrenzt: die Bildungsstudien sind eine Triebkraft der Jugend, eine Lust des Alters, ein Schmuck im Glück, Zuflucht und Trost im Unglück; sie ergötzen daheim, beschweren nicht in der Fremde; sie sind uns freundliche Gefährten der Nacht, der Reise, des Landlebens" [1]). Damit ist aber dem Römer die Vorstellung, daß diese Studien zugleich zu gewissen Leistungen befähigen sollen, ganz wohl vereinbar; weit bestimmter als der Grieche verlangt er, daß der Reinertrag derselben in der Beherrschung des Wortes zutage trete. Zu dem ingenuas pectus coluisse per artes gehört es linguas edidicisse duas [2]), und das rednerische Können, in zweiter Linie auch das schriftstellerische, ist für das mannigfaltige Lernen und Lehren der greifbare Beziehungspunkt; ein Gebildeter ist noch nicht, wer diese und jene Studien betrieben hat, sondern „wer mit Applikation, Scharfsinn

---

[1]) Cic. pro Arch. 7. — [2]) Ovid. d. arte am. II, 121.

§. 13. Das Ethos der römischen Bildung.

und Kenntnis über etwas zu reden und zu schreiben versteht"¹). Bei der engen Verbindung der Redekunst mit der Rechtsgelehrsamkeit, wird auch diese zu einem praktischen Beziehungspunkte der Bildung: der wahre juris consultus, im Unterschiede vom legulejus, ist ein Mann von vollendeter Bildung, und umgekehrt ist die Kenntnis des Rechts der Abschluß der Befähigung zum Redner, das ist: des höheren Bildungserwerbes²). Seit von den Kaisern, besonders von Hadrian an, ein Beamtenstand ins Leben gerufen worden, tritt die Tendenz der Bildung auf Leistungsfähigkeit noch bestimmter hervor, und zwar sind es die Anforderungen an den Beamten, welche ihr nunmehr als Zielpunkt vorgesetzt werden.

Mehrfach begegnen bei römischen Autoren Klagen darüber, daß Jugendunterricht und Studienbetrieb nicht auf das Leben bezogen und darum wertlos seien; doch liegt solchen Äußerungen eine andere Meinung zu Grunde, als es auf den ersten Blick scheint, und sie sind den modernen Verhältnissen, mit welchen man sie in Beziehung gesetzt hat, völlig fremd. Wenn Seneca sein: Non vitae, sed scholae discimus ausruft, das zum geflügelten Worte und zum Schiboleth des auf die Lebenspraxis gerichteten Unterrichts geworden ist, so geht seine Beschwerde nicht dahin, daß die Jugend Dinge lerne, mit denen sie im Leben nichts anfangen kann, sondern dahin, daß die Studien nicht zur Lebensweisheit, die Schöngeisterei nicht zur Tugend führe³). Näher der uns geläufigen Beschwerde über

---

¹) Corn. Nepos bei Suet. de ill. gramm. 4. litterati — qui aliquid diligenter et acute scienterque possint aut dicere aut scribere. Litteratus ist die Übersetzung von γραμματικός wie litteratura von γραμματική, und die spezielle Bedeutung des Wortes ist: Erklärer von litterarischen Werken; dem griechischen γραμματιστής Elementarlehrer entspricht das lateinische litterator. — ²) Cic. de or. I, 55, 236, vgl. das. 46, 202, u. Brut. 49; ferner Quint. XII, 3. — ³) Sen. Ep. 106 fin. Es lohnt, die viel gemißbrauchte Stelle im Zusammenhange herzusetzen. Non faciunt bonos ista — es war von dialektischen Spitzfindigkeiten die Rede — sed doctos; apertior res est sapere, immo simplicior, paucis est ad mentem bonum uti litteris: sed nos ut cetera in supervacuum diffundimus, ita philosophiam ipsam; quemadmodum omnium rerum, sic litterarum quoque intemperantia laboramus: non vitae, sed scholae discimus. Vale.

die Divergenz von Schule und Leben kommt der satirische Ausfall des Petronius auf die Rhetorenschulen, wo es heißt: „Ich meine, daß in den Schulen die Buben dumm gemacht werden, weil sie da nichts von dem hören und sehen, was von gemeinem Nutzen ist", und weiter, nachdem Proben von der Leerheit der rhetorischen Übungen gegeben sind: „Wer solche Nahrung erhält, kann so wenig zu Verstand kommen, als derjenige zu Wohlgeruch, welcher in der Küche wohnt"[1]). Wie das spöttische Wort Catos von dem ewigen Redenlernen und nie Redenkönnen der griechischen Rhetoren, richtet sich hier der Satiriker gegen den geistlos-spitzfindigen Schultram der Redekunst, aber daß diese selbst im Unterrichte nicht an der Stelle wäre, ist nicht gemeint; es war die praktische Bedeutung des fari posse und das tief im antiken Wesen liegende Interesse für die Sprachkunst zu groß, als daß eine so weitgehende Reform dem Dichter im Sinne gelegen hätte. Ein tieferer Zwiespalt zwischen Leben und Schule besteht im römischen Altertum nicht, wenngleich der derivierte Charakter der römischen Bildung es nicht zu jener harmonischen Wechselwirkung von Lernen und Ausüben, Hören und Sehen, wie sie die attische Blütezeit auszeichnet, kommen läßt.

Mit der stärkeren Hervorhebung des rednerischen Könnens als Moment der Bildung, steht die Unterscheidung von Fertigkeit und Kenntnis, welche in der παιδεία ungetrennt vereinigt waren, im Zusammenhange. Das Moment der Fertigkeit war die eloquentia, das der Kenntnis die eruditio. Der letztere Ausdruck deckt sich keineswegs mit παιδεία; er entbehrt nicht nur der Beziehung auf die gymnastische Seite, sondern läßt auch die formale zurücktreten, indem er den Erwerb positiver Kenntnisse hervorhebt, in welchem Sinne er sowohl der Eloquenz, als dem Philosophieren entgegengesetzt wird[2]). Es ist für die auf dem Bücherstudium fußende römische

---

[1]) Petron. Sat. 111. — [2]) So bei Suet. Cal. 53: E disciplinis liberalibus minus eruditioni, plurimum eloquentiae attendit. Cic. Fin. I, 7 fin. Vellem equidem aut ipse (Epicurus) doctrinis fuisset instructior — est enim non satis politus iis artibus, quas qui tenent eruditi appellantur — aut ne deterruisset alios a studiis.

§. 13. Das Ethos der römischen Bildung.

Bildung bezeichnend, daß die lateinische Sprache jenes griechische Wort weder in adäquater Übertragung, noch als Fremdwort aufgenommen hat, während sich φιλολογία einigermaßen einbürgerte und nicht selten da gebraucht wird, wo wir ein Äquivalent von παιδεία erwarten sollten [1]).

Die Tendenz der Bildung auf Vielseitigkeit fehlt der römischen Geisteskultur nicht, wird aber konsequenter Weise als die Aufgabe: der virtuosen Beherrschung der Sprache eine feste Unterlage von Sachkenntnissen zu geben, gefaßt. Es bedurfte weit weniger der Mahnung, das Gelernte bis zur Befähigung zu geschmackvoller Gestaltung durch das Wort zu verarbeiten, als der anderen: die Kunst des Wortes nur auf Grund der Beherrschung des Inhalts anzustreben. In diesem Sinne fordert Cicero vom Redner, daß er aller Wissenschaften und Künste kundig sei, entwirft Quintilian seinen Studienplan, charakterisiert Tacitus die wahre Beredsamkeit dahin, daß sie „erquelle und entströme aus vielfachem Studium, mannigfaltiger Fertigkeit und umfassender Sachkenntnis, da das Können des Redners nicht wie andere Bethätigungen auf ein enges, begrenztes Gebiet gestützt ist, sondern nur der diesen Namen verdient, der über jede Frage schön und schmuckvoll, überzeugend und sachgemäß, der Situation entsprechend und zur Lust der Hörer zu sprechen vermag" [2]). Die Gefahren des vielseitigen Bildungsstrebens entgingen den Römern so wenig, wie den Griechen und es fehlt auch bei ihnen nicht an Warnungen, über der Menge nicht die Einheit, über dem Interessanten nicht das Notwendige zu verlieren. Des jüngeren Plinius Wort: Non multa, sed multum ist sprichwörtlich geworden und Senecas Ausfälle gegen die kleinliche Alleswisserei sind geistvolle Ausführungen zu den Schlagworten Heraklits und Anderer gegen die falsche Polymathie.

---

[1]) Philologus nannte sich zuerst Attejus Capito, welcher multiplici variaque doctrina censebatur. Suet. de ill. gramm. 10. Bei Vitruv. Prooem. wird Homer poetarum parens et philologiae omnis dux genannt; bei Marc. Capella erscheint die Bildung unter dem Namen Philologia personifiziert. — [2]) Tac. Dial. 30.

Der sittliche Beziehungspunkt der Bildung kommt bei den Römern besonders darin zur Geltung, daß sie derselben eine civilisatorische Aufgabe zuweisen. Schon in dem Worte erudire ist das Sittigende des Unterrichts und der Studien ausgedrückt; dem soldatisch-bäuerlichen Volke und nicht weniger dem erobernden, welches seine Civilisation auf kulturlose Nationen zu übertragen hatte, mußte sich diese Wirkung der geistigen Bethätigung zumeist aufdrängen: „treulich die edlen Künste zu lernen, mildert die Sitten und läßt die Menschen nicht in Wildheit verharren" [1]). Der Kunst des Wortes schreibt Cicero die Kraft zu, die ungeselligen Menschen der Vorzeit zu einem Gemeinwesen vereinigt und für civile Lebensgestaltung gewonnen zu haben [2]). Aber auch die eigentlich versittlichende Macht der Bildung und der Unwert, dem sie verfällt, wenn sie sich von ethischen Zielen loslöst, wird kräftig hervorgehoben nicht weniger von dem Altrömer Cato, als von dem Stoiker Seneca, der „den nichtigen Prunk der Modebildung und das Bücherwesen, in dem kein Heil zu suchen ist" [3]), vor den Richterstuhl der Ethik zieht. — Mit der Betonung des pädagogischen Momentes der Bildung hängt es zusammen, daß bei den Römern ausdrücklicher als bei den Griechen das Pietätsverhältnis des Schülers zum Lehrer hervorgehoben wird: „der Lehrer nimmt, nach dem Willen der Götter, des Vaters geheiligte Stelle ein" [4]); „die Lehrer sind Erzeuger nicht des Leibes, wohl aber des Geistes, und aus der Pietät gegen sie kommt dem Studium Gedeihen" [5]).

Das socialethische Motiv der Überlieferung der Bildung kommt bei dem stark ausgeprägten socialpolitischen Sinne der Römer ebenfalls zur Geltung: „durch Erziehung und Bildung der Jugend wird die größte und beste Leistung an den Staat entrichtet" (Cicero);

---

[1]) Ovid. Pont. 2, 9, 47. Didicisse fideliter artes Emollit mores nec sinit esse feros. — [2]) Cic. de or. I, 8, 33. De inv. I, 2; vgl. dagegen Quint. III, 2, 4. — [3]) Sen. Ep. 59. Studiorum liberalium vana ostentatio et nihil sanantes litterae. — [4]) Juv. Sat. 7, 209. Di praeceptorem sancti voluere parentis esse loco. — [5]) Quint. Inst. II, 2, 8, vgl. Sen. Ep. 73, de benef. VI, 15, 2.

§. 13. Das Ethos der römischen Bildung.

„eine nicht geringe Ehre ist's und wiegt den größten Reichtum auf, wenn Kinder zieht der Mensch, um sich und sein Geschlecht zu verewigen" (Plautus); wie bei den Griechen aber wirkt bei dem Streben der Erhaltung der geistigen Güter zugleich der individuelle Antrieb mit, das eigene Selbst, dessen Verdienst an sie geheftet ist, unsterblich zu machen. Aber nicht bloß auf die Nachwelt, sondern auch auf Mitlebende geistige Errungenschaften zu übertragen, ist der Stolz des Römers; er rühmt sich, daß er den Völkern nicht nur sein Joch aufgelegt, sondern auch seine Sprache gegeben, und sie durch die Reichssprache und Reichsbildung zur Einheit geführt [1]): „Jetzt ist das griechische Athen und das unsrige das Eigentum des ganzen Erdkreises; Gallien ist sprachkundig genug, um britannische Sachwalter auszubilden, und in Thule redet man davon, welchen Rhetor man anstellen soll" [2]). In dieser kosmopolitischen Tendenz der römischen Bildung ist ein Hinausgehen über das griechische Bildungsideal, welches enger mit der Nationalität verwachsen war, gegeben; der Gegensatz von Hellenen und Barbaren verschwindet, die Geistesverfassung, in der sich die höheren Bestrebungen zusammenfassen, wird nicht nach einem Volke, sondern nach dem Menschen benannt. Der lateinische Ausdruck humanitas bedeutet ursprünglich: Menschlichkeit, Menschenfreundlichkeit, dem griechischen φιλανθρωπία entsprechend, nimmt aber den Sinn von menschenwürdiger Veredlung des Geistes an: „Diejenigen welche die lateinischen Worte geschaffen und recht angewendet haben, nannten humanitas etwa das, was die Griechen παιδεία heißen: Erudition und Unterricht in den rechten Bethätigungen, welche die sich ihnen lauteres Geistes Hingebenden und Widmenden zu Menschen in vollem Sinne machen; denn nach solchem Geistesinhalt zu streben und sich daran zu schulen, ist von all den lebenden Wesen dem Menschen allein verliehen, darum findet hierauf der Name: Menschenbildung Anwendung" [3]). So ist humanitas

---

[1]) Vgl. Aug. Civ. Dei 19, 7. — [2]) Juv. Sat. 15, 111 sq. vgl. Plin. N. H. 3, 6, 39. — [3]) Gell N. A. 13, 16. Qui verba Latine fecerunt, quique iis probe usi sunt ... humanitatem appellaverunt id propemodum, quod Graeci παιδείαν vocant, nos eruditionem institutionemque in

der eigentliche Ausdruck der Römer für Bildung und er tritt mit den Bezeichnungen ihrer einzelnen Momente in Verbindung: wir finden verknüpft: humanitas mit doctrina, mit litterae, mit bonae artes und so auch mit sermo [1]), zugleich aber streift er die Grundbedeutung des Menschlich-Milden, des Edel-Gesitteten nicht ab und in der Ausprägung desselben spricht sich gleich sehr der kosmopolitische, wie der ethische Zug der römischen Bildung aus.

§. 14.

Die Anfänge des römischen Schulwesens werden gewöhnlich an den Namen des Freigelassenen Spurius Carvilius geknüpft, welcher um 250 v. Chr. eine Anstalt eröffnete, in welcher gegen Entgelt unterrichtet wurde [2]). Der Grund, warum diese Thatsache für bemerkenswert galt, kann darin liegen, daß jener Spurius der erste namhafte Lehrer war — er führte in der Schreibweise Neuerungen ein, insbesondere stellte er die Unterscheidung von C und G fest — oder darin, daß das Schulgeld als eine Neuerung auffiel; jedenfalls sind schon für die ältere Zeit Schulen bezeugt [3]) und bei einem Volke, das schon 200 Jahre vor jenem Schulhalter geschriebene Gesetze besaß und das noch früher an der Priesterwissenschaft seiner Nachbarn Anteil gesucht hatte, gar nicht in Frage zu ziehen. Vielleicht weist der ältere Name für Schule: ludus auf einen Zusammenhang derselben mit dem Kultus hin; ludi sind die dem Kultus dienenden Festspiele und es ist viel wahrscheinlicher, daß die Schulen nach

---

bonas artes dicimus, quas qui sinceriter percipiunt (al. cupiunt) appetuntque, ii sunt vel maxime humanissimi. Hujus enim scientiae cura ac disciplina ex universis animantibus uni homini data est, idcircoque humanitas appellata est. Vgl. Cic. Rep. 1, 17.

[1]) Vgl. Cic. de or. 1, 16, 71. In omni genere sermonis, in omni parte humanitatis dixerim oratorem perfectum esse debere. — [2]) Plut. Quaest. Rom. 59 ὀψὲ δ' ἤρξαντο μισθοῦ διδάσκειν καὶ πρῶτος ἀνέῳξε γραμματοδιδασκαλεῖον Σπόριος Καρβίλιος, ἀπελεύθερος Καρβιλίου. — [3]) Liv. III, 44 in der Erzählung von der Virginia, u. V, 27 in der Geschichte von dem verräterischen Schulmeister von Falerii.

ihnen benannt sind, als danach, daß man das Lernen für eine Art Spiel ansah; darf man darauf Gewicht legen, daß vor Spurius unentgeltlich unterrichtet wurde, so sähe man sich ebenfalls auf Kultusanstalten hingewiesen, allein die Bestätigung durch direkte Zeugnisse fehlt.

Von den öffentlichen Ämtern der republikanischen Zeit hatte die Censur ein gewisses Aufsichtsrecht über die Jugendbildung, indem es dem Censor zustand, wie schlechten Lebenswandel und Ehelosigkeit, so auch nachlässige Erziehung zu rügen; im übrigen blieb die Sorge für Kindeszucht und Lehre dem einzelnen überlassen: „Die Römer haben Umgang davon genommen, die Erziehung durch Gesetze zu bestimmen und zu regeln, sowie davon, sie gleichförmig für alle einzurichten" [1]), ein Prinzip, das seitens griechischer Beurteiler mehrfach Mißbilligung fand. Erst die Umwälzungen, welche mit dem Eindringen der griechischen Bildung drohten, riefen behördliche Maßnahmen in bezug auf das Bildungswesen ins Leben. Die durch den Senat 161 v. Chr. erfolgte Ausweisung der griechischen Philosophen bezeichnet das erste wenngleich negative Eingreifen der Staatsgewalt in dieses Gebiet. Gegen die lateinischen Rhetoren erließen im Jahre 93 v. Chr. die Censoren Cn. Domitius Ahenobarbus und L. Licinius Crassus das uns überlieferte Edikt, welches, obwohl es keinen Erfolg hatte, ein interessantes Dokument der Geschichte der Bildung darstellt: „Es ist uns kund geworden, daß es Leute gebe, die eine neue Art von Unterricht aufgebracht haben und, daß sich die Jugend in ihren Schulen versammle; sie nennen sich, heißt es, lateinische Rhetoren und die jungen Leute sollen tagelang bei ihnen sitzen. Es ist aber von unseren Vorfahren her festgesetzt, was die Jugend zu lernen und, welche Schulen sie zu besuchen habe. Jenes neue Treiben, das gegen Brauch und Sitte das Verfahren verstößt, kann uns nicht zusagen, noch unsere Genehmigung finden: daher wir hiermit jenen Schulhaltern und denen, welche ihnen zulaufen, unser mißbilligendes Urteil kundgeben"[2]).

---

[1]) Cic. Rep. IV, 2. — [2]) Suet. de clar. rhet. 1.

Trotz der Ungunst der Behörden verbreitete sich das neue Lehrwesen schnell, und Rom besaß in der nächstfolgenden Zeit nicht weniger als 20 Schulen, zum Teil von namhaften Sprachlehrern und Rhetoren geleitet. Neben dem älteren Namen ludus kommt nun das griechische Fremdwort schola in Gebrauch; zugleich beginnt sich eine der griechischen analoge Abstufung der Lehranstalten auszubilden. Der ludi magister — auch litterator genannt, welches Wort jedoch später durch grammatistes ersetzt wird — erteilt den Elementarunterricht; seine Schule muß mit bescheidenem Unterkommen, er selbst mit geringem Entgelt vorlieb nehmen; was er beibringt, ist die trivialis scientia[1]: das Wissen, das auf der Straße zu finden ist — möglich, daß die Lage der Schulbuben an Straßenknoten (in triviis) den Ausdruck veranlaßt hat, der später so ausgedehnte Verwendung erhalten sollte —; in größeren Schulen gab es Lehrgehülfen und selbst eigene Schreiblehrer (notarii) und Rechenmeister (calculatores).

In größerem Ansehen stand der litteratus oder grammaticus, welcher in der Sprachlehre unterrichtete, Dichter erklärte, in der Deklamation und Disputation übte, auch wohl die Rhetorik behandelte. In der Reihe von Grammatikern, deren Biographieen Sueton giebt, erscheinen manche Charakterköpfe; so der kenntnisreiche, aber streitsüchtige Orbilius Pupillus, der Lehrer des Horaz, welcher, mit aller Welt verfeindet, ein Buch über die Leiden des Schulmanns schrieb und in Armut verstarb, aber in Benevent, seiner Vaterstadt, ein Standbild erhielt; so Verrius Flaccus, der bei seinen Schülern das Certieren um Prämien einführte und, von Augustus zum Lehrer der kaiserlichen Enkel ausersehen, von seinen Schülern nicht lassen wollte, weshalb Augustus die ganze Schule auf das Palatium verpflanzen mußte; ferner Remmius Palaemon, der als Sklave geboren, als Begleiter des Sohnes seines Herrn vom bloßen Zuhören in der Schule sich Kenntnisse und Redekunst aneignete und als Lehrer ein namhaftes Vermögen erwarb, aber durch Anmaßung — er sagte, mit

---

[1] Quint. I. 4, 27.

§. 14. Das römische Schulwesen.

ihm sei die Wissenschaft geboren worden und werde mit ihm sterben —, so wie durch Liederlichkeit Anstoß gab.

Des Grammatikers Unterricht brachte der Rhetor zum Abschluß; in der ersten Zeit der Rhetorenschulen zählte er auch Erwachsene und selbst angesehene Männer zu seinen Schülern. Ein großer Hörerkreis versammelte sich, wenn er selbst oder seine Eleven öffentliche Deklamationen hielten; jede neue Wendung, jede pikante Anspielung wurde beklatscht; für die gebildete Welt war ein Aktus in einer angesehenen Rhetorenschule ein Ereignis; die Beteiligten selbst bewahrten ihre Leistungen unverlierbar im Gedächtnis: so konnte Seneca in alten Tagen noch zahlreiche Bruchstücke von Deklamationen aus seiner Jugend niederschreiben[1]). Die technischen Vorschriften waren sehr umfangreich, nicht nur vom Bau der Reden und den Kunstmitteln des Stils wurde umständlich gehandelt, sondern auch vom Wohlklange und der Vortragsweise: "es war eine wichtige Frage, in welchen Fällen ein Satz anapästisch, spondeisch u. s. w. anfangen sollte; jede Handbewegung, jedes Sinkenlassen und Überschlagen des Gewandes hatte sein Gesetz; die Redekunst war zu einem Virtuosentum des ganzen geistigen und leiblichen Menschen gesteigert"[2]) und die Redeschule zugleich die Stätte, wo Geschmack, feine Tournüre, Noblesse des Auftretens zu erwerben waren.

Um philosophische und höhere wissenschaftliche Bildung zu erwerben, wandten sich die jungen Römer auch nach Begründung eines heimischen Lehrwesens nach dem Auslande; Athen und Rhodus, seltener der Sitz der strengen Gelehrsamkeit Alexandria waren das Ziel dieser Bildungsreisen. Auch die höhere griechische Beredsamkeit wurde in ihrer Heimat aufgesucht und die Sophisten der Kaiserzeit, welche eine Nachblüte der griechischen Rhetorik darstellen, sahen Schüler aus den verschiedensten Teilen des Reiches um sich versammelt[3]).

---

[1]) Ussing a. a. O. S. 148 f. — [2]) Burckhardt, Die Zeit Konstantins des Großen 2. Aufl., 1880, S. 380. — [3]) Über die Sophisten der Kaiserzeit vgl. den lehrreichen Artikel von Kämmel in Schmids Encyklopädie VIII, S. 880 f. und Rohde „Der griechische Roman" S. 288 f., 358 f.

Die Zahl der niederen Lehranstalten darf nicht gering angesetzt werden; „es ist ein Vorurteil, daß in der allgemeinen Verbreitung der elementaren Kenntnisse das Altertum hinter unserer Zeit wesentlich zurückgestanden habe; auch unter den niederen Klassen und den Sklaven wurde viel gelesen, geschrieben und gerechnet: bei den Wirtschaftersklaven setzt Cato die Fähigkeit zu lesen und zu schreiben voraus" [1]). Gute Köpfe aus den niedersten Klassen fanden überall Gelegenheit, sich die Rudimente der Bildung anzueignen und damit die Voraussetzung des weiteren Vordringens. Für die Provinzen waren die Schulen, sowohl die niederen als die höheren ein Organ der Romanisierung, von nicht geringerer Wirksamkeit als die Garnisonen und die Gerichtshöfe. In Spanien hatte Sertorius um das Jahr 80 v. Chr. die Lehranstalt zu Osca (Huesca) zum Zwecke der Einführung der griechisch-römischen Bildung ins Leben gerufen und schon im ersten Jahrhundert nach Christus konnten sich spanische Schulen rühmen, Männer wie M. Annäus Seneca, den Vater des Philosophen und den berühmten Rhetor Quintilian herangebildet zu haben. Die Provinz Africa wurde im zweiten Jahrhundert der litterarische Mittelpunkt und Utica, Karthago, Madaura namhafte Studiensitze; Gallien nahm so schnell das römische Schulwesen an, daß schon Horaz hoffen konnte, den potor Rhodani zu seinen Lesern zu zählen und nicht wenige Städte Frankreichs und der angrenzenden Teile Deutschlands können sich rühmen, schon zu römischer Zeit Schulstädte gewesen zu sein; bei den Briten regte schon Agricola den Eifer für das Studium des Lateinischen an; die Pannonier erlernten die Reichssprache bereits unter Augustus [2]). Minder empfänglich zeigte sich der Osten, welcher an der griechischen Sprache und Litteratur einen älteren Bildungsstoff besaß; doch müssen auch dort Lateinschulen erstanden sein, wie das lateinische für griechisch-redende Schüler bestimmte Sprachbuch des Dositheos zeigt [3]).

---

[1]) Mommsen, Römische Geschichte I, S. 892. — [2]) Vgl. Eckstein in Schmids Encyklopädie XI, S. 497 und Rölly, Übersicht der vorzüglichsten Studien und Studienorte im Occident während der röm. Kaiserherrschaft, Programm 1868. — [3]) Die Nachweisungen darüber bei Eckstein a. a. O.

§. 14. Das römische Schulwesen.

Im Hinblick auf die Aufgabe, das vielgestaltige Weltreich gleichmäßig und nachhaltig mit den geistigen Gütern der griechisch-römischen Bildung zu befruchten, muß dasjenige gewürdigt werden, was von seiten der Cäsaren für das Bildungswesen geschah, und es ist müßig, sich in Klagen darüber zu ergehen, daß dadurch die Studien ihres freien Schwunges beraubt und bureaukratisch reglementiert worden seien, anstatt anzuerkennen, daß es schlechterdings eines geregelten Apparates bedurfte, um jene breite und zugleich feste Verzweigung der Bildungsarbeit herzustellen, welche durch die ganze Geschichte der späteren Zeiten hindurchreicht; die Kaiserschulen sind Vorläufer der Universitäten, ihre Lehrpraxis und Lehrmittel der Anknüpfungspunkt für die Schulen des Mittelalters und der Renaissance, für deren Didaktik das Lehrbuch des kaiserlichen Professors Quintilian die Norm abgab.

Den Anfang zur staatlichen Förderung des Bildungswesens machte der Begründer des Kaisertums selbst: Cäsar verlieh den

---

S. 500. Die Übungssätze des Buches sind in beiden Sprachen nebeneinander gestellt. Da sie in Unterrichtsverfahren und Schulleben einen willkommenen Einblick gewähren, mögen hier Proben davon eine Stelle erhalten. „Ich gehe in die Schule; ich begrüßte den Lehrer, der den Gruß erwiedert. Willkommen Herr Lehrer, willkommen Mitschüler! Laßt mich auf meinen Platz. Schemel und Stuhl her. Rücke zu. Kommt hierher. Ich sitze, ich lerne, ich memoriere. Ich kann meine Lektion, ich kann sie aufsagen. Schreibe! Ich schreibe. Ich lernte und sagte auf, dann fing ich an, einige Zeilen (oder Verse) zu lesen. Vorschreiben kann ich nicht; schreibe du mir vor, so gut du kannst. Das Wachs ist zu hart, es hätte weich sein sollen. Ich schreibe, ich wische weg. Die Seite, der Riemen, der Stift. Ich kann, was mir aufgegeben wurde. Ich bat, daß er mich nach Hause gehen lasse zum Frühstück. Er entließ mich, ich verabschiede mich; er erwiederte den Gruß. Als ich nach dem Frühstück wiederkam, sagte ich auf. Bursch, gieb mir die Tafel! Die Anderen sagen der Reihe nach auf. Auch ich kann meine Lektion. Ich muß ins Bad. Ich komme, ich ließ die Badewäsche richten. Nun lief ich und komme ins Bad". — Das Buch enthält außer diesen Gesprächen: eine lateinische Grammatik, ein griechisch-lateinisches Wörterbuch, äsopische Fabeln, eine kurze Geschichte des troischen Krieges, Namenreihen von Gottheiten, die Sternbilder, mythologische Erzählungen, Rechtsentscheidungen des Kaisers Hadrian in Form von Anekdoten und Stücke aus einem juristischen Kompendium. Der bunte Kram unserer Lesebücher hat also seine klassischen Vorläufer!

Lehrern der freien Künste in der Stadt Rom das Bürgerrecht und nahm die Begründung einer öffentlichen griechisch-lateinischen Bibliothek in Angriff, zu deren Vorstand er Varro ausersah. Augustus unterstützte freigebig die Vertreter und Freunde der Wissenschaft und errichtete die octavische und die palatinische Bibliothek. Staatsbesoldungen für das höhere Lehramt setzte zuerst Vespasian aus und Quintilian wird als der erste lateinische Rhetor, der kaiserlichen Gehalt bezog, genannt. Mit Trajan beginnt die Obsorge für die Erziehung mitteloser Kinder; derselbe Kaiser schuf sich in der berühmten Ulpia, welche die bisherigen Bibliotheken übertraf, ein Denkmal. Von seiner Zeit an regte sich in den Provinzialstädten der wachsende, durch das Vorgehen der Kaiser gesteigerte Eifer für den öffentlichen Unterricht und die Anstellung von Lehrern. Hadrian gründete das Athenäum auf dem kapitolinischen Hügel, wo Redner und Dichter ihre Vorträge hielten und griechische, wie lateinische Rhetoren unterrichteten; er erhob die Schulen Athens zu neuer Blüte, schmückte es mit einem prachtvollen Gymnasium und einer Bibliothek und versah die Provinzen, besonders seine Heimat Spanien mit Lehranstalten; ausgediente Lehrer verabschiedete er mit Ehren und Ruhegehalten. Sein Nachfolger Antoninus Pius verlieh Lehrern der Wissenschaften aus allen Provinzen Ehren und Gehalte; er erhob den Lehrstand zu einem privilegierten, indem er Philosophen, Rhetoren und Grammatiker von Abgaben, Kriegsdienst, Einquartierung und anderen öffentlichen Leistungen entband; doch wurden die privilegierten Stellen derart beschränkt, daß kleinere Städte davon nur 6, größere 11, Hauptstädte 15 erhielten[1]). Marc Aurel setzte für je zwei Lehrstühle an den vier Philosophenschulen Athens (akademische, peripatetische, stoische, epikuräische) und ebenso für zwei Lehrer der Beredsamkeit Gehalte aus. Alexander Severus errichtete in Rom neue Lehrstühle für Rhetorik, Grammatik, Heilkunde, Mathematik, Mechanik, Baukunst und Haruspicin; und bestimmte

---

[1]) So nach Ussing a. a. O. 160. Jene Ziffern normieren danach nicht die Zahl der Lehrenden in einer Stadt überhaupt, die jedenfalls eine größere war, sondern nur die der privilegierten Lehrer.

Stipendien für arme Schüler. Diocletian traf im Jahre 301 Verfügungen gegen die Verteuerung des Unterrichts und setzte fest, daß der Lehrmeister (magister institutor litterarum) von jedem Knaben monatlich höchstens 50 Denare (etwa 4½ Mark) zu fordern habe, der Rechenlehrer (calculator) 75, ebensoviel der Lehrer der Kurzschrift (notarius), der Architekt aber 100, der Lehrer der lateinischen oder der griechischen Grammatik 200, ebensoviel der Geometer; der Rhetor oder Sophist am meisten, nämlich 250[1]). Constantin bestätigte die Privilegien des Lehrstandes und fügte das der persönlichen Unverletzlichkeit hinzu.

Die Dotation der Lehrstühle machte sie zu vielumworbenen und brachte die Notwendigkeit der Auswahl und der Prüfungen der Bewerber mit sich. Ausdrücklich wird letztere erst von dem Kaiser Julianus angeordnet, in dessen Verfügung darüber die älteste Regelung des Zutritts zum Lehramt vorliegt. Dieselbe lautet: „Die Studienmeister und Lehrer sollen sich vorerst durch ihren Wandel, dann durch Beredsamkeit auszeichnen; da ich nun nicht in jeder Gemeinde persönlich zugegen sein kann, so verordne ich, daß, wer ein Lehramt verlangt, nicht ohne weiteres und leichtfertiger Weise zu diesem Berufe zugelassen werde, sondern erst, wenn er durch das Urteil der Behörde (ordo) für geeignet erklärt ist und den einstimmigen Beifall der ersten Männer des Rates (curiales optimi) erworben hat"[2]). — Das erste Beispiel akademischer Gesetze bietet eine Verordnung Valentinians; nach derselben haben die Studierenden bei der Aufnahme in die Lehranstalt der Hauptstadt ihren Heimatsschein der Behörde vorzulegen, sich für ein Studienfach zu entscheiden, verbotene Verbindungen und unwürdige Aufführung zu meiden, und mit dem 20. Lebensjahre ihre Studien abzuschließen. Das Abgangszeugnis soll Vermerke über Sitten und Fortschritte enthalten, „damit", wie es am Schlusse heißt, „Wir von den Verdiensten und Studien eines jeden Kenntnis erhalten und ermessen können, ob und wann sie Uns verwendbar (necessarii) sind"[3]).

---

[1]) Th. Mommsen, Über das Edikt Diocletians u. s. w. in dem Ber. der königl. sächs. Ges. der Wiss. 1851, S. 1 f. — [2]) Cod. Theod. XIII, 3, 5. — [3]) Cod. Theod. XIV, 9.

Über die Zusammensetzung der Lehrkörper größerer Anstalten giebt die Verordnung Theodosius II. vom Jahre 425 Auskunft, welche für Konstantinopel, dessen Hochschule mit der Roms wetteiferte, 31 Lehrstühle festsetzt und zwar drei für lateinische, fünf für griechische Rhetorik, zehn für lateinische und ebensoviel für griechische Grammatik, einen für Philosophie und zwei für Jurisprudenz; nur die Inhaber derselben hatten das Recht in den Hallen des Capitoliums vorzutragen, welche anderen Lehrern verschlossen waren; doch durften die öffentlichen Professoren keinen Privatunterricht erteilen.

Mit der Aufsicht über das Bildungswesen waren die politischen Behörden betraut; doch scheint dasselbe zeitweise einen besonderen Vorstand gehabt zu haben; wenigstens kommt ein Hofamt ἐπὶ τῶν βιβλιοθηκῶν καὶ ἐπὶ παιδείας vor [1]).

---

[1]) Graßberger a. a. O. II, S. 3.

V.

Die christliche Bildung auf römischem Boden.

§. 15.

Die Gesellschaft, deren staatlichen Rahmen das römische Reich bildete, war der nächste Gegenstand der weltgeschichtlichen Umgestaltung, welche von dem Christentum ausging, und die Christianisierung der griechisch-römischen Geisteskultur hat eine grundlegende Bedeutung für alle nachfolgenden Schöpfungen auf dem Gebiete des Bildungswesens. Dies gilt allerdings nicht in dem Sinne, als wären damals alle Impulse, welche das Christentum der Bildungsarbeit zu geben hat, zu tage getreten: andere als die alternden Völker, welche zu dieser Zeit die Träger der Geschichte waren, dankten ihm die jugendlichen Nationen, die nach jenen dazu berufen wurden, wieder andere die Epoche, mit welcher diesen die Zeit der Reife kam; jedes Zeitalter hat die schöpferischen Antriebe desselben empfunden, keines seine Segensgaben erschöpft. Nur in dem Sinne schafft die patristische Periode, wie in andern Gebieten, so auch in dem der Bildung, die Voraussetzungen für die weitere Entwicklung, als sie das erste Mal und mit großem Sinne und mit freudigem Schwunge den Kultur- und Bildungsgehalt der neuen Lehre auf ein reiches heterogenes Geistesleben einwirken läßt und so die Kraft erprobt und zugleich instrumentiert, die nachmals vielgestaltig weiter wirken sollte.

Das Evangelium brachte nicht ein Bildungssystem mit sich, und nur in beschränktem Maße den Stoff zu einem solchen, der sich vielmehr erst um die idealen Beziehungspunkte sammelte, welche es aufstellte. Diese Beziehungspunkte sind aber von denen der klassisch-antiken Bildung innerlichst verschieden und das Ethos der christlichen Bildung ist in mehr als einem Betracht das Widerspiel zu dem der griechisch-römischen. Für die letztere war das religiöse Element, wenn es auch nicht fehlte, doch nur ein nebensächliches; die Eusebie galt dem Gebildeten des Altertums doch nur als eine Eigenschaft unter andern, welcher in der ausgestalteten Persönlichkeit eben nur eine Stelle gelassen war; für das Werden des christlichen Lebens- und Bildungsinhaltes war jenes Element der Mittelpunkt und es bot sich dem Bewußtsein weder in abstrakter Unbestimmtheit, noch in poetischer Gestaltenfülle, sondern in persönlich-realer, vorbildlicher Lebendigkeit dar: „einen andern Grund kann Niemand legen, als der gelegt ist und dieser ist Jesus Christus" (I. Kor. 3, 11). So wenig die Heilsbotschaft vermittelt wurde „durch gelehrte Reden menschlicher Weisheit, vielmehr durch solche, die der Geist der Heiligkeit eingibt, Geistiges durch Geistiges zu erschließen" (Das. 2, 13), so wenig konnte irgend welches Wissen und Können, losgelöst von dem, vor welchem die Weisheit dieser Welt Thorheit ist, einen Wert beanspruchen. Der christliche Sinn wandte sich ebensosehr von der jüdischen Schriftgelehrsamkeit, wie der ästhetisch-weltmännischen Bildung der Griechen ab, dem nachgehend, was jener als Gräuel, dieser als Thorheit galt und mußte in beiden den Herd des Hochmuts und der Selbstgerechtigkeit erblicken, das Widerspiel von der Armut im Geiste, der die Seligkeit verheißen worden, von jenem Kindersinn, welcher der Sinn für die Kindschaft Gottes ist.

Ein dem Altertum nicht weniger fremdes Bewußtseinselement war in dem christlichen Hoffen auf ein ewiges Leben gegeben. Das Lebensgefühl des antiken Menschen war mit dem Diesseits als der Stätte menschenwürdigen Handelns, Schaffens, Genießens untrennbar verwachsen, mochten gleich tiefsinnige Denker, an alte Glaubenskreise anknüpfend, die Unsterblichkeit und das Gericht der Götter lehren.

§. 15. Die chriſtlichen Beziehungspunkte der Bildung.

Der Chriſt ſah und ſieht noch im Jenſeits die wahre Heimat des Menſchen, „der hienieden keine Statt hat, ſondern die künftige ſucht" (Hebr. 11, 13) und er unterſcheidet in ſeinem Thun und Wirken, was ſein Ziel im Zeitlichen hat und was ein Werk für die Ewigkeit iſt. Darum mußte der chriſtlichen Anſchauung der Rangunterſchied, den wieder die zeitlichen Zwecke der Bethätigung und der Belehrung zeigen, weit geringer erſcheinen als der antiken, welche ſo beſtimmt die Werke der edlen Muße von den beruflichen Leiſtungen unterſchied; für den Chriſten fiel der Schwerpunkt außerhalb dieſes Verhältniſſes und ſein Glaube benahm dem Gegenſatze von freien und unfreien Künſten ſeine Schärfe. Es gilt nun, der Jugend Sinn „auf Beſcheidenes und Hehres zu richten"[1]); das Hehre gehört einer andern Ordnung an; im Dießſeits kann das Beſcheidene das Ziel ſein: ob der Einzelne zum Chriſtenglauben und zur Chriſtentugend noch den Geiſteserwerb der Muße, oder nur die Fertigkeit eines dienenden Gewerbes hinzugewinnt, iſt nicht mehr das Entſcheidende für ſeine Bewertung. Die Jugendbildung thut, was ſie ſoll, wenn ſie wirkt, „daß der Menſch aus Gott vollkommen ſei und zu jedem guten Werke geſchickt" (II. Tim. 3, 17). Jene Sprödigkeit des griechiſchen Bildungsideals gegen alle Beziehung auf ſociale Leiſtungen und Beruf konnte vor dem Chriſtentum um ſo weniger Stand halten, als dieſes die Teilung der Gaben und Ämter und ihr organiſches Zuſammenwirken auf göttliche Einrichtung zurückführt und darin das Vorbild der kirchlichen Gemeinſchaft erblickt (ſ. oben S. 2 und 52). Die chriſtlichen Völker haben eine weſentlich andere Idee des Berufes ausgebildet als die klaſſiſchen, und das deutſche Wort Beruf, welches auf die κλῆσις, vocatio des neuen Teſtaments zurückgeht, weiſt ausdrücklich auf den mitbeſtimmenden Einfluß des Chriſtentums hin.

Schon auf Grund dieſer Verlegung des Schwerpunktes der Bildungszwecke konnte es das Chriſtentum bei der Exkluſivität der Bildung nicht bewenden laſſen, vermöge deren die Wiſſenden oder

---

[1]) Clem. Rom. ad Cor. I, 1.

Gebildeten der geistig unbelebten Menge gegenüber standen und deren Durchbrechen auch den edelsten Geistern des Altertums undurchführbar erschien. Das Platonische Wort: „Den Bildner und Vater dieses Alls zu finden ist schwer, ihn Allen zu verkündigen unmöglich"[1], hat im Christentum seine Widerlegung gefunden; auch dem Geringsten nicht ist des Philippus Bitte versagt: „Herr, zeige uns den Vater" (Joh. 14, 9) und der heilige Chrysostomus konnte von dem Kreuze Christi rühmen, daß es alle Bauern zu Philosophen gemacht habe. Gewiß gab und giebt die lehrende Kirche Jedem, unangesehen der Unterschiede des Geschlechts, der Abstammung, der Lebensstellung einen idealen Kern des innern Lebens, für den das Altertum nur auf dem langen Wege der Studien ein immer noch unvollkommenes Äquivalent erlangen konnte. Das Christentum, kann man sagen, weist Allen den Weg zum Leben im Geiste und erschließt damit Allen ein geistiges Leben. Die antike Weltansicht hatte den Geist als νοῦς, mens, Denkvermögen, Intellekt, gefaßt, als die Seelenkraft, welche zur Herrschaft über die sinnlichen Strebungen bestimmt ist und darum auf alle Weise nach Plan und mit Kunst gekräftigt, durchgearbeitet, verselbständigt werden soll, was aber der Natur der Sache nach nur einer bevorzugten Minderzahl vorbehalten bleibt; das Christentum findet den Kern des Menschen in einer andern Region seines vielverschlungenen Innern; nicht in dem noëtischen oder intellektuellen, sondern in dem pneumatischen oder spirituellen Elemente. In diesem Sinne spricht es vom Geiste (πνεῦμα) im Gegensatze zum Fleische (σάρξ), welches letztere nicht bloß die sinnlichen Strebungen, sondern alles umfaßt, was mit dem Irdischen verflochten ist. Das Spirituelle im Menschen, der Geist, der da lebendig macht, die Quelle, die bis ins ewige Leben quillt, bedarf nun ebenfalls der Weckung durch das Wort, der Stärkung durch die Zucht, aber da es von Gottes Hauch stammt, gestattet es menschlichem Anbilden und Anüben nur bescheidene Anwendung. Sein Element ist das Glaubensleben, aber alle innern

---

[1] Plat. Tim. p. 28.

§. 15. Die christlichen Beziehungspunkte der Bildung. 213

Kräfte können ihm Werkzeug werden und so auch der Intellekt. Der Wert des Intellekts ist daher kein absoluter, aber der eines weitreichenden Mittels; an seine Ausgestaltung ist zwar das spirituelle Leben nicht geknüpft, aber indem er über das Sinnliche erhebt, wird er zu einer starken Waffe im Kampfe gegen das Fleischliche. So erhält der Drang der antiken Bildung nach Durchgeistung seine Stelle in einem höheren Zusammenhange; die Exklusivität, die er mit sich bringt, wird durchbrochen, aber sein sittlicher Gehalt bleibt aufbehalten und aus dem spirituellen Zuge erwachsen neue, wenngleich mittelbare Antriebe, das Intellektuelle im Menschen zu fördern und zu heben.

Die Wiedergeburt im Geiste, welche das Christentum fordert, vollzieht sich in einer Tiefe des innern Lebens, in welcher Lehre und Weisung nicht die plastische Kraft bethätigen können, wie in dem Gebiete, das sich die antike Bildung abgesteckt hatte. Das Christentum geht nicht darauf aus, aus dem Innern und Äußern des Menschen ein Kunstwerk zu machen und verhält sich daher gegen die ästhetische Tendenz der Bildung zunächst ablehnend; das christliche Ideal weist dringender auf Umgestaltung, als auf allseitige Ausgestaltung der Persönlichkeit hin; die aus ihm erquellende Lehre und Weisung will mehr ein Ferment des Innern darstellen, als dessen geschmackvollem Ausbau obliegen. Und doch kam mittelbar auch das ästhetische Element in der christlichen Bildung zur Geltung, dadurch, daß die Kirche die Künste in umfassender Weise zum Dienste des Kultus heranzog, und der christliche Geist die ästhetischen Formen mit einem ihm homogenen Inhalt erfüllte. Wenn dabei zunächst der Reinheit der Formen Eintrag geschah, so gab dafür der Inhalt, der sich darein ergoß, volle Entschädigung. Der vertiefende und verinnerlichende Einfluß, den das Christentum auf alle Richtungen des Schaffens ausgeübt hat, und vermöge dessen sich die Schöpfungen der christlichen Welt so bestimmt von denen der vorchristlichen unterscheiden, daß uns letztere bei aller Größe und Formvollendung doch oft kalt, gemütsarm, selbst seelenlos erscheinen, erging je länger, je mehr wie auf die Musik und die bildenden

Künste, so auch auf Dichtung und Sprachkunst und mittels letzterer auf Bildung und Unterricht. Die dominierende Stellung aber, welche die Kunst in der griechischen Bildung eingenommen, hat sie innerhalb der christlichen Kultur nicht mehr wiedergewonnen; diese hat einen so tiefen Ernst der Lebensauffassung begründet, daß der edle Spieltrieb im Menschen nicht mehr die leitenden Motive der innern Gestaltung hergeben konnte.

Wie die ästhetische, so hat auch die Tendenz auf Vielseitigkeit, wie sie der antiken Bildung eigen ist, keine unmittelbare Beziehung zu dem christlichen Ideal und war dessen Bewurzelung zunächst eher abträglich als förderlich: die Mutterstadt der Polypragmosyne, wo „Einheimische und Fremde auf nichts Anderes ausgingen, als etwas Neues zu reden und zu hören" (Apost. 17, 21), war kein fruchtbarer Boden für die Predigt des Evangeliums. Dennoch führte der universale Charakter des Christentums unvermeidlich auf die Aufgabe, seinen Inhalt mit der ganzen Breite des menschlichen Wissens und Könnens in Berührung zu setzen. Der christliche Sinn sah sich darauf hingewiesen, das Wahre aller Art zu ergreifen, das ja schließlich „von dem stammt, der gesprochen hat: Ich bin die Wahrheit"[1]) und auch in diesem Betracht des Apostels Wort zu bewahrheiten: „Alles ist euer, ... sei es Welt oder Leben oder Tod oder Gegenwart oder Zukunft, Alles ist euer" (I. Kor. 3, 22). Der christlichen Universalität ist aber mehr der Zug auf das Ganze eigen als der auf das Viele; sie geht mehr auf die Totalität als auf die Mannigfaltigkeit aus. Nach dieser Seite hin liegt die hohe Bedeutung des Christentums für die Wissenschaft und darum mittelbar für die Bildung. Um den Charakter der Wissenschaft als eines einheitlichen Organismus ans Licht zu bringen, bedurfte es einer einheitlichen Gottes- und Weltanschauung, und einer darauf erbauten, leitenden Disciplin, welches nur die Theologie sein konnte. Man hat es beklagt, daß sich die christliche Theologie wie ein chernes Gewand um die Wissenschaft

---

[1]) Aug. de doctr. Christ. prooem. 8.

§. 15. Die christlichen Beziehungspunkte der Bildung.

gelegt und ihre freie Entfaltung hintangehalten habe: man sollte aber auch nicht verkennen, daß sie damit die Forschung zusammengefaßt, kondensiert und vertieft hat und daß die Stille, welche mit dem Verstummen des Dispütes der Philosophenschulen eintrat, die Stille der Sammlung, gleichsam ein weltgeschichtliches pythagoräisches Schweigen gewesen ist. Von den einzelnen Zweigen der Forschung ist unbestritten die historische erst dadurch zur Universalität gediehen, daß die Bibel das Weltbuch wurde und die morgenländische wie die griechisch-römische Geschichtskunde in einem Becken vereinigte, indem sie die leitenden Ideeen einer Geschichte des Menschengeschlechtes hergab; in Paulus' Predigt in Athen und Augustinus' Gottesstaat liegen die Anfänge aller Geschichtsphilosophie¹). Nicht anders verdankt die Sprachwissenschaft „der Lösung der Zungen", der Heranziehung aller Sprachen zur Verkündigung des Evangeliums die Voraussetzung zu universaler Behandlung ihres Gegenstandes²); aber auch der Naturforschung kam vom Christentum nicht bloß jener „in die Tiefe gehende Zug, der sie zu mühsamer Forscherarbeit geschickter machte als des Heidentums leichtsinnige Lebenslust"³), sondern auch der Begriff einer entgötterten Natur und damit die Vorstellung von allgemeinen, die Schöpfung durchwaltenden Gesetzen; nur die dem Monotheismus gehörende Idee einer einheitlichen Schöpfungsthat war im stande die Einheit der Natur zu konstituieren, und erst der christliche Monotheismus hat ihre Kraft zur Wirkung gebracht, die im alttestamentlichen noch unverwendet geblieben war.

Die falsche Vielseitigkeit, der Hang der antiken Bildung zur Zersplitterung des Interesses und zum Nippen und Naschen von allerlei geistigem Genuß war der älteren christlichen um so weniger

---

¹) Vgl. Rocholl, Die Philosophie der Geschichte. Göttingen 1878, S. 21 f. und 391.
²) J. Grimm, Deutsche Grammatik. Bd. I. Widmung an Savigny und M. Müller, Vorlesungen über die Wissenschaft der Sprache. I, S. 109.
³) Dubois-Reymond, Kulturgeschichte und Naturwissenschaft. Leipzig 1878, S. 30.

gefährlich, als ihm die Überschätzung des subjektiven Faktors, die Verwöhnung des Subjekts, mit der jener zusammenhängt, fern lag. Der christliche Lehrinhalt hat die Heilsthatsachen zu seinem Mittelpunkte, eine Botschaft, eine Kunde, welche empfangen werden will und deren positive Gegenständlichkeit es verbietet, sie zu einer bloßen Bestimmung des Subjekts zu verflüchtigen. Das $\varkappa\acute{\eta}\varrho\upsilon\gamma\mu\alpha$ wie das $\delta\acute{o}\gamma\mu\alpha$ sind ein wertvoller Inhalt, der treu bewahrt und überliefert sein will, zu dem das individuelle Denken und Empfinden hinaufgezogen werden soll, dessen Maß und Grund zu sein es aber nicht berufen ist. Dadurch aber wird allem Lehrinhalt die Gegenständlichkeit wiedergegeben, vermöge deren er niemals bloß **Bildungsmittel**, sondern zugleich **Lehrgut** ist und die Einseitigkeit des die griechische Bildung wenigstens teilweise beherrschenden Satzes des Sophisten, daß der Mensch das Maß der Dinge sei, aufgehoben. Die entgegengesetzte Einseitigkeit, welche der altorientalischen Auffassung zu Grunde liegt und das Subjekt lediglich zum Gefäße eines gegebenen Wertinhaltes macht, ist dem Bildungswesen der christlichen Völker nicht erspart geblieben, und hat wiederholt den antikisierenden Subjektivismus als Komplement hervorgetrieben: in der recht verstandenen christlichen Grundanschauung selbst aber sind beide Momente: die Substanzialität des Inhalts und die Forderung, daß dieser zu einem Lebenselement des Innern werde, vereinigt und sie hat immer von neuem zur Rektifikation jenes Verhältnisses gedient.

Wie das Christentum der subjektiv-ästhetischen Richtung des Altertums gegenüber die Zucht der Wahrheit, welche in allem Lehren und Lernen liegt, zur Geltung brachte, so erhob es die seelsorgende Liebe zum Hauptmotive der Erhaltung und Überlieferung des erkannten Wahren; damit aber war jene antike Tendenz auf Nachruhm und Unsterblichkeit zurückgedrängt und überhaupt das Streben nach Ehre und Auszeichnung wenigstens gedämpft, welches in der antiken Bildungsarbeit eine so starke Triebkraft gebildet hatte.

§. 16.

Der Bildungsinhalt, welcher sich um die vom Christentum gegebenen Beziehungspunkte sammelte, entstammt zum nicht geringen Teile der Kultur der beiden klassischen Völker; der Prozeß aber, in dem sich dieses Sammeln und Organisieren vollzieht, zeigt eine gewisse Analogie mit dem Erwachsen der Bildung bei jenen orientalischen Völkern, deren geistiges Leben von Glaubenskreisen seinen Ausgang nimmt. Allein bei diesen Völkern war die Ausbreitung und Veräftelung des Glaubenskreises in intellektuelle Schöpfungen erleichtert teils durch die Biegsamkeit, welche dem Mythus und dem mythologischen Philosophieren eigen ist, teils dadurch, daß die ganze Entwicklung an einem nationalen Bewußtsein ihre Stütze und Grenze fand. Das Erwachsen der christlichen Bildung entbehrte dieser fördernden Umstände; der Glaubenskreis, der ihr zu Grunde liegt, ist nicht aus dem Mythus geboren und nicht von der Poesie oder der poetischen Spekulation großgezogen; noch auch mit einem Volkstum und einer Sprache verwachsen. Der christliche Geist mußte sich aus der umgebenden Kulturwelt die Elemente erst assimilieren, die er zur Herstellung einer ihm homogenen Sprache, Litteratur, Wissenschaft, Kunst, Bildung brauchte, und es bedurfte dazu einer ungleich mächtigeren Energie, als sie sich in irgend einer Schöpfung, sei es des morgenländischen, sei es des klassischen Altertums ausspricht.

Es fehlen allerdings nicht äußere Umstände, welche der Lösung dieser Aufgabe entgegenkamen, allein es haften ihnen fast durchweg wieder innere Schwierigkeiten an, an denen sich die schöpferische Kraft zu erproben hatte. Das Christentum fand zwei Weltsprachen vor, die griechische, den Osten beherrschend, durch Jahrhunderte lange Geistesarbeit vervollkommnet und zum biegsamsten Organe der Gedankenbildung gestaltet, und die lateinische, die Sprache der gedrungenen Kraft und der strengen Präzision; jedoch mußten beide erst befähigt werden, einen Ideeengehalt aufzunehmen, dessen Wiege ein von ihnen grundverschiedenes semitisches Idiom gewesen war, und die christliche Umprägung griechischer und lateinischer Wörter behält immer etwas von einer sprachschöpferischen That. Der Entbindung neuer Begriffe kam die elastische Gewandtheit des Griechischen wohl zu statten, denn „der gebildete Grieche empfand den Reiz in sich, sein ganzes Sprachgebiet mit allen seinen Feinheiten auf jeden ihm gebotenen Inhalt zu beziehen, daher auch an die christliche Religion ganz unwillkürlich eine Menge Fragen zu stellen und die Antworten ihr abzulocken"¹), allein in der Überfeinerung und dialektischen Spitzfindigkeit der geistvollsten aller Sprachen lagen ebensoviel Gefahren als fördernde Momente und weder ihr Regenbogenglanz noch das scharfe Licht, welches das römische Sprachbewußtsein auf die gegenständliche Welt wirft, besaßen Leuchtkraft genug, um die Tiefen zu erhellen, welche die neue Lehre erschlossen hatte.

Die mit der Sprache zusammenhängenden Bildungswissenschaften: Grammatik, Rhetorik, Dialektik erleichterten durch ihren formalen Charakter die Assimilation. Insofern sie darauf ausgingen, der Rede Reinheit, Fülle und schlagende Kraft zu geben, kamen sie den Zwecken der Predigt nicht weniger entgegen als denjenigen der weltlichen Sprachkunst; sie waren jedoch zugleich mit einer Litteratur und Dichtkunst verflochten, deren Unvereinbarkeit mit dem christlichen Inhalt jenen Disciplinen selbst den Stempel des Paganismus aufdrückte. Ihre Christianisierung vollzog sich früher auf griechischem Boden, wo sie entsprungen und seit lange heimisch waren, später auf römischem, wo ihre Beziehung auf Recht und Staat ein weiteres Hindernis mit sich brachte. Es hat auffallend langer Zeit bedurft, um jene Disciplinen als solche einigermaßen auf einen christlichen Inhalt zu beziehen. Man sollte meinen, daß allein die paulinischen Briefe mit dem Feuer ihrer Beredsamkeit, der Fülle und Kraft ihrer Gleichnisse und der Bündigkeit ihrer Schlüsse hingereicht hätten, um als Grundlage für einen Neubau der Rhetorik

---

¹) J. A. Möhler, Patrologie. Regensburg 1840. I. S. 37. Feinsinnige Bemerkungen über den Gegenstand hat K. v. Raumer in der Schrift „Die Einwirkung des Christentums auf die althochdeutsche Sprache". Stuttg. 1845, S. 155 f.

§. 16. Der Inhalt der altchristlichen Bildung.

und Dialektik zu dienen; allein technische Systeme haben ein erstaunlich zähes Leben und es ist leichter eine Sprache und eine Litteratur umzubilden, als ein neues Organon dafür zu schaffen: haben ja doch jene Disciplinen bis zum heutigen Tage durchgreifenden Reformversuchen widerstanden, so daß wir uns noch jetzt, obwohl im Besitze der vergleichenden Sprachforschung und sonstiger genügender Stützpunkte für eine einschneidende Revision der Sprach-, Stil- und Denk-Lehre, in den antiken Geleisen bewegen, als hätten Aristoteles und die Alexandriner diese Dinge wirklich für alle Zeit erledigt.

Leichter gestaltete sich die Einbeziehung der **mathematischen** Disciplinen in den christlichen Bildungsinhalt: Raum- und Zahlenlehre zeigten sich in bezug auf die großen Streitfragen der Gottes- und Weltanschauung nahezu indifferent — daß ihre Leitbegriffe pythagoräisch waren, kam wenig in Betracht — die Tonkunst und ihre Theorie und ebenso die Astronomie als Kalenderlehre fügten sich unschwer dem Dienste der Kirche. Besonders förderlich war, daß das Altertum allgemein den mathematischen Studien eine propädeutische Stellung gegeben hatte; daß ihm als die Wissenschaft, zu welcher sie hinleiten sollten, die Philosophie galt, während das Christentum als solche die Theologie hinstellte, brachte für die Praxis keine so große Differenz mit sich, da der theologische Beziehungspunkt der Mathematik bei den Alten auch nicht fehlt. Wenn die Kirchenschriftsteller fordern, daß die Arithmetik sich mit den Zahlengeheimnissen und den numerischen Verhältnissen, wie sie in der heiligen Schrift vorkommen, die Geometrie mit den Maßen biblischer und gottesdienstlicher Gegenstände, die Astronomie mit den Epochen und Festcyklen beschäftigen sollen, so können diese Aufgaben wohl auf den ersten Blick als aufgedrängte erscheinen; jedoch der Schein verschwindet, wenn man sich erinnert, daß im Orient geschichtlich die Mathematik als theologische Hilfswissenschaft ins Leben getreten und von analogen Aufgaben ausgegangen ist (s. oben §. 4, S. 122 u. §. 5, S. 127) und daß bei den Pythagoräern wie den Platonikern die Erinnerung an den hieratischen Ursprung dieser Wissenschaft niemals ganz erlosch.

Auf die **Philologie** als mannigfache gelehrte Kunde sahen sich die Christen zunächst weniger durch das Bildungsbedürfnis, als durch die Notwendigkeit hingewiesen, bei der Bekämpfung des Heidentums auf dessen Geschichte, Erinnerungen, Altertümer zurückzugehen, bald um die Nichtigkeit alter und neuer Mythologeme aufzuzeigen, bald um in älteren Lehren Nachklänge der Uroffenbarung und einen consensus gentium nachzuweisen. Dem auf diese Gegenstände gerichteten Fleiße der Kirchenschriftsteller ist die Erhaltung nicht weniger Nachrichten aus dem Altertume zu verdanken: so dient, um nur Nächstliegendes zu erwähnen, Clemens' des Alexandriners Bericht über die Litteratur der Ägypter als leitender Faden in dem Labyrinth der schwankenden Berichte über dies dunkle Gebiet (s. oben §. 4, S. 127), so hat uns Augustinus' Charakteristik Varro's das Bild dieses seltenen Mannes und seines universalen Forschens aufbehalten (s. oben §. 12, S. 189). Die Einverleibung derartiger Kunde in die theologischen Schriften kam aber auch der christlichen Bildung jener Zeit zu statten, der auf diesem Wege schätzbare Elemente antiker Gelehrsamkeit zuflossen.

Mit der größten Empfänglichkeit kam das christliche Interesse der **Geschichtskunde** entgegen, geleitet von dem Bedürfnisse „die Fülle der Zeiten" als den Abschluß der mannigfaltigen Völkergeschicke und als den Anfangspunkt eines neuen Weltgeschehens zu verstehen. Es trat dabei ebensowohl die Geschichte der morgenländischen wie die der klassischen Völker in den Gesichtskreis, erstere als der Hintergrund der Geschicke des Bundesvolkes, letztere als der der Geschichte der Kirche. So war der Antrieb zu einer christlichen Geschichtsschreibung gegeben, aber nicht diese allein nährte das historische Interesse, das vielmehr aus allverbreiteten Quellen seine Nahrung sog. Der christliche Lehrinhalt weist wie der mosaische seiner Natur nach auf erzählende Darstellung hin und auf Grund dieser seiner Natur konnte der heilige Augustinus jenen historischgenetischen Lehrplan entwerfen, bei dem „Herz und Mund nie den Faden der Erzählung verlieren, sondern diese die Goldfassung bildet, welche die Perlenschnur der Glaubenslehre zusammen-

§. 16. Der Inhalt der altchristlichen Bildung. 221

hält"¹). Der historische Charakter des höchsten Lehrgutes mußte aber notwendigerweise den geschichtlichen Sinn überhaupt beleben. Eben dahin wirkte aber auch das Bedürfnis, das Andenken an die Vorkämpfer und Blutzeugen des Glaubens pietätsvoll zu bewahren und damit die lebendige Solidarität mit ihnen zu erhalten. Schon in den ersten christlichen Jahrhunderten bildete sich jenes großartige Gedächtnis der Kirche aus, in welchem sie alle Erinnerungen an Freud und Leid, Triumph und Verfolgung, angeknüpft an die lebensvollen Bilder der Gottesstreiter der Vergangenheit niederlegt; diese christliche Mnemosyne aber ist, wie die griechische, auch die Mutter der Musen gewesen und hat dem allgemeinen Empfinden vertiefende und veredelnde Elemente vermittelt.

Der Höhepunkt der antiken Bildung, die **Philosophie**, mußte der Einbeziehung in den christlichen Bildungsinhalt größere Schwierigkeiten als irgend ein anderes Gebiet bereiten: aus ihr entlehnten die Streiter gegen das Evangelium ihre Waffen und die Häretiker ihre den Glauben verderbenden Fermente. Wenn die andern Felder des Wissens Fruchtebenen glichen, in welchen die neuen Setzlinge allmählich die alte Saat zurückdrängen konnten, so war die Philosophie eher einem feindlichen Lager vergleichbar, das erstürmt werden mußte; ihre Assimilation konnte nur mit der vollen gesammelten Kraft erreicht werden und mußte zugleich eine Um- und Neubildung sein. Fördernd war bei diesem Ringen der Gegensatz, in welchem die Philosophenschulen zu einander standen und die Verwandtschaft, welche einzelne Lehren fast aller Schulhäupter zur christlichen hatten. Der Stoicismus mit seiner ausgeprägten ethischen Tendenz und der Platonismus mit seinem Zuge zum Transcendenten bot die nächsten Anknüpfungspunkte dar; im Verlaufe des Kampfes aber und mit der fortschreitenden Fixierung der dogmatisch-philosophischen Begriffe bildete sich gerade gegen die ethisch- und religiös-gestimmten Systeme ein um so schärferer Gegensatz heraus, da nunmehr in ihnen zwar die edelste, aber auch gefährlichste Form des Heidentums

---

¹) De catech. rudibus c. 6.

gesehen wurde, und so konnte Platon, der Μωϋσῆς ἀττικίζων als der Vater aller Häresieen bezeichnet werden. Es ist denkwürdig, daß sich nunmehr an die tiefsinnigsten Denker des Altertums, an Pythagoras und Platon, das sinkende Heidentum anklammerte, in ihren Lehren den Nachklängen uralter Glaubenskreise lauschend, während die christliche Philosophie, das Überirdische durch den Glauben ergreifend, zur Leuchte für die irdischen Dinge den nüchtern klaren, scharf und weitblickenden Aristoteles wählte.

Welch lange und mühevolle Arbeit die Assimilation des ethnischen Bildungsinhalts an die christlichen Principien war und welche wechselnden Gefühle, bald der Siegesfreudigkeit, bald der Entmutigung, bald der Überschätzung, bald der Geringachtung des Kampfpreises sie mit sich brachte, lassen uns die zahlreichen einschlägigen Äußerungen der Kirchenschriftsteller erkennen. Sie gehen so weit auseinander, daß man daraus ebensowohl Belegstellen für die schnelle Befreundung der Kirche mit den heidnischen Wissenschaften gewinnen konnte, als umgekehrt den Nachweis darauf zu stützen vermochte, daß die Kirche jene mit Mistrauen und selbst mit Abscheu betrachtet habe[1]). Darüber ist leider die rein geschichtliche Betrachtungsweise des Gegenstandes nicht zur Geltung gekommen, welche in dem Auf- und Abschwanken der Meinungen und Stimmungen in den ersten christlichen Jahrhunderten die Symptome der großen geistigen Krise zu suchen hat, die sich damals vollzog, der größten in der Geschichte der Bildung.

Im allgemeinen zeigt sich im griechisch-redenden Osten ein leichteres Aufschmelzen der antiken Bildung an den christlichen Lebensinhalt. Die griechischen Theologen jener Zeit schöpften ihre weltliche Bildung an den alten, glänzenden Stätten der Geistes-

---

[1]) Ersterer Gesichtspunkt unter anderm bei C. Daniel, Classische Studien in der christlichen Gesellschaft. Deutsche Ausgabe 1855; letzterer bei Abbé Gaume, Le ver rongeur des sociétés modernes. Paris 1851. Deutsche Ausgabe, Regensburg. 1851.

§. 16. Der Inhalt der altchristlichen Bildung. 223

arbeit und hatten zum Teil hervorragende Vertreter der ethnischen Wissenschaft zu Lehrern, zudem konnten sie dieser Wissenschaft im geistigen Kampfe mit dem Heidentum und der Häresie, der ihnen zunächst zufiel, am wenigsten entbehren. So herrscht bei ihnen die Zuversicht vor, daß der Christ sich die Bildung der Heiden aneignen könne und solle, und daß die Abstreifung des polytheistischen Elementes derselben keine unlösbare Schwierigkeit sei. Clemens von Alexandrien († 217), der ruhmreiche Vorsteher der Katecheten=schule daselbst, faßt zuerst ethnische und christliche Studien in ein großes System zusammen; die encyklischen bilden die Unterstufe, die philosophischen die mittlere, die auf die christliche Weisheit gerichteten die oberste. Zu dieser letzteren führt eine in sich wieder abgestufte Belehrung hinan, welche Clemens mit der Propädeutik der Pythagoräer und der Mysten vergleicht[1]); sie umfaßt: die Widerlegung des Heidentums, die Anweisung zum christlichen Wandel und die christliche Lehre, durchwirkt mit den reineren Erkenntnissen der Heiden; niedergelegt hat Clemens diese Propädeutik in den drei Werken: $\Lambda\acute{o}\gamma o \varsigma \ \pi\rho o\tau\rho\varepsilon\pi\tau\iota\varkappa\acute{o}\varsigma$, $\Pi\alpha\iota\delta\alpha\gamma\omega\gamma\acute{o}\varsigma$ und $\Sigma\tau\rho\omega\mu\alpha\tau\varepsilon\tilde{\iota}\varsigma$[2]). Verfuhr Clemens bei seinem Lehrgange mehr eklektisch, so zog Origenes († 254), sein Nachfolger, die antiken Wissenschaften im großen als Propädeutik der christlichen Lehre heran: er führte seine Schüler durch die Dialektik, Naturphilosophie, Mathematik, Astronomie zur Ethik; dann griff er zu den alten Philosophen und Dichtern zurück, mit der Hand des Künstlers das Verworrene lösend, das Trügerische entlarvend; dann erst folgte die Erklärung der heiligen Schrift, bei welcher der Wortsinn, der moralische und der mystische Sinn auseinandergehalten wurde[3]).

Beispiele von einer ähnlichen Kraft des Umspannens der gesamten Bildungselemente der Zeit kamen damals wiederholt vor;

---

[1]) Strom. VII. p. 845.
[2]) Der volle Titel der letzteren Schrift ist: $T\tilde{\omega}\nu \ \varkappa\alpha\tau\grave{\alpha} \ \tau\grave{\eta}\nu \ \grave{\alpha}\lambda\eta\vartheta\tilde{\eta} \ \varphi\iota\lambda o\sigma o\varphi\acute{\iota}\alpha\nu \ \acute{\upsilon}\pi o\mu\nu\eta\mu\acute{\alpha}\tau\omega\nu \ \sigma\tau\rho\omega\mu\alpha\tau\varepsilon\tilde{\iota}\varsigma$, also etwa: Gewebe von Aufzeichnungen zum Zwecke der Erkenntnis im Geiste der wahren Weisheitslehre.
[3]) Gregor. Thaum. Paneg. in Orig. c. 5 sq.

so bei Dorotheos, Presbyter von Antiochien, der zugleich des Hebräischen mächtig war (um 300) und Anatolios, Bischof von Laodicea, den die Alexandriner zum Vorsteher ihrer peripatetischen Schule zu machen gedachten[1]). Doch fehlen auch andere nicht, welche zeigen, daß die antike Weisheit der Bewurzelung der christlichen abträglich war; so bei Stephanos von Laodicea, der sich bei der Christenverfolgung weder als Christ noch als Philosoph bewährte[2]) und auch dem seelengroßen Origenes selbst konnte die Kirche nicht zugestehen, daß er ein Zuviel vermieden und sich von unstatthaften Konzessionen an die antike Spekulation freigehalten.

Eine eigentliche Erörterung der Stellung der christlichen Jugend zur antiken Litteratur enthält die oft reproduzierte und vielverwendete Rede des heiligen Basilius († 379) „An die Jünglinge, wie sie mit Nutzen heidnische Schriftsteller lesen können". An ein platonisches Gleichnis anlehnend, bezeichnet Basilius die heidnische Litteratur als den Stoff, an welchem die geistige Sehkraft in der Jugend geübt werden soll, Schatten und Spiegeln vergleichbar, um das Auge für die heilige Schrift zu stärken; die christliche Weisheit ist die Frucht der Seele, die weltliche Bildung ($\kappa o \sigma \mu \iota \kappa \acute{\eta}\ \pi \alpha \iota \delta \varepsilon \iota \alpha\ \pi \alpha \iota \delta \varepsilon \acute{\upsilon} \mu \alpha \tau \alpha\ \tau \grave{\alpha}\ \check{\varepsilon} \xi \omega \vartheta \varepsilon \nu$) ist das Laubwerk, welches der Frucht Schutz und gefälliges Ansehen verleiht; auch Moses war Schüler der ägyptischen, Daniel der chaldäischen, also beide heidnischer Weisen. An den Dichterwerken können wir die Seele veredeln und die Achtung vor dem Guten lernen; ein Kenner Homers versichert, daß die ganze homerische Dichtung ein Lob der Tugend sei, und in gleichem Sinne wie Homer haben die Dichter, die Geschichtsschreiber und andere Vertreter der $\vartheta \acute{\upsilon} \rho \alpha \vartheta \varepsilon \nu\ \sigma o \varphi \acute{\iota} \alpha$ geredet. Jene Schriften wollen nach dem Vorbilde der Bienen benutzt werden, die nicht auf alle Blumen fliegen, noch ganze Blüten einheimsen, sondern einsaugen, was ihnen zuträglich ist, das Übrige zurücklassend. Wie wir die Dornen meiden, wenn wir an der Hecke eine Rose brechen, so sollen wir das Nützliche in jenen Werken herausgreifen,

---

[1]) Euseb. Hist. eccl. VII, c. 32. — [2]) Ib. c. 33.

§. 16. Der Inhalt der altchristlichen Bildung.

aber vor dem Schädlichen uns hüten. Wir müssen von vornherein jegliches Wissen prüfen und mit dem Endzweck in Einklang bringen oder wie das dorische Sprichwort sagt: „den Stein nach der Schnur richten" (τὸν λίθον ποτὶ τὰν σπάρτον) [1].

Ungleich schärfer als Basilius hebt dessen Landsmann und Studiengenosse, der heilige Gregor von Nazianz, die Notwendigkeit der säkularen Studien in der Trauerrede auf den hingeschiedenen Freund hervor, welche für die Studienwesen der Zeit die wertvollsten Angaben enthält. Es heißt daselbst (cap. 11): „Ich meine, darin stimmen alle Einsichtigen überein, daß Bildung das erste unserer Güter sei, nicht nur jene erhabene, uns Christen zu eigen gegebene, welche Anmut und Redeschmuck verschmähen kann und sich nur an das Heil und die Schönheit des Wahren hält, sondern auch die heidnische, welche die meisten Christen als schädlich und gefährlich und als von Gott abführend verachten. Denn wie wir Himmel, Erde, Luft und was dazu gehört, nicht deshalb verschmähen müssen, weil Menschen die Thorheit hatten, diese Werke Gottes göttlich zu verehren, sondern davon brauchen dürfen, was zum Leben und zum Genusse dienlich, meiden, was gefährlich ist, fern von dem Unverstande, das Geschöpf gegen den Schöpfer zu erheben, vielmehr aus den Werken den Werkmeister erfassend und allen Verstand gefangen gebend dem Gehorsam Christi — wie weder Feuer, noch Speise, noch Eisen noch irgend ein Ding an sich nützlich oder schädlich, sondern es erst wird durch die Verwendung — ja wie selbst Gewürm der Arzenei beigemischt dieser Heilkraft geben kann: so ist es mit den heidnischen Wissenschaften, die sich mit der Erforschung und Untersuchung der Dinge befassen, und die wir übernommen haben mit Zurückweisung alles dessen, was zu den Dämonen, dem Irrtum, dem Verderben führt. Es ist dadurch unsere Gottesfurcht nur gefördert worden: durch das minder Gute sind wir zur Erkenntnis des Besseren gelangt, aus der Heiden

---

[1] H. Doergens, Der heilige Basilius und die klassischen Studien. Lpzg. 1857.

Ohnmacht haben wir eine Stütze des Glaubens geschaffen. Darum ist die Bildung mit nichten zu verachten, obschon es manche meinen: solchen ist vielmehr Unverstand und Unbildung schuld zu geben, die sie dadurch verbergen möchten, daß sie alle sich angleichen, damit in der allgemeinen Unwissenheit ihre eigene nicht mehr auffalle." Bei dieser nachdrücklichen Empfehlung des Bildungserwerbes wird freilich die Voraussetzung gemacht, die der Patriarch selbst in seinen Lehrjahren erfüllt hatte: daß „das Herz befestigt und umzäunt" sei, daß dem Flusse Alpheus gleich, der in süßer Strömung durch das salzige Meer fließen soll, der seiner selbst sichere Glaube alle trübende Anmischung abweise (ib. c. 22). Der heilige Johannes Chrysostomus warnt, von der gleichen Ansicht ausgehend, davor, die Fabeln der Mythologie zum ersten Unterricht zu verwenden und der Jugend Bewunderung für jene Helden einzupflanzen, welche ihre Leidenschaften nicht zu beherrschen wußten[1]); in seinem eigenen, von seiner Mutter Anthusa geleiteten Bildungsgange hatte die sorgfältige Unterweisung in der christlichen Lehre den Anfang gebildet, den gereiften Knaben aber hatte die Mutter ohne Besorgnis dem berühmten Sophisten und Vorfechter des Heidentums Libanius zur rhetorischen Ausbildung anvertraut.

Innerhalb des lateinischen Kulturkreises treten die Schwierigkeiten und Bedenklichkeiten bei der Assimilation der antiken Bildung weit bestimmter hervor als innerhalb des griechischen. Die römische Bildung wurde von dem rhetorisch-schönwissenschaftlichen Elemente, gerade weil es ein angelerntes war, noch mehr beherrscht als die griechische, und wenn die letztere, der Philosophie zustrebend, wenigstens in einem idealen und in so weit dem Christentum verwandten Gebiete ihren Abschluß suchte, lief jene auf die sachwalterische Praxis hinaus, welche durch die Entwicklung des römischen Rechts zwar einen wissenschaftlichen Hintergrund erhalten hatte, aber ideale Impulse nicht daraus schöpfen konnte. Um den Widerwillen der Kirchenschriftsteller gegen römische Schöngeisterei zu würdigen, muß

---

[1]) Homil. 21 in epist. ad Ephes.

§. 16. Der Inhalt der altchristlichen Bildung. 227

man sich erinnern, daß gelegentlich auch heidnische Herrscher dieselbe wo möglich noch härter verurteilten, so der Mitregent und spätere Gegner Constantins, Licinius, der die litterarische Bildung ein Gift und eine Pest des Staates nannte¹). Der gekünstelte Geschmack der homines litterati konnte sich schwer in die Größe und Einfalt der heiligen Schrift finden und sie waren, wie es scheint, schneller als die gebildeten Griechen mit dem Vorwurfe der Barbarei der neuen Glaubensurkunden bei der Hand. So konnte sich jener Gegensatz: Ciceronianus — Christianus, disertus — desertus culturā Dei zuspitzen und auch christliche Autoren, welche klassische Muster im Auge behielten, wie der heilige Ambrosius, der sein Buch de officiis ministrorum dem ciceronischen de officiis nachbildete und ebenso der große Stilist Lactantius, unterlassen nicht vor der Hingebung an die säkularen Studien zu warnen²). Mit dem ganzen Eifer seiner stürmischen Natur wandte sich der heilige Hieronymus gegen den Kultus der heidnischen Autoren, mit denen der Glaube so wenig verträglich sei wie Christus mit Belial, wie der Kelch des Herrn mit dem der Teufel; er suchte aus seinem Stil antike Reminiscenzen zu verbannen und erklärt, daß wenn er solchen doch noch Raum gebe, es nicht sein freier Wille, sondern Sache der harten Notwendigkeit sei³). Individuelle Eigenschaften und Umstände verschärften bei diesem Kirchenvater den Kampf der entgegenstehenden Elemente; sein stärkstes Verdikt gegen die klassischen Studien spricht er in dem Berichte über die Vision in der Wüste aus, wo ihm der Weltenrichter jenes Wort entgegendonnerte: „Du bist Ciceros, nicht Christi"⁴). Diese schärfste Spannung des Gegensatzes hängt aber mit Ort, Zeit und Situation auf das Engste zusammen: in die Einöde zum Zwecke christlicher Meditation ent-

---

¹) Burckhardt, Die Zeit Constantins des Großen. 2. Aufl. Lpzg. 1880, S. 327.

²) Die Stellen bei Gaume a. a. O. S. 72.

³) Si quando cogimur litterarum saecularium recordari et aliqua ex his dicere: non nostrae sit voluntatis, sed, ut ita dicam, gravissimae necessitatis. Proleg. in Dan. bei Gaume a. a. O. S. 76 Anm.

⁴) Ep. 22 ad Eustachium c. 30 (Vallarsi).

weichend, hatte Hieronymus, seinem Bedürfnisse nach unausgesetzter Arbeit des Kopfes nachgebend, seine in Rom gesammelte Bibliothek, darunter ciceronische und plautinische Schriften, mitgenommen, und las sie abwechselnd mit den Propheten, mit gleicher Hast Beschäftigung und den Frieden suchend, ein Treiben, das wohl zu einer gewaltsamen Krise führen mußte. Fehlt es doch nicht an späteren Äußerungen dieses Kirchenvaters, welche die Notwendigkeit darthun, daß der christliche Schriftsteller die antike Litteratur kennen müsse und Citate daraus anziehen dürfe; in seinem Briefe an den Rhetor Magnus führt er ausführlich auf, was die Glaubenskämpfer, vom Apostel Paulus angefangen, aus den säkularen Autoren entlehnt [1]).

Am großartigsten aber tritt uns das Ringen der antiken Bildung mit dem christlichen Princip bei dem größten Kirchenlehrer der Zeit, bei dem heiligen Augustinus entgegen, nicht zusammengedrängt in eine kurze Spanne Zeit, sondern auf ein langes und reiches Menschenleben verteilt. Der Jüngling gab sich ungeteilt dem Reize der Dichtung hin, geleitete Aeneas auf seinen Fahrten und beweinte den Tod der Dido; die freien Künste bewältigte er ohne Lehrer in rascher Folge, um sie nicht lange darauf selbst zu lehren; Ciceros Hortensius entzündete in ihm das Verlangen nach der Unsterblichkeit der Weisheit; in Ambrosius' Predigten fesselte ihn zunächst die vollendete rhetorische Form. Als die Stunde der innern Umkehr und der Wiedergeburt gekommen war, unterwarf der Mann die Neigungen der Lehrjahre dem strengsten Urteil, in welches das ganze säkulare Lehrwesen und die Alltagsbildung hineingezogen wurde, deren Charakteristik sich in die Worte zusammenfassen konnte: „Solchen Wahnsinn nennt man ein ehrenvolleres und reicheres Studium als Lesen und Schreiben" [2]). Aber die Geisteskämpfe der Jahre der Reife gestatteten nicht, den Jugenderwerb an Wissen und Können wegzuwerfen: die Spekulation der Griechen mußte dem Sinnen und Forschen Tiefgang, die Sprachkunst der Römer der Darstellung Schärfe und Glanz geben. Mit gleichem Rechte ist immer wieder

---

[1]) Ep. 70 ad Magnum c. 3—5. — [2]) Conf. I, 13.

§ 16. Der Inhalt der altchristlichen Bildung.

neben der christlichen Erhabenheit der augustinischen Werke deren antike Großheit bewundert worden, die einen Karl den Großen so mächtig anzog und die Humanisten der beginnenden Renaissance, einen Petrarca, Vives, Erasmus in ihnen eine Brücke zum Altertum finden ließ. Augustinus' Äußerungen und Urteile über die antike Bildung und deren Disciplinen sind je nach Abfassungszeit und Grundstimmung seiner Werke sehr verschieden; am lichtvollsten und frei von Affekt handelt er davon in der Schrift de doctrina Christiana (Buch II, abgefaßt gegen 396) und er entwirft dort ein System der sätularen Bildungsstudien vom Gesichtspunkte der heiligen Schrift, welches auf die Folgezeit mächtigen Einfluß geübt hat. Der rechte und wahrhaftige Sinn — ist der leitende Gedanke — wird die Wahrheit, wo immer er sie finden mag, als das Eigentum des Herrn ansehen; ein von Menschen daran geknüpfter Irrtum darf nicht abschrecken: auch die Buchstaben zu lernen nehmen wir keinen Anstand, obschon ihre Erfindung Mercur zugeschrieben wird. Was die Heiden als Wissenschaft und Kunst betrieben haben, ist teils menschliche Erfindung, teils Abbild eines Wirklichen, Gottgesetzten und darum in richtiger Ahnung von jenen selbst auf die Gottheit zurückgeführt. Das Menschenwerk ist teils verwerflich, wie Haruspicin, Astrologie u. s. w., teils entbehrlich wie die Masse der Fabeln, leeren Erdichtungen und nichtssagenden Bildnereien, teils aber notwendig, wie der ganze Apparat des socialen Lebens: Gewicht, Maß, Geld, Schrift, Sprache u. s. w. Die auf ein Wirkliches zurückgehenden Untersuchungen bewegen sich teils im Sinnlichen, teils im Abstrakten; zu jenen gehört an erster Stelle die Geschichte, die zwar von menschlichen Dingen handelt, aber selbst keine menschliche Einrichtung ist, da alles Geschehene der Folge der Zeiten angehört, die Gott begründet und geordnet; der erzählenden Wissenschaft sind die beschreibenden, die Naturgeschichte und die Gestirnkunde verwandt; gleichgeordnet sind diesen die technisch-empirischen Kunstlehren, als: Medicin, Landwirtschaftslehre, Verwaltungslehre und die mechanischen und gymnastischen Künste. Von allen diesen soll man, wenngleich nur obenhin, Kenntnis nehmen, nicht um sie auszuüben — falls nicht darauf der Beruf hinweist — sondern um sie zu beurteilen und die darauf zurückgehenden Ausdrücke und Partieen der heiligen Schrift zu verstehen. Die abstrakten Disciplinen sind Dialektik, Rhetorik und Mathematik. Die Dialektik ist insofern nicht Menschenwerk, als die Gültigkeit der logischen Verbindungen nicht auf menschliche Satzung zurückgeht, und ihre Sätze bleiben wahr, auch bei irrtümlicher Anwendung. Die Eloquenz ist eine wortreichere Dialektik; auch die Regeln, wie der Hörer zu gewinnen, zu beleben, zu fesseln sei, gehen auf Gesetze zurück, die nicht von Menschen sind. Diese Disciplinen ersetzen nicht den gesunden Verstand, welcher vielmehr ihren Spitzfindigkeiten vorauseilt; aber sie gewähren Genuß und schulen den Geist, nützen also, falls nur alles Scheinwesen, wozu sie neigen, fern gehalten wird. Die mathematischen Wahrheiten sind von den Menschen ge funden, aber nicht er funden worden; sie lehren, die Zahlengeheimnisse der Schrift und sonstige darin vorkommende Beziehungen auf Zahlen, Formen und Töne verstehen; zugleich aber leiten sie den Geist auf das Verhältnis des Veränderlichen zum Unveränderlichen und werden ihm, falls er dieses Verhältnis in letzter Linie auf die Liebe zu beziehen versteht, zur Quelle der Weisheit. — Ohne Vorsicht sollen sich lernbegierige und begabte Jünglinge, die Gott fürchten und das selige Leben suchen, keiner von jenen außerhalb der Kirche geübten Wissenschaften hingeben, sondern sie nüchtern und sorgsam prüfen. Jene Einrichtungen, welche für das sociale Leben Bedeutung haben, sollen sie nicht vernachlässigen; von den Wissenschaften als die nutzbringendsten betreiben: die Geschichte der Dinge der Vergangenheit und der Gegenwart, die Dialektik und die Mathematik; aber auch von diesen gilt der Grundsatz: „Nichts zu sehr". Die Grundlage der empirischen Studien sollten Werke bilden wie Eusebius' Chronikon und die Sacherklärungen der heiligen Schrift. Ob auch die dialektischen Materien der Schrift eine gesonderte Behandlung gestatten, entscheidet Augustinus nicht, neigt aber dazu, die Frage zu verneinen, „da die Dialektik den ganzen Bestand der heiligen Schrift nervenartig verbindet"[1]) und er läßt

---

[1]) Ib. II, 40.

§. 16. Der Inhalt der altchristlichen Bildung.

es offen, die dialektischen Formen in Schulen, die außerhalb der Kirche stehen, zu lernen[1]). Was immer die Heiden, besonders die Philosophen und unter ihnen wieder zumeist die Platoniker von wahren Erkenntnissen besitzen, ist den goldenen und silbernen Gefäßen vergleichbar, welche die Israeliten bei ihrem Auszuge aus Ägypten auf Gottes Geheiß dem Dienste der Götzen entzogen und dem des wahren Gottes weiheten: ihnen soll der Christ nachahmen, indem er, was von edlem Metall die alten Denker aus den Schachten der überall waltenden göttlichen Vorsehung zu Tage gefördert haben, dem Kultus der Dämonen entreißt und im Geist des Evangeliums verwendet[2]).

Mit der fortschreitenden Entwickelung der christlichen Litteratur fand auch die christliche Bildung eine immer breitere und ihr homogene Unterlage und je mehr die heidnische gegen sie zurücktrat, um so mehr konnten die derselben entnommenen Elemente, als ungefährdeter und gefahrloser Besitz angeeignet werden. So bildete sich allmählich ein antikes Lehrgut als Bestandteil des christlichen Bildungsinhaltes heraus, nicht eben umfassend, aber immerhin einen namhaften Teil der Geistesschätze des Altertums der Zukunft aufbehaltend. Das Gerüst dazu giebt das System der sieben freien Künste, wie es uns in afrikanischer Verschnörkelung bei Marcianus Capella, in schmuckloser Gestalt und auf christliche Materien bezogen, bei Cassiodorus († 562) entgegentritt. Die Philologie nimmt im Abendlande den encyklopädischen Charakter an, den uns das für das Mittelalter so wichtige Sammelwerk des Isidorus, Bischof von Sevilla († 636), des gelehrtesten Mannes des siebenten Jahrhunderts, zeigt, der in den Origines oder Etymologiae mit Einschluß der freien Künste und biblisch-theologischer Materien alles Wissenswerte und zum Studium zu Empfehlende niederlegt, wie er

---

[1]) Ib. 32. Bezüglich der Rhetorik vgl. IV, 1. — [2]) Dasselbe Bild für die nämliche Sache hat auch Gregor von Nyssa, De vita Mosis. Opp. Par. 1638. I, p. 209.

in seinen Sententiae das Wesentlichste der christlichen Glaubenslehre zusammenfaßt, durch beide Arbeiten die Sammelwerke und Kompendien des Mittelalters vorbereitend[1]). Für das Studium der Philosophie gewinnt im Abendlande Boëthius, der Übersetzer und Erklärer des Aristoteles († 525), die größte Bedeutung. Aus der schönen Litteratur wird keine planmäßige Auslese gehalten; außer dem inneren Wert und der Stimme der Alten selbst geben vielfach Nebenrücksichten, zudem nicht selten Mißverständnisse den Ausschlag. Die Werke Vergils genießen hoher Achtung, nicht bloß weil diese traditionell war, sondern weil die vierte Ekloge des Dichters den Weissagungen auf Christum beigezählt wurde; man legte seine Dichtungen allegorisch aus und fand in der Äneide ein Bild des menschlichen Lebens. Von ihm sagt Augustinus (de civ. Dei I, 3), er werde schon von den Kleinen gelesen, damit der große und unter allen ausgezeichnetste und beste Dichter, wenn man sich an ihm schon in zarten Jahren vollgetrunken, unvergessen bleibe. Nächst Vergil war Statius hoch geschätzt, den die christliche Überlieferung als einen geheimen Anhänger des Evangeliums erklärte; Horaz dankt der Tradition und seinem Reichtum an Sentenzen seine Stelle unter den unvergessenen Autoren; Sallust wurde Livius vorgezogen, wohl wegen der moral-philosophischen Exordien seiner Monographieen, beide aber treten hinter den kompendiarischen Geschichtsschreibern zurück; unter den Philosophen wurde Seneca geschätzt,

---

[1]) Die in den Origines behandelten Materien sind folgende. Buch 1: Grammatik. 2. Rhetorik und Dialektik. 3. Arithmetik, Geometrie, Astronomie, Musik. 4. Medicin. 5. Jurisprudenz. 6. Über Bücher, Schrift, Litteratur, geistliche Ämter. 7. Von Gott und heiligen Menschen. 8. Von der Kirche. 9. Von den Sprachen. 10. Etymologieen in alphabetischer Folge. 11. Vom Menschen. 12. Von den Tieren. 13. u. 14. Von der Welt, dem Erdkreis und seinen Teilen. 15. Von Städten, Häusern und Landbesitz. 16. Von Metallen, Steinen, Maß und Gewicht. 17. Vom Feld- und Gartenbau und von den Pflanzen. 18. Vom Kriegswesen und von Spielen. 19. Von Bauwesen, Schiffahrt, Kleidung. 20. Von der Nahrung und dem Hausrat. — Über Isidorus Verhältnis zu Boëthius und Cassiodor vergl. Eckstein, Analekten zur Geschichte der Pädagogik. Programm. Halle 1861.

§. 17. Das altchristliche Schulwesen.

wegen seines sententiösen Stiles; auch ihn machte die spätere Tradition zu einem Christen, ja Martyrer. — Bei den Griechen blieb lange ein eklektisches Studium der Klassiker rege; man sammelte Stellen vorzugsweise moralischen Inhalts und stellte sie mit solchen aus heiligen Schriften und den Kirchenvätern zusammen; das größte Ansehn gewannen die derartigen Repertorien des heil. Johannes von Damaskus im achten Jahrhundert. Auf den geistlichen Schulen zu Byzanz wurden der Zeit die encyklischen und philosophischen Disciplinen gelehrt, und Homer, Hesiod, Demosthenes, Plutarch u. a. gelesen und erklärt.

§. 17.

Wie im Bildungsinhalt, so vollzieht sich auch im Lehrwesen nur allmählich die Assimilation des Vorgefundenen an die neuen Bedürfnisse. Bis in das sechste Jahrhundert hinein sahen sich die Christen darauf angewiesen, die grammatisch-rhetorische Bildung an Schulen zu suchen, welche die antiken Traditionen weiterführten und vielfach einen ausgesprochen heidnischen Charakter hatten. Gerade der mittlere Bildungsunterricht konnte am spätesten einverleibt werden, während die Gestaltung sowohl eines elementaren, als eines höheren christlichen Lehrwesens in viel frühere Zeit hinaufreicht. Die christliche Kinderlehre verband sich unschwer mit den Fertigkeiten, welche der Grammatist oder Litterator zu lehren hatte; Schulen, in denen Lesen, Schreiben und Psalmensingen gelehrt wurde, treten zuerst in Syrien auf, wo die Notwendigkeit, die heiligen Schriften in die Landessprache zu übertragen, früh eine rege litterarische und Lehrtätigkeit geweckt hatte; der Presbyter Protogenes zu Edessa in der zweiten Hälfte des zweiten Jahrhunderts wird als Begründer einer derartigen Schule bezeichnet. Die Entwicklung dieser Presbyterschulen läßt sich nicht verfolgen; im fünften Jahrhundert aber sind sie eine, wenigstens in ganz Italien verbreitete Institution, wie die Anordnung des Konzils von Vaison (Vasio) im Jahre 443 zeigt, welche die gallischen Presbyter verhält, nach der in Italien eingelebten Sitte, Knaben in ihr Haus aufzunehmen, ihnen geistliche Väter zu sein und sie im Lesen der Psalmen und heiligen Schriften und im Gesetze Gottes zu unterrichten. Mit den Parochieen zu verbindende Schulen verlangen die Synoden von Orange und Valence an der Rhone 529; daß die Priester in den Ortschaften des Pfarrsprengels (per villas et vicos) Schule halten sollten, ordnet das dritte Konzil in Konstantinopel 681 an. Aus zahlreichen Zügen der Legende ist zu entnehmen, daß auch die Missionäre außer dem Glaubensunterrichte Schreiben und Lesen lehrten; Cassian, der Wanderbischof von Rhätien, soll 304 wegen seiner Strenge von seinen heidnischen Schülern mit den Schreibgriffeln getötet worden sein, Patricius, der Apostel Irlands, soll so viele ABC-Bücher geschrieben haben, als es Tage im Jahre giebt.

Ein anderer Anfang des christlichen Schulwesens ist im Klosterwesen zu suchen; die morgenländischen Klosterregeln bestimmen, daß jeder Aufzunehmende das Lesen erlerne und geben über Erziehung und Unterricht von, dem Kloster zugeführten Kindern Anordnungen; so nicht bloß die Regel des heiligen Basilius des Großen, sondern schon die ältere des heiligen Pachomius († 348), so daß die Stätte des Wirkens des letzteren, Ägypten, als die Wiege der Klosterschulen erscheint[1]). Um dieselbe Zeit entstehen die Waisenhäuser, zuerst in Konstantinopel und Rom, in letzterer Metropole mit Sängerschulen verbunden.

Das **höhere** christliche Bildungswesen knüpft an die Institution des Katechumenats an. Mit dem Ausdrucke $\kappa \alpha \tau \eta \chi \varepsilon \tilde{\imath} \nu$ — ursprünglich umtönen, eindringlich anreden — bezeichnet die alte Kirche den der Taufe vorausgehenden Glaubensunterricht in Verbindung mit der eben dahin zielenden Zuchtübung[2]). Das Bedürfnis der kollektiven

---

[1]) Vergl. die treffliche Arbeit von P. L. Braunmüller, Über den Bildungszustand der Klöster des IV. und V. Jahrhunderts. Programm der Benediktinerstudienanstalt Metten 1856.

[2]) Vergl. Ad. G. Weiß, Die altchristliche Pädagogik dargestellt in Katechumenat und Katechese der ersten sechs Jahrhunderte. Freiburg im Br. 1869, S. 40.

§. 17. Das altchristliche Schulwesen.

Erteilung des Katechumenenunterrichts führte auf die Form von katechetischen Lehrkursen, welche in der Fastenzeit, auf den österlichen Taufakt vorbereitend, abgehalten wurden, teils von den Kirchenvorstehern selbst, teils von dazu bestellten Lehrern (doctores, διδάσκαλοι); eine schulmäßige Form nahmen dieselben da an, wo ein regerer wissenschaftlicher Sinn Lehrende und Lernende antrieb, der Verzweigung und Begründung des Glaubensinhaltes weiter nachzugehen. Die alexandrinische Katechetenschule, welche ihren Ursprung auf den Evangelisten Marcus zurückführte, nahm von der Unterweisung der Katechumenen ihren Ausgang, schritt aber zu gelehrter Behandlung der christlichen Lehren fort, mit dem Zwecke ebensowohl gebildete Heiden für den Glauben zu gewinnen, als gelehrte Vertreter desselben, also nicht sowohl Katechumenen als Katecheten, heranzubilden[1]). Nächst Alexandria besaßen Antiochia, Edessa, Nisibis, Gandisapora und andere syrische Städte namhafte gelehrte christliche Schulen. Von Nisibis sagt der afrikanische Bischof Junilius, dort werde das göttliche Gesetz durch öffentliche Lehrer, wie in den weltlichen Schulen Grammatik und Rhetorik, in aller Form und regelrecht tradiert (ordine et regulariter traditur)[2]). Eine Übertragung dieser Institution in das Abendland betrieb Cassiodor bei dem Papste Agapitus, ohne jedoch bei den Wirren der Zeit durchdringen zu können[3]).

Im Abendlande fand der gelehrte Unterricht zunächst in den nach dem Vorgange des heiligen Augustinus in den Bischofssitzen

---

[1]) Daß diese Anstalt ihre anfängliche Bestimmung immer im Auge behielt, zeigt die unter Origenes vorgenommene Abscheidung des Glaubensunterrichts für Anfänger, und des theologischen für Fortgeschrittene. Eus. Hist. eccl. VI, 15. Die Verbindung von paganischen und christlichen Studien, wie sie in Alexandria auftritt, zeigen Missionsschulen viel späterer Zeit auf ganz anderem Boden in ähnlicher Weise. In den seit 1840 errichteten katholischen Lehranstalten Chinas werden erst durch 7 bis 8 Jahre die chinesischen Wissenschaften gelehrt, wie sie für die Bildungsprüfungen erfordert werden, und wird dann zu den christlichen vorgeschritten. — [2]) Junilius, De part. div. legis. bei Conring De antiq. academ. I, 29. — [3]) Cassiodor De divin. et hum. lection. Praef.

errichteten Konvikten eine Stätte. Aus dem Konvikte von Hippo selbst gingen nach Possidius, dem Biographen Augustins, allein zehn durch Gelehrsamkeit ausgezeichnete Bischöfe hervor, welche selbst wieder gleiche Anstalten einrichteten. Hier war der Zweck, dem Klerus der Diözese Nachwuchs zu sichern; doch müssen auch solche Zutritt gehabt haben, welche sich für den geistlichen Beruf noch nicht entschieden hatten; es ist mehrfach von weiteren und engeren Schülerkreisen, die sich um Bischöfe sammelten, die Rede; wie unter anderen in der Lebensbeschreibung des heiligen Petrus Chrysologus, der seine Ausbildung in den ersten Jahrzehnten des fünften Jahrhunderts bei Cornelius, dem Bischof von Imola, erhielt und aus einem exoterischen in einen esoterischen Schülerverband aufstieg, in welchem er erst die Vorbereitung zum Priesteramte erhielt[1]). Die Ausbildung der Episkopalschulen des Abendlandes geht mit der der Klosterschulen Hand in Hand. Die Regel des heiligen Benedikt giebt zwar über den Unterricht keine ausdrücklicheren Bestimmungen als die älteren Klosterregeln, der Ordensstifter selbst war den Studien eher ab- als zugeneigt, der große Gregor, der Stolz des Ordens, erklärte, die Worte der göttlichen Weissagung dürften nicht den Regeln Donats angepaßt werden[2]) und das Lob Christi könne nicht mit dem Preise Jupiters in demselben Munde wohnen; allein die Bestimmung der Regel, daß sich die Brüder drei Stunden täglich mit Lesen beschäftigen und in der Fastenzeit ganze Bücher durcharbeiten sollten, enthielt den Keim der so segensreichen wissenschaftlichen Bestrebungen des Ordens; die Unterweisung der oblati — der dem Kloster dargebrachten Kinder — und die Heranbildung von Ordens-

---

[1]) Vergl. die Biographie desselben von K. v. Stablewski. Posen 1871. — [2]) Die Äußerung Gregors lautet: Nou metacismi collisionem fugio, non barbarismi confusionem devito, situs motusque praepositionum, casusque servare contemno: quia indignum vehementer existimo, ut verba coelestis oraculi restringam sub regulis Donati Praef. Jobi. I, p. 6. Man kann nicht sagen, daß sie der Grammatik den Krieg erklärt; aber allerdings bezeichnet sie die grammatische Peinlichkeit als überflüssig für den Theologen.

§. 17. Das altchristliche Schulwesen.

brüdern zu Priestern für den Gottesdienst des Klosters nahmen bald schulmäßige Formen an. Ihres pädagogischen Berufes aber wurden die Benediktiner erst dann ganz inne, als sie sich, fern von den Mittelpunkten des Kulturlebens, halbbarbarischen Völkern gegenübersahen, die sie dem Evangelium nicht anders dauernd gewinnen konnten, als dadurch, daß sie ihnen Lehrer und Meister wurden im Ackerbau, im Handwerk, in der Kunst, in der Wissenschaft, in kultureller Bethätigung aller Art. Die Benediktinerschule des früheren Mittelalters ist nur ein Teil eines ganzen Komplexes von Einrichtungen zu civilisatorischen, aus der Missionsaufgabe erfließenden Zwecken; sie erweitert ihre Arbeit auf den ganzen Bildungsinhalt: die Elementarkenntnisse, die freien Künste, die Autorenlektüre, die Theologie und zieht selbst Fachwissenschaften, wie Medicin, Feldmeßkunst u. a. in ihren Kreis; sie gliedert sich, um zugleich ihrer ursprünglich geistlichen und den neuen säkularen Aufgaben gerecht zu werden, in die schola claustri oder interior, bestimmt für den Nachwuchs des Klosters, und die außerhalb der Klausur liegende schola canonica oder exterior für die den weltlichen Berufsarten entgegengehende Jugend; sie erhebt sich, Dank der unermüdeten und opferfreudigen Arbeit, die in ihren weihevollen Räumen Platz greift, zu vorbildlicher Bedeutung für das ganze Schulwesen des Mittelalters.

Verglichen mit den Lehranstalten des klassischen Altertums zeigen die altchristlichen hauptsächlich drei unterscheidende Merkmale. Vermöge ihres bestimmt ausgesprochenen religiös-sittlichen Endzweckes sind sie nicht bloß Bildungs-, sondern zugleich Erziehungsanstalten, was sich auch äußerlich in ihrer konviktorischen Form ausspricht, die dem griechisch-römischen Schulwesen fremd ist; sie haben ferner die Tendenz, vom Centrum der religiösen Unterweisung aus alle Bildungsstoffe in sich hineinzuziehen und so die Gesamtaufgabe der Bildung auf sich zu nehmen, während die antiken Schulen sich auf gewisse Disciplinen beschränkten, also der Lernende angewiesen war, mehrere Schulen, die des Grammatikers, des Rhetors, des Musikers u. s. w.

zu durchlaufen; sie haben endlich vermöge ihres Zusammenhanges mit der Kirche den Charakter öffentlicher, von einem geschlossenen und geachteten Stande erhaltener und geleiteter Anstalten, während das antike Lehrwesen, wenigstens in seiner Blütezeit, nur das lockere Aggregat privater Unternehmungen darstellt. Wollte man für das christliche Bildungswesen ein Analogon im Altertum aufsuchen, so müßte man bis zu den morgenländischen Völkern zurückgreifen und etwa das altägyptische Tempelschulwesen mit seinen konviktorischen Anstalten und seinem priesterlichen Unterrichte und Lehrstande heranziehen. Doch wird man kaum auf die Übereinstimmung Gewicht legen können, da beide Erscheinungen nach Geist und Zweck weit auseinander gehen. Jenes altmorgenländische Bildungswesen arbeitete mit einem nationalbegrenzten Inhalte, an welchem die scharfgeschiedenen Klassen der Gesellschaft nur einen abgestuften Anteil erhielten und der je länger je mehr geistloser Erstarrung verfiel; das christliche Bildungswesen dagegen ist das Glied eines Organismus, der die Unterschiede des Volkstums in sich aufhebt, die der socialen Stellung mildert, indem er den Menschen als solchen durch Bildung zur Freiheit führt, es hat an der lehrenden Kirche seinen Stützpunkt und Hintergrund, an dem von ihr verwalteten Lehrgute einen Jungbrunnen, von dem ihm im Wechsel der Zeiten immer neue Erfrischung und Stärkung gekommen ist. Die christlichen Völker sind lehrende Völker und sie sind es geworden, weil die christliche Kirche eine lehrende ist und sie haben in der Ausgestaltung des Bildungswesens das Altertum weit überholt, weil an derselben die plastischen Kräfte, die in der Kirche walten, mitgearbeitet haben.

VI.

Die Bildung des Mittelalters.

§. 18.

Mit einem dem XVII. Jahrhunderte entstammenden Ausdrucke nennen wir den tausendjährigen Zeitraum, welcher mit der Völkerwanderung anhebt und mit den Neubildungen des XVI. Jahrhunderts schließt, das Mittelalter, einer wenig zutreffenden, weil von dem äußerlichsten Merkmale ausgehenden Bezeichnungsweise stattgebend. In Wahrheit ist jener Zeitraum nicht sowohl ein mittleres, als vielmehr ein Anfangsalter: die Periode der anhebenden christlich-europäischen Civilisation und Kultur, die Jugendepoche der modernen Völker. So wenig als der Name sind die an denselben angehefteten Nebenvorstellungen haltbar, daß dieses Weltalter eine Zeitwüste, ein Winterschlaf der Menschheit, eine Pause der Kulturgeschichte gewesen sei, da es vielmehr von umfassender und reger geschichtlicher Arbeit erfüllt erscheint, welcher die Neuzeit einen namhaften Teil der Voraussetzungen ihres eigenen Schaffens verdankt: neue Nationen werden der Civilisation gewonnen, Mischvölker klären sich zu charaktervollen Nationalitäten ab, an Stelle der geographischen Einheit der griechisch-römischen Geschichte — dem Mittelmeergebiet — wird Europa zu einer solchen erhoben; an Stelle des Weltreiches, der einzigen dem Altertum bekannten Form der Kollektivwirkung der Völker, wird die Kulturgemeinschaft selbständiger Nationen gesetzt. Darin aber stehen allerdings die Völker des Mittelalters gegen die des Altertums zurück, daß sie weniger als diese aus dem Eigenen schöpfen, vielmehr wesentliche Impulse ihres geschichtlichen Lebens von außen empfangen, und daß es daher eines langen Prozesses zur Assimilation der herangebrachten Elemente bedarf, der dafür eine um so reichere Entwicklung einleitet. Die Civilisation und Kultur, deren Anfangsstadien in das Mittelalter fallen, ist eine derivierte; sie verdankt den Anstoß zu ihren Schöpfungen einesteils dem Christentum, anderntteils antiken Traditionen, Motive, welche erst in den Lebensinhalt eingearbeitet werden mußten, ehe die nationalen Kräfte zur Mitwirkung entbunden werden konnten.

So ist auch das Bildungswesen des Mittelalters zunächst auf Empfangen, Fortführen, Nachahmen von Vorhandenem gestellt und von jener Starrheit und Schwerfälligkeit nicht frei, welche jeder Art von Anfängerschaft unvermeidlich anhaftet. Das Bildungsstreben war im Mittelalter auf ungleich schwierigere Bahnen angewiesen, als je bei den klassischen Völkern; es mußte einen harten und spröden Lehrstoff, den Niederschlag der römischen Bildung, bewältigen, dürre und dornige Kompendien zu Wegweisern nehmen, eine fremde, auf fremdartige Gedankenkreise bezogene gealterte Sprache als sein Medium verwenden; die Kirche gewährte ihm eine Stätte und ließ ihm ihre organisatorische Kraft zu Gute kommen, allein sie forderte es zugleich unumschränkt in ihren Dienst und bestimmte danach seinen Spielraum. Die harte Lernarbeit jener Jahrhunderte mag uns im einzelnen oft dürftig und unfruchtbar vorkommen; im ganzen angesehen erscheint sie als eine strenge Schulung, welche die jugendlichen Völker durchmachen mußten, um zu freierer Bewegung und eigenem Schaffen zu gelangen. Es sind aber keineswegs schülerhafte Leistungen, bei denen das Mittelalter auf diesem Gebiete stehen blieb: es hat vielmehr die Formen, welche sich das christliche Bildungswesen auf römischem Boden gegeben hatte: die Klosterschule, das bischöfliche Konvikt und die Pfarrschule nicht bloß fortgeführt, sondern auch weitergebildet und ausgebreitet und hat daneben neue Schöpfungen hervorgebracht, für welche es kein Vorbild im Altertum fand: das ritterliche Bildungswesen, das Lehrwesen der Zünfte und das in den Universitäten sich darstellende Zunftwesen der Lehre.

Von den klösterlichen Lehranstalten des Mittelalters haben die Benediktinerschulen ihren unangefochtenen Ehrenplatz in der Geschichte der Bildung erhalten. Der alte Wahlspruch der schwarzen Mönche, daß das Heil, der Schatz, der Ruhm und die Festigkeit des Ordens in seinen Schulen liege[1]), fand besonders in der Zeit der Neubildungen nach der Völkerwanderung seine Bewahrheitung. Die Männer, welche in der Periode der Karolinger und der Ottonen dem Bildungsstreben die Bahnen anwiesen, gehören fast alle diesem Orden an, oder danken ihm doch ihre Ausbildung. Ihre Reihe eröffnet Beda der Ehrwürdige, der scholasticus von Jarrow, der Vater der englischen Geschichtsschreibung, † 735[2]); die Tradition machte Alcuin, geboren 735, † 804, zu seinem Schüler, den innern Zusammenhang zwischen beiden fälschlich als einen äußern auffassend. Alcuin, des großen Karls Berather und Freund, ist der erste der Meister, von denen nach verschiedenen Seiten gleichsam strahlenförmig Impulse der Bildung ausgingen; seine Klosterschule zu Tours ist die erste jener weithinleuchtenden Musteranstalten und Lehrerpflanzstätten, welche in jenen Jahrhunderten die Stützpunkte des Studienwesens bildeten: sein Genosse Paschasius Radbertus organisierte die Klosterschule von Corbie, von der wieder die des sächsischen Corvey der Ableger wurde; sein Freund Leidrad erhob die Domschule von Lyon, Arnulph die von Salzburg zur Blüte, von seinen Schülern gestaltete Rhabanus die Lehranstalt des Stiftes

---

[1]) Ziegelbauer, Hist. Ord. S. B. I, p. 652. Veterum coenobitarum frequens erat istud keleusma: Ex scholis omnia nostra salus, omnis felicitas, divitiae omnes ac ordinis splendor constansquo stabilitas.

[2]) Karl Werner, Beda der Ehrwürdige und seine Zeit 1875. Seine Gelehrsamkeit hatte einen solchen Ruf, daß man später ein vielbenutztes Repertorium philosophischer Aussprüche ihm zuschrieb, obwohl darin Männer genannt werden, die lange nach ihm lebten. Erdmann, Grundriß der Geschichte der Philosophie. I². §. 153.

Fulda nach dem Muster der turonischen, schuf Ludger die Domschule von Münster, Haimin die Schule von Arras, welche wieder für die Studien zu St. Amand (Milo und der Musiker Hucbald) und zu Auxerre (Heiricus) das Vorbild abgab, der Anregungen nicht zu gedenken, welche die Schulschriften des Meisters weit über die Grenzen des Frankenreiches hinaustrugen[1]). In der folgenden Generation bildete einen Knotenpunkt des benediktinischen und damit des Schulwesens überhaupt die Lehranstalt von Fulda, welche Rhabanus Maurus, geb. 775, † 856, eingerichtet hatte, und nach deren Muster die Schulen der älteren Abteien zu St. Gallen (Wernbert und Hartmut) und zu Reichenau (Walafrid Strabo) reformiert und zahlreiche andere, zu Weißenburg (Otfrid), Hersfeld (Strabus), Hirschau (Hidulph und Ruthard), Ferrières (Servatius Lupus) eingerichtet wurden; auch Rhabanus, der praeceptor Germaniae, wirkte über die Kreise, die das Anregende seiner bedeutenden Persönlichkeit unmittelbar empfanden, weit hinaus durch seine methodischen und encyklopädischen Schriften. Der Mann, welcher für die Zeit der Ottonen und ersten Capetinger eine ähnliche Bedeutung hat, der Aubergnate Gerbert, als Papst Sylvester II., † 1003, gehört dem Orden selbst nicht an, schuldet ihm aber seine Ausbildung; er erhielt dieselbe in dem Kloster Aurillac, welches Odo von Klugny, der Schüler Remigius' von Auxerre, zur Blüte brachte, welcher letztere wieder durch seinen Lehrer Heiricus mit dem Alcuinschen Kreise zusammenhängt. Gerbert, „als Lehrer so ausgezeichnet, daß jede Schule unter ihm zum Lehrerseminar wurde", wirkte in Rheims und Paris, und legte den Grund zum Ruhme der Schulen von St. Germain aux prés (Jugo), von Auxerre (Johannes von Auxerre), von Fleury (Abbo), von Chartres (Fulbert), von Mittelach (Nithard und Remigius) u. a.; mit ihm beginnt die Einwirkung arabischer Wissenschaft auf das Abendland, und mit dem dialektischen Interesse, welches in seiner Schule erwachte, hebt die Scholastik an[2]). Eine ihrer frühesten Pflanzstätten, die

---

[1]) K. Werner, Alcuin und sein Jahrhundert, 1876. — [2]) K. Werner, Gerbert von Aurillac, 1877.

§. 18. Das Bildungswesen des Mittelalters.

berühmteste Schule der Dialektik in der christlichen Welt, war das Benediktinerkloster Bec in der Normandie, wo Lanfranc Prior und dessen Schüler Anselm von Canterbury (geb. 1035, † 1109) Abt war. Die Erzabtei von Monte Cassino erhob sich um dieselbe Zeit zu neuer Blüte; von hier nahm damals die Pflege eines Seitenzweiges der Rhetorik, die ars dictandi ihren Ausgang (s. u. §. 19).

Die zahlreichen Orden, welche sich seit dem X. Jahrhundert von dem Benediktinerorden abzweigten, indem sie dessen Regel erneuerten und verschärften, nahmen auf das Bildungswesen einen weniger direkten Einfluß, aber sie übten eine indirekte Einwirkung durch die Hebung des kirchlichen Lebens und des christlichen Ernstes. Die Regel der Cluniacenser verwarf das Studium der heidnischen Schriften als gefährlich, und die Cisterzienser und Prämonstratenser legten auf die Pflege der Studien nicht gleichen Wert wie der Stammorden; doch gewannen ihre Klöster für die östlichen Länder: Brandenburg, Meißen, Schlesien, Polen eine ähnliche wie die der Benediktiner für die westlichen und manche dieser Stifter waren namhafte Studiensitze. Welchen Faktor des öffentlichen Lebens alle diese Orden repräsentierten, läßt sich aus der Zahl entnehmen, bis zu welcher gegen Ende des Mittelalters ihre Klöster gewachsen waren: man zählte um 1500 in der Christenheit nicht weniger als 37000 zu dem Benediktiner= und allen seinen Zweigorden gehörige Häuser; denkt man auch nur den zwanzigsten Teil mit Lehranstalten versehen, so stellen diese ein nicht geringes Kontingent zum Schulwesen jener Zeit.

Die beiden großen, im Zeitalter der Kreuzzüge entstandenen und rasch erblühten Mendikanten= oder Bettelorden, die Franziskaner und Dominikaner griffen in wesentlich anderer Weise in das Bildungswesen ein. Der Predigt und religiösen Belehrung des Volkes sich widmend, wandten sie sich anfangs von gelehrten Studien ab; der heilige Franziskus von Assisi enthob den Vorsteher eines Bruderhauses in Bologna von seiner Würde, weil dieser daselbst eine Studienanstalt eingerichtet hatte und sagte: „Das Leben soll die Gelehrsamkeit der Brüder sein, die Frömmigkeit ihre Eloquenz"; allein es wird von Franziskus auch erzählt, er habe jedes beschriebene Blatt, das er fand, sorgfältig aufgehoben: „weil es Buchstaben sind, aus denen der glorreichste Name Gottes sich zusammensetzt". Im Laufe der Entwicklung des Ordenslebens machte sich bald die Einsicht geltend, daß keine Art der Lehre ohne Geistesarbeit und Forschung gedeihen könne, und jene Orden entwickelten eine mannigfaltige unterrichtliche Thätigkeit, welche so gut die Hochschule, wie die Elementarschule umfaßte. Für die Entfaltung ihres wissenschaftlichen Wirkens war es entscheidend, daß sie sich 1259 das Recht je eines Lehrstuhles an der Pariser Universität erkämpften; die Kirchenlehrer Thomas von Aquino, „der Fürst der Scholastik", und Bonaventura waren die ersten, welche von diesem Rechte Gebrauch machten. Wie die älteren Orden verbanden die Mendikanten Lehranstalten mit ihren Klöstern, wirkten jedoch außerdem als Lehrer in Stadtschulen, als Wanderprediger und Kinderlehrer auf dem Lande, als Verfasser von Jugendschriften, Volksbüchern, Lehrtexten, Sammelwerken. Von dem Minoriten Alexander aus Villedieu rührt das populärste lateinische Sprachbuch des Mittelalters, das Doctrinale, her, geschrieben um 1200, bis zum Jahre 1500 über hundertmal gedruckt[1]); der Dominikaner Vincenz von Beauvais (um 1300) ist der Verfasser der großen Encyklopädie, welche das Wissen des spätern Mittelalters zusammenfaßt (s. u. §. 19).

Nächst den Mönchsorden waren auch die ihnen ähnlich organisierten Orden, Vereine und Brüderschaften, in denen das geistliche und das weltliche Element gemischt erscheinen, für den Unterricht thätig. Mehrfach werden die Johanniter (Rhodiser, Malteser, gegründet 1048) als Stifter und Inhaber von Schulen genannt;

---

[1]) Als die Quelle des barbarischen Lateins wurde es von den Humanisten scharf angegriffen, hat jedoch neuerdings von Haase, Eckstein u. a. günstigere Beurteilung gefunden; aus der Syntax des Doctrinale (diasintastica) sind nicht wenige Namen und Bestimmungen in unsere Grammatiken übergegangen, vgl. Eckstein in dem Artikel „Lateinische Sprache" in Schmids Encyklopädie IX[1], S. 512.

§. 18. Das Bildungswesen des Mittelalters.

ebenso die Marianerritter (Deutschherren, gegründet 1190), deren Hochmeister Winrich von Kniprode († 1382) in dem Ordenslande Preußen — dessen erste Schulen schon Papst Honorius III. um 1228 hatte einrichten lassen — den öffentlichen Unterricht mit Eifer förderte; von ihm wird die Äußerung berichtet: „Es wird unserm Orden nie an Geld und Gut, wohl aber an klugen und getreuen Leuten mangeln, darum muß man mit allem Ernste nicht bloß einige, sondern viele Schulen in Preußen anlegen". Die seit dem XIII. Jahrhunderte auftretenden Calandsbrüderschaften nahmen sich neben der Armenpflege auch der Waisenerziehung an und erscheinen hie und da ebenfalls als Gründer von Schulen. Zu höherer Bedeutung schwang sich die „Brüderschaft des gemeinsamen Lebens" (Hieronymianer, Gregorianer, Fraterherren) auf, deren Stifter Geert Grote (Gerhardus Magnus) aus Deventer ist und die ihr erstes Haus 1384 zu Deventer errichtete; hundert Jahre später waren die Fraterhäuser von der Schelde bis zur Weichsel verbreitet; durch den Verkehr mit dem Mutterhause zur Einheit verbunden, wirkten sie für den Volks= und den gelehrten Unterricht, popularisierten die heiligen Schriften und arbeiteten der Studienreform, welche der Humanismus heraufführte, vor.

Aus den bischöflichen Konvikten der älteren Zeit entwickelten sich im Mittelalter die Dom= oder Kathedralschulen. Der Kanon Chrodegangs von Metz († 766) führte im Anschluß an die Regel des heiligen Benedikt das gemeinsame Leben des Klerus der bischöflichen Kirchen ein und wies dem scholasticus (scholaster, didascalus, magiscola, cancellarius) die Obsorge über die der Genossenschaft dargebrachte Jugend zu. In der Blütezeit der Domschulen unterrichteten nicht selten die Bischöfe selbst, stets die Scholastiker; später ernannte man kundige Mönche, besonders Benediktiner, oder auch Weltliche zu Lehrern; zu Zöglingen hatten diese Schulen nicht bloß angehende Kleriker, sondern auch die Söhne des Adels und selbst der Fürstenhäuser. Wie bei den Klosterschulen (§. 17, S. 237) tritt auch hier die Spaltung der Anstalten ein in innere konviktorische, für den Nachwuchs des Klerus bestimmte, und äußere, für die Laien geöffnete Schulen, erstere mehr Erziehungs-, letztere Lehranstalten. Hervorragende Domschulen, wie die Anstalt im Lateran in Rom, die Schulen von Lyon, Rheims, Lüttich, Paderborn, Goslar u. a. stehen an Ruhm den klösterlichen Studiensitzen nicht nach, verhalten sich aber diesen gegenüber doch mehr empfangend und nachbildend. Der Umstand, daß im XI. Jahrhundert die Kanoniker das gemeinsame Leben aufgaben und der Unterricht bezahlten Stellvertretern zugewiesen wurde, brachte den Verfall der Kathedralschulen mit sich, die bald an den Universitäten Nebenbuhler fanden, mit welchen sie nicht wetteifern konnten. Der große Pabst, der alle Elemente der kirchlichen Macht und geistlichen Bildung aus der älteren Zeit zusammenzuhalten und zu steigern bemüht war, Innocenz III., steuerte dem Verfall dieser Anstalten; er veranlaßte den Beschluß des lateranensischen Konzils von 1215, daß bei allen Kathedralen Lehrer der Grammatik und Lektoren der Theologie angestellt werden sollten, und legte bei kanonischem Verfahren gegen einen Bischof stets Gewicht darauf, ob sich derselbe der Jugendbildung angenommen habe oder nicht.

Die Fürsorge der Bischöfe für das Schulwesen bestand nicht bloß in der Erhaltung der Domschule, sondern in der Aufsicht über alle Lehranstalten der Diöcese, insbesondere die mit den Parochieen verbundenen Schulen. Daß im Mittelalter an den Pfarrkirchen ein mehr oder weniger schulmäßiger Unterricht erteilt wurde, ist teils durch die darauf bezüglichen Beschlüsse der Konzilien und Synoden, teils durch direkte Nachrichten bezeugt. Als Lehrer werden bald die Pfarrer selbst genannt, bald deren Gehilfen: angehende Kleriker, Küster und sonstige Kirchendiener. Daß auf dem Lande die Küsterschule schon damals die gewöhnliche Einrichtung war, zeigt eine in mehrfachem Betracht interessante Verfügung der Diöcesansynode von St. Omer aus dem Jahre 1183, welche lautet: „Da die Schulen zur Heranbildung aller derer dienen, welchen einmal die Leitung der weltlichen und geistlichen Angelegenheiten in Staat und Kirche obliegen soll, so befehlen wir, daß in allen Städten und

Dörfern unserer Diöcese die Pfarrschulen, wo sie verfallen sind, wieder hergestellt, wo sie noch erhalten sind, mehr und mehr gepflegt werden sollen. Zu dem Ende sollen die Pfarrer, Magistrate und angesehenen Gemeindeglieder dafür besorgt sein, daß den Lehrern, wozu auf dem Lande die Küster verwendet zu werden pflegen, der notwendige Unterhalt verschafft werde. Die Schule aber soll in einem passenden Hause in der Nähe der Pfarrkirche eingerichtet sein, damit einerseits der Lehrer vom Pfarrer und den Notabeln leichter beaufsichtigt und andererseits die Schüler in die Übungen der Religion bequemer eingeführt werden können" [1]). Über die Regelung des Schulbesuches und der Schulaufsicht durch den Pfarrer bestimmt das Lagerbuch der Pfarrei Bigge im Amte Brilon, welches 1270 von dem Erzbischof Engelbert II. von Köln bestätigt wurde, daß „die Eingesessenen des Kirchspiels bei Strafe von 12 Mark verbunden seien, ihre Kinder zur Schule zu schicken, damit das noch in vielen Herzen glimmende Heidentum dadurch gänzlich erlöscht werde", und daß der Küster-Schulmeister die Jugend im Schreiben und Lesen im Sommer von 7 bis 10 morgens und 1 bis 3 oder 4 nachmittags, im Winter von 8 bis 10 und 1 bis 3 unterrichten und monatlich dem Pastor einen schriftlichen Bericht darüber vorlegen solle, „wie die Schüler sich in christlichen Sitten, im Schreiben und Lesen verhalten und von Tag zu Tag in der Gottesfurcht zunehmen, damit bei Zeiten das Böse vermieden und das Gute ferner befördert werde" [2]). Ist in Pfarrschulen der Art in allem wesentlichen die Volksschule gegeben, so ist doch nicht zu übersehen, daß die uns geläufige Vorstellung, daß Religion, Schreiben, Lesen u. s. w. ein besonderes elementares Lehrgebiet bilden, dem eine eigene Schulgattung entspricht, dem Mittelalter fremd ist; wo der Unterricht über die religiöse Kinderlehre hinausgeht, strebt er schon dem Lateinischen zu, ohne welches man eine eigentliche rechte Schule, die ja ihren Namen dieser Sprache entlehnt, nicht dachte; der ungelehrte

---

[1]) A. Stöckl, Lehrbuch der Geschichte der Pädagogik. Mainz 1876. S. 118. — [2]) Stöckl a. a. O. S. 117[1].

Vulgärunterricht erschien lediglich als Beigabe zu der Seelsorge, also einer Funktion der Kirche, wie ja auch der gelehrte Unterricht in einer solchen Funktion, dem Lehramte der Kirche, seinen vornehmlichen Beziehungspunkt suchte.

An dem geistlichen Schulwesen des Mittelalters hatte die Laienwelt lernend und selbst lehrend Anteil, und darum entwickelte sich kein jenem gegenüberstehendes Laienschulwesen, als eine besondere Institution. Was in älterer Zeit von Laienschulen vorhanden war, geht wesentlich auf römische Traditionen zurück; besonders in Italien und im südlichen Frankreich findet sich ein von gelehrten Laien erteilter Unterricht in den sieben freien Künsten, von der Kirche zugelassen und beaufsichtigt, aber nicht veranlaßt; das römische Recht wurde in Italien durch weltliche Lehrer fortgepflanzt, bis die Universitäten dasselbe aufnahmen[1]), und ebenso muß die Heilkunde, die in manchen Klöstern allerdings eine Stätte fand, daneben auch durch weltliche Lehrthätigkeit überliefert worden sein, ehe dies den medicinischen Fakultäten zufiel. Nicht ohne Zusammenhang mit den Cäsarenschulen sind die Hofschulen (scholae palatii oder palatinae), die zuerst im Frankenreiche auftreten; schon die Merowinger besaßen eine solche, wahrscheinlich der schola Gallica palatii zu Trier nachgebildet; sie erblühte unter Karl dem Großen durch die Lehrthätigkeit Alcuins und Petrus' von Pisa; unter Karl dem Kahlen in Paris fixiert, zählte sie den Griechen Mannon, welcher platonische und aristotelische Schriften ins Abendland brachte, und Johannes Scotus (Erigena), später auch Remigius von Auxerre zu ihren Lehrern; sie verschmilzt später mit der Domschule von Notre-Dame. Im X. Jahrhundert tritt die Hofschule der Ottonen auf, unter Bruno, Ottos I. Bruder, nachherigem Erzbischof

---

[1]) In Rom bestand im X. Jahrhundert eine Rechtsschule und „der römische Richter empfing unter feierlichem Ceremoniell das Rechtsbuch Justinians", „um Rom, Trastevere und den Erdkreis danach zu richten". Gregorovius Geschichte der Stadt Rom im Mittelalter III, 161 u. 525 f.

§. 18. Das Bildungswesen des Mittelalters.

von Köln¹). Der Einrichtung nach waren diese Anstalten von den geistlichen Schulen nicht eben weit verschieden, hatten geistliche Lehrkräfte und bildeten so gut für die kirchlichen wie für die weltlichen Ehrenstellen vor, aber sie waren Institute des weltlichen Oberhauptes und bezeichnen insofern eine eigene Kategorie und den Keim der landesfürstlichen Hochschulen, wie sie schon unter den Hohenstaufen erstanden.

Ein eigenartiges weltliches Bildungswesen ohne schulmäßige Formen und ohne gelehrten Inhalt trat mit dem Rittertum, der edlen Schöpfung des Zeitalters der Kreuzzüge, ins Leben. In demselben wirken nationale Elemente mit, welche auf das vorchristliche Germanentum zurückgehen, und das Bild der Erziehung, welche nach der Edda der junge Edelmann empfängt, nimmt manchen Zug der ritterlichen Zucht vorweg: „Die Mutter gebar und barg in Seide ein Kind, das genetzt ward und Jarl genannt; licht war die Locke und leuchtend die Wange, die Augen scharf als lauerten Schlangen; daheim erwuchs der Jarl in der Halle mit Linden schälen, Sehnen winden, Bogen spannen und Pfeile schäften, Spieße werfen, Lanzen schwingen, Hengste reiten, Hunde hetzen, Schwerter ziehen, den Sund durchschwimmen; da kam zu dem Hause Rigr daher, Rigr lehrt' ihn Runen kennen, nannte mit eigenem Namen den Sohn, hieß ihn zu Erb und Eigen besitzen Erb und Eigen und Ahnenschlösser"²). In der ritterlichen Bildung erscheinen die kriegerischen Übungen der alten Zeit zu jenen Fertigkeiten und Künsten gesteigert, von denen im Turnier die Probe abzulegen ist; an Stelle der Runen und alten Kunden tritt die Kunst des Saitenspiels und die Kenntnis der Sprachen und der Abentüren. Mit dem Worte vrümecheit, sprachlich unserm Frömmigkeit entsprechend, aber der Bedeutung nach durch: Tüchtigkeit, Trefflichkeit wiederzugeben, wird die Tugend des Ritters, mit dem Ausdrucke hubschheit, d. i.

---

¹) Über die Hofschulen vgl. Kämmel, Mittelalterliches Schulwesen in Schmids Encyklopädie IV¹, S. 778 f. u. 789, 793.

²) Die Edda übersetzt von Simrock. Stuttgart 1855. S. 128.

Höfischkeit, Übertragung des französischen courtoisie, der edle Schmuck seiner Persönlichkeit bezeichnet. Der Bildungsgang des jungen Ritters war nicht weniger bestimmt geregelt als der des angehenden Klerikers und selbst die Abstufung der sieben freien Künste übertrug man auf die ritterlichen Übungen. Die Schule des abligen Knaben war der Hof eines angesehenen Ritters; der Vater leitete wohl die Erziehung im ganzen, aber überließ andern ihre Durchführung: das Lernen wurde als untrennbar vom Dienen gedacht, und für dieses war das fremde Haus der geeignetere Ort als das väterliche. Die niedere Stufe dieses Dienstes wurde bis zum vierzehnten Jahre durchlaufen; mit der Schwertnahme, welche vor dem Altar unter priesterlichem Segen geschah, erstieg der Edelknecht (juncherre, damoiseau) die höhere; mit dem Ritterschlag, den er durch Proben des Mutes und ritterliche Leistungen erwarb und worauf er sich durch Gebet, Fasten und Empfang der heiligen Sakramente vorbereitete, wurde er im einundzwanzigsten Jahre losgesprochen. Zu erlernen waren in der Dienst- und Lehrzeit zunächst die ritterlichen Übungen vom Klettern und Springen an bis zum Schirmen und Fechten mit Schwert und Schild; ferner das Ceremoniell aller Art, der Frauendienst, das hovespil, d. i. die geselligen Spiele, das wohlanständige Benehmen: das mit zühten sprechen unde stên, das Saitenspiel und der Gesang. Die Kunst des Schreibens blieb dem ritterlichen Lehrling häufig erlassen; aber großes Gewicht wurde gelegt auf das senden durch vremde sprâche unt vremdiu lant; der deutsche Knabe lernte welsche Bücher verstehen; mehrfach wird auch das Erlernen des Lateinischen, ja selbst des Griechischen erwähnt. In den Gedankenkreis des höfischen Zeitalters aber führten die Jugend die aventiuren ein, die Sagen, Dichtungen, Geschichten von ritterlicher Großthat aller Zeiten: denn si bezeigent vil gar, waz ein ieglich man tuon sol, der nach vrümcheit wil leben wol; zu diesem Bildungselemente giebt auch das Altertum seinen Beitrag in den romantisch umgedichteten Sagen von dem trojanischen Kriege, Aeneas' Fahrten,

§. 18. Das Bildungswesen des Mittelalters.

Alexanders Kriegszügen¹). Die ritterliche Bildung ist eine ständische und darum auf einen Beruf bezogene, allein sie baut sich auf allgemeineren Elementen des geistigen Lebens, dem christlichen, germanischen, romanischen und romantischen auf und ist in nicht geringem Grade auf Durcharbeitung der Persönlichkeit angelegt²).

So groß der Gegensatz zwischen höfischem und bürgerlichem Wesen ist, so zeigen doch die Lehreinrichtungen der Zünfte eine gewisse Verwandtschaft mit denen des Rittertums; auch sie beruhen auf der Voraussetzung, daß Lernen und Dienen untrennbar zusammengehören, auf der Einhaltung scharfbegrenzter Stufen, die der Lehrling zu durchlaufen hatte, um Glied einer geschlossenen Gemeinschaft zu werden, und auf der Überlieferung von spezifischen Fertigkeiten, Bräuchen, Vorstellungen, die doch zugleich mit dem Gesamtbewußtsein und dem Ideeenkreise der Zeit in Verbindung stehen, so daß dieses Lehrwesen, obwohl ein berufliches, doch als ein Zweig der allgemeinen Bildungsarbeit angesehen werden kann. Die Zünfte hatten neben ihrem nächsten Zwecke: den Zunftgenossen Schutz und Förderung zu gewähren, zugleich den anderen: werkmännische Fertigkeit und bewährten Handwerksbrauch zu erhalten

---

¹) **Thomasin von Zirclâre** giebt im „Wälschen Gast" (abgefaßt um 1216) die Mären an, welche die Jugend vernehmen oder lesen soll, um ihren Mut zu bereiten: Juncfrowen suln gern vernemen Andrômaches, dâ von si nemen mugen bilde und guote lêre, des habent si beidiu, vrum und êre. Si suln hôren von Enît, daz si volgen âne nît; si suln ouch Penêlopê, der frowen, volgen und Oenonê, Galliânâ und Blauscheflor, Lucinia unt Sordamor: sint si niht alle chüneginne, si mugenz sîn an schoenem sinne. Juncherrn suln von Gâwân hörn, Cliês, Êrec, Iwân unt suln rihten sîne jugent gar nâch Gâwânes reiner tugent. Volgt Artûs, dem chünige hêre, der treit iu vor vil guoter lêre; unt hapt ouch in iuwerm muot chünic Charl, den helt guot. Lât niht verderben iuwer jugent: gedencht an Alexanders tugent. An gefuoge volget ir Tristande, Segremors, Kalogreânde. Wartû, wartâ! wi si drungen di ritter von der tâvelrunden einer fürn ander ze vrümcheit.

²) Details über die höfische Bildung des Mittelalters bei A. Schulz, Das höfische Leben zur Zeit der Minnesänger. Leipzig 1879, I, S. 120 f.

und fortzupflanzen, darum führten sie den Namen scholae, und wurden ihre vollberechtigten Mitglieder magistri, Meister genannt. Wer zum Handwerk Zutritt suchte, mußte „echt und recht geboren sein, aus einem rechten Ehebette, von Vater und Mutter nach Gewohnheit und Satzung der heiligen Kirche"¹), denn das Handwerk, d. i. die Zunft, sollte „rein sein, als hätten es die Tauben belesen"²); die Aufzunehmenden mußten die Christenlehre durchgemacht haben, nach dem Aufkommen der Schreibschulen im XIV. Jahrhundert brachten sie auch Elementarkenntnisse mit; die Aufnahme geschah nicht durch den einzelnen Meister, sondern durch die Zunft, wie es die Formel ausspricht: „In Kraft des ganzen Handwerks will ich diesen Jungen dingen". Der Meister hatte den Knaben in „Lehrzucht" zu nehmen, ihm zu weisen, „wie er mit der Hand wirken könne" und ihn gebührlich zu halten und regelmäßig zur Kirche zu schicken; auch sollte er ihm „ein kleines (Geld) zum Baden geben", „denn jeder Arbeiter, er sei groß oder klein, muß reinlich sein und seinen Körper reinlich halten, das thut auch der Seele gut"³). Der Lehrknabe (auch Lehrkind, Lehrbote, Lehrknecht) aber soll fleißig „Meß und Predigt hören und gute Bücher lesen lernen, bei der Arbeit fleißig sein und sein Ere nicht anders, denn durch Gottes Ere suchen"⁴). Der Lehrling hatte ein Lehrgeld zu erlegen, welches, im Falle er nichts lernte, vom Meister den Eltern zurückerstattet werden mußte; entlief der Knabe wegen schlechter Behandlung, so durfte der Meister keinen andern aufnehmen, „da das Lehrgeld auf dem Stuhle sitzt". Der sich bewährende Lehrling stieg zum Mittler, Jünger, Halbgesellen auf; die Anrede des Meisters bei diesem Akte enthielt den Satz: „Du bist bisher Junge gewesen und hast dich zu den Jungen gehalten, jetzt wirst du Jünger und

---

¹) Beutler-Ordnung in Danzig 1412 bei W. Stahl, Das deutsche Handwerk. Gießen 1874. I, S. 100.

²) Der Ausdruck stammt aus späterer Zeit, der Grundsatz hatte hauptsächlich für Deutschland Geltung. Stahl a. a. O. S. 94.

³) J. Janssen, Geschichte des deutschen Volkes. I, 2, S. 341.

⁴) Das. S. 329 aus der Flugschrift: „Eyn christlich ermanung" aus dem XV. Jahrhundert.

§. 18. Das Bildungswesen des Mittelalters. 253

wirst dich zu den Jüngern halten, wird dir aber Gott die Gnade
verleihen, daß du in den Gesellenstand trittst, so wirst du es auch
mit ehrlichen Gesellen halten"[1]). Die Lossprechung des Jüngers
und sein Aufsteigen zum Gesellen geschah auf Grund einer Prüfung
und war mit Feierlichkeiten verbunden, doch fehlte auch Scherz und
Neckerei, das Hänseln des Neulings nicht[2]). Der Geselle unter-
stand noch der Gewalt des Meisters, doch konnte er sich diesen
wählen; seine Kenntnis und Fertigkeit erweiterte er durch die
Wanderschaft, die im XIV. Jahrhundert schon allgemeiner Brauch
war, im XV. zur bindenden Institution wurde. Hat er sich
bei heimischen und fremden Meistern vervollkommnet, so „mutet",
d. i. wartet er auf die Meisterschaft, welche die Zunft nach ihrem
Bedarf auf Grund des gelieferten Meisterstückes erteilt. — Diese
Lehreinrichtungen haben sich über das Mittelalter hinaus bis in
Zeiten erhalten, welche nur deren Druck, nicht mehr deren Segen
empfanden; mit ihrer Beseitigung aber hat das Lehrlingswesen die
festen Formen verloren, für welche die verbesserte Volksschule samt
der Real- und Gewerbeschule keineswegs Ersatz gewährten, und die
Gegenwart sucht das noch, was das Mittelalter, seinen ursprüng-
lichern und beschränktern Verhältnissen angemessen, besessen hatte:
eine Vorbildung des Werkmannes, welche demselben gediegene technische Fertigkeit und ein auf sittlich-religiöser Grundlage ruhendes
Standesbewußtsein giebt.

Das organisierte Bürgertum mußte über den Wirkungskreis der
Zünfte hinaus auf das Lehrwesen Einfluß gewinnen und dieser
zeigt sich in den Stadtschulen des Mittelalters, welche teils von
den städtischen Behörden (Ratsschulen, scholae senatoriae), teils
von Privaten errichtet wurden und bald als Schreib- oder Brief-
schulen die unmittelbaren Bedürfnisse der wirtschaftlichen Stände

---

[1]) Stahl a. a. O. S. 222. — [2]) Hänseln oder Hansen wird von Hansa
abgeleitet, hätte somit die Grundbedeutung: in einen Bund aufnehmen. Die
Sitte des Aufnehmens von Neulingen unter Neckerei und selbst Quälerei
ging von der Kaufmannschaft auf die Handwerkerzünfte über und mit ihr
der Name; die Nachweisungen bei Stahl a. a. O. S. 224 f.

ins Auge faßten, bald die Elemente der gelehrten Bildung hereinzogen. Von der Ortsgeistlichkeit nicht selten als unbequeme Konkurrenzanstalten scheel angesehen, wurden sie doch im allgemeinen von der Kirche nicht an ihrer Entfaltung gehindert und konnten Weltgeistliche, wie Mönche als Lehrkräfte verwenden[1]); zugleich aber fußt auf diesen Schulen ein weltlicher Lehrstand, der sich gegen Ende des Mittelalters zunftmäßig gestaltete. Es war bei demselben Aufdingen und Freisprechen, und anderer Handwerksbrauch im Schwange, so auch, zum Schaden des Lehrgeschäfts, die Sitte des Wanderns, welche nicht bloß die Schulgesellen annahmen, sondern auch die Schulmeister, die, durch leicht lösliche Verträge mit den Stadtbehörden wenig gebunden, von Ort zu Ort zogen, ihre Buden aufzuschlagen und ihre Schilder auszuhängen. Dieselbe Wanderlust bemächtigte sich der Schüler, die nun ebenfalls, die scholares vagantes oder Bacchanten an der Spitze, umherschweiften, Unterhalt und Unterricht zu suchen, ein Vagabundentum, das die Reaktion gegen die festen und strengen Formen des mittelalterlichen Lehrwesens darstellt.

Die folgenreichste Schöpfung des Mittelalters auf dem Gebiete des Lehrwesens, in der sich dessen Bildungsstreben gleichsam endgültig zusammenfaßt, stellen die Universitäten dar. Sie fußen auf allen Faktoren des mittelalterlichen Lebens: sie sind mit der Kirche verbunden, indem sie in dem Pabste, als dem höchsten

---

[1]) Wie wenig die Päpste die engherzige Auffassung der niederen kirchlichen Organe teilten, zeigt eine Verfügung des Pabstes Alexanders III. vom Jahre 1170, welche durch ein gegen einen Schulhalter in Chalons an der Marne seitens des dortigen Schulaufsehers erlassenes Verbot veranlaßt worden war. Er beruft zur Beilegung des Konfliktes den Erzbischof von Rheims und schreibt an denselben: Unde quoniam, cum donum Dei sit scientia litterarum, liberum esso debet cuique talentum gratiae cui coluerit erogare, fraternitati tuae per Apostolica scripta mandamus, quatenus tam Abbati quam Magistro scholarum praecipias, ne aliquem probum et litteratum virum regere scholas in civitate vel suburbiis, ubi voluerit, aliqua ratione prohibeant; vel interdicere qualibet occasione praesumant. Vgl. Schwarz, Erziehungslehre. 2. Aufl. 1829, I, 2. S. 169.

§. 18. Das Bildungswesen des Mittelalters.

Schulherrn, ihr Oberhaupt erblicken und sich in ihren theologischen Fakultäten zu Pflegestätten der kirchlichen Wissenschaft machen; sie repräsentieren dem Rittertum gegenüber den Gelehrtenadel, wie denn ihre Promovierten beanspruchen konnten, den nobiles gleichgestellt zu werden; sie gleichen in ihrer Genossenschaftsverfassung den Zünften des Bürgerstandes und wiederholen in ihren Graden: den Scholaren, Baccalaureen und Magistern die Stufenfolge von Lehrlingen, Gesellen und Meistern; sie werden für die erstarkende Staatsgewalt eine mächtige Stütze und zugleich die Handhabe, durch welche sich dieselbe später mehr und mehr des Bildungswesens bemächtigte; sie hängen, trotz ihrer scheinbaren gelehrten Abgeschlossenheit, mit dem Volksleben in seiner ganzen Breite zusammen und jener Spruch, der von Oxford ging, hat auch für andere Universitäten Geltung: Chronica si penses, cum pugnant Oxonienses, post paucos menses volat ira per Angligenenses. Indem sie Lehrer und Schüler aus aller Herren Länder vereinigten und in der ganzen Christenheit gültige Würden verliehen, vervielfältigten sie den intellektuellen Verkehr der europäischen Nationen und trugen wesentlich dazu bei, daß die geistigen Bewegungen, welche die Kreuzzüge, die Scholastik und später der Humanismus und die Glaubenskämpfe heraufführten, den weitesten Verbreitungsbezirk fanden.

Mannigfalt wie die Beziehungen dieser eigentümlichen Institution sind auch ihre Anfänge. Manche Universitäten haben sich aus älteren geistlichen Schulen entwickelt, sei es durch Erweiterung und Verselbständigung der schola externa, wie z. B. die Cambridger[1]), sei es durch Anschmelzung anderer Anstalten, wie die

---

[1]) Die Mutteranstalt von Cambridge ist das Kloster Cruland oder Croyland, dessen Abt Goisfred, der in Orleans seine Bildung erhalten hatte und dem Kloster von 1109 bis 1124 vorstand, einige seiner Mönche auf dem Pachthofe Cottenham bei Cambridge ansiedelte. Von hier aus begaben sich dieselben täglich nach Cambridge, um Knaben in der Grammatik, Gereiftere in der Dialektik, später auch in der Rhetorik und in der Theologie zu unterrichten; anfangs reichte eine Scheune dazu aus, nachmals mußten die Wißbegierigen in verschiedene Häuser und Schulen verteilt werden, und schon vor Ende des XII. Jahrhunderts gingen aus der Anstalt Meister und Lehrer

Pariser¹); auf einen landesfürstlichen Gründungsakt führt Oxford seinen Ursprung zurück, wenn anders die von Alfred dem Großen erbauten aulae als der Anfang der Anstalt gelten können²); die Reihe der zahlreichen von Fürsten gestifteten Universitäten eröffnet Neapel, die Schöpfung Kaiser Friedrich II.; in Bologna knüpften sich die juristischen Studien an das kaiserliche Gericht, dessen Beisitzer als Lehrer auftraten und gewannen durch Irnerius, der zu Anfang des XII. Jahrhunderts vielbesuchte Vorträge hielt, ihren Aufschwung; in Salerno bildet die Schülerschaar, welche sich um Constantinus von Karthago, einen getauften Juden, sammelte, den Anfang der berühmten Ärzteschule. Wo ältere Schulen zu Grunde liegen, machen die Lehrer die universitas aus; wo, wie in Bologna, Salerno und deren Ablegern, Hörerkreise den Ausgangspunkt bilden, geraten die Lehrer in Abhängigkeit von den Scholaren, welche die Genossenschaft konstituieren und den Rektor und die Magister ernennen; darin aber kommen beide Grundformen überein, daß die Anstalten Körperschaften von autonomer Verwaltung bilden. Ihre Autonomie zeigt sich zuerst und ursprünglich in der Erteilung der **Würde eines Lehrers** (magister, doctor), während dem Kanzler, als dem geistlichen Vorstande, noch die Erteilung des Rechtes zu lehren vorbehalten bleibt; die Verleihung des niederen Grades, des Baccalaureats, war anfänglich Sache der einzelnen Lehrer, wurde aber seit 1250 in die Funktion der Gesamtheit, also der Universität, hineingezogen und damit das System der Grade begründet³); die eigene Gerichtsbarkeit und sonstige Privilegien waren die äußeren Garantieen der Selbständigkeit der lehrenden Korporationen. Der

---

für ganz England hervor. Vgl. Hurter, Kirchliche Zustände zu Pabst Innocenz III. Zeiten. Bd. IV, S. 558, und Huber, Die englischen Universitäten. Kassel 1839, I, S. 103.

¹) Ihren Kern bildet die Domschule von Notre-Dame, in welcher die ältere Hofschule aufgegangen war; an sie schmolzen die Schule von St. Victor, eines von Wilhelm von Champeaux gegründeten Augustinerkonvents, sowie die Klosterschule von St. Geneviève und kleinere weltliche Schulen an. Vgl. Hahn, Das Unterrichtswesen in Frankreich. Breslau 1848. S. 15 f. — ²) Huber, a. a. O. I, 57 f. — ³) Huber, a. a. O. 37 f.

§. 18. Das Bildungswesen des Mittelalters.

Gegenstand des Unterrichts war bei den cismontanischen Universitäten ursprünglich der nämliche wie bei den Kloster- und Domschulen: die Bildungswissenschaften, d. i. Theologie und die freien Künste (artes); die letzteren wurden auch an den Rechts- und Ärzteschulen Italiens gelehrt. Das System der Fakultäten (ordines) entstand durch die Scheidung des theologischen von dem artistischen Unterrichte und durch nachträgliche Aufnahme des römischen Rechts und der Medizin. Die Maxime universitatem esse fundatam in artibus, drückt zunächst dies historische Verhältnis aus, gewinnt aber im Fortgange den Sinn, daß die allgemeine, aus den freien Künsten gezogene Bildung die Grundlage der Fachstudien sein müsse. Auch die Idee, daß die Universität die Gesamtheit der Wissenschaften vertrete, entsprang erst im Laufe ihrer Entwicklung; der Name universitas bezieht sich anfänglich nicht auf die Gesamtheit des Wissens, sondern auf den Verband der Lehrer und teilweise auch der Schüler, die andere übliche Bezeichnung studium generale auf die Allgemeingültigkeit der akademischen Diplome; aber es tritt eine folgenreiche Umdeutung der Worte ein, nicht unähnlich jener, welche im Altertum bei dem Ausdrucke ἐγκύκλιος stattfindet, der von den Trägern der Bildung auf deren Inhalt übertragen wird (S. 23 und S. 162).

Die geistlichen Schulen, nicht für den Unterricht allein, sondern auch für die Erziehung bestimmt, hatten ihren Kern an dem Konvikte, welches die innere Schule bildete; die Universitäten, zum Teil aus den äußeren Schulen erwachsen und in erster Linie Unterrichtsanstalten, entbehrten zunächst eines solchen Kernes und hatten einen Ersatz dafür zu beschaffen. Dazu mußte nicht bloß die im Mittelalter herrschende Ansicht, daß zur Lehre auch die Zucht gehöre und der Weg zur Bildung durch die Disciplin führe, Antrieb geben, sondern auch der Umstand, daß zu der Zahl der Scholaren zwar auch das reifere Alter, nicht weniger aber die noch der Erziehung bedürftige Jugend ein Kontingent stellte und der weitere, daß Klöster, welche ihre Angehörigen auf Universitäten schickten, eine Art Klausur für dieselben einzurichten, also gleichsam ihre innere

Schule in die Universitätsstadt zu verlegen sich bewogen fühlten. Die Institution, welche in gewissem Betracht die innere Schule ersetzt, ist die der Kollegien, Bursen, Hallen, Koderieen, d. i. der Konvikte der Scholaren, in denen diese Kost und Wohnung fanden, von eigenen Vorstehern (provisores) in Sitten und Fleiß beaufsichtigt wurden und vorbereitenden oder nachhelfenden Unterricht erhielten. Die Entwicklung dieses Instituts gestaltete sich sehr verschieden: in Oxford und Cambridge wurde es zum Schwerpunkt der Universität und hielt die Entfaltung der Fakultäten hintan; in Paris erwuchsen Kollegien, von welchen wie von der Sorbonne (gestiftet 1255) eine bedeutende eigene Lehrthätigkeit ausging und Mitte des XV. Jahrhunderts waren die den Kollegien angehörenden Scholaren in der Mehrzahl; doch behielt der eigentliche Universitätsunterricht seine herrschende Stellung; in Deutschland erhoben sich die Bursen nicht zu gleichem Ansehen, aber erhielten dadurch eine folgenreiche Stellung, daß sie an manchen Orten, wie z. B. in Köln, zu vorbereitenden Anstalten wurden, als welche sie im XV. Jahrhundert auch den Namen gymnasia[1]) führten.

Da die facultas artium den grundlegenden Bildungsunterricht übernahm, so lag im Lehrstoffe kein genügender Grund zur allgemeinen Organisation von Vorbereitungsschulen, welche eben auch

---

[1]) Wiese, Das höhere Schulwesen in Preußen. Berlin 1864. I, S. 338. Das Wort gymnasium, meist in der Form gignasium oder gingnasium wird im Mittelalter, mit Bewahrung der Grundbedeutung: Ringschule für Kloster, aber auch in dem Sinne von Bildungsanstalt gebraucht. So heißt es nach Ducange (s. v. Gymnasium) von einem Abte von Monte Cassino: hoc sacrum Gymnasium regere promeruit; und wird der Ausdruck gymnasium monasteriale erklärt durch die Beziehung auf das stadium vitae praesentis agonizando percurrere; das Kloster Bec mit seiner berühmten Schule heißt gignasium Lanfranci; von zwei Gesinnungsgenossen wird gesagt: acsi essent in uno gingnasio educati. Der Kreis von Philosophen, welchen Pabst Urban IV. förderte, wird ein philosophiae gymnasium genannt (Jourdain, Geschichte der aristot. Schrift. Übers. von Stahr, 1831, S. 55). Für Schulleiter kommt gignasiarcha, für Schüler gignosista vor. Dagegen war das Wort im Mittelalter so wenig als in der Renaissanceperiode Kunstausdruck für eine Schulgattung. Vgl. §. 23.

§. 18. Das Bildungswesen des Mittelalters.

nur die artes zum Gegenstande zu nehmen hatten und in diesem Betracht versehen die mittelalterlichen Universitäten die Funktion unserer Hochschulen und Gymnasien zugleich. Aber lokale Verhältnisse bewirkten mehrfach teils die Abzweigung elementarer Anstalten, teils die Einbeziehung kleinerer Schulen in den Bereich der Universität, also die Herstellung eines gelehrten Vorschulwesens. So gründete der englische Großkanzler Bischof Wykeham von Winchester nicht bloß ein Kollegium in Oxford, das Newcollege (1386), sondern auch ein Alumenat für 70 Schüler — der Zahl der Jünger des Heilands entsprechend — in seinem Bischofssitze, das Winchestercollege, als Vorbereitungsschule für jenes; und ihm nachahmend König Heinrich VI. gleichzeitig das Kings-College in Cambridge und das vorbereitende Eton-College (1441) für die gleiche Schülerzahl[1]). Die Pariser Universität leitete schon im XIII. Jahrhundert zahlreiche Lateinschulen in der Stadt und auswärts[2]) und die Prager bildete zu Anfang des XV. den Mittelpunkt des ganzen weltlichen Schulwesens von Böhmen[3]).

Die Universitäten des Mittelalters teilen alle Unvollkommenheiten ihrer Zeit: ihre zunftmäßige Einrichtung hemmt die freiere Bewegung der Lehrer, ihr Unterricht ist auf trockenes Diktieren und Kommentieren von Texten eingeengt, ihre Disputationen kommen uns leer und unfruchtbar vor. Dennoch repräsentieren diese Anstalten eine denkwürdige Erscheinung in der Geschichte des Bildungswesens; das erste mal erscheinen in ihnen autonome Korporationen der Lehre, sociale Organismen, mit Rechten ausgestattet, durch Kooptation sich selbst erneuernd, lediglich der Pflege und Fortpflanzung des Wissens dienend. Sie gestalten sich zu Konservatorien der gelehrten Kenntnisse, die sie im ganzen Umkreise in sich fassen; sie zeigen in dem Verband der Fakultäten gleichsam die Einheit der Wissenschaft verkörpert, in deren Abstufung aber das Prinzip, daß

---

[1]) Schöll in Schmid's Encyklopädie. III¹. S. 80. — [2]) Bücheler, das. II¹. S. 444. — [3]) Tomek, Geschichte der Prager Universität 1849. S. 41. Vgl. 187 u. f.

die Studien von den allgemeinen Wissenschaften zu den besonderen vorschreiten müssen, von der Bildung zur Fachkenntnis. Ist die Freiheit des Lehrens allerdings eine bedingte, so ist die Freiheit des Lernens in vollem Maße vorhanden und sie wird durch die konforme Einrichtung der Universitäten, durch die allgemeine Verbreitung der Unterrichtssprache und der Lehrmittel erhöht, welche eine durch keine Landesgrenzen beschränkte Freizügigkeit der Lernenden ermöglichte.

§. 19.

Dem derivierten Charakter ihrer Kultur entsprechend, suchten die Völker des Mittelalters den Inhalt ihrer Bildung in erster Linie in den Elementen, welche ihnen von Außen gekommen waren und ihr geistiges Leben in Gang gesetzt hatten: dem Christentum und den antiken Traditionen, und erst in zweiter Linie in dem, was das eigene Volkstum hervorbrachte. Das höchste Wissen repräsentierte die Theologie; sie war das letzte Ziel der gelehrten Studien, der Mittelpunkt, dem sich alle Bildungsdisciplinen zukehrten. Für die letzteren bot das Altertum in dem System der sieben freien Künste ein fertiges, schon erfülltes Fachwerk dar, welches ein kanonisches Ansehen gewann; man legte der Siebenzahl einen höheren Sinn unter, faßte jene Disciplinen als die sieben Säulen der Weisheit oder die sieben Stufen der Erhebung des Geistes, verglich sie den sieben Planeten, sieben Tugenden u. s. w. Ihre Bedeutung und Wechselbeziehung beschäftigte vielfach die Reflexion, die Phantasie, den Witz; sie wird in Prosa und Poesie erörtert, in Gedächtnisversen niedergelegt[1]). Der antike Name artes liberales wird bei-

---

[1]) So öfter bei Alcuin, De arte gramm. in.; Epist. 78; Carmen de Pontif. et Sanct. Eccl. Ebor. v. 1431 sq. u. f. bei Rhabanus Maurus De inst. cleric. c. 18 sq. bei Wilhelm von Conches, de elem. philos. in dem Opp. Bedac. Basil. 1563 II. p. 313, bei Hugo von St. Victor, Erud. did. III, 3 u. A. Eine poetische Schilderung der artes von Wal-

§. 19. Der Inhalt der mittelalterlichen Bildung.

behalten, aber seine Beziehung auf die Bildung des freien Mannes verstand man nicht mehr; man leitete nach Cassiodor's Vorgange liberalis von liber, Buch, ab, verstand also unter den artes die Bücherwissenschaften. Eine andere Bezeichnung derselben ist sapientia Hybernica oder methodus H., welche an die leitende Rolle irischer Mönche im Studienwesen des früheren Mittelalters erinnert.

Grammatik, Dialektik und Rhetorik heißen trivium, artes triviales, a. sermocinales, a. rationales, auch logica; die Dialektik erhält sowohl in der Reihenfolge des Studiums als dem Range nach den zweiten Platz. Die mathematischen Disciplinen: Arithmetik, Geometrie, Musik, Astronomie werden mit dem aus misverständlicher Deutung von trivium hervorgegangenen, aber schon bei Boethius vorkommenden Ausdrucke quadrivium bezeichnet; sie heißen auch artes quadriviales, reales oder physica, mathematica; für die Reihenfolge derselben war Cassiodor maßgebend[1]). Von Lehrbüchern wurden die Schriften von Marcianus Capella, Cassiodor, Boethius, aber auch die zahlreichen Bearbeitungen des ganzen Systems und einzelner Disciplinen benutzt, welche das Mittel-

---

ther von Speier bei Pez Thes. Anecd. II. 3, p. 27. Auch Minne- und Meistersänger handeln davon, so Henry d'Andely (s. u.), Muscatblüt, Michael Behaim. Vgl. Liliencron: Über den Inhalt der allg. Bildung zur Zeit der Scholastik. München 1876, S. 35. Häufig sind bildliche Darstellungen des Systems; schon Alcuin beschreibt ein Gemälde der Art. Von den Denkversen sind die üblichsten der Hexameter: Lingua, tropus, ratio, numerus, tenor, angulus, astra und das barbarische Distichon: Gram loquitur, Dia vera docet, Rhe verba colorat, Mus canit, Ar numerat, Geo ponderat, As colit astra. — In griechischen Versen zählt der byzantinische Gelehrte Tzetzes in den $\chi\iota\lambda\iota\acute{a}\delta\varepsilon\varsigma$, 11, 525 sq. die Künste auf: Ὁ κύκλος καὶ συμπέρασμα πάντων τῶν μαθημάτων Γραμματικῆς, ῥητορικῆς, αὐτῆς φιλοσοφίας, Καὶ τῶν τεσσάρων τε τεχνῶν τῶν ὑπ' αὐτὴν κειμένων, Τῆς ἀριθμούσης, μουσικῆς καὶ τῆς γεωμετρίας Καὶ τῆς οὐρανοβάμονος αὐτῆς ἀστρονομίας.

[1]) Die Reihenfolge der Künste ist bei Marcianus Capella, der sich Varro anschließt: 1. Grammatik, 2. Dialektik, 3. Rhetorik, 4. Geometrie, 5. Arithmetik, 6. Astronomie, 7. Musik; bei Cassiodor: 1. Grammatik, 2. Rhetorik, 3. Dialektik, 4. Arithmetik, 5. Musik, 6. Geometrie, 7. Astronomie.

alter produzierte und in denen der Lehrstoff bald in katechetischer, bald in poetischer Form, bald erweitert, bald kompendiarisch oder tabellarisch zugeschnitten auftritt¹).

Trotz der hohen Achtung, in der das System der freien Künste stand und trotz der Ansicht von ihrer organischen Zusammengehörigkeit hatten doch die Glieder desselben für das geistige Leben nicht die gleiche Bedeutung und zeigt die fortschreitende Entwicklung auch einen Wechsel in der Bewertung derselben. Das Quadrivium gelangte niemals zu der allgemeinen Geltung, welche das Trivium besaß, blieb vielmehr zumeist fachgelehrter Beschäftigung vorbehalten, zumal als sich der Stoff desselben, den man anfänglich nur aus den älteren Encyklopädieen und den Gromatikern (§. 12, S. 190) geschöpft hatte, durch die Kenntnis der von den Arabern erschlossenen

---

¹) Die Litteratur der grammatischen und rhetorischen Lehrbücher findet man bei Eckstein, Art. „Lateinische Sprache" in Schmid's Encyklopädie, XI¹. 507 f. Interessante Details über die Grammatik des Mittelalters und ihren Lehrbetrieb giebt Ch. Thurot in: Notices et extraits de divers manuscrits latins pour servir à l'histoire des doctrines grammaticales au moyen-âge. 1868, dem 22. Bande der Not. et ext. des man. de la biblioth. impériale. Die Lehrbücher der Dialektik bei Prantl, Geschichte der Logik II; die mathematischen bei Cantor, Vorlesungen über Geschichte der Mathematik, I, Lpzg. 1880, S. 703 f. Tabellarische Kompendien bei Lipowsky, Das Schulwesen Bayerns 1836. — Das letzte berühmte, alle Materien der artes zusammenfassende und durch Zuthaten erweiternde Schulbuch des Mittelalters ist die Margaritha philosophica des Karthäusers Gregor Reisch aus dem XV. Jahrhundert, es umfaßt 12 Bücher: I. De rudimentis grammatices. II. De principiis logices. III. De partibus orationis, de memoria, de condendis epistolis. IV. Arithmetica. V. De principiis musicae: und zwar musicae speculativae und practicae. VI. De elementis geometriae, wieder speculativae und practicae. VII. De principiis astronomiae. VIII. De principiis rerum naturalium. IX. De origine rerum naturalium. X. De anima. XI. De potentiis animae. XII. Principia philosophiae moralis. Die Form ist dialogisch, die Straßburger Ausgabe von 1512 hat Titelbilder und Illustrationen. In einer Appendix werden gegeben: Graecarum litterarum institutiones, Hebraicarum litterarum rudimenta, musicae figuratae institutiones, architecturae rudimenta, compositio quadrantum, astrolabii, torqueti, polymetri mit zahlreichen Abbildungen.

§. 19. Der Inhalt der mittelalterlichen Bildung.

Schriften Euklid's vergrößerte[1]). Es fehlt zwar nicht an Beispielen von sinniger Vertiefung in die Geheimnisse des Raumes und der Zahl[2]), auch wird der apriorische Charakter der Mathematik gewürdigt[3]), allein zu einem rechten Fermente der Bildung vermag sie das Mittelalter nicht zu erheben. Nur die angewandten Disciplinen: Musik und Astronomie finden Berührungspunkte mit den leitenden Interessen; die Pflege des Kirchengesanges regte zur Erforschung der musikalischen Verhältnisse und zur Vervollkommnung ihrer Bezeichnung an und die beweglichen Feste des Kirchenjahres brachten für den Geistlichen die Notwendigkeit, den Kalender zu verstehen, mit sich[4]), aber Kenntnis des Kalenders und des Weltsystems begegnet auch vielfach in den Kreisen der Laien; das Ineinander der ptolemäischen Sphären, ihre Gruppierung um den centralen Erdkörper, die leicht sich darbietende Verknüpfung mit den christlichen Vorstellungen machten das All dem Verständnisse, der Phantasie, der Dichtung zugänglicher, als unsere vorgeschrittene Astronomie. Die bedeutsamste Gabe, welche im Mittelalter die

---

[1]) Euklid wurde zuerst durch Abelard von Bath, den Verfasser der unter dem Namen: Der Text des Campanus gehenden Übersetzung, aus dem Arabischen in das Lateinische übertragen. Vgl. Springer, Muhamed. Berlin 1861, I, p. III¹.

[2]) Vgl. die Schilderung der emsigen, auf die Winternächte ausgedehnten Studien Hugo's von St. Viktor in dessen Eruditio didascalica VI, 3.

[3]) So bei Rhabanus de inst. cler. c. 22 sq. u. f. Unter den Scholastikern hebt zumeist Roger Baco die Mathematik hervor, die er alphabetum philosophiae nennt. Erdmann, Grundriß I². §. 212. 5.

[4]) Der Kalenderkunde diente ein für den Geschmack des Mittelalters bezeichnendes Lehrmittel: die Verse des Cisio-janus, welche aus dem X. oder XI. Jahrhundert stammen. Die Feste des Januars: Circumcisio Domini (1. Januar), Epiphania (6.), Octava Epiphaniae (13.), Felix (14.), Marcellus (16.), Antonius (17.), Prisca (18.), Fabianus (20.), Agnes (21.), Vincentius (22.), Conversio Pauli (25.), Polycarpus (26.), Carolus M. (28.), werden in die Memorialverse gebracht: Cisio-Janus Epi sibi vendicat Oc Feli Mar An Prisca Fab Ag Vincenti Pau Pol Car nobile lumen, wobei die Zahl des betreffenden Monatstages durch die Stelle, welche die erste Silbe des abbreviirten Wortes im Verse einnimmt, angedeutet ist: E ist die 6. Silbe, Fe die 14. u. f. w.

Mathematik dem geistigen Leben der ganzen Gesellschaft gespendet hat, ist das indische, durch die Araber vermittelte Ziffernsystem, welches aber erst spät Gemeingut wurde[1]).

Die Beschäftigung mit dem Trivium war eine ausgebreitete und es stellt dasselbe die Bildungsstudien im engeren Sinne dar; aber in der Bewertung seiner Disciplinen weichen die späteren Jahrhunderte von der Auffassung der früheren wesentlich ab und zwar bildet das Durchdringen der Scholastik zu Anfang des XII. Jahrhunderts den Wendepunkt. Die vorscholastische Periode hielt sich enger an die Bestimmungen der Kirchenväter über die Studien, wie z. B. Rhabanus Maurus in seiner Schrift von der Ausbildung der Geistlichen fast nur die Gesichtspunkte reproduziert, welche Augustinus in der „christlichen Lehre" (§. 16, S. 225 f.) aufgestellt hatte. Die Grammatik gilt als die Grundlage und Mutter aller Künste, indem sie richtig schreiben und sprechen und Texte auslegen lehrt; sie ist insofern auch das Organon der Theologie, da diese zu jener Zeit noch nicht die Form eines Systems angenommen hatte, sondern sich auf Auslegung der heiligen Schrift und der Väter beschränkte. Das Studium der Alten brachte man vornehmlich durch symbolische Auslegung mit dem theologischen in Einklang; Vergil und Seneca sah man für halbe Christen an; von Horaz, den man ethicus, den sittlichen nannte, entlehnte Alcuin den Beinamen Flaccus, welchen er in dem feingebildeten Kreise führte, dessen Mittelpunkt Karl der Große war; Gerbert las mit seinen Schülern auch Terenz, Juvenal, Lucan, Cicero, Cäsar, Sallust u. A.

---

[1]) Von der Tragweite dieses Systems haben die Gelehrten des Mittelalters noch eine geringe Vorstellung. Vincentius von Beauvais berichtet über die zu seiner Zeit noch ziemlich junge Neuerung in dem Speculum doctrinae c. 16 ganz trocken: „Inventae sunt novem figurae tales (folgen die Ziffern); quaelibet in primo loco ad dexteram posita significat unitatem vel unitates, in secundo denarium vel denarios, in tertio centenarium cet.; quaelibet figura posita in secundo loco significat decies magis quam in primo et sic in infinitum. Inventa est igitur decima figura talis 0 nihilque repraesentat, sed facit aliam figuram decuplum significare.

§. 19. Der Inhalt der mittelalterlichen Bildung.

In der Latinität suchte man sich den Alten wenigstens nahe zu halten, wenngleich das Verständnis für die Unterschiede des klassischen und des spätrömischen Stiles mangelte. Die Rhetorik war durch Anwendung der Tropen- und Figurenlehre auf die heilige Schrift ebenfalls mit der Theologie in Verbindung gesetzt; verglichen mit ihrer Stellung im Altertum war ihre Bedeutung freilich nur eine geringe, da das Mittelalter wohl den Apparat dieser Disciplin bewahrte, aber das lebendige Interesse für die Sprachkunst verloren hatte; in den Lehrschriften wird betont, daß das rhetorische Studium nicht dringenderen und höheren Bedürfnissen den Raum beengen dürfe und daß es nur bei schneller, durch das Talent bedingter Bewältigung von Vorteil sei, andernfalls durch Anhören oder Lektüre von Rednern ersetzt werden könne[1]). Die Dialektik endlich, die Kunst der oratio concisa, wie sie Cassiodor auffaßt, erhielt ihren Wert teils durch die formalen Dienste, welche sie jeder Untersuchung leistet, teils als Waffe gegen die Sophismen der Irrlehrer. Ihr Studium fußte bis Mitte des XII. Jahrhunderts auf den Lehrbüchern des Boethius, der Isagoge des Porphyrius und den, die sogenannte vetus logica bildenden aristotelischen Schriften de categoriis und de interpretatione.

Den äußeren Anstoß zum Aufschwunge des dialektischen Studiums und damit zu einem Umschwunge der Bildungsbestrebungen gab das Bekanntwerden des ganzen aristotelischen Organons, welches das Rüstzeug der Scholastik wurde. Indem die Scholastik der Theologie spekulative Elemente zuführte und deren systematischen Aufbau in Angriff nahm, mußte sie auch den Vorstudien zu ihr und zu allen Wissenschaften eine andere Gestalt geben und die Kunst des Definierens, Distinguierens, Beweisens, Disputierens, Systematisierens mußte eine ganz andere Bedeutung erhalten, als ihr früher beigelegt worden. So wurde die Vertrautheit mit dem ganzen Apparate der logischen Formeln und dem Schnörkelwerk, womit man alsbald die antike Logik erweiterte, ein Erfordernis für

---

[1]) Rhabanus, l. l. cap. 19.

den Mann gelehrter Bildung; für alle Wissenschaft und Forschung wurde die Disputierkunst die hohe Schule; ohne das regelrechte Für und Wider, Wenn und Aber vermeinte man über keinen Gegenstand etwas ausmachen zu können und man glaubte das dornige Studium der Syllogismen möglichst früh der Jugend auferlegen zu müssen. Was in den antiken Rhetorenschulen Redeaktus und Deklamation gewesen, war in den Generalstudien die öffentliche Disputation; nicht bloß Magister und Scholaren, sondern auch Fürsten und Würdenträger lauschten dem dialektischen Turnier; — soll doch Karl IV., nachdem er einer Disputation durch lange Zeit beigewohnt, geäußert haben, er bedürfe, von diesem Genusse gesättigt, keiner Mahlzeit mehr — und selbst in das Volk drang etwas von der Lust an dem Tummeln und Ringen der Gründe und Gegengründe. Gegen dieses neue Interesse traten aber die grammatisch-litterarischen Studien zurück: die Zahl der antiken Schulautoren wurde geringer und man führte moderne in den Unterricht ein; die Sprachlehren paßten sich dem herrschenden Sprachgebrauche an und legitimierten dessen Barbarismen; durch Anwendung der Dialektik auf die Sprache entstand die Wissenschaft der Modisten, so genannt nach dem Titel ihrer Schriften de modis significandi, neben welchem auch der andere: grammatica speculativa vorkommt [1]). Die Rhetorik erhielt durch das Studium des Rechtes, besonders des wiedererwachten römischen, die Richtung auf das Praktische: sie wird klangvoll liberalium artium imperatrix et utriusque juris alumna genannt und treibt in der ars dictandi, der Anweisung zu schulgerechter Handhabung des Brief- und Geschäftsstils, einen Nebenzweig [2]). Die Freunde der alten Litteratur waren dünn gesät und nur wenige Schulen widmeten sich ihrer Pflege; eine Stadt der

---

[1]) Eckstein a. a. O. S. 513.
[2]) Über die ars dictandi vgl. Rodinger, Sitzungsberichte der k. bayrischen Akademie d. Wissenschaften, 1861, I, S. 98 f.; als Aufgabe dieser Kunst wird angegeben die congrua et apposita litteralis editio de quolibet vel mente retenta vel sermone aut litteris declarata.

§. 19. Der Inhalt der mittelalterlichen Bildung.

Autoren und der Grammatik war Orleans[1]); in gelehrter und selbst geschmackvoller Weise studierte die Alten der Kreis, der Bernhard von Chartres (geboren um 1070) zum Mittelpunkte hatte und dem Wilhelm von Chonches, Adelard von Bath und Johann von Salisbury angehörten; in der Schule von Chartres war das Wort gangbar, daß die Neueren auf den Schultern der Alten stehen, wie Zwerge auf Riesen[2]); dem übertreibenden Kultus des Aristoteles stellte man hier das Studium Platons gegenüber, welches zugleich das Interesse für Mathematik mit sich brachte, wie Adelard zeigt, der das Abendland mit Euklid bekannt machte. Den Gegensatz der scholastischen und der, wie wir sagen würden, humanistischen Richtung hat Henry d'Andely, ein Trouvère des XIII. Jahrhunderts, in dem allegorischen Gedichte, die „Schlacht der sieben Künste", dargestellt; die kämpfenden Gegner sind die Orleanisten und die Pariser; erstere fechten unter dem Banner der Grammatik und ihre Streiter sind die alten Autoren[3]), letztere unter dem der Logik, ihre Hülfstruppen sind Theologie, Physik, Chirurgie, Mantik und das Quadrivium; es siegen die Pariser, aber der Dichter prophezeit, daß einst die Zeit kommen werde, wo die Autoren in den alten Rang wieder eingesetzt werden sollen.

---

[1]) Den Hauptgegenstand der Studien an den verschiedenen Universitäten giebt eine Stelle aus Helinand, Cistercienser, † 1227: Ecce quaerunt clerici Parisiis artes liberales, Aureliani auctores, Bononiae codices (das corpus juris), Salerni pyxides, Toleti daemones (Alchymie). Bei Thurot a. a. O. p. 114² heißt es: Aurelianis Educat in cunis autorum lacte tenellos.

[2]) Der Ausspruch, den Bernhard und ebenso Peter von Blois im Munde führte, lautet: Nos esse quasi nannos gigantium humeris insidentes, ut possimus plura iis et remotiora videre, non utique proprii visus acumine aut eminentia corporis, sed quia in altum subvehimur et extollimur magnitudine gigantea. Vgl. Schaarschmidt, Joh. Saresbriensis. Lpzg. 1862, S. 60 f.

[3]) Genannt werden: Donat, Priscian, Persius, Vergil, Horaz, Juvenal, Statius, Lucan, Sedulius, Properz, Prudentius, Arator, Terenz, Homer; dagegen sind Platon, Aristoteles, Prophyrius, Boethius u. A. auf Seite der Gegner. Vgl. Liliencron a. a. O. S. 47.

Die Prophezeiung hat durch das Auftreten der Humanisten im XIV. Jahrhundert ihre Erfüllung gefunden; diese und ihre Nachfolger haben die scholastische Bildung in argen Verruf gebracht und es erschwert, diese Erscheinung auch nach Seiten ihrer Berechtigung zu betrachten. Es ist leichter, das Unfruchtbare und Lächerliche der scholastischen Disputierkunst aufzuzeigen, als die Geisteswerke zu würdigen, welche jene Periode hervorgebracht; „wenn die Könige bauen, haben die Kärrner zu thun": über der dialektischen Kärrnerarbeit, von welcher in jener Zeit Alles voll ist, dürfen die wahrhaft königlichen Bauten, wie sie ein Thomas, Bonaventura, Dante aufgeführt haben, nicht vergessen werden. —

Das Mittelalter war mehr als andere Perioden auf die formalen Bildungsdisciplinen hingewiesen, weil es einen Wissensinhalt vorfand, für dessen Verarbeitung vorerst geistige Gymnastik erworben werden mußte; doch gebricht ihm das Interesse an den Gebieten des sachlichen, besonders des geschichtlichen Wissens keineswegs. Wenn auch die Geschichtskunde nicht als ein Unterrichtszweig auftritt und in dem Studiensystem keine feste Stelle hat, so beschäftigte sie doch gelehrte und selbst ungelehrte Kreise. Den Sinn dafür nährte der geschichtliche Inhalt der Glaubensurkunden und die Pietät der Kirche für ihre Vergangenheit, ferner die Vorstellung von der Zusammengehörigkeit des alten und des neuen römischen Reiches, welche die Geschichte des Altertums in unmittelbare Beziehung zur Gegenwart setzte; die Kompendien aus dem christlichen Altertum, Hieronymus-Eusebius und Sulpicius Severus, boten sich als handliche Hilfsmittel dar; von den römischen Historikern war genug unvergessen geblieben, um der Geschichtsschreibung zugleich als Quelle und als Muster zu dienen. Was als geschichtliches Wissen gäng und gäbe war, hat allerdings einen starken Beisatz von Sage und Poesie und besteht die chronologische Probe schlecht genug; aber Werke wie das Hannolied und die Kaiserchronik, beide aus dem Ende des XII. Jahrhunderts, die hier etwa in Betracht zu ziehen wären, geben doch von dem Drange, die Gegenwart an die große und vielgestaltige Vergangenheit anzuknüpfen und alt-

§. 19. Der Inhalt der mittelalterlichen Bildung.

biblische, christliche und antike Elemente zur Einheit zu verbinden, ein schönes Zeugnis; fehlt doch auch das Streben nicht, Wahres und Erdichtetes zu sondern und der Jugend nur gesicherte Kunde zu überliefern, wie es sich in den Worten der Kaiserchronik ausspricht: „Manche erdenken Lügen und fügen sie zusammen mit trügerischen Worten; nun fürchte ich sehr, daß ihre Seele brennt; es ist ohne Gottes Minne; so lehrt man Lügen die Kinder, die nach uns kommen; die wollen sie also festhalten und sie für Wahrheit sagen; Lügen und Übermut ist aber Niemand gut: die Weisen hören ungern davon sagen." Man kann es belächeln, wenn die Städtechroniken nicht selten von der Schöpfung und dem Sündenfalle anheben und die ganze jüdische, römische und vaterländische Geschichte der Lokalen als Einleitung vorausschicken, allein es spricht sich in dieser Anlehnung des Kleinen an das Große, des Hier und Jetzt an die fernste Menschenerinnerung ein pietätsvoll-historischer Sinn aus und Niebuhr konnte den Verfasser der 1499 veröffentlichten, in dieser Weise angelegten Chronik von Köln den „hellsten Geistern und wahrhaftesten Herzen" beizählen[1]).

Weit geringer als das geschichtliche Interesse ist im Mittelalter das naturkundliche entwickelt; der Geist ist ungleich mehr der Innen- als der Außenwelt zugekehrt und der Ausspruch des heiligen Bernhard von Clairvaux: „Die ganze Welt steht der menschlichen Seele nach, denn für die ganze Welt hat Gott nicht gethan, was er für die Seele that: bedenke das und bete an", bezeichnet die allgemeine Denkrichtung der Zeit. Zudem war die Buchforschung, auf der die mittelalterliche Wissenschaft fußt, der Naturbeobachtung abgekehrt und die gangbaren Bücher der Alten naturkundlichen Inhalts, besonders Plinius' Werk, gaben mehr zum Sammeln von Kuriositäten, als zum Eindringen in die Dinge Antrieb. Die eigentliche Naturforschung zog sich in die Gewölbe der Alchemisten zurück, nicht zwar, wie man früher meinte, nichtiger Spielerei hingegeben, sondern wirklichen Problemen nachgehend[2]), aber ohne Einwirkung

---

[1]) J. Janssen, Geschichte des deutschen Volkes. I. S. 245 f. — [2]) Die ernste und wissenschaftliche Tendenz der Alchymie hat Liebig in den Chemi-

auf das allgemeine Wissen und die Weltansicht. Dennoch kann man nicht sagen, daß das Mittelalter alle Fühlung mit der Natur und alles Interesse für ihre reichen, wechselvollen Erscheinungen verloren habe. Seinen Dichtern fehlt es nicht an sinniger und großartiger Naturauffassung; die Gleichnisse Dante's sind von einem markigen Realismus, das Tierepos verwendet Züge, die der Wirklichkeit mit feinem Verständnis abgelauscht sind, des Geschmackes an landschaftlicher Schönheit entbehrten die Mönche und die Ritter keineswegs, und zogen ihn bei der Anlage von Klöstern und Burgen wohl zu Rate. Derselbe Bernhard, welcher den Geist nach Innen verweist, würdigt doch auch seine Berührung mit der dinglichen Welt. Seinen Ausspruch: „Du findest manches in den Wäldern, was du in den Büchern nicht findest, und Holz und Stein lehrt dich, was du von deinem Meister nicht erlernt hättest", konnten die Realisten des XVII. Jahrhunderts, die Schüler Bacos, als Zeugnis verwenden¹). In eigentümlicher Weise erscheint das leitende religiöse Interesse mit dem naturkundlichen in den sogenannten Physiologi verbunden, welche in lateinischer und in althochdeutscher Bearbeitung vorhanden sind, und namhafte Verbreitung gehabt haben müssen; dieselben sind Erbauungsbücher, welche den Eigenschaften der Tiere eine Deutung auf Christus und den Teufel, auf die Tugenden und Laster der Menschen geben²). Daß man aber die Gegenstände der Natur nicht bloß als Gleichnisse heranzog, sondern auch ihrer Kenntnis Wert beimaß, zeigen die naturkundlichen Partieen der Sammelwerke; wenn sie meist ohne Kritik und mit geringer Sachkenntnis angelegt sind, so findet man das begreiflich, wenn man sieht, daß noch die gangbaren Encyklopädieen des XVII. Jahrhunderts von Drachen und Basilisken u. A. mit der gleichen Unbe-

---

schen Briefen (Nr. 3, Ausgabe von 1865, S. 26 f.) treffend hervorgehoben; er sieht in den Untersuchungen über den Stein der Weisen die Anfänge der unorganischen, in denen über das Lebenselixir die der organischen Chemie.

¹) Comenius Did. magna 5, 8 u. 18, 28. — ²) Vgl. K. v. Raumer, Die Einwirkung des Christentums auf die althochdeutsche Sprache. Stuttgart 1845, S. 46.

§. 19. Der Inhalt der mittelalterlichen Bildung.

fangenheit berichten wie jene. Eine Art Encyklopädie der Naturkunde stellt das Werk De proprietatibus rerum libri XIX dar, welches der Minorit Bartholomäus Anglicus aus Suffolk im XIV. Jahrhundert verfaßte und von dem zu Ende des XV. mindestens 15 lateinische, zudem zahlreiche französische, englische, niederländische und spanische Ausgaben erschienen[1]).

Kenntnisse verschiedener Art und aus verschiedenen Quellen fassen die encyklopädischen Sammelwerke zusammen, welche für das geistige Leben des Mittelalters eine besondere Bedeutung hatten. Sie ersetzten einer Zeit, in der die Bücher selten und kostbar waren, ganze Bibliotheken; sie retteten Wissenszweige, welche dem allgemeinen Interesse ferner lagen, vor der Vergessenheit, so z. B. die Ökonomik, die Antiquitätenkunde u. a.; sie belebten das starre Studiensystem durch Einfügung von unterhaltendem Detail, oder selbst durch Heranziehung von Poesie und darstellender Kunst; sie verknüpften, der Mannigfaltigkeit des Lebens Raum gebend, die Wissenschaft mit der Gegenwart. Sie gehen insgesamt von theologischen Materien aus und behandeln auch die profanen vom theologischen Gesichtspunkte; die Verfasser sehen ihre Aufgabe mehr im Reichtum des Stoffes als in der Einheit des Stils und in der Kunst der Anordnung; ihre Sammlungen haben oft das Ansehen von Centonen; spätere entlehnen ganze Stellen und Kapitel aus den Vorgängern, Fabeln und Misverständnisse vererben sich von

---

[1]) Liliencron a. a. O. S. 27, und Gesner's Isagoge in erud. univ., ed. Niclas 1775, §. 25. Bartholomäus, der nicht bloß abendländische, sondern auch arabische Autoren benutzt, will nur zusammenstellen, was Andere gefunden; er sagt: Parum vel nihil de meo apposui, sed simpliciter Sanctorum verba et philosophorum dicta pariter et commenta veritate praevia sum secutus. Die Materien des Werkes sind: Buch 1. Gott. 2. Die Engel. 3. Die Seele. 4. Der Körper. 5. Die Glieder. 6. Lebensalter. 7. Krankheiten. 8. Die Welt und die Himmelskörper. 9. Die Zeit und ihre Eintheilung. 10. Materie und Form. 11. Die Luft. 12. Die Vögel. 13. Das Wasser. 14. u. 15. Die Erde und ihre Teile. 16. Edelsteine. 17. Pflanzen. 18. Tiere. 19. Von den Accidentien: Farbe, Geruch, Geschmack, Flüssigkeit, Zahl, Gewicht, Maß, Ton.

Buch zu Buch, Mängel, welche diese Werke später in Verruf brachten und ihre Bedeutung für die Geschichte der Bildung unterschätzen ließen. Der Stammvater dieses Litteraturzweiges ist Isidorus von Sevilla (s. oben §. 16, S. 231); in der karolingischen Periode ist das Werk von Rhabanus Maurus, welches den Titel de universo führt, die bedeutendste Erscheinung[1]. Ein Sammelwerk, welches Nonnen zum Unterrichte dienen sollte, ist der Hortus deliciarum, welchen die gelehrte Herrad von Landsberg, seit 1167 Äbtissin auf Hohenburg im Elsaß, für ihre nach der Ordensregel des heiligen Augustinus lebenden Canonissinnen zusammenstellte; der lehrhafte Inhalt wird belebt teils durch eingestreute lateinische Dichtungen, denen größtenteils Musikbeilagen beigegeben sind, teils durch zahlreiche, für ihre Zeit trefflich ausgeführte Bilder zur biblischen Geschichte und zu theologischen Materien, ein Schmuck, durch welchen das Werk ein bedeutendes kunst- und kulturhistorisches Interesse gewonnen hat[2].

---

[1] Der Inhalt ist in Kürze folgender: Buch 1. Gott und die Engel. 2. Die Menschen. 3. Personen des alten Testaments. 4. Personen des neuen Testaments; Martyrer, Kleriker, Mönche; Ketzer; Kultus. 5. Die heiligen Schriften; Kanon der Evangelien und der Koncile, Osterchklus, kanonisches Leben u. s. w. 6. Der Mensch und seine Teile. 7. Lebensalter, Verwandtschaftsgrade, Ehe, Tod u. s. w. 8. Tiere. 9. Die Welt; Elemente, Himmel, Licht, Himmelskörper u. s. w. 10. Die Zeit; Moment, Stunde, Tag, Woche, Monat, Jahr, Jahrhundert; die Feste. 11. Das Wasser; Ocean, Meer, Fluß u. s. w. 12. Die Erde; Erdkreis, Paradies, Erdteile, Inseln u. s. w. 13. Berge, Thäler, Haine, Gestade u. s. w.; hier auch Erebus und Kochtus. 14. Die Stadt; Straßen, Markt, Rathaus, Ringschule (gymnasium), Theater, Burg, Bad, Gefängnis, Tempel, Gräber u. s. w. 15. Von der Philosophie; die Dichter, Sibyllen, Magier, Heiden. 16. Von den Sprachen; Völkernamen mit Ableitung; Ausdrücke des öffentlichen Lebens und Kriegswesens. 17. Mineralogisches. 18. Gewicht, Maß, Zahl, Musik, Medizin. 19. Ackerbau und Botanisches. 20. Kriegs- und Seewesen. 21. Handwerke. 22. Das Alltagsleben; Mahlzeiten, Gerät u. s. w.

[2] Vgl. Engelhard, Herrad von Landsberg, Stuttg. u. Tüb. 1818, nebst Bilderatlas. Die Handschrift des Hortus deliciarum befindet sich zu Straßburg, die Bilder sind vielfach benutzt worden; über den Inhalt des Buches giebt Engelhard Mitteilungen. Den Leitfaden bildet die heilige Geschichte in kurzem Text an Bilder angeschlossen. An die Weltschöpfung werden

§. 19. Der Inhalt der mittelalterlichen Bildung.

Mehr eine Hodegetik als eine Encyklopädie stellt das Werk des Augustiners Hugo von St. Victor dar, geboren 1096 auf Schloß Blankenburg im Harz, gestorben 1141 in seinem Kloster bei Paris, welches den Titel Eruditio didascalica, oder Didascalos oder Didascalion führt, wichtig durch das darin aufgestellte System der Wissenschaften, welches die nachfolgenden Encyklopädiker zu Grunde legten. Das gesamte Wissen begreift Hugo unter dem Namen philosophia, die er definiert als disciplina omnium rerum humanarum atque divinarum rationes plene investigans (I, 5); sie wird eingeteilt in: theorica, practica, mechanica, logica (II, 2); die theoretische Philosophie zerfällt in die Theologie, Mathematik (Arithmetik, Musik, Geometrie) und Physik, die praktische in

kosmologische Belehrungen angeknüpft, unter den Bildern erscheint auch Sol auf dem Sonnenwagen. Sündenfall und Turmbau führen auf die Mythologie und die weltlichen Künste; hier die neun Musen und die sieben freien Künste: inmitten die Philosophie, aus ihrem Kopfschmuck blicken drei Köpfe, bezeichnet als ethica, logica, phisica hervor; unter ihr Sokrates und Platon schreibend. Von der Philosophie gehen als Ströme die Künste aus, doch wird dazu gesetzt: Spiritus sanctus est inventor septem liberalium artium; die Künste sind als Frauen dargestellt, die Grammatik hat als Symbol Buch und Rute, die Rhetorik Griffel und Schreibtafel, die Dialektik einen Hundskopf in der Hand, die Musik die Zither in den Händen, Lyra und Organistrum zur Seite, die Arithmetik einen Strick mit Knoten, die Geometrie Zirkel und Meßrute, die Astronomie einen Scheffel und Stern. Kreise und Halbkreise mit Sinnsprüchen schließen das Ganze ein; darunter sitzen vier schreibende und lesende Gestalten, schwarze Vögel auf den Schultern; zur Erklärung steht dabei: Isti immundis spiritibus inspirati scribunt artem magicam et poeticam fabulosa commenta. Der Geschichte des alten Testaments folgt die Profangeschichte bis Tiberius; dann die des neuen Testaments, mit zahlreichen Abschweifungen, veranlaßt durch die symbolischen Erklärungen; so werden als Sinnbilder der weltlichen Versuchung die Sirenen dargestellt, während Odysseus vorübersährt: an das Bild des Schiffes knüpfen sich wieder Belehrungen über die Namen der Schiffe und der Schiffsteile. Es folgt die Lehre von der Kirche: sowohl von der Einrichtung, den Geräten, dem Personal des Gottesdienstes, als von dem Beruf der Kirche u. s. w.; den Abschluß bildet das letzte Gericht; dann folgt die Liste der Päpste, ein Kalender, Martyrologium, Berechnung des Osterzyklus vom Jahre 1175 bis 1707! Das Schlußbild stellt Herrat mit ihren Kanonissinnen dar. Der Text ist durchweg lateinisch, doch werden schwierige Worte (etwa 1200) durch beigesetzte deutsche erklärt.

Ethik, Ökonomik, Politik, welche vom Einzelnen, von der Familie und dem Hause und vom Gemeinwesen handeln (II, 20); das mechanische Gebiet umfaßt die sieben unfreien Künste — adulterinae genannt, weil mechanicus von moechus abgeleitet wird — sie sind: Weberei, Schmiedekunst, Schiffahrt, Ackerbau, Jagd, Heilkunde, Schauspielkunst. Die Logik ist die disciplina sermocinalis, weil sie von den Worten handelt; sie ist teils grammatica, teils dissertiva d. i. Dialektik (III, 19); alle Wissenschaften hängen unter einander zusammen, fehlt eine, so können die übrigen nicht einen Philosophen machen (III, 5). Poesie und Geschichte werden nicht in den orbis disciplinae einbezogen; sie sind appendices artium und haben nur Wert für denjenigen, welcher die artes durchgemacht hat[1]).

Die umfassendste Gelehrsamkeit ist in dem umfangreichen Sammelwerke des Dominikaners Vincentius von Beauvais (Bellovacensis), gest. 1264, niedergelegt, speculator genannt, von dem Titel Speculum, den er seinen Werken gab. Der Plan des Unternehmens ist durch die heilige Geschichte bestimmt: es soll vom Schöpfer und der Schöpfung, vom Fall des Menschen und seiner Wiederherstellung mit Hülfe der Wissenschaft und der sittlichen Läuterung und zuletzt von der Folge der Zeiten gehandelt werden; dieser Aufgabe entsprechen die vier Spiegel: das Speculum naturale, wo die Lehre von Gott, den Engeln und den natürlichen Dingen nach der Ordnung der Schöpfungstage vorgetragen wird; das Speculum doctrinale, in welchem die Wissenschaften dargestellt werden und das die Encyklopädie im engeren Sinne

---

[1]) Die Erud. didascalica, in der venetianischen Ausgabe von Hugos Werken von 1638 den Anfang des dritten Teiles bildend (p. 1 bis 17), enthält 6 Bücher, ein siebentes, de eruditione theologica, kann als Anhang betrachtet werden. Buch I. handelt de studio legendi im allgemeinen. II. Von der Einteilung der Wissenschaften. III. Von den Bedingungen des Studiums, den Hülfsmitteln, dem Gedächtnis, Forschungstrieb u. s. w. IV. Von den heiligen Schriften. V. Von der Schrifterklärung. VI. Von dem Studium der heiligen Schrift.

§. 19. Der Inhalt der mittelalterlichen Bildung.

bildet¹); das Speculum morale, welches von den Tugenden, den letzten Dingen und der Sünde handelt, und endlich das Speculum historiale, welches in 32 Büchern die Weltgeschichte von der Schöpfung an bis auf Kaiser Friedrich II. darstellt. Nur drei Teile des Ganzen rühren von Vincenz selbst her; das Speculum morale ist von einem andern bearbeitet, aber nicht jünger als der Anfang des XIV. Jahrhunderts. In allen vier Teilen ist der Text zusammengewebt aus Eigenem und Fremdem: Citaten aus der Bibel, den Vätern, den Klassikern, Übersetzungen aus arabischen Schriftstellern u. s. w. Methodische Anweisungen über das Studium giebt Vincenz teils im ersten Buche des Wissenschaftsspiegels, teils in einer besonderen Schrift: de eruditione filiorum regalium, welche der Königin Margarethe von Frankreich gewidmet ist; vom Unterricht handeln cap. 3 bis 22; Hauptquelle ist Hugo von St. Victor²).

Aus Vincentius schöpfen alle folgenden Sammler; angeregt ist von ihm Brunetto Latini, in dessen Grand Tresor die erste Encyklopädie, welche sich einer modernen Sprache bedient und über die gelehrten Kreise hinaus zu wirken bestimmt ist, vorliegt und der als Lehrer Dantes auf die universale Tendenz von dessen Arbeiten

---

¹) Die darin behandelten Materien sind: Buch 1. Einleitung und Vokabular. 2. Grammatik. 3. Logik, Rhetorik, Poetik. 4. Von der Wissenschaft des praktischen Lebens. 5. Von den guten Sitten (hier cap. 48 de pueri instructione, zumeist Stellen aus dem heiligen Augustinus enthaltend). 6. Ökonomik. 7. Politik. 8 bis 10. Juristische Materien. 11. Von den mechanischen Künsten: Wollenbereitung, Baukunst, Waffenkunst und Militärwesen, Theater, Schiffahrt, Handel, Jagd, Ackerbau, Alchemie. 12. Praktische Medicin. 13. Theoretische Medizin (Physiologie). 14. Die Arten der Krankheiten. 15. Physica oder naturalis philosophia: metaphysische, naturgeschichtliche und mythologische Materien. 16. Mathematik, einschließlich metaphysischer Partieen. 17. Theologie und zwar a. theologia fabulosa: Mythologie. b. vera: christliche Theologie.

²) F. Chr. Schlosser, Vincent von Beauvais, Hand- und Lehrbuch mit drei Abhandlungen über Gang und Zustand der sittlichen und gelehrten Bildung in Frankreich bis zum XIII. Jahrhundert. 2 Bde. Frankfurt a. M. 1819 und R. v. Liliencron, Inhalt der allg. Bildung in der Zeit der Scholastik. München 1876.

von bedeutsamem Einflusse war¹). Es ist gebräuchlich geworden, Dante an der Spitze der Humanisten seine Stelle anzuweisen, weil er die Größe des alten Roms in glänzendes Licht gestellt und antike Vorstellungen populär gemacht hat. Allein er verläßt dabei durchaus nicht den mittelalterlichen Ideenkreis, in dem vielmehr sein ganzes Denken und Dichten derart wurzelt, daß er als dessen erhabenster Repräsentant gelten muß. Wenn an Dante etwas modern heißen kann, so ist es, abgesehen von der Sprache, die er wählte, seine gewaltige Subjektivität, die nicht nach Art des Mittelalters hergebrachte Inhalte formt, sondern die Idee zur Quelle des Stoffes macht und mit einziger Kühnheit ihr Wohl und Wehe, ihr Lieben und Hassen in das Bild der Ober- und Unterwelt hineinwebt. So wenig die Bedeutung der „göttlichen Komödie" erschöpft wird, wenn man sie zu den Encyklopädieen des Mittelalters in Beziehung setzt, so ist es doch gerechtfertigt, sie auch von diesem Gesichtspunkte aus zu betrachten. Diese Dichtung ist ein Bild des Universums, ein Kommentar derselben ist eine Encyklopädie, und die Florentiner konnten einen eigenen Lehrstuhl zur Erklärung des Werkes ihres größten Landsmannes errichten. Es hat nicht bloß, wie der Dichter selbst sagt, Himmel und Erde²), sondern die Gesamtheit der Wissenschaften daran gearbeitet: Social- und Geschichtsphilosophie geben die leitenden Ideen, Astronomie und Physik schlagen das Gerüst des Riesenbaues, Altertumskunde liefert die Gestalten besonders für den ersten Teil, Theologie und Scholastik den Gedankengehalt der beiden letzten; Geschichtskunde leitet allenthalben durch die Stätten, in denen sich Schuld und Verdienst der Menschheit aufgesammelt haben, Erd- und Naturkunde geben die Farben für die Bilderfülle, die sich durch das Ganze hindurchrankt.

---

¹) Dante nennt ihn den Meister, der ihn „aufstündlich belehrte, wie der Mensch sich ewig macht". Inferno 15, 85. Der italienisch geschriebene Tesoro oder Tesoretto ist ein allegorisches Lehrgedicht, das größere Werk Li Livre dou Tresor oder Grand Tresor schrieb Brunetto in französischer Sprache. Vgl. Wegele, Das Leben Dantes. 3. Aufl. 1879, S. 50 f.
²) Par. 25 in.

§. 19. Der Inhalt der mittelalterlichen Bildung.

Was aber Wissenschaft und Dichtung im Vereine darbieten, bestimmt Dante für sein Volk, es soll seiner socialen Zerfahrenheit ein Ziel setzen, seinem Schaffen und Dichten einen würdigen Inhalt geben, eine Urkunde nationaler Bildung werden, eine Bestimmung, welche es in weit größerem Maßstabe erfüllt hat, als es selbst die kühne Hoffnung des Dichters erwarten konnte.

Das Unternehmen Brunettos und Dantes, gelehrtes Wissen in moderner Sprache niederzulegen, ist ein vereinzeltes; die allgemeine Auffassung des Mittelalters ist die, daß Werkzeug der Wissenschaft wie der Bildung die lateinische Sprache sei. Man kann sie kaum eine tote, ja nicht einmal eine bloße Buchsprache nennen in einer Zeit, wo sie nicht nur als Kirchensprache, sondern im öffentlichen Leben und Staatenverkehr fortlebte, mit den romanischen Idiomen noch in Wechselwirkung stand, als Sprache der Reimdichtung ein neues metrisches Prinzip annahm, als Mönchslatein sich der Denkweise der Gegenwart anbequemte; aber sie wurde als Buchsprache auf grammatische Weise gelernt und bewahrte damit ihren gelehrten Charakter. Sie wird in einem sinnigen Vergleiche der Sprachen Königin genannt, während das Griechische als der Sprachen Lehrerin, das Hebräische als deren Mutter bezeichnet wird, alle drei aber als die Sprachen des Kultus und der frohen Botschaft[1]). Das Studium des Griechischen ist während des Mittelalters im Abendlande niemals ganz erloschen, aber auch nie ein eigentliches Element der gelehrten Bildung gewesen; in den Jahrhunderten vor der Abtrennung der griechischen Kirche gaben kirch-

---

[1]) Hugo von Trimberg im „Renner", 22, 278: Judisch, kriechisch unt latin, müezen in allen messen sîn, wanne aller sprachen lêraerin ist kriechisch, sô muoz judisch sîn der sprache muoter über lant: daz ist den wîsen wol bekant. Aber aller sprache künigîn über alle werlde ist latîn. Dise drî sprachen sint rosen bluomen vor andern ûf der werlde heide, die wîle man unt wîp lebent beide. Mit den drî sprachen schriben hiez einen brief Pilâtus, den man stiez oben an das criuz, dô Krist an leit die marter umb unser sêlikeit.

liche und politische Beziehungen zu Byzanz Antriebe dazu; die Benediktinerklöster Italiens hatten ihre fratres Ellinici, England erhielt in dem gelehrten Griechen Theodorus von Tarsus im VII. Jahrhundert sein kirchliches Oberhaupt und noch drei Jahrzehnte nach ihm soll es Männer gegeben haben, welche beide alten Sprachen wie ihre Muttersprache redeten[1]). Karl der Große trug den Bischöfen von Osnabrück auf, an ihrer Domschule zum Zwecke des diplomatischen Verkehres, des Griechischen kundige Kleriker auszubilden[2]); am Hofe Karls des Kahlen war es Mode, griechische Wörter und Verse in lateinische Gedichte einzuflechten[3]); dem IX. oder X. Jahrhundert gehört ein griechisches in Laon aufgefundenes Elementarbuch an[4]). Die Scholastik drängte zwar das philologische Interesse zurück, aber regte zum Zurückgehen auf die griechischen Texte philosophischer, besonders der aristotelischen Schriften an; die Übersetzung der letzteren aus den Urtexte nimmt mit Robert Grossetête († 1255) ihren Anfang und wird von Thomas von Aquino mit Eifer betrieben; doch spricht Roger Baco diesen Unternehmungen gründliche Kenntnis der Sprache ab[5]). Die Vorstellung, daß tiefere Gelehrsamkeit sich mit dem Griechischen befassen müsse, liegt der Mode zu Grunde, griechische Worte als Büchertitel zu verwenden[6]); die höfischen Dichter lassen gelegentlich ihre Helden griechisch lernen[7]). Die Aufrichtung des lateinischen Kaisertums in Byzanz (1204) schien neue Berührungen mit dem griechischen Kulturkreise

---

[1]) Kämmel a. a. O. S. 782. Über den Gegenstand im allgemeinen vgl. Cramers Programm de Graecis medii aevi studiis 1848.

[2]) Das Diplom bei Conring, De antiquitatibus academicis. Ausgabe von 1739, p. 73 u. 302.

[3]) Kämmel a. a. O. 789.

[4]) Eckstein, Analekten zur Geschichte der Pädagogik. Halle 1861.

[5]) Erdmann a. a. O. I, S. 312, 348, 397.

[6]) So nannte Bernhard von Chartres seine Schrift Megalosmus und Mikrokosmus, schrieb Wilhelm von Conches peri didaxeon, Johann von Salisbury einen Policraticus und Metalogicus u. a. m.

[7]) Die Stellen bei A. Schultz, Das höfische Leben im Mittelalter. Leipzig 1879. I, S. 120 f.

§. 19. Der Inhalt der mittelalterlichen Bildung.

zu veranlassen: Papst Innocenz III. forderte die Pariser Universität auf, Kenner des Griechischen nach Byzanz zu senden und Philipp August gründete in Paris ein collegium Constantinopolitanum für junge Griechen[1]); allein erst die Einigungsversuche des XV. Jahrhunderts und die Gelehrtenauswanderung infolge der Türkeninvasion brachten nachwirkende Annäherungen herbei, nachdem die humanistischen Bestrebungen den Boden bereitet. Zum Verständnis und zur Würdigung des griechischen Wesens ist das Mittelalter, mit der Verarbeitung des römischen Erbes vollauf beschäftigt, nicht vorgedrungen; man kann aber von der Renaissancezeit dasselbe sagen, wenigstens blieb auch in dieser das Eindringen in den hellenischen Geist Wenigen vorbehalten.

Das Studium des Hebräischen, schon in der patristischen Periode die Sache ungewöhnlichen Forschungseifers und ausdauernden Fleißes, bleibt im Mittelalter ein vereinzeltes; Lanfranc betrieb es in der Schule zu Bec, in Paris fand es Vertretung, doch läßt sich keine Reihe von Lehrern der „heiligen Sprache" nachweisen; der Beschluß des Concils von Vienne 1312, daß Lehrstühle des Hebräischen in Paris, Oxford, Salamanca und Bologna — Deutschland kam als Boden für gelehrte Studien nicht in Betracht — errichtet werden sollten, ist niemals vollständig zur Ausführung gebracht worden[2]). Was dieses Studium nicht aufkommen ließ, war, abgesehen von seiner Schwierigkeit, der Widerwille gegen jüdische Lehrer, welche dabei nicht entbehrlich waren, und ferner die Überzeugung von der Superiorität der Vulgata des heiligen Hieronymus über den Urtext. Noch der Kardinal Ximenes, der Veranstalter der komplutensischen Polyglotte, war der Ansicht, die Vulgata stehe zwischen der hebräischen Bibel und der Septuaginta, wie das Kreuz des Heilands zwischen den Kreuzen der Schächer.

Als Schlüssel zu einer reichen wissenschaftlichen Litteratur gewann sich die arabische Sprache eine Stelle in den Sprach-

---

[1]) Jourdain a. a. O. S. 51 f.
[2]) L. Geiger, Johann Reuchlin. Leipzig 1871, S. 103.

studien des Mittelalters, während sie zugleich als lebende Kultursprache mannigfache Einflüsse auf die europäischen Idiome ausübte. Die moslemische Wissenschaft und Bildung hatte, rasch erblühend, die christliche in manchem Betracht überholt und die Araber, welche im VII. Jahrhundert die Schüler der morgenländischen Christen gewesen waren, konnten vom X. ab den abendländischen Lehrer sein. Die Kultur, welche der Islam ins Leben gerufen, zeigt, wiewohl der christlichen feindlich gegenüber tretend, eine gewisse Analogie mit dieser: sie empfängt ihren Anstoß durch ein religiöses Prinzip, weiß sich vorgefundene Kulturelemente mit Glück zu assimilieren und zieht verschiedene Nationalitäten in ihren Kreis, dieselben zu geistiger Wechselwirkung verbindend. Die Grundlage der moslemischen Wissenschaft ist die Glaubensurkunde, „die Gelehrten sind die Erben des Propheten", sagt ein Spruch der Tradition; aus der Koranforschung entwickelte sich die Theologie und die ihr eng verbundene Rechtswissenschaft; bei nicht-arabischen Völkern leitete das Studium des Gesetzes auf die Sprachforschung, welche von den Aramäern und Persern ausging, von den Arabern selbst weiter entwickelt wurde; früh wurde Lesen und Schreiben als Mittel des Koranunterrichtes zu einem allgemeinen Bedürfnisse, welchem die Mekteb, Elementarschulen, teils mit den Moscheen verbunden und von deren Personal versehen, teils als Privatanstalten an Märkten, Brunnen, Begräbnisplätzen u. s. w. errichtet, zu entsprechen hatten. So weit bot die neue Religion selbst die Elemente eines Lehrwesens, andere erwuchsen aus der Berührung mit der griechischen Bildung. Von den freien Künsten eigneten sich die Araber mit Vorliebe die Dialektik und die mathematischen Disciplinen an; der Rhetorik entnahmen sie, was der eigenen Sprachkunst förderlich schien, während die schöne Litteratur der Griechen bei ihnen zu geringer Wirkung kam; mit dem größten Eifer aber pflegten sie die Naturforschung und die mit ihr verflochtene Heilkunde; mit dem philosophischen Forschungsdrang verbindet sich von vornherein eine polymathische Tendenz, welcher die zahlreichen Encyklopädieen entstammen, unter denen Alkendis „Buch der Wissenschaft und ihrer Einteilung" aus dem IX. Jahrhundert und Ibn Sinas

§. 19. Der Inhalt der mittelalterlichen Bildung.

(Avicenna) „Wohlgeordnete Perlen" aus dem XI. hervorragen[1]). Dem gelehrten Unterrichte dienten ursprünglich die Moscheen zur Stätte: unter demselben Dache hielt die Gemeinde ihre Gebete, erklärte ein Gelehrter das Gesetz, ein andrer einen Dichter, las ein dritter seine eigenen Poesieen vor[2]). Seit dem XI. Jahrhundert entstanden durch fürstliche, aber auch private Stiftung höhere Studienanstalten, die Madresas, und gewannen von Indien bis Spanien Verbreitung; ihre Einrichtung ist eine mannigfaltige und ließ Lehr- und Lernfreiheit walten; der Staat schritt nur ein, wenn der Glaube gefährdet schien. Wandernde Lehrer und Schüler vermittelten den geistigen Verkehr zwischen den entlegensten Studiensitzen[3]). Das Interesse für die Wissenschaft drang befruchtend über die Kreise der Gelehrten hinaus; man unterscheidet den Gelehrten: aalim (plur.: ulema), der in eine Wissenschaft tiefer eindringt, von dem Gebildeten: edib (plur.: udeba), der sich mit mehreren

---

[1]) Vgl. Hammer, Encyklopädie der Wissenschaft des Orients 1804 und derselbe in den Denkschriften der kais. Akademie d. Wiff. 1856, S. 205 f. Die Titel der moslemischen Sammelwerke sind sehr mannigfaltig: Die Mundvorräte der Wissenschaften, die Aufgangsorte d. W., der Sprudel d. W., das Mark d. W., der Vortrab d. W., die Gärten des Lichts in den Wahrheiten der Geheimnisse, Morgenblätter vom Lampenglanze, der göttliche Baum, die Juwelenknoten, die Himmelsstriche der Belehrungen, die Zahlperlen der Kenntnisse u. a. m. In der Einteilung und Anordnung weichen diese Encyklopädieen weit von einander ab; mehrfach wird ein Schema von 14 Wissenschaften festgehalten; in dem Werke Sojuthi vom Jahre 1505 sind dies: 1. Glaubensgrundlehre. 2. Exegese. 3. Überlieferungskunde. 4. Rechtsgrundlehre. 5. Erbteilungslehre. 6. Syntax. 7. Grammatik. 8. Schreibkunst. 9. Lehre von der Anordnung der Rede. 10. Lehre von den Figuren der Rede. 11. Lehre von dem Ausdruck der Rede. 12. Anatomie. 13. Arzneikunde. 14. Mystik.

[2]) Haneberg, Das Schul- und Lehrwesen der Muhamedaner im M.-A. München 1850, S. 10.

[3]) Daf. S. 22. Die wissenschaftliche Reiselust der Moslemen drücken schön die von Rückert nachgebildeten Verse Abu Seids aus: „Auf Reisen mich wagt' ich, der Heimat entsagt' ich und Länder durchjagt' ich der Wissenschaft nach, und Rosse beschritt ich und Flüsse durchritt ich und Meere durchschnitt ich für Wahrnehmung wach; nicht ließ ich mich's kränken, durch Wüsten zu lenken, um dann mich zu tränken, am Quell statt am Bach."

beschäftigt, aber mit geringerer Gründlichkeit; die Stufe der Vulgärbildung nimmt derjenige ein, „welchem genügt die Wissenschaft der Religion und was vor Unwissenheit rettet"¹).

Das christliche Abendland eignete sich zuerst mathematische und medicinische Kenntnisse von den Moslemen an und lernte durch diese und in ihren Bearbeitungen die griechischen Quellen: Ptolemäus, Euklid, Galen, Hippokrates kennen; die zahlreichen arabischen und arabisierten Kunstausdrücke, besonders in der Astronomie und Chemie, die sich zum Teil bis heute erhalten haben, sind Zeugen des tiefgehenden Einflusses der arabischen Wissenschaft²). Die Philosophie empfing als Gaben nicht nur die arabischen Kommentare zu Aristoteles, sondern aristotelische Schriften selbst, insbesondere die Metaphysik und die Physik, und die Entfaltung der Scholastik ist durch diese Erweiterung der philosophischen Kenntnisse wesentlich mit bedingt, ja man könnte geneigt sein, in der Vorliebe der scholastischen Periode für die Disputierkunst ein semitisches Element als mitwirkend anzunehmen. Die arabische Polymathie fand in den späteren encyklopädischen Werken Verwendung; Avicennas „Perlen"

---

¹) Hammer, Denkschriften a. a. O. S. 215.
²) Das Ptolemäische Werk über Astronomie führte im Mittelalter den Namen Almagest, aus μεγίστη sc. τέχνη und dem arabischen Artikel gebildet; für die Rechenkunst war der Ausdruck Algorismus üblich, aus dem Namen des arabischen Mathematikers Alchwarismi aus dem IX. Jahrhundert gebildet, dessen Buch Al jebr walmukâbala, d. i. Wiederherstellung und Gegenüberstellung, der Algebra den Namen gegeben hat. Vgl. Cantor, Vorl. über d. Gesch. d. Math. I, S. 611. Für Algebra war zugleich eine andere Bezeichnung, die aus dem italienischen Namen dieser Wissenschaft: regola della cosa (d. i. die Regel vom — unbekannten — Ding) gebildet wurde, in Gebrauch: die Regel Coß oder bloß: die Coß. Die Alchemie weist durch ihren Namen auf ihren ägyptischen Ursprung (chemi, Ham) und auf die arabische Vermittlung zurück. Unsere Astronomie hat die Ausdrücke: Zenith, Nadir, Azimuth und zahlreiche Sternnamen angenommen; die Chemie: Alkali, Alkohol u. a.; Handel und Schiffahrt haben: Magazin, Arsenal, Admiral, Kaliber und viele Waarennamen als Reste jenes Kulturverkehrs bewahrt; auch der Aberglaube ist nicht leer ausgegangen, wie Elixir, Talisman, Amulet u. a. zeigen.

wurden im XVI. Jahrhundert unter dem Titel: Liber de divisione scientiarum übersetzt.

So wurde durch eine eigentümliche Fügung das moslemische Bildungswesen ein Bindeglied zwischen dem griechischen und dem christlich-abendländischen; darin und in der Rolle eines Spornes und Lebensweckers für die christliche Wissenschaft lag seine Kulturmission; einen Entwicklungskeim, dem nachwirkende Schöpfungen hätten entsprießen können, trug der Islam nicht in sich[1]). Man hat es ihm manchmal hoch angerechnet, daß er der Wissenschaft schnelle und freie Entfaltung gewährt habe, während die christliche Theologie die Forschung in langer Abhängigkeit erhielt und es fehlt allerdings nicht an Sprüchen der Prophetentradition, welche das Wissen sehr hoch, sogar höher stellen, als die Bethätigungen des Glaubens; so jener, welcher lautet: „Die Tinte, den Federn der Gelehrten entflossen, ist verdienstvoller als das Blut der Märtyrer auf Gottes Wegen vergossen", und ein anderer: „Das Nachdenken einer Stunde ist besser als Andacht von sechszig Jahren"[2]). Schwerlich aber wird diese Hochschätzung des Wissens als Ausfluß erleuchteter Toleranz angesehen werden können; vielmehr erklärt sie sich aus der Armut des Glaubensinhaltes, der dem einmal geweckten Geiste nicht genug zu bieten vermochte und sich die Ergänzung durch weltliches Wissen gefallen lassen mußte. Die Gottes- und Weltanschauung des Koran, selber auf einem Synkretismus beruhend, war nicht dazu angethan, durch die Einwirkungen der antiken Philosophie vertieft zu werden und seine Theologie vermochte sich nicht in ein inneres Verhältnis zu dem Schaffen der Denker und Forscher zu setzen, vielmehr trat neben den Deismus der herrschenden Religion unvermittelt der Pantheismus und der Sensualismus der Systeme. Rasche Fortschritte und freie Bewegung waren die Vorteile dieses Verhältnisses, den höheren Wert aber wird die langsamere und mühevollere Arbeit des Geistes und zugleich des Gemütes in An-

---

[1]) Erdmann a. a. O. I², §. 181.
[2]) Hammer a. a. O. S. 215 u. 211.

spruch nehmen können, durch welche das christliche Princip mit seiner inneren Fülle und schaffenden Kraft auf das Wissen und Forschen angewandt wurde.

Die Aufzählung des im Mittelalter gemeingültigen und gangbaren Wissensinhalts ist nicht erschöpft durch die Hinweisung auf die Studien, welche sich in das System der freien Künste fügen oder darum gruppieren. Die höfisch-ritterliche Bildung kann zeigen, daß auch die nationalen und modernen Elemente bedeutend genug waren, um den Stoff für eine eigene Form der Geisteskultur herzugeben. Die Kirche mußte die nationalen Traditionen der Völker, deren Erziehung ihr die Vorsehung zugewiesen, so lange zurückdrängen, als sie in denselben Stützen des Heidentums erblickte; allein sobald diese Gefahr schwand, gewährte sie ihnen Duldung und sogar Pflege; es waren Geistliche, welche den Befehl Karls des Großen ausführten, die deutschen Heldenlieder zu sammeln, und ein Bischof ließ die Nibelungensage niederschreiben; in den Klöstern wurden gelegentlich nationale Heldensagen zum Stoffe von lateinischen Stilübungen benutzt und die Evangelien in volkstümliche Form gebracht. Auf dem Boden der Legende fanden sich christliche und nationale Traditionen friedlich zusammen; Sagen und Fabeln aus dem Altertume drangen aus den Schulen ins Volk; aus dem Orient flossen die Märchen, Wundergeschichten und moralischen Erzählungen zu, deren ursprüngliche Heimat Indien ist. So entstand die Fülle von Geschichten, Mären, Märchen, Fabeln, „Beispielen" u. s. w., welche von Mund zu Mund, von Land zu Land, von Geschlecht zu Geschlecht gingen, und ein wertvolles Gemeingut und eine geistige Nahrung der Schichten der Gesellschaft darstellen, die an den gelehrten Studien nicht teilnahmen. Aus diesem Schatze schöpfte die höfische Poesie und verarbeitete daraus, was dem ritterlichen Ideale wahlverwandt war; anderes schöpfte ebendaher der Meistergesang und die didaktische Dichtung des späteren Mittelalters, manches lebte als Volksbuch oder als fliegendes Blatt noch im XVI. und XVII. Jahrhundert fort; einiges davon ist uns

§. 20. Das Ethos der mittelalterlichen Bildung.

erhalten geblieben oder durch die Wissenschaft wiedergeschenkt worden und bildet den besten Bestandteil unserer Jugendschriften und Lesebücher. Welches Gut das Mittelalter an dieser episch-didaktischen Litteratur besaß, wurde man erst inne, als mit dem XVI. Jahrhundert eine Verarmung daran eintrat: „O wie manche feine Geschichte und Sprüche", sagt Luther in der Schrift an die Ratsherren, „sollte man jetzt haben, die in deutschen Landen geschehen und gangen sind, da wir jetzt gar keins wissen; das macht, niemand ist dagewesen, der sie beschrieben, oder ob sie schon beschrieben gewest wäre, niemand die Bücher behalten hat." Diese feinen Geschichten und Sprüche bilden einen Fonds des geistigen Lebens im Mittelalter, den man leicht zu gering anschlägt und mit der Volksbildung nicht in Verbindung bringt, weil er mit der Schule nichts zu schaffen hat. Schule und Buchgelehrsamkeit haben nachmals unternommen eine Popularlitteratur an seine Stelle zu setzen, ein löbliches Unternehmen, das aber die Ursprünglichkeit, Frische und Fülle des alten Schaffens weder erneuern wollte noch konnte.

§. 20.

Die centrale Stellung des religiösen Elementes, welche das innere Leben des christlichen Mittelalters charakterisiert, bestimmt auch Geist und Richtung seiner Bildungsarbeit. Die Vorstellung ist ihm fremd, daß Kenntniserwerb, Studium, Forschung, geistige Gestaltung ihren Zweck in sich selbst haben sollten, vielmehr werden sie als Mittel zur christlichen Vollkommenheit angesehen. „Alle menschlichen Bethätigungen und Bestrebungen, so weit sie durch Weisheit geleitet werden, haben den Zweck und die Absicht, die ursprüngliche Reinheit unserer Natur wieder herzustellen oder den Druck und die Mängel zu mildern, denen unser zeitliches Leben unterliegt ... Die rechte Lehre giebt uns wieder, was wir einst hatten und so wird das Streben nach Weisheit der höchste Trost im Leben; wer sie findet ist glücklich, wer sie besitzt, selig"¹). Die Arbeit des Lernens ist ernst und lang und schon die frühe Jugend muß für sie herangezogen werden: „Des Menschen Tage sind kurz und längere warten sein, zu großen Dingen sind wir bestimmt, von zahllosen Gefahren umgeben, weit vom Ziel, langsam ist unser Gang: wie sollten wir nicht am Morgen der Kindheit unsern Weg antreten zum Paradiese?"²) Die erhabene Aufgabe des Studiums verlangt, daß alle niederen Zwecke, welche sich dabei aufdrängen möchten, zurückgewiesen werden: „Manche lernen nur, um das Gelernte zu wissen: das ist armselige Neugierde; andere lernen, damit man von ihnen wisse: sie trifft der Spott des Satirikers: dein Wissen ist dir nichts, wenn kein anderer weiß, daß du es weißt; das ist schmähliche Eitelkeit; andere lernen, um für ihr Wissen Geld und Ehrenstellen zu erhandeln: das ist schändliche Gewinnsucht; aber andere lernen um zu erbauen: das ist christliche Barmherzigkeit, noch andere, um sich zu erbauen: das ist Klugheit. Nur die beiden letzten treiben keinen Mißbrauch mit der Wissenschaft, weil sie Erkenntnis suchen, um recht zu handeln"³). Die Mittel, durch welche dem Geiste und Gemüte geistliche Sammlung gegeben wird, sind zum Teil die nämlichen, welche dem Studium Erfolg sichern; diese sind: Demut, Forschungstrieb, Ruhe, schweigendes Prüfen, Armut, Fremde⁴).

Die rechte Bildungsarbeit und ihre Verwendung im Leben sind ein Gottesdienst: „Wahrlich Schüler, die ein reines Leben führen und freudig lernen, gelten Glaubenszeugen gleich, und wenn sie nachmals die Künste, die ihnen gelehrt wurden, in der Gesellschaft, oder noch besser im Dienste des Herrn ausüben, so wird ihr

---

¹) Hugo a. Sto Victore. Erud. did. I, 2.
²) Vinc. Bell de erud fil. reg. cap. 24.
³) Bernh. Caravall. bei Vincent l. l. cap. 13, vgl. Hugo l. l. III, 15, und J. J. Bechor, Methodus didactica. München 1668. Vorrede.
⁴) Der Spruch Bernhards von Chartres: Mens humilis, studium quaerendi, vita quieta, Scrutinium tacitum, paupertas, terra aliena: Haec reserare solent multis obscura legendo.

Gotteslohn groß sein"¹). Der religiös-sittliche Endzweck des Lernens verbietet es, die Kraft ins Ungemessene zu richten oder zu zersplittern: „Es giebt Leute", sagt Hugo, „welche alles wissen und lesen wollen, aber die Menge der Bücher ist zahllos; drum laß dich nicht auf das Endlose ein, denn wo kein Ende ist, da ist auch keine Ruhe und also kein Friede, und wo kein wahrer Friede ist, da kann Gott nicht wohnen; denn im Frieden ist seine Stätte bereitet"²). „Die Menge der Dinge und die Kürze der Zeit", lautet ein Ausspruch des heiligen Bernhard, „lassen nicht zu, daß man alles umspanne; wer zuviel umfassen will, wird irre, kommt nicht vorwärts, weiß nichts vollständig; denn wenn man den Sinn auf mehreres zugleich richtet, so kann man das einzelne nicht scharf erfassen"³). Doch werden über den Gefahren einer friedlosen Polymathie nicht die Vorteile einer mannigfaltigen Kenntnis verkannt; derselbe Hugo sagt von seinem eigenen Studium: „Ich kann versichern, daß ich nie etwas, was zur Bildung gehört (quod ad eruditionem pertineret), gering geachtet, sondern oftmals viele Dinge gelernt habe, welche anderen lächerlich oder verkehrt scheinen könnten", und stellt als Regel hin: „Lerne alles und du wirst später sehen, daß nichts überflüssig ist; ein eingeengtes Wissen ist ohne Reiz" (coarctata scientia jucunda non est)⁴).

Das Vorwalten des religiösen Elements brachte es mit sich, daß von der pietätsvollen Hingebung, mit der jene Zeiten den Glaubensinhalt hegten und von dem Gehorsam, den sie den autoritativen Trägern desselben entgegenbrachten, auch etwas auf allen Lehrinhalt und auf dessen Vertreter übertragen wurde. „Ein Lernender muß seinem Meister in Rücksicht seiner Kunst glauben, zumal muß man sich an die Erfinder oder an diejenigen halten, welche eine Wissenschaft mit der tiefsten Kenntnis oder der größten Bered-

---

¹) Caesarius von Heisterbach bei Kämmel a. a. O. S. 806.
²) Hugo b. Vincent l. l. cap. 13.
³) Bern. Clar. b. Vincent l. l. cap. 13.
⁴) Hugo Erud. did. VI, 3.

samkeit behandelt haben: in der Grammatik an Priscian, in der
Logik an Aristoteles, in der Medizin an Hippokrates" [1]). Wie die
verschiedenen Bethätigungen des Lebens ihre besonderen Schutzpatrone
erhielten, so wurde auch jedem Wissensgebiete ein Weiser der Vorzeit gleichsam als Verwalter vorgesetzt [2]). Der Unterricht wurde
von autoritativen Lehrschriften beherrscht und seine Form war vorzugsweise die der Exegese von Lehrtexten. Diese waren jedoch in
selteneren Fällen die Werke der großen Meister und somit die eigentlichen Quellen, vielmehr schoben sich abgeleitete Darstellungen
dazwischen und erhielten besonders die Lehrbücher der ausgehenden
römischen Zeit eine unverdiente Autorität; man verehrte Cicero als
den Vertreter der Beredsamkeit, aber studierte diese nach Marcianus
Capella; man bekannte sich zum Aristotelismus, aber kannte lange
nur ein Bruchteil des Organon, zudem in mangelhafter Bearbeitung.
Das spätere Mittelalter holte zwar manches nach, aber es verbaute
dem Lernenden durch das aufgekommene Kompendienwesen: die
Sententiae, Summae, Catenae aureae u. a., welche das Gang-
barste zum Einlernen zusammenfaßten, fast noch mehr die Aussicht
auf die Originalwerke. Einmal recipierte Lehrstoffe und Sätze
gingen von Buch zu Buch, meist ohne daß Autor und Quelle genannt
wurden; daher die naiven Plagiate, welche wir in mittelalterlichen
Lehrschriften auf Schritt und Tritt finden und die Kritiklosigkeit
Irrtümern gegenüber, welche man auf Grund gangbarer Autoren des
Altertums hätte berichtigen können, Mängel, welche nachmals die

---

[1]) Vincent. Spec. doct. I.
[2]) Das Titelbild der Margarita philosophica in der Straßburger Aus-
gabe von 1512 stellt einen turmartigen Aufbau dar, in dessen Unterstock
Donat und Priscian Schule halten, während aus den Fenstern der ansteigenden
Etagen herausschauen: als Vertreter der Logik Aristoteles, der Rhetorik und
Poetik Cicero, der Arithmetik Boethius, der Musik Pythagoras, der Geometrie
Euklid, der Astronomie Ptolemäus (an der Krone kenntlich, mit der man ihn
schmückte, da man ihn für einen Verwandten des Königsgeschlechtes hielt), der
Moral Seneca, der Physik eine als philosophus bezeichnete Figur; ganz
oben sitzt Petrus Lombardus als Vertreter der Theologia seu Metha-
phisica.

Humanisten auf das Schärffte gerügt haben und als Belege der Barbarei des Mittelalters verwenden konnten.

Die Autorität, welche die Lehre umgab, machte auch den Lehrer zum Gegenstande persönlicher Verehrung. Den gelehrten Beda hat die Dankbarkeit seiner Schüler mit dem Namen venerabilis geschmückt, Alcuin, Rhabanus u. a. genossen seitens ihrer Schüler die Liebe eines Vaters; als Lanfranc zu seinem ehemaligen Zöglinge, dem Papste Alexander II. kam, erhob sich dieser ehrfurchtsvoll mit den Worten: Assurgo tibi tanquam magistro et deosculor tanquam paedagogum. Welche Bande der Pietät den Kreis Bernhards von Chartres vereinigten, hat Johann von Salisbury bezeugt, der in seinen Metalogicus dem verehrten senex Carnotensis ein Denkmal setzte.

Durch dies Pietätsverhältnis von Lehrer und Schüler erscheint die Mühsal des Lernens und die strenge Zucht der mittelalterlichen Schulen einigermaßen gemildert. Daß das Lernen ein schweres Geschäft war, brachte die Festhaltung der antiken Traditionen bei völlig veränderten Umständen mit sich. Die lateinische Grammatik für römische Knaben geschrieben, nun aber den Lernenden fremd nach Inhalt und Sprache, war der steile Aufstieg zur Bildung; harte Gedächtnisarbeit bot jedes Gebiet des Unterrichts dar; die Spitzfindigkeiten der Dialektik, die nun einmal herkömmlich als eine der elementaren Künste galt, waren die geistige Nahrung des reifenden Knabenalters. In den älteren Klosterschulen verbot der Geist der Abstinenz, der die Lehrenden erfüllte, jede Nachsicht gegen die jugendliche Schwäche; in den weltlichen Schulen kam der Lehrer nicht dazu, dem Einzelnen zu helfen: es klingt verzweifelt, wenn Thomas Platter erzählt, wie er sich in einen Winkel der Schulstube gesetzt und zu sich gesagt habe: „Hie will du lernen oder sterben." Allein es bedarf dem gegenüber auch des Hinweises darauf, daß die Bildungsarbeit unserer Vorväter denn doch nicht ganz in geistloser, vom Stock dirigierter Lernerei aufging; von Rhabanus' Schule ging das Wort: laeti tirones, laeti magistri, laetissimus rector; Alexander von Necham preist im XII. Jahrhundert die Klosterschule von St. Albans als die Stätte seines Jugendglückes[1]); das Geistesweben in einsamer Zelle, das Verfolgen der verschlungenen Pfade der Wissenschaft hat Hugo geschildert[2]); in der scholastischen Periode war man, wie die versificierten Schulbücher und die zahlreichen Gedächtnisverse zeigen, auf Erleichterung der Schüler einigermaßen bedacht; auch Veranschaulichungsmittel fehlen nicht, wie z. B. das des Kantor Peter[3]) in Paris, der die Geschichte des alten Testaments für die Schüler in Form von Bäumen (wohl Stammbäumen) aufzeichnete; auch kann man nicht sagen, daß der Unterricht den Schüler schlechthin passiv machte: die scholastischen Übungen in der Determination (d. i. Definition), der Disputation und dem Vortrage des Gelernten nahmen die Selbstthätigkeit in hohem Grade in Anspruch[4]); daß der jugendlichen Lebensfreude in den schönen Schulfesten des Mittelalters Raum gegeben wurde, ist bekannt.

Nur geringe Verwandtschaft scheint der schwerfällige Bildungserwerb des Gelehrten mit der anmutenden Art, wie sich der angehende Ritter für seinen Beruf vorbereitete, zu haben. Wenn jener an die strengen und harten Formen des Orients erinnert, so kann die höfisch-ritterliche Bildung in gewissem Betracht mit der griechischen παιδεία verglichen werden. In der vrûmecheit liegt etwas von der hellenischen Kalokagathie, die Turnierkunst vertritt die Gymnastik, das Saitenspiel und die Lieder- und Sagenkunde die musische Bildung, und die homerischen Helden, die Vorbilder der Epheben, finden ihr Gegenstück in den Mustern der Rittertugend, welche die Abentüren preisen; in der kraftbewußten, gewandten, abgerundeten Persönlichkeit faßt sich das Wissen und Können zu schöner Einheit zusammen, das edle Spiel der Kräfte gewährt zugleich Vorübung

---

[1]) Die Verse lauten: Hic locus aetatis nostrae primordia novit Annos felices, laetitiaeque dies! Hic locus ingenuis pueriles imbuit annos Artibus, et nostrae laudis origo fuit. Hic artes didici docuique fideliter. Aus Hurter, Leben des Papstes Innocenz III. Bd. III. S. 574.

[2]) De erud. did. VI, 3.

[3]) Hurter a. a. O. IV, S. 552.

[4]) Huber, Die englischen Universitäten I, S. 35.

§. 20. Das Ethos der mittelalterlichen Bildung.

für die Aufgaben des Lebens. Und doch tritt näher betrachtet auch diese Form der Geisteskultur nicht aus dem Rahmen mittelalterlichen Wesens heraus. Auch hier bezeichnet die Religion den Endzweck: der Edelknabe soll ein Streiter für den Heiland werden, er erhält „zu Gottes und Marien Ehr" den Ritterschlag, er wird nicht zum Dienste des Fürsten allein, sondern auch zu dem der Kirche herangebildet, und die kriegerische Wallfahrt mit den Waffenbrüdern bezeichnet die Höhe seiner Lebensaufgabe. Wollte man etwas einigermaßen Verwandtes aus dem Altertume heranziehen, so wären etwa die φύλακες des platonischen Staates zu nennen, welche zum Schutze des Gemeinwesens herangebildet werden, dessen ideale Güter die der Betrachtung des Ewigen geweihten Vorsteher zu hüten berufen sind. Auch die Strenge der Vorbildung des Ritters gemahnt eher an die Vorschriften Platons, als an die bei den Griechen übliche Erziehung. Dem Junkherrn blieb die Mühsal des Lernens nicht erlassen; er mußte, wie es in Gottfrieds Tristan heißt, „nach Landen, fremden und fernen, fremde Sprachen zu lernen; vor allem der Bücher Wissenschaft, die sollte er treiben mit aller Kraft vor jeder anderen Lehre: das war die erste Schwere, aus seiner Freiheit der erste Fall .. der Bücher Wissenschaft und Zwang war seiner Sorgen Anfang; zu beiden Wanderungen durch Bücher und durch Zungen, verbrachte er seiner Stunden viel". So verleugnet sich der christliche Ernst auch in der Bildung des herrschenden weltlichen Standes nicht und wenn sie in ästhetischer Vollendung hinter ihrem antiken Gegenstück zurückbleibt, so ist ihr sittlicher Inhalt doch ein höherer.

Man hat es beklagt, daß das Mittelalter den Geist, indem es ihn auf das Jenseitige fixierte, von der menschlich-schönen und harmonischen Gestaltung des Diesseitigen abhielt und daß sein einseitiger Spiritualismus das Verständnis der Alten, den Verkehr mit der Natur, die unbefangene Schätzung der menschlichen Kräfte nicht aufkommen ließ; man sollte aber auch in Anschlag bringen, was es an jenem tiefen und ernsten Zuge nach der andern Welt und an seiner Richtung auf das Spirituelle und Innerliche besessen hat; und wenn in solchen Dingen Beschwerden überhaupt an der Stelle sind, so drängt sich bei unbefangener Betrachtung vielmehr die Klage auf, wie wenig doch das menschliche Bewußtsein und Gemüt zu umspannen vermöge, daß es, um sich neue Güter anzueignen, die alten zum guten Teile aufgeben muß, und wie eng unser Sehfeld ist, daß ihm, wenn die Erde darin Platz nimmt, der Himmel zu entschwinden droht und so jeder Fortschritt mit Verlusten, jeder Zuwachs des einen Organs mit Verkümmerung eines andern erkauft werden muß.

VII.

Die Renaissance.

§. 21.

Für das geistige Leben des Mittelalters hatte das Altertum unausgesetzt einen Beziehungs- und Stützpunkt gebildet: die Scholastik fußte auf Aristoteles, die encyklopädische Gelehrsamkeit auf den Wissensvorräten römischer Sammler, der Unterricht auf dem System der freien Künste und auf einem, wenngleich beschränkten Kreise alter Autoren, die lateinische Sprache war das Organ der gelehrten Litteratur und die Grundlage aller höheren Bildung. Es kann daher, wenn man als eine der Grenzmarken des Mittelalters das Wiedererwecken der Altertumsstudien bezeichnet, dabei nicht von der Auffindung einer verschollenen Sache, dem Wiederbefahren verlassener Bahnen die Rede sein; es war in Wahrheit nicht so sehr ein neuer Gegenstand, der in den Gesichtskreis getreten wäre, als vielmehr eine neue Betrachtungsweise, die sich geltend machte und den Gesichtskreis umgestaltete. Das Mittelalter hatte in den Geistesschätzen des Altertums ein Gut und Erbe erblickt, dessen man beim eigenen Schaffen nicht entraten könne und das einerseits mit gelehrtem Respekt zu behandeln, andererseits aber doch den Interessen der Gegenwart dienstbar gemacht werden müsse; die Schriften der Alten waren ihm ein Kanon der säkularen Weisheit, eine Fundgrube von Auskünften und Belegen, zugleich aber der Kern, um den sich in weiteren und weiteren Kreisen das weltlich=gelehrte Schrifttum herumlegte, so daß letzteres in gewissem Betracht als die Fortsetzung der antiken, speziell der römischen Litteratur erschien und diese so wenig für ein Dokument oder Monument einer abgeschlossenen und vergangenen Zeit galt, als die lateinische Sprache für eine tote, das römische Reich für ein gewesenes gehalten wurde.

Die neue Betrachtungsweise bricht mit dieser unreflektierten, man möchte sagen naiven Ansicht und rückt das Altertum in eine andere Sehweite. Sie findet in den Werken der Alten und zwar vorzugsweise den poetischen, rednerischen und historischen, die das Mittelalter als Anhängsel der artes auffaßte, ein eigentümliches und großartiges Menschentum dahingegangener Zeiten, eine Welt voll ausgeprägter, hoher Gestalten, ein farbiges Gewebe, welches betrachtet und nachgebildet, aber nicht weitergesponnen werden wolle; ihr erklingt aus den alten Büchern die lebendige Rede von Menschen der Vergangenheit an gleichgestimmte Menschen der Gegenwart, einen idealen Umgang mit den Geistern der Vorzeit stiftend. Das Altertum tritt geschichtlich in die Ferne zurück, um menschlich um so ungebrochener und allseitiger auf die Lebenden zu wirken, seine Sprachen werden als tote, aber als klassische und darum unsterbliche gefaßt.

Im Hinblick darauf ist die Bezeichnung der mit dieser Betrachtungsweise anhebenden Periode des geistigen Lebens als der des Humanismus wohl gerechtfertigt: nicht wahrlich in dem Sinne, als hätte das christliche Mittelalter nicht Tiefblicke in das Wesen des Menschen gethan und echt menschliche Empfindungen gehegt, Bethätigungen hervorgerufen, wohl aber in dem Sinne, daß man jetzt durch die Bücher zu den Menschen vordrang, aus jenen für alle menschlichen Regungen und Interessen Nahrung sog, den Unterschied der Zeiten und Nationalgeister ebensowohl erkannte als zugleich überbrückte und das Verständnis für die antike Humanität mit ihrem klaren Weitblick und ihren einfach edlen Formen wiedergewann. Dennoch erscheint der Ausdruck: Humanismus für den Zweck, die Gestaltung, welche jene Bewegung dem Bildungswesen

§. 21. Die Renaissancebildung im Allgemeinen.

gegeben hat, in eine Gesamtansicht zusammenzufassen, minder
geeignet, weil die Unterrichtslehre und die Geschichte der Bildung
mit demselben so vielfach und nicht eben selten gedankenlos geschaltet
haben, daß sein Gepräge fast unkenntlich geworden ist. Zudem ist
es üblich geworden, dem Humanismus als leitendem Bildungsprincip
des XV. und XVI. Jahrhunderts den Realismus des XVII. gegen-
überzustellen — ein Usus, bei welchem mehr die Rücksicht auf die
pädagogischen Theorieen, als die auf das Bildungswesen im Ganzen
geltend war — und damit ist jener Ausdruck zur Bezeichnung des
ganzen historischen Bezirkes, über den sich die Betrachtung aus-
dehnen muß, unverwendbar geworden. So ist es für die Geschichte
der Bildung, zumal für unser Vorhaben geratener, aus der Kunstgeschichte eine Bezeichnung zu entlehnen, bei welcher zwar ebenfalls
Misverständnisse naheliegen, die aber auf jene Schwierigkeiten nicht
stößt und zugleich vom Sprachgebrauch mehr und mehr von dem
Gebiete der Kunst auf das allgemeinere des geistigen Lebens ausgedehnt wird, den Namen: Renaissance. Die Kunstgeschichte
bezeichnet damit das durch das Studium der Antike angeregte und
wesentlich mit antiken Ideeen und Motiven arbeitende Kunstschaffen,
welches im XV. Jahrhundert von Italien seinen Ausgang nimmt,
im folgenden gipfelt und zum herrschenden wird und im XVII. in
den Geschmack und Stil des Rokoko ausläuft. Auch die Geschichte
der Bildung bedarf eines Terminus, welcher die durch etwa drei
Jahrhunderte fortgesetzte Arbeit, der Bildung und dem Bildungswesen antike Stoffe und Ideeen anzueignen, bezeichnet, eine Arbeit,
die ebenfalls, von Italien ausgehend, sich zu einer europäischen gestaltet, im XVI. Jahrhundert ihre reichsten Erfolge aufweist, sich
aber noch fortsetzt in der Polymathie des folgenden. Hier wie dort
kann von einer Wiedergeburt nicht schlechthin, wohl aber in einem
begrenzten Sinne gesprochen werden. Nicht die Kunst brauchte
wiedergeboren zu werden, da sie nie erstorben war, wenn anders
die romanischen und gothischen Dome sich mit den herrlichsten
Schöpfungen aller Zeit messen können; ebensowenig war die
Wissenschaft und die Bildung den Generalstudien und den höfischen

Kreisen des Mittelalters abhanden gekommen, hatte vielmehr dort Blüten getrieben, in denen nur die Befangenheit der Umschwungsperiode eitel Barbarei erblicken konnte: wohl aber wurde alles Schaffen wiedergeboren in dem Sinne einer Befruchtung durch Elemente, die vorher nur vermittelt und partiell gewirkt hatten, jetzt aber ihre volle Kraft entfalteten, in dem Sinne einer tiefgehenden und ungeahnte Kräfte entbindenden Anregung durch ein neues Prinzip, welches Gesichtskreis, Weltanschauung, Lebensgefühl jener Generationen nach sich bestimmte. Man kann von einer Wiedergeburt der Bildung sprechen, insofern dieselbe sowohl unmittelbar durch Wiederaufnahme von Tendenzen, Formen und Stoffen der antiken Geisteskultur bereichert und in neue Bahnen gelenkt wurde, als auch mittelbar die belebenden Einwirkungen empfand, welche von verschiedenen durch das neue Prinzip befruchteten Gebieten des Schaffens auf sie ergingen. Doch darf dabei auch nicht übersehen werden, daß die Wiedergeburt auch ein Absterben älterer Bestrebungen, die Hingebung an das Neue einen Bruch mit dem Überkommenen mit sich brachte, vermöge dessen es geschehen konnte, daß uns das griechisch-römische Altertum vertrauter geworden als das christliche Mittelalter, das Fremde wahlverwandter als die eigene Vergangenheit, und daß es nachmals einer zweiten Renaissance oder Restauration bedurfte, um einigermaßen die zerrissenen Fäden neu zu knüpfen und dem geschichtlichen Bewußtsein genug zu thun.

Die Antikisierung der Bildung, auf welche sich die Bestrebungen jener Zeit richteten, knüpft zwar an das Altertum überhaupt an, es ist aber dabei vorwiegend die römische Fassung der Aufgaben der Bildung maßgebend. Zwar wird das Griechische, welches im Mittelalter nur Gegenstand gelehrter und zudem vereinzelter Beschäftigung gewesen war, zu einem Gebiete der Bildungsstudien erhoben, ja es fehlt nicht an Stimmen, welche fordern, daß ihm nach Zeit und Ausmaß die Priorität vor dem Lateinischen eingeräumt werde, allein, wie das letztere der dominierende Lehrgegenstand bleibt, so bilden die Institutionen Quintilians den Codex der humanistischen Didaktik. Nicht die hellenische παιδεία mit ihrer musisch-gymnastischen Grundlage, ihrer encyklischen Verzweigung in die mathematischen Disciplinen und ihrer Gipfelung in der Philosophie ist der Leitstern der Studien, sondern die römische Eloquenz, welche, wesentlich formalen Charakters, in mannigfaltiger Erudition ihr Komplement sucht, aber der inneren Beziehung auf die Philosophie entbehrt. Daher stammt die so häufig bis zur Einseitigkeit getriebene Tendenz der Renaissancebildung auf das sprachliche Können, das fari posse, als Schluß- und Prüfstein aller Bildung, die stilistische Dressur der Schulen, der Kultus Ciceros und der Rhetorik, die erhitzte Produktivität der Latinisten. Der Erwerb positiver Kenntnisse trat zunächst hinter der Aufgabe, Latinität zu erwerben zurück, ja selbst der Inhalt der Autoren gegen das Aufmerken der von ihnen angewandten Sprachkunst. Wohl zu keiner Zeit ist die Bildung so von dem Zauber der Sprache gefangen genommen und in gleichem Grade auf sprachliche Produktion zugespitzt worden, auch bei den Römern selbst nicht, wie denn die Nachahmung immer die Motive ihres Vorbildes übertreibt. Es ist, als ob damals ein lange schlummernder Sinn für den edelsten aller Kunststoffe, das geistigste aller Werkzeuge wiedererwacht wäre und man muß, um dem formalistischen Zuge jener Zeit nicht Unrecht zu thun, ihn gegen den Naturalismus halten, mit welchem das Mittelalter die Sprache Roms als Vehikel der Gelehrsamkeit verwendet hatte, ohne ästhetisches Verständnis und bewußt-künstlerischen Trieb. Mag jenes Wiedererwecken des Tullius und des Maro etwas Gemachtes und Gekünsteltes haben und die Virtuosität der poëtae laureati gegenüber der unbewußten Sprachgewalt der ritterlichen Sänger leer und frostig erscheinen, so ist doch das Hinheften des Geistes auf den Organismus einer hochentwickelten Sprache und das Streben, ihr ihre Technik bis zu den subtilsten Feinheiten abzulauschen, eine Schule des Sprachsinns und des Geschmackes gewesen, welche den modernen Völkern durchgemacht zu haben nicht leid sein kann.

Der Begriff der Eloquenz oder Latinität wurde so weit gefaßt, daß er das ganze Gebiet der ästhetischen Veredlung des Geistes in sich schloß und sich gleichsam bis an oder selbst über die Schwelle des ethischen und religiösen Moments der Bildung vorschob. So konnte Erasmus von seinen „Colloquia" rühmen, daß sie — schwerglaublich — die Knaben latiniores et meliores gemacht hätten, und konnte Johannes Sturm als Zweck des Schulunterrichts eine sapiens atque eloquens pietas hinstellen. Von der Verfeinerung des Sinnes durch das Studium der alten Sprachen wurde die Verfeinerung der Sinnesart überhaupt, ein maßgebender Beitrag zur civilitas morum erwartet und auch darin liegt ein römischer Zug: in der unmittelbaren Beziehung geistiger Beschäftigung auf Lebensformen und Sitte, in der Auffassung des Bildens als eines Entwilderns oder Entrohens (erudire). In der Harmonie der edlen Rede, „welche dem Ohre vernehmlich, den holden Einklang des Innern anzeigt, der verständlicher ist als der Sphärenklang des Alls, den, von niemand vernommen, die Pythagoräer gelehrt haben" [1]), fand man das Abbild schöner Menschlichkeit und in dem aufrichtigen, hingebenden Streben darnach den Weg zu einer Vollkommenheit, die nicht anders als eine sittliche gefaßt werden konnte.

Mit der römischen Humanität teilte die der Renaissance auch den kosmopolitischen Zug; es ist das Streben der Zeit, „ganz Europa unter dem Banner der Musen zu versammeln" und es regt sich dabei etwas von dem weltumfassenden Sinne, der das große Erobererpolk erfüllt hatte. Lorenzo Valla, ein Römer von Geburt, konnte freudig ausrufen: „Wir haben Rom verloren, aber in der Kraft der glänzenden Herrschaft der lateinischen Sprache regieren wir über einen großen Teil des Erdkreises: unser ist Italien, unser ist Spanien, Deutschland, Pannonien, Dalmatien, Illyricum und viele andere Völker, denn wo römische Sprache herrscht, ist römisches

---

[1]) Joh. Sturmius Nobilitas litterata in II. Grotii et aliorum dissertationes de studiis instituendis Amster. 1645, p. 166 linguae concinnitas, quae quum auribus audientium repraesentatur, mentis suavissimum concentum indicat, qui magis intelligi a nobis potest quam coelestis machinae nunquam audita tamen tradita olim a Pythagoricis ἁρμονία.

§. 21. Die Renaissancebildung im Allgemeinen.

Reich"¹). Die europäische Völkerfamilie sah sich damals nicht mehr bloß durch das Band des Glaubens, sondern zugleich durch den Kultus ihrer gemeinsamen geistigen Ahnen — majores nostri nannte Reuchlin die Griechen und Römer — verbunden. Der Renaissance gehört die Begründung „der gelehrten Republik", also eines Komplexes von gelehrt-gebildeten Kreisen, die weder an eine Nation noch an einen Stand gebunden sind, und durch letzteres sich von der Gelehrtenwelt des Mittelalters unterscheiden, deren Kern der Klerus bildete. Innerhalb jener Kreise aber treten die Unterschiede der Geburt, ja selbst des Geschlechtes zurück: man räumte auch den Frauen Anteil an den Gütern der Humanitätsbildung ein und die gelehrten Studien verzweigten sich in den lateinischen Elementarschulen bis in die unteren Stände hinein, aus denen die gebildete Welt denn auch einen stetigen Zuzug erhielt. Die Pflege der neuen geistigen Arbeitsfelder galt als eine menschheitliche Angelegenheit; man stellte sie der Erneuerung des kirchlichen Lebens an die Seite; der greise Domprobst von Münster Rudolf von Lange († 1519) spricht es als eine Zukunftshoffnung aus, „daß aus Kirchen und Schulen der finstre Geist weiche und den Kirchen die Lauterkeit, den Schulen die Reinheit der lateinischen Sprache wiederkehre"²). Zur Auffassung der Schule als Organ, der Bildung als Funktion der Gesellschaft schritt die Didaktik des XVII. Jahrhunderts vor, indem sie zur Obsorge dafür den Staat berief.

Mit diesen social-ethischen Motiven zur Pflege der „schönen Wissenschaften" verflochten sich jedoch auch minder selbstlose, welche man ebenfalls dem Altertum abgelernt hatte: als das wirksamste das Verlangen nach dem Ruhme, welches eine der mächtigsten Triebkräfte des antiken Schaffens gewesen, aber durch den Spiritualismus des Christentums zurückgedrängt und gezügelt worden war. Dieses Motiv erscheint, zumal bei den älteren italienischen

---

¹) K. v. Raumer, Geschichte der Pädagogik I², S. 42.
²) Raumer a. a. O. I², S. 92²: ut tenebrae ex ecclesiis et scholis exstirpentur et redeat puritas in ecclesias et mundities Latini sermonis in scholas.

Humanisten, ihren Führer Petrarca vorweg, stark ausgeprägt[1]), aber es klingt durch die ganze neulateinische Litteratur die Sehnsucht nach dem Fortleben im Munde der Nachwelt, das Schwelgen in dem von den Zeitgenossen gespendeten Lobe, der Groll der von Gegnern verletzten Eitelkeit. Auch für die Jugendbildung beherzigte man nur zu sehr die Quintilianische Weisung, die Lernenden bei der Ehrliebe zu fassen, welche dem Geiste, der aufklimmenden Ranke gleich, den Zug des Aufstrebens verleiht. So schreibt Joachim Fortius († 1536) in seiner Anweisung zum Studium: „Es ist, bei den unsterblichen Göttern, ein Zeichen niedriger, feiger, ja verworfener Sinnesart, mittelmäßig sein zu wollen; wie groß ist dagegen die Geisteshoheit, welche die Gegner besiegt und die Burg nimmt, von der aus sie der ganzen Welt bis zum Ende der Zeiten sichtbar wird, gefeiert von so viel Tausenden als Sand am Meere ist. Darum heißen wir alle, welche die süßen Musen mit ihrem Geiste angehaucht haben, dort ihr Ziel zu suchen, wohin die Kühnsten gestrebt"[2]). In den Schulen wandte man sich um so mehr an den Ehrtrieb, als man die mittelalterliche Strenge als barbarisch verwarf und so bildete sich jenes System von Schülerämtern und -würden, von Prämien und Beschämungen aus, wie es in der Trotzendorfschen Schule zu Goldberg am meisten ausgeprägt erscheint, aber auch bei den Jesuiten nicht minder im Schwange war.

Ein Bildungsideal, bei welchem das virtuose Können eine so hohe Geltung hat, mußte die Strebungen nähren, die mit jedem Virtuosentum verknüpft sind. Dieses, beruhend auf der vollständigen Einschmelzung des geistigen Inhalts in das Subjekt und der Verflüchtigung desselben zu bloßer Auszierung der Persönlichkeit, ist das herrschende Ethos bei einer nicht geringen Zahl von Charak-

---

[1]) Vgl. darüber G. Voigt, Die Wiederbelebung des Altertums. Berlin 1859, S. 72, 403 u. sonst.
[2]) Joach. Fortii, De ratione studii liber in der oben S. 298 Anm. 1 genannten Sammlung p. 252. Die Schrift wurde von Komenský neu herausgegeben und es ist denkwürdig, daß auch diesem wahrhaft frommen Manne der Paganismus, der sie durchweht, keinen Anstoß gab.

teren der Renaissancezeit und giebt seinen Beitrag zur Gestaltung des geistigen Gemeinlebens der Zeit. Es verbinden sich darin in je nach den Individualitäten verschiedener Mischung: das Selbstgefühl des mühelosen Könnens und Gestaltens, ein vielgeschäftiges Interesse, das keine innere Heimat hat und nirgend heimisch wird, eine skeptische Ansicht von den menschlichen Dingen, eine epikuräische, naturalistische Lebensphilosophie, ein Kultus der von den großen sittlichen und geschichtlichen Ordnungen losgelösten Subjektivität. Der Ernst der Zeit, besonders das Hervortreten der religiösen Streitfragen und die auf die Konsolidierung der kirchlichen und öffentlichen Zustände zu richtende Arbeit, hielten diese Elemente noch hintan, allein sie dienten der folgenden Periode zur Anknüpfung: Voltaire fand durch Erasmus' Encomium moriae sein Feld bearbeitet und J. J. Rousseau in Michel de Montaignes Essays die Grundlinien seiner Pädagogik.

Die hingebende Beschäftigung mit dem Altertum und die Wiederaufnahme antiker Ideale konnte nicht anders als manche dem Christentum fremde Motive in die Bildungsarbeit hineinzubringen: dennoch suchte die Renaissanceperiode die letzten Ziele derselben da, wo sie das Christentum vorgezeichnet hatte und stimmt darin mit dem Mittelalter überein. Wenn man sich Rechenschaft über das Verhältnis der klassischen Studien zur Religion zu geben unternahm, griff man gern auf die großen Kirchenväter zurück, denen es gelungen, den Geist des Altertums mit dem christlichen Bewußtsein zu versöhnen; die Rede des heiligen Basilius an die Jünglinge wurde vielfach ediert, übersetzt, citiert; in Augustinus' gewaltiger Persönlichkeit fand man die Gewähr der Verschmelzung der Elemente, welche sich zu Gegensätzen zuzuspitzen drohten[1]). Was diese Verschmelzung erleichterte, war der Umstand, daß sich das Interesse vorwiegend auf die Formen der antiken Litteratur und deren Nach-

---

[1]) Die erste ausführliche Rechtfertigung der „Poesie" gegen die Einwendungen scholastischer Theologen giebt Boccaccio im Buch XIV und XV seiner um 1370 geschriebenen Genealogia deorum, worin er für die alten Dichter in Anspruch nimmt, daß auch sie theologi, wenngleich nicht sacri gewesen.

bildung richtete: wo es das angelegentlichste Bestreben war, wie die Alten zu schreiben und zu reden, konnte man ihre fremdartige Gottes- und Weltanschauung auf sich beruhen lassen. Allein so sehr war doch nicht der Geist in den Bann der Sprache geschlagen, daß ihm Kämpfe und Zweifel, Verirrung und Zerrissenheit erspart geblieben wären. Es fehlt jener Zeit, zumal der des ersten Emporstrebens des Humanismus, nicht an Männern, die nicht bloß antik gestimmt, sondern geradezu gesinnt waren, und an anderen, welche Heiden mit dem Kopfe, Christen mit dem Herzen, die innere Einheit verloren, und wieder an anderen, welche nur mit dem Gefühl, nicht mit der Denkkraft der Gegensätze Herr wurden. Bei vielen bildete das Christentum nur den ernsten, einhegenden Hintergrund der Gestalten- und Gedankenfülle, welche den alten Büchern entstiegen war; bei andern war das Streben nach christlicher Vollkommenheit das leitende Motiv, das die neuen Interessen sich dienstbar machen sollte; bei den tiefer angelegten Naturen der italienischen Humanistenkreise wiegt die erstere Sinnesart vor, doch stehen ein Guarino, Vittorino, Pico, Traversari zu der letzteren, geistesverwandt den älteren deutschen Humanisten Agricola, Hegius, Wimpheling, Trithemius. Im Geiste dieser Männer hat der Spanier Luis Vives, dessen Werk de disciplinis (1531) eine konstitutive Bedeutung für die Renaissancebildung besitzt[1]), das Ethos der Bildung bestimmt. „Auf viererlei beruht die Bildung: auf Anlage, Urteilskraft, Gedächtnis, Studium. Woher die drei ersten? doch wohl von Gott; nur etwa des letzteren kann sich der Unterrichtete rühmen, aber es ist von allen das geringste und wiegt nicht schwer; bedarf es doch auch dazu der rechten Verfassung des Leibes und der Gesundheit, also wieder der Gaben Gottes .... Darum sollen wir den, der alles spendet und durch uns wirkt nach seinem Ratschluß, bitten,

---

[1]) Erst neuerdings ist Vives nach seiner Bedeutung für die Geschichte der Bildung gewürdigt worden durch Fr. Lange (in Schmids Encyklopädie s. v. Vives, Bd. IX, S. 737 bis 814), welcher ihm „eines der durchdachtesten Systeme, welche uns die Geschichte der Pädagogik aufweist", zuspricht. Vgl. auch Höfler, Papst Hadrian VI. Wien 1880, S. 353 f.

§. 21. Die Renaissancebildung im Allgemeinen.

daß uns unsere Bildung vor allem zum eigenen Besten gereiche, daß er uns nicht zu einem Werkzeuge zum Nutzen anderer mache, welches selber unterzugehen bestimmt ist, und es uns nicht ergehe . . . . . wie den Kerzen, welche andern leuchten, während sie sich verzehren. So oft wir an die Studien gehen, müssen wir mit dem Gebete anheben, wie es die Überlieferung von Thomas dem Aquinaten und andern heiligen Männern berichtet, und was wir flehen sollen, ist: daß unsere Geistesarbeit eine gesunde sei, niemandem schade, sondern Heil bringe allen insgemein"[1]).

In das entscheidende Stadium trat die Assimilation der humanistischen Bildungselemente an das Christentum mit dem Ausbruch der Glaubensstreitigkeiten des XVI. Jahrhunderts. Diese drängten vorerst die Bildungsinteressen überhaupt zurück und machten die Frage der Altertumsstudien zu einer sekundären, indem sie die Geister auf theologische Probleme hinwandten. Allein als vom Kampfe zur Organisation neuer Ordnungen vorgeschritten wurde, kam die humanistische Bewegung wieder in Fluß, nur wie durch eine aus dem Boden emporgestiegene Wasserscheide geteilt; beide entgegengesetzten Bekenntnisse leiteten sie auf ihr Gebiet und bestimmten sie nach ihren Prinzipien. Der Protestantismus des XVI. Jahrhunderts hat mit dem Humanismus bedeutsame Berührungspunkte: beide teilen die Opposition gegen das Mittelalter und seine Scholastik; beide greifen, Jahrhunderte überspringend, auf das Altertum zurück, dieser auf das klassische, jener auf das christliche; beide betonen das individual-persönliche Element gegenüber der Überlieferung und dem Kollektivbewußtsein, dieser auf dem ästhetischen Felde, jener im Glaubensleben. Das erneute Studium der alten Sprachen kam dem Prinzip des Zurückgehens auf die heilige Schrift als die einzige Glaubensnorm so fördernd entgegen, daß Luther sagen konnte: "Niemand hat gewußt, warum Gott die Sprachen hervor ließ kommen, bis daß man nun allererst siehet, daß es um des Evangelii willen geschehen ist, welches er hernach

---

[1]) Joh. Lud. Vivis de disciplinis libri XII. Neap. 1764, p. 385.

hat wollen offenbaren", und den Seinen die Mahnung zurufen: „So lieb uns das Evangelium ist, so hart lasset uns über den Sprachen halten"; Philologie und Theologie können nicht enger verknüpft werden, als durch jenen andern Ausspruch Luthers: nihil aliud esse theologiam, nisi grammaticam in spiritus sancti verbis occupatam. In diesem Geiste vollziehen die Verschmelzung humanistischer und christlicher Ideeen jene zahlreichen Schulmänner, an deren Spitze Melanchthon steht; als die Formel, die den von ihnen ins Auge gefaßten Bildungszweck bezeichnet, kann jene Sturmsche „weise und beredte Frömmigkeit" angesehen werden. Wenn im XVII. Jahrhundert Komensky diesen Zweck bestimmt: als die Vorbereitung für die Ewigkeit durch Gottesverehrung, reine Sitten und eine auf der Kenntnis der Dinge und der Fähigkeit des Ausdrucks beruhende Erudition, so spricht sich darin dasselbe Ethos aus, nur mit ausdrücklicherer Betonung des positiven Inhalts des Bildungserwerbes.

Der Katholicismus sah in den humanistischen Studien in erster Linie die Fortführung der Bildungsarbeit des Mittelalters, nur dem Umfang nach erweitert, der Form nach verfeinert, und nahm auf ihre Verschmelzung nicht bloß mit dem katholischen Prinzip, sondern auch mit dem wesentlichen Inhalt der Scholastik Bedacht. Ihm mußte das autoritative Moment, welches die Voraussetzung der Wiederbelebung antiker Sprachkunst bildet, jenes pro lege accipere, quidquid magnis auctoribus placuit, wie es Valla formuliert hatte[1]), von besonderem Werte sein: die Autorität des heiligen Thomas im dogmatischen Gebiete fand an der des Aristoteles in dem philosophischen und der Ciceros in den Fragen des Stils und der Komposition ein gewisses Analogon. Die ästhetische Kultur, welche die Alten gewähren, konnte kein ernstliches Bedenken erregen, zumal da die bildende Kunst der Renaissance gezeigt hatte, daß der an der Antike veredelte Geschmack sich keineswegs von den Aufgaben, die ihm Religion und Kirche stellen,

---

[1]) Laur. Valla Elegantiae II praef.

§. 22. Der Inhalt der Renaissancebildung.

abzuwenden brauche, sie vielmehr mit vervollkommneten Mitteln aufnehmen könne. Auch der Wert antiquarischer Gelehrsamkeit konnte nicht unterschätzt werden, da man sich auch katholischerseits auf das Zurückgehen auf die Quellen: die Schrift, die Väter und die Geschichte der Kirche hingewiesen sah und äußere wie innere Gründe dafür sprachen, das geweckte historische Interesse im allgemeinen zu pflegen. Die geregelte und begrenzte Lernarbeit, welche die Jugend den alten Sprachen zuzuwenden hatte, bot sich zugleich als ein Mittel der Zucht und der uniformen Gestaltung der Erziehung dar.

Demungeachtet findet das Bedenken, daß trotz alledem die Schriften der Alten eine Quelle des Paganismus seien, ab und zu bei Katholiken wie bei Protestanten seinen Ausdruck, und auch die verwerfenden Äußerungen der Kirchenväter über die griechisch-römische Litteratur werden in Erinnerung gehalten. Der gelehrte Jesuit Possevin forderte, daß dem Jugendunterrichte lediglich christliche Autoren zu Grunde gelegt würden[1]) und Komenský tritt — wenigstens in seiner Didaktik — für eine Latinität ohne Zurückgehen auf die Klassiker ein[2]). Allein die herrschende Ansicht ging doch dahin, daß man der Musterwerke des Altertums zur Bildung der Intelligenz und des Sprachbewußtseins nicht entbehren könne, und daß dem christlichen Lehrinhalte Kraft genug innewohne, um die ethnischen Motive, welche jene etwa in sich schließen, niederzuhalten.

§. 22.

Den umfassendsten und wichtigsten Gegenstand des Bildungserwerbs stellt im Renaissancezeitalter die neue, moderne Wissenschaft, die Philologie dar. Sie war im XIV. Jahrhundert in Italien ins Leben getreten, nicht sowohl als eine Wissenschaft, als vielmehr als ein Organon eines allgemeinen geistigen Bedürfnisses, und sie

---

[1]) Gaume a. a. O. S. 81.
[2]) Did. magna. cap. 26.

ging zunächst ebensowohl auf die Beschaffung antiquarischen Materials als auf die Wiederbelebung der Sprachkunst aus. Erst nach Herstellung einer vorläufigen gelehrten Substruktion bildete sich der ästhetisch-formale Zug aus, der die italienische Epoche charakterisiert. Vornehmlich durch französische Gelehrte erhielten die „schönen Wissenschaften" zugleich die Tendenz auf strenge Forschung und Erkenntnis; der Kultus der Form bekam sein Gegengewicht durch das Streben, den thesaurus eruditionis herzustellen und zu universalem Verständnis des antiken Lebens zu gelangen. Um jedoch letztere Aufgabe zu lösen, gebrach es jener Zeit an philosophischen Vorarbeiten und die Philologie nahm die Richtung auf polymathische Gelehrsamkeit, zu welcher im XVII. Jahrhundert das Interesse auch aus andern Gründen gravitierte.

Als Schulwissenschaft aber zeigt die Philologie durchgängig einen formalen Charakter; die herrschende Ansicht ist die, daß die Schule ihr Augenmerk auf die Eloquenz zu richten habe, während die Erwerbung der Erudition dem fortgesetzten Studium der reiferen Jahre zufalle. Erasmus, dessen didaktische Weisungen von dem größten Einflusse waren, räumt zwar dem Studium der Sachen das größere Gewicht, dem der Worte aber die Priorität ein und warnt davor „mit ungewaschenen Füßen" zu dem Erlernen der Sachen zu eilen [1]). In den Schulplänen wird für die Bewältigung des Inhaltes und den Erwerb von antiquarischer Kenntnis entweder gar keine Anordnung getroffen oder, wie in dem der Jesuiten, unter dem Namen der Erudition gelegentliche Mitteilung von allerlei gelehrten Dingen gefordert, mehr zur Anregung und Erholung, jedenfalls nicht auf Kosten des Stilunterrichts [2]). Erst die Didak-

---

[1]) Erasmus De ratione studii tract. in.: „Principio duplex omnino videtur cognitio: rerum ac verborum; verborum prior, rerum potior. Sed nonnulli, dum ἀνίπτοις (ut ajunt) ποσίν ad res discendas festinant, sermonis curam neglegunt et male affectato compendio, in maxima incidunt dispendia."

[2]) In der Ratio atque institutio stud. S. T. wird für die Humanitätsklasse vorgeschrieben: „Eruditio modice usurpetur, ut ingenia excitet

tiker des XVII. Jahrhunderts verlangen die durchgängige Verbindung von Sprach- und Sachunterricht; allein auch der Orbis pictus ist in erster Linie nur ein lateinisches Sprachbuch, das eine bunte Menge von Sachvorstellungen zur Einprägung der Vokabeln herbeiruft, aber durchaus nicht als eine Vorschule des auf Inhalt und Sache ruhenden, aus der Sprache den Gedankengehalt herausarbeitenden Lesens gelten kann und will, eine Art des Lesens, welche in jener Zeit ebensosehr durch das Streben nach Eloquenz, als durch das polymathische Interesse hintangehalten wurde.

Der Schwerpunkt des Unterrichts lag so sehr in dem Lateinischen, daß die meisten Lehranweisungen, die Schriften der Didaktiker nicht ausgeschlossen, sich auf diesen Gegenstand beschränkten. Von den Autoren wiegt Cicero, der zugleich Muster des Briefstils — seine Briefe wurden nach Sturms Auswahl als Elementarbuch benutzt — der rednerischen und der philosophischen Darstellung war, vor. In den Historikern ging man mit Vorliebe den Reden nach; so ließ Trotzendorf aus Livius nur diese mit Übergehung der historischen Partieen lesen. Von den Dichtern wurden außer Ovid, Vergil und Horaz auf protestantischen Schulen Terenz und Plautus wegen des Konversationslateins, das sie darbieten, bevorzugt; daß man an dem schlüpfrigen Inhalt keinen Anstoß nahm, zeigt wieder nur, wie wenig man auf den Inhalt überhaupt reflektierte[1]). Ein besonderer Wert wurde auf die Aneignung von Gnomen, Sentenzen, schönen Stellen, als Schmuck und Würze des Stils, auch wohl als

---

interdum ac recreet non ut linguae observationem impediat"; als Materien werden für die rhetorische Klasse angegeben: „eruditio ex historia et moribus gentium, ex auctoritate scriptorum et ex omni doctrina, sed parcius ad captum discipulorum accersenda."

[1]) Die Würtembergische Schulordnung ordnet allerdings an, daß an bedenklichen Stellen „die Praeceptores anzeigen sollen, wie die blinden Ethnici von Gott und seinem Wort nichts gewißt, wie denn die Gottlosen Christen auch nichts darumb wissen, darneben ein exemplum und testimonium sacrae Scripturae anzeigen, wie Gott der Herr diese Laster gewöhnlich straff, und sich in allweg befleissen, das die unverstandne, zarte Jugendt nit geergert werde". Vormbaum, Evang. Schulordnungen I, S. 83.

Stoff des Nachdenkens, gelegt und ihr dienten nicht bloß Schulbücher, wie die zahlreichen Adagia, Florilegia, Spicilegia u. s. w., sondern auch Sammlungen, welche die Lernenden selbst anzufertigen hatten. Die Lehrmittel des Mittelalters wurden nicht ohne Animosität bei Seite geschoben; das Doctrinale Alexanders kam als barbarisch in Verruf und auch der Versuch des Niederländers Despauterius (Jan von Pauteren, † 1526) die Sprach- und Stillehre in geschmackvolleren Versen zu bearbeiten, fand wenig Anklang. Man gab der Schulgrammatik mit Absehen von didaktischen Erleichterungsmitteln eine abstrakte Form und erweiterte ihr Material beträchtlich; Lubinus klagt (1614), daß die Schüler nicht weniger als 180 Kunstausdrücke und mehr als 70 syntaktische Regeln mit ebensoviel Ausnahmen, die zudem so dunkel seien, daß sie kaum von Vorgeschrittenen verstanden würden, zu lernen hätten¹). Misbräuche der Art veranlaßten das Hervortreten der entgegengesetzten extremen Forderung, das Latein nach Art der Muttersprache zu lehren, wie sie Montaigne gelegentlich aussprach, Ratke methodisch durchzuführen unternahm, nicht ohne Anlehnung an die alte Rabbinenmethode (s. oben §. 7, S. 141); einen Mittelweg schlugen Komenskys Sprachbücher ein, von denen das Vestibulum in der Bearbeitung von 1648 (Opp. did. III, p. 134 bis 214) den Höhepunkt der methodischen Versuche jener Zeit bezeichnet.

Das Griechische galt principiell als gleichwertig mit dem Lateinischen; Erasmus sagt, das alles Kennenswerte in den beiden Sprachen niedergelegt sei und daß sie bei ihrer Verwandtschaft leichter verbunden als einzeln gelernt werden können, und Vives ist gleicher Meinung, obwohl er sich gegen die Schwierigkeiten des Griechischen, dem er magni labyrinthi et vastissimi recessus zuschreibt, nicht verschließt. Die Forderung Quintilians, mit dem Griechischen zu beginnen, wird vielfach erörtert; wahrscheinlich lehrte schon Vittorino von Feltre († 1446) die alten Sprachen in dieser Reihenfolge; Robert Stephanus (R. Etienne, † 1559) ging beim

---

¹) Raumer, Geschichte der Pädagogik III³, S. 83.

§. 22. Der Inhalt der Renaissancebildung.

Unterrichte seines Sohnes Heinrich († 1598) vom Griechischen aus und Tanaquil Faber (Tanneguy Lefèbre, † 1672) leitete in gleicher Weise die Studien seines Sohnes und seiner nachmals als Madame Dacier berühmt gewordenen Tochter[1]); Faber vertritt zugleich die Ansicht, daß das Studium des Griechischen auf Homer zu bauen sei, wie dies Josef Scaliger mit genialer Kühnheit durchgeführt hatte[2]). Es fehlte nicht an Begeisterung für den „Vater der Dichter"; Claude Belurger, der das Griechische in dem Collège de Navarra in Paris einführte, nahm den Homer in den Gottesdienst mit, ließ sich homerische Gestalten von Künstlern ausführen und unternahm eine Reise nach Troja, deren Strapazen er erlag, wobei sein umfassender Kommentar zu Homer verloren ging[3]); als Martin Crusius in Tübingen über Homer las, mußte sein Hörsal durch Einreißen einer Wand vergrößert werden und behielt in der Folge den Namen auditorium Homericum bei[4]). Die Lehrpläne setzen den Anfang des griechischen Unterrichts nicht selten mit dem des Lateinischen gleichzeitig an — so die Ratio atque institutio der Jesuiten — und nennen zahlreiche Autoren, sowohl altklassische als christliche, allein die allgemeine Praxis blieb weit dahinter zurück. In den protestantischen Schulen las man das neue Testament und einige moralische Schriften, wie Xenophons Memorabilien und Kebes' Pinax, oder die Plutarch zugeschriebene Abhandlung von der Erziehung; in katholischen: Äsop, Phokylides und Partieen aus St. Johannes Chrysostomus u. a. Der Stundenzahl nach war das Griechische bestenfalls auf die Hälfte der dem Lateinischen zugewandten Zeit gesetzt. Zumal im XVII. Jahrhundert führen die Schulen diesen Lehrgegenstand sozusagen nur ehrenhalber fort und wird die Ansicht laut, daß er im Grunde nur für das Fachstudium

---

[1]) Morhof Polyhistor litterarius II, 9, §. 47. Faber legte seine Ansichten über den Lehrgang in seiner Méthode pour commencer les humanités Grecques et Latines 1672 nieder.
[2]) J. Bernays, J. J. Scaliger, Berlin 1855, S. 35.
[3]) Morhof l. l. VII, 2, §. 2.
[4]) J. M. Gesner Isagoge in erud. univ. ed. Nicl. 1773, I, §. 154.

des Theologen und Arztes Bedeutung habe, wie das Hebräische und das Arabische[1]); ja Descartes erklärte die Erlernung des Griechischen für ebenso überflüssig wie die des bretonischen Jargons[2]). Der Zeitgeschmack fand in der Äneide, den Tragödien Senecas und der horazischen Poesie die Muster der Dichtkunst, während ihm Homer kindisch und ungeschlacht, Sophokles und Pindar gespreizt und dunkel vorkamen. Die romanischen Völker, welchen in der Renaissanceperiode die leitende Rolle zufällt, fühlten sich von dem stammverwandten Römertum so vorwiegend angezogen, daß ihnen das griechische Wesen nicht lebendig wurde und erst der Nachblüte, welche die Renaissance im vorigen Jahrhundert in der deutschen Litteratur trieb, war es vorbehalten, ein unvermitteltes Verhältnis zu den Griechen zu finden.

Das Interesse an der Bibelforschung brachte auch die hebräische Sprache als ein gelehrtes Bildungsmittel in Aufnahme; Deutschland fand in Reuchlin zugleich seinen griechischen und hebräischen Lehrer; in den protestantischen Schulen erhielt die Sprache der Bibel ihre feste Stelle. Ihren Bildungswert giebt Michael Neander mit den Worten an: „Es ist aber Hebraea Lingua nicht allein den Theologis nütz, sondern auch nötig allen Studiosis, worauff sie auch ihr lebenlang gedencken zu beharren, dieweil sie alma mater ist omnium linguarum omnibus aetatibus omnium gentium, welche alle aus irem Leibe gekommen, denen sie alle gibt und wiederümb von keiner Sprache etwas nimpt oder entlehnt ... Darümb Lingua Hebraea auch lust halben und propter collationem cum aliis Linguis und auch propter utilem explicationem multarum rerum in omni vita und auch propter Grammaticam Latinam darinnen zu zeiten de declinatione nominum Hebraeorum gedacht wird,

---

[1]) Comenius Did. magn. 22, 1. — Daß das Arabische damals noch nicht seine Bedeutung für die ärztliche Wissenschaft eingebüßt hatte, geht daraus hervor, daß Avicennas Kanon eine hohe Autorität bewahrte; er wurde im XIV. und XV. Jahrhundert über ein Dutzend mal lateinisch gedruckt. Sprenger, Mohammad. Berlin 1861, I, IV.

[2]) Oeuvres ed. Cousin XI, p. 341 aus Schmids Encykll. II¹, S. 911.

§. 22. Der Inhalt der Renaissancebildung.

von einem jedern, so darzu kommen und gelegenheit hat, wol möchte gestudieret werden"[1]).

Wiewohl antiken Ursprungs und auch von den Römern hochgehalten, bewahrte das Fachwerk der sieben freien Künste in der Renaissanceperiode nicht sein altes Ansehen, was sich teils daraus erklärt, daß dasselbe — abgesehen von den mittelalterlichen — nur in spätlateinischen Bearbeitungen vorlag, deren Stil dem Geschmack widerstrebte, teils daraus, daß den Gliedern jenes Systems ein sehr verschiedenes Interesse entgegengebracht wurde. Grammatik und Rhetorik stiegen von dem Range vorbereitender Disciplinen zu herrschenden auf, und wurden das eigentliche Organon der Bildung. Die Dialektik war in ihrer mittelalterlichen Form ein Gegenstand der lebhaftesten Angriffe der Humanisten, und doch wieder als Lehrdisciplin ein Bedürfnis, da vollendete Stilbildung der ars disserendi nicht entbehren konnte. Das vorherrschende Interesse für die sprachliche Gestaltung des Gedankens führte darauf, die Logik der Rhetorik anzunähern und sie als die Kunst, der Rede gedankliche Kraft zu geben, aufzufassen. So werden häufig alle drei Künste des Triviums auf die Rede bezogen: die Grammatik lehrt den sermo emendatus, die Dialektik den sermo probabilis, die Rhetorik den sermo ornatus[2]). Melanchthon faßte die Dialektik als ars et via docendi, mithin als Kunst der Darlegung, so daß sie im Grunde die später selbständig hervortretende Didaktik in sich schließt. Als Quelle der logischen Lehren mußte nun nicht mehr Aristoteles allein, sondern auch die oratorische und rhetorische Litteratur angesehen

---

[1]) Michaelis Neandri Bedenken wie ein Knabe zu leiten und zu unterweisen u. s. w. 1582 abgedruckt in Vormbaum, Evangelische Schulordnungen. Gütersloh 1860, I, S. 747 bis 765. Die Äußerungen der Reformatoren bei Öhler, Schmid, Encyklopädie III¹, S. 348. Die dortigen Angaben über das hebräische Studium im XV. Jahrhundert bedürfen der Ergänzung aus L. Geigers Schrift über den Gegenstand.

[2]) So von Jacob Micyllus (Molzer), Rektor in Frankfurt am Main, vgl. Helfenstein, Die Entwicklung des Schulwesens in Bezug auf Frankfurt. 1858, S. 90.

werden. Vives und Nizolius „haben kein Hehl, daß sie Cicero mehr danken, als den Sokratikern Platon und Aristoteles, weil die letzteren die Philosophie von der Rhetorik getrennt haben"[1]), und Petrus Ramus († 1572) konnte die Behauptung aufstellen, daß man aus der genauen Beobachtung der Art, wie Cicero und andere Redner ihre Hörer überzeugen, die Regeln der Logik besser kennen lerne als aus dem aristotelischen Organon. Der Rameischen Reform der Logik, welche bei ihrem Auftreten so heftige Kämpfe hervorrief, liegt die Idee zu Grunde, daß Denk- und Rede-Lehre nur Teile einer umfassenderen Wissenschaft seien, einer Lehre von der Gedankenbildung, und wenn auch aus dieser Idee nicht entfernt alle Konsequenzen gezogen wurden, so bleibt sie doch ein denkwürdiges Produkt der Renaissancebildung und hat die Gestalt des logischen Systems bis zu unsern Tagen einigermaßen mitbestimmt[2]).

Nehmen somit die Disciplinen des Triviums einen neuen Aufschwung, so treten die mathematischen des Quadriviums als allgemeines Bildungselement um so mehr zurück. Man sollte für das Zeitalter eines Copernicus und Galiläi das Gegenteil erwarten, allein gerade die Neugestaltung und wissenschaftliche Konsolidierung der mathematischen Forschung bringt es mit sich, daß sie sich aus den weiteren Kreisen, die nur fertige Resultate verlangen, gleichsam zurückzieht; auch war das Vorwiegen sowohl des philologischen als des polymathischen Interesses der Gebildeten diesen Studien abträglich[3]) und auch bei den Vertretern der Richtung auf das sachliche

---

[1]) Erdmann, Grundriß der Geschichte der Philosophie. Berlin 1869, I², S. 500.

[2]) Das. S. 501. Auf Ramus geht die Unterscheidung der natürlichen und künstlichen Logik und die Voranstellung der Lehre vom Begriffe vor der Lehre vom Urteile zurück.

[3]) So klagt Galiläi in einem Briefe an Kepler: „Was wirst Du von den ersten Lehrern am Gymnasium zu Padua sagen, welche, als ich es ihnen anbot, weder die Planeten, noch den Mond, noch das Fernrohr sehen wollten? Diese Art von Menschen hält die Philosophie für ein Buch, wie die Äneide oder Odyssee und glaubt, die Wahrheit sei nicht in der Welt oder Natur, sondern nur in der Vergleichung der Texte zu suchen. Wie würdest Du gelacht

§. 22. Der Inhalt der Renaissancebildung.

Wissen kommen sie bei ihrem abstrakten Charakter nicht zur Geltung; Komensky will den mathematischen Unterricht mit Materien aus dem Gewerbewesen verbinden¹) und beschränkt sich in der Janua und dem Orbis pictus auf die dürftigsten Angaben; die Schulen bleiben, wo sie das Quadrivium aufnehmen, was selten der Fall ist, beim ptolemäischen System und selbst Komensky thut des kopernikanischen nicht einmal Erwähnung²).

Auch die Philosophie legt ihre Popularität einigermaßen ab; es hätte kein Dichter der Renaissanceperiode Dante nachahmen können, der in einem für die Nation bestimmten Werke die schwierigsten metaphysischen und moralphilosophischen Fragen erörtern darf, weil sie die Scholastik gangbar gemacht hatte. Die Erneuerung der antiken Systeme, welche nunmehr unternommen wurde, beschäftigte nur auserwählte Kreise; noch weniger konnten die Versuche, neue Bahnen einzuschlagen, Gemeingut werden. Die Schulen aber führten die aristotelisch-scholastischen Traditionen weiter; für die Latinisten ist Cicero so ziemlich die einzige Bezugsquelle philosophischer Gedanken.

Um so lebhafter ist das Interesse für ein mannigfaltiges empirisch-historisches Bildungswissen, welches schon als die unabweisliche Ergänzung der Eloquenz erfordert war. Die Renaissancezeit ist sehr fruchtbar an Werken, welche die Zusammenfassung des Wissenswertesten zum Zwecke haben. Im XVI. Jahrhundert kommt für dieselben der Name Cyklopädie oder Encyklopädie — um gedrängte Darstellungen zu bezeichnen, sagte man

---

haben, als zu Pisa der erste Lehrer des dortigen Gymnasiums in Gegenwart des Großherzogs sich bemühte, die neuen Planeten mit logischen Beweisen gleichsam als magischen Beschwörungen vom Himmel herabzureißen." (Aus Zöllners Wissenschaftl. Abhandlungen II, S. 941.)

¹) Did. magn. 30, 8.

²) So wird in der Janua (Amsterdamer Ausgabe von 1662) §§. 31 sq. von Sonne und Mond als von Planeten gehandelt, von den Epicyklen des Merkur u. s. w. von der achten Sphäre der Fixsterne u. s. w. gesprochen, 119 Jahre nach dem Erscheinen der De orbium coelestium revolutionibus libri VI.

auch encyclopaediola oder paedia in cyclisco — in Brauch, doch ist die Zeit unerschöpflich in verwandten Bezeichnungen; so finden sich als Aushängeschilder die vielversprechenden Namen: Polymathie, Polyhistorie und Polyhistor, Panepistemonie, Pansophie, Pankosmie, cyklognomische Künste, Anatomie der Köpfe und der Wissenschaften, Theater des Lebens, der Weisheit, der Welt u. a. m. Nicht selten stecken darunter armselige und dürre Kompendien, wie Laurembergs Pansophia, sive Paedia philosophica, Rostock 1633 eines ist; seltener verbirgt sich unter nichtssagendem Titel ein reichhaltiges Sammelwerk: so sind Raphaels von Volaterra Commentarii urbani eine Encyklopädie, welche mit der Geographie und Lokalgeschichte anhebt, dann aber Biographieen aus der Geschichte, popularphilosophische und specialwissenschaftliche Materien aufnimmt und mit der Analyse der Aristotelischen Philosophie schließt[1]). Von den Sammelwerken des Mittelalters unterscheiden sich diese Arbeiten dadurch, daß sie zum größern Teile die theologischen Materien ausscheiden und daß sie mehr oder weniger antiquarische Gelehrsamkeit heranziehen; manche versuchen die Gesamtheit der Wissenschaften systematisch zu gliedern oder abzuleiten, so das drei Folianten umfassende Werk, welches an Sammelfleiß und Gelehrsamkeit an Vincentius' Arbeiten erinnert: das Theatrum humanae vitae von Theodor Zwinger 1586, worin ein psychologisch-ethisches Fachwerk durchgeführt wird. Die wenigsten gehen darauf aus, nicht sowohl die Materien, sondern die Methoden des Erkennens und Forschens aufzusuchen und kritisch zu applicieren; derart sind Vives' Bücher de disciplinis und die Baconischen Schriften zur Instauration der Wissenschaften. Die ersteren schließen sich dem herkömmlichen System der Wissenschaften an, die letzteren machen ein psychologisches Princip zum Einteilungsgrunde des Wissens: aus dem Gedächtnis leitet Baco die Geschichte, aus der Phantasie die Dichtung, aus der Ver-

---

[1]) Vgl. Burckhardt, Die Renaissance, Abschnitt III, wo das Werk als Beispiel für das Durchtränken jeden Erkenntniszweiges mit antikem Stoffe angeführt und besprochen wird.

§. 22. Der Inhalt der Renaissancebildung.

nunft die Theologie und Philosophie ab. Mehrfach zeigt sich eine Vorliebe für tabellarische Übersichten der mannigfachen Materien: so bearbeitete Johann Thomas Freigius die Rameische Darstellung der sieben freien Künste in tabulas perpetuas ceu στρώματα relatas (Basel 1576) und Komenský stellt die Landkarte als Muster für übersichtliche Sammelwerke oder Chrestomathieen hin¹); wie denn überhaupt die Fortschritte der Geographie, die sich zu einer Sammelwissenschaft ausbildete und doch zugleich an den Kartenwerken ein Mittel übersichtlicher Anordnung besaß, nicht ohne Einfluß auf die Bestrebungen zu geordneter Zusammenfassung der Erkenntnisse blieb: Baco findet in der Erschließung des Erdglobus einen Antrieb, auch den globus intellectualis mit erweitertem Blicke zu umspannen²).

Das Bedürfnis, Massen von Kenntnissen zu bewältigen, gab aber auch dem Unternehmen einer Technik des Lernens und Lehrens Impulse: der Renaissancezeit gehört die Wiederaufnahme der antiken Mnemonik und ihre Weiterbildung und gehören die Anfänge der rationellen Lehrkunst, der Didaktik, Rhabdomathie, Obstetricia animorum u. a. an³), deren enger Zusammenhang mit der Pansophie besonders bei Komenský, mit der Polymathie bei Morhof⁴)

---

¹) Did. magn. 31, 8.
²) Norum Organon §. 84.
³) Vgl. oben S. 75.
⁴) Der für die Unterrichtslehre viel zu wenig gewürdigte Polyhistor des gelehrten Daniel Georg Morhof (zuerst erschienen zu Lübeck 1688, vierte Ausgabe 1747) unterscheidet sich dadurch von anderen Sammelwerken, daß er nicht bloß Materien des Wissens vorlegt, sondern zugleich den Studienbetrieb und dessen Apparat behandelt. Dies geschieht in dem ersten Teile (der IV. Ausgabe), dem am sorgfältigsten gearbeiteten Polyhistor litterarius; derselbe handelt in Buch I (Polyhistor bibliothecarius) von Bibliotheken, Büchern, gelehrten Gesellschaften, der gebildeten Konversation, Gelehrtengeschichte, Epistolographie u. a.; in Buch II (P. methodicus) von der Verschiedenheit der Talente, von den Schulen, den Hilfsmitteln des Geistes, Gedächtnisses u. s. w., den Methoden bes. des klassischen Unterrichts, dem Schulkursus, dem akademischen Kursus, der Fürstenerziehung u. a.; in Buch III (P. παρασκευαστικός) von der Kunst des Excerpierens; in Buch IV (P. gram-

hervortritt. Die Art, wie man den auf die alten Sprachen fundierten Jugendunterricht durch einen polymathischen Anbau zu ergänzen suchte, zeigt ein Buch des eben genannten Freigius, Rektor in Altorf und später Konrektor in Basel († 1583), der Paedagogus (Basel 1583), eine unorganische Aufschichtung von Materien, welche die Notwendigkeit der von den Didaktikern geforderten Reformen schlagender als ihre eigenen Erörterungen beweist [1]). Was Komenský mit seiner Janua linguarum reserata (zuerst 1631) und dem dieses Sprachbuch in allem wesentlichen reproducierenden Orbis sensualium pictus (zuerst 1658) wollte, war die

---

maticus) von der Sprache, der Schrift, der Sprachlehre, bes. der lateinischen. Die Bücher V bis VII geben eine Art von allgemeiner Litteraturgeschichte. Der zweite dürftigere Teil (P. philosophicus) giebt eine Geschichte der Philosophie und Materien zur Physik, Mathematik, Logik und Metaphysik. Der dritte (P. practicus), immer dürftiger werdend, Materien zur Ethik, Politik, Ökonomik, Geschichte, Theologie, Jurisprudenz, Medizin. — Die Didaktik selbst stellt Morhof zur Logik und bezeichnet sie, etwas reserviert, als aliqua doctrinae de methodo propago. Pol. litt. II, 4, 12.

[1]) Der volle Titel des Buches ist: „J. Th. Freigii Paedagogus hoc est libollus ostendens, qua ratione prima artium initia pueris quam facillime tradi possunt" (sic). Die Form ist katechetisch, die artes werden eingeteilt in exotericae (Grammatik, Rhetorik, Poetik, Logik) und acroamaticae (Mathematik, Physik und Ethik, unter letzterer auch Geschichte, Jurisprudenz, Theologie u. a. inbegriffen). Die Reihenfolge der Materien ist: Grammatica latina S. 1 bis 18, graeca bis 50, hebraea bis 80, Dialogi in linguam Gallicam addiscendam bis 124, de rhetorica bis 130, de poetica bis 132, de logica bis 143, de arithmetica bis 156, de musica bis 217, de geometria bis 224, de asse (von Münzen, Maßen, Gewichten, auch den biblischen) bis 247, de architectura (hier auch die Besprechung der Rheinbrücke Cäsars, Bell. Gall. IV) bis 263, de mechanica bis 268, de physica (einschließlich astronomischer und geographischer Materien) bis 286, also auf 18 Seiten, de ethica (von den Tugenden und den menschlichen Gemeinschaften) bis 290, de oeconomia (hier die acht Pflichten der Hausfrau) bis 292, de politia bis 295, de apodemica (von der Kunst zu reisen) bis 297, de antiquitatis studio religiosae et profanae (über Tempel, Spiele, classes, Bauten u. a.), de polemica (Aushebung, Lager u. s. w.) bis 310, de historia (Namen von Geschichtsschreibern und Einteilung der Geschichte) bis 313, de jurisprudentia und rudimenta institutionum juris bis 341, de medicina bis 366.

§. 22. Der Inhalt der Renaissancebildung.

planmäßigere Verbindung des Lateinunterrichtes mit polymathischer Sachbelehrung; diese Bücher sind encyclopaediolae, die zugleich zur Latinität führen sollen[1]), und die große pansophische Unter-

---

[1]) Zur Vergleichung mit Freigius möge die Skizze des Orbis pictus, Nürnberger Ausgabe von 1669, hier folgen. Als Motto wird I. Mos. 2, 19 vorangeschickt: „Adam gab jeglichem Dinge seinen Namen" u. s. w. Die Einführung bildet ein Gespräch von Lehrer und Schüler, dessen deutscher, dem lateinischen nebengestellter Text lautet: „Lehrer: Komm her Knabe, lerne klug sein. Schüler: Was ist das: klug sein? L.: Alles, was nötig ist, recht verstehen, recht thun, recht ausreden. Sch.: Wer wird mich das lehren? L.: Ich mit Gott. Sch.: Welcher Gestalt? L.: Ich will dich führen durch alle Dinge, ich will dir zeigen alles und ich will dir benennen alles. Sch.: Siehe hier bin ich, führt mich in Gottes Namen." Es folgt die Aufzählung der Laute des Alphabets der Art, daß jeder einem Tiere, dessen Bild daneben steht, zugeteilt wird; sodann wird in 150 Nummern, deren jede einen Holzschnitt an der Spitze trägt, die Welt der Dinge aufgezeigt; die erste Spalte jeder Seite hat den lateinischen Text — einfache, kurze Sätze, aber nicht ohne zahlreiche unklassische Vokabeln — die zweite den deutschen Text, die dritte führt die jedesmal neu auftretenden Vocabeln auf. Die Nummern 1 bis 34 behandeln: Gott, Welt, Himmel, die Elemente und Materien der Naturgeschichte, darunter auch Drache, Basilisk, Einhorn. 35 bis 43 sind anthropologischen Inhalts: der Mensch, die Lebensalter, die Körperteile, die Seele; letztere dargestellt durch Punkte, welche den Umriß des Leibes erfüllen. 44 bis 96 behandeln menschliche Thätigkeiten und deren Produkte: Ackerbau, Viehzucht u. s. w., den Schluß bildet die Schreibkunst und das Buch. 97 bis 108 redet von der Schule, dem Museum (Studierzimmer), von den Redekünsten, der Musik, der Weltweisheit, der Geometrie, der Astronomie und Geographie; hier die Karte der Hemisphären und Europas. 109 bis 117 führen die Tugenden auf. 118 bis 121 zeigen die Familie, den Sippschaftsbaum, die Kinderstube, das Gesinde. 122 bis 136 die Stadt, das Gericht, die Kaufmannschaft, hier: Maße und Gewichte; die Arzneikunst, Begräbnis, Belustigungen. 137 bis 143 handeln von Reich und Land, vom Königtum; hier die größten deutschen Fürstentümer; vom Heere und Kriege. 144 bis 148 vom Gottesdienst: Heidentum, Judentum, Christentum, Islam. Die Schlußnummern sind: Die Vorsehung Gottes und das letzte Gericht. Das Schlußwort des Lehrers lautet: „Also hast du gesehen in einem kurzen Begriff alle Dinge, die gezeugt werden können und hast gelernet die vornehmsten Wörter der lateinischen und der deutschen Sprache; fahre nun fort und lese fleißig andere gute Bücher, daß du werdest gelehrt, weis und fromm. Gedenke hieran, fürchte Gott und rufe ihn an, daß er dir verleihe den Geist der Weisheit. Gehab dich wohl." Zugegeben ist ein lateinisches und ein deutsches Wörter-

nehmung Komenskys ist im Grunde nur die Fortführung des gleichen Vorhabens, bestimmt für die gebildete Welt mit geringerer Betonung des linguistischen Zweckes¹). Es ist von Interesse, daß auch ein Mann wie Leibniz Reflexionen über eine Jugendencyklopädie anstellt, und zwar wie Komensky, dessen Unternehmen er als ein consilium praeclarum bezeichnet, von den Worten ausgehen, jedoch von der Nomenklatur zur Definition und weiteren logischen Bearbeitung fortschreiten will²).

Die Tendenz auf vielseitige Sachkenntnis spitzt sich vielfach zum Gegensatze gegen das herrschende Lateintreiben zu und schon zu Anfang des XVII. Jahrhunderts treten die reales den verbales gegenüber; der Wittenberger Philolog Fr. Taubmann klagt, daß, wer sich eines eleganten und treffenden Ausdrucks befleißige, von der Jugend, ja selbst von Jugendlehrern spottweise verbalis genannt werde, während sich die Tabler den neuen Namen reales beilegten, als wollten sie die Sachen für sich in Anspruch nehmen, um die sich andere, nur auf Kultur der Sprache bedacht, angeblich gar nicht kümmerten³). Karl von Raumer spricht die verbales von dem Vorwurf der Wortkrämerei frei, nennt aber ihr Interesse für die Sachen einen „verbalen Realismus", der sich über die Dinge

---

verzeichnis mit Verweisungen auf die Abschnitte, in welchen das betreffende Wort vorkommt.

¹) Vgl. Prodromus Pansophiae und Pansophicorum conatuum dilucidatio. Opp. did. I, p. 404 sq.

²) Er definiert die Encyklopädie als systema omnium quousque licet propositionum verarum, utilium hactenus cognitarum. In einer Encyclopaediola will Leibniz dreierlei inbegriffen wissen: 1) Definitiones vocabulorum crebriorum et insigniorum et ex his deducta theoremata et problemata insignioris usus, eaque in moralibus adagio aliquo dictoque sapientum aut historia memorabili vestita aut potius explicata. 2) Experimenta naturae vulgariora. 3) Compendium historiae et geographiae tum universalis, tum imprimis hodiernae. (Brief an Hasenthaler bei Feller Monumenta varia inedita, Lps. 1714; reproduciert in der Monatsschrift der Gesellschaft des vaterländischen Museums in Böhmen 1828, II, 550.

³) Dissertatio de lingua latina, zuerst 1602.

§. 22. Der Inhalt der Renaissancebildung.

aus Büchern unterrichte zu Zwecken der Buchgelehrtheit; diesem stehe der „reale Realismus" gegenüber, den der große Baco gelehrt und die Didaktiker Ratke, Komensky und andere auf die Jugendbildung angewandt¹). Heutzutage gilt der Baconische Realismus nicht mehr für ganz vollwichtig: man vermißt an ihm den Kontakt mit den damaligen Entdeckungen der Naturforscher und die Würdigung des Experiments, an dessen Stelle er die Häufung vielförmiger Beobachtungen setzt, indem er über dem Spiel mit Generalisationen, den Aufstieg von der experimentellen Diskussion der Erscheinungen zum Gesetze verfehlt. Dem Realismus der Didaktiker haftet ein ganz ähnlicher Mangel an; sie versuchen allerdings den Geist beim Sinne zu fassen, aber mit polymathischer Unruhe streifen sie nur die Oberfläche der dinglichen Welt und kennen die an einem konkreten Einzelnen reifende Anschauung nicht; zudem stehen auch sie im Banne der Sprache, schreiben der Nomenklatur einen übertriebenen Wert für die Erkenntnis zu und träumen von einer realen Sprache, deren Wörter durch ihren Klang dem Geiste die Naturen der Dinge vergegenwärtigen sollen²). Mit Rücksicht auf diese Anschauung könnte man eher geneigt sein, ihnen im Gegensatze zu dem verbalen Realismus einen realen Verbalismus zuzuschreiben. Der echte Realismus der Renaissancezeit dürfte anderswo zu suchen sein und zwar gerade in der Zone der vollsten und reinsten Einwirkungen des Altertums, also im Schoße des Humanismus; es ist jener durch die antike Kunst wiedererweckte Sinn für die individuelle Gegenständlichkeit, für das ungebrochene Auffassen und saubere Herausgreifen der Objekte aus dem Strome der Eindrücke, wie es nicht bloß den großen Künstlern der Zeit, sondern auch Meistern des Wortes eigen ist, wie etwa Enea Silvio Piccolomini, „dem Normalmenschen der Frührenaissance"³), als Moment der Bildung

---

¹) Raumer, Geschichte der Pädagogik I², S. 330.
²) So Komensky in der Methodus linguarum novissima. Opp. did. II, p. 67 sq.
³) Vgl. dessen Charakteristik bei Burckhardt, Die Kultur der Renaissance. S. 222 f., und G. Voigt, Enea Silvio, Berlin 1862, II, S. 248 f.

aber nur in vermittelter Weise am allerwenigsten als bidaktisches Princip gewirkt hat. —

Sowohl die philologischen als die polymathischen Bildungselemente der Renaissancezeit haben einen gelehrten Charakter und es stehen ihnen andere aus dem Leben der Gegenwart unmittelbar erwachsende gegenüber, unlateinisch und darum vielfach nicht als vollgültig genommen, aber wegen ihres praktischen Hintergrundes schwer abzuweisen. Es hatte deren schon das Mittelalter besessen und in der ritterlichen Bildung zu einem schönen Ganzen zusammengefaßt, jetzt hatte sich die ständische Litteratur des Rittertums ausgelebt und der erste Schritt zur Nationallitteratur war in dem unsterblichen Werke Dantes von dem ausgehenden Mittelalter selbst gethan worden; das herrschende humanistische Interesse wies diese Anfänge an, bei ihrer weiteren Entwicklung den Weg durch das Altertum zu nehmen und die damit ins Leben gerufene nationale Renaissancelitteratur wurde, am frühesten bei den Italienern, am spätesten bei den Deutschen ein Element des geistigen Gemeinlebens, wiewohl der Schule zunächst noch fernbleibend. Früher erfuhr die Schule die Einwirkung des erneuten grammatischen Studiums auf das der Nationalsprachen. Zwar durfte sich Erasmus rühmen, keine moderne Sprache zu verstehen und verboten die Schulordnungen den Knaben ihre Muttersprache zu reden, allein Tieferblickenden entging nicht der universale Zug des erwachten linguistischen Interesses; Agricola nannte die Muttersprache den natürlichen Leib aller Gedanken[1]), und Vives forderte schon die Anbildung einer Eloquenz in dem heimischen Idiom, ja sogar die Beachtung seiner altertümlichen Wörter und die Anlegung eines aerarium linguae[2]); Humanisten von Rang legten den Grund zur grammatischen Bearbeitung ihrer Muttersprachen; die Grammatik des Castilischen hebt mit Antonius von Lebrija (1492) an, des Toscanischen mit Pietro Bembo (1525), des Französischen mit Robert Etienne (1557), des

---

[1]) Raumer a. a. O. S. 87.
[2]) De discipl. trad. L. III in. p. 268 sq.

§. 22. Der Inhalt der Renaissancebildung.

Ungarischen mit Janus Pannonius (1465). Für den praktischen Gebrauch entstanden die zahlreichen, bald mehr, bald weniger grammatice gehaltenen Anweisungen zur Orthographie der neueren Sprachen und die letzteren drangen in die lateinischen Gammatiken als Lehrbehelf ein, wenn auch zunächst nur als notwendiges Übel betrachtet. Die Muttersprache rein zu reden und zu schreiben war in den romanischen Ländern schon im XVI. Jahrhundert ein Erfordernis der Bildung, als in Deutschland noch der lateinisch = deutsche Maccaronistil blüte; dafür gaben zuerst die deutschen Didaktiker, Ratke an der Spitze, dem Deutschen als dem elementaren Bildungsmittel des Sprachsinns im Unterrichte seine Stelle und, durch sie angeregt, machte Komensky die Muttersprache zum Ausgangs= und Beziehungspunkte aller Sprachlehre. In den Schulen treten deutsche Stilübungen zunächst als Epistolographie auf: der Briefstil verlangte im XVII. Jahrhundert eine besondere Einübung, da er der modischen Rokoschnörkel nicht entbehren konnte; bildeten doch Anreden und Titulaturen den Gegenstand einer eigenen Disciplin, der „Titelwissenschaft", und hielten sich gelehrte Männer für nicht zu gut, um Briefsteller zu schreiben [1]).

Von fremden lebenden Sprachen gewann zumal in Deutschland die französische den Rang eines Ingredienz der feineren Bildung; der Einführung in die Kenntnis der modernen Welt diente ein Unterricht in der neueren Geschichte und Geographie; Anweisungen mit Nutzen zu reisen, welche den klangvollen Namen Apodemik erhielten, machen einen besonderen kleinen Litteraturzweig aus [2]). Im Schulunterrichte bildeten diese modernen Kenntnisse nur einen dürftigen Anbau; in den gebildeten Kreisen aber machte sich die Scheidung der gelehrten und der weltmännischen Bildung sehr bestimmt geltend; schon in der italienischen Frührenaissance zeigt die

---

[1]) Riehl, Kulturstudien. Stuttgart 1859, S. 22 f.
[2]) Ein Verzeichnis solcher Schriften bei Lüdde, Geschichte der Methodologie der Erdkunde. Lpzg. 1849, S. 118 bis 121. Selbst ein Justus Lipsius schrieb eine Epistola de nobili et erudita peregrinatione.

Geisteskultur des Cortigiano eine ganz andere Färbung als die des „Poeten", obwohl beide auf Virtuosität angelegt sind und auf dem Altertum fußen¹). Den Bedürfnissen der Kavaliersbildung konnte die Latinität zu keiner Zeit recht genugthun und im allgemeinen war der geistige Inhalt, den das moderne Leben zu Tage gefördert, zu mannigfaltig und zu eigenartig, als daß er sich ganz an die klassischen Studien hätte anschmelzen lassen.

So erwuchs schon in der Renaissanceperiode die Divergenz zwischen Schule und Leben, welche früher oder später auf Reformen hindrängen mußte, und schon in der Zeit, wo der Gedanke einer Delatinisierung der Bildung noch fern lag, erhoben sich Bedenken, ob man das Altertum nicht überschätze und nicht der Fortschritt eine Emancipation von demselben verlange. Bei Denkern und Forschern kehrt mehrfach die Auffassung wieder, daß die Alten im Grunde die Jungen seien und die moderne Welt, um tausendjährige Erfahrung reicher, mit mehr Recht alt genannt werden könne, als jene Kindheitsepoche der Geschichte²); in schöngeistigen Kreisen beschwor Perrault durch seine Schrift Le parallèle des anciens et des modernes, 4 vol. 1688 bis 1696, den Streit herauf, ob in der Dichtkunst die Superiorität den Alten oder den Modernen gebühre, ein

---

¹) Das Ideal des Cortigiano zeichnet Burckhardt a. a. O. S. 307 mit den Worten: „Er ist mit allen edlen Spielen vertraut: ein guter Tänzer, ein nobler Reiter; dazu muß er mehrere Sprachen besitzen, mindestens Italienisch und Latein, und sich auf schöne Litteratur verstehen, auch über die bildenden Künste ein Urteil haben; in der Musik fordert man von ihm sogar einen gewissen Grad von ausübender Virtuosität, die er überdies möglichst geheimhalten muß. Gründlicher Ernst ist es natürlich mit nichts von allem, ausgenommen die Waffen. Aus der gegenseitigen Neutralisierung des Vielen entsteht eben das absolute Individuum, in welchem gar keine Eigenschaft aufdringlich vorherrscht."

²) Baco. Nov. org. § 84; Jord. Bruno Cena delle cen. p. 132, vgl. Erdmann a. a. O. I, S. 562. In schlagender Kürze sagte Descartes: „Non est quod antiquis multum tribuamus propter antiquitatem, sed nos potius iis antiquiores dicendi; jam enim senior est mundus quam tunc, majoremque habemus rerum experientiam." (Baillet Vie de Descartes VIII, 10.)

§. 23. Die Bildungsanstalten der Renaissancezeit.

Streit, der auch auf das pädagogische Gebiet hinüberwirkte, wenngleich er hier erst später zum Austrage kam.

§. 23.

Die Anstalten und Einrichtungen, in welchen sich die Bildung der Renaissanceperiode Körper gab, knüpfen teils an solche des Mittelalters an, teils sind sie neue und eigenartige Schöpfungen. Als solche können die humanistischen Kreise und Vereine bezeichnet werden, die uns als die ersten Stätten gemeinsamer Pflege der neuen Studien entgegentreten. Noch dem XIV. Jahrhundert gehört der gelehrte Zirkel an, der sich in dem Augustinerkloster San Spirito in Florenz zusammenfand und den gelehrten Luigi Marsigli, den Staatsmann Colluccio Salutato u. a. zu seinen Mitgliedern zählte; er wird überstrahlt durch den Musenhof Cosimos von Medici, der in dem unermüdeten Sammler Niccolo Niccoli seinen „litterarischen Minister" hatte; die folgende Generation der Arnostadt schuf die platonische Akademie (1474), veranlaßt durch den Griechen Gemistius Plethon, zum Weltruhm gelangt durch Marsiglio Ficino, Pico von Mirandola, Agnolo Poliziano. Rom besaß die kurialen Humanistenkreise, die sich um Nicolaus V., Pius II. und Leo X. sammelten, und die von Pomponius Lätus 1498 geschaffene Academia antiquaria. Deutschland bildete dieses neue wissenschaftlich-schöngeistige Zusammenwirken in seiner Sodalitas Rhenana zu Worms und der Sodalitas Danubiana zu Wien nach, beide von Konrad Celtes 1490 ins Leben gerufen.

Gesellschaften, welche die Pflege eines oder mehrerer Bildungselemente zum Zwecke haben, zeigt auch die spätere Renaissancezeit; zu Ende des XVI. Jahrhunderts wenden sich die italienischen Akademien zumeist der Förderung der Muttersprache zu; im XVII. erwachsen in Deutschland die Gesellschaften und Orden von gleicher Tendenz, die auch der Schule Aufmerksamkeit schenkten, wie z. B. Ludwig von Anhalt-Köthen, der Stifter des Palmenordens, Ratke zur Einrichtung einer Musteranstalt in seine Residenz berief. Eine schönwissenschaftliche Privatgesellschaft bildete den Ausgangspunkt der Académie française, welche, durch Richelieu 1635 zu einem nationalen Institute erhoben, auf die klassische Litteratur Frankreichs einen so bedeutsamen Einfluß ausübte. Ebenfalls von Italien gehen die Akademieen zur Pflege der Naturwissenschaften aus, deren älteste die 1560 in Neapel gestiftete Academia secretorum naturae ist; ihnen ist die Royal Society of London nachgebildet (seit 1645). Die Idee einer Akademie als Stätte der Forschung und der Lehre für Jung und Alt, eines conventus et consensus hominum doctorum pariter et bonorum, spricht Vives aus[1]), und Komensky verlangt ein collegium didacticum, eine schola scholarum als den Schlußstein des gesamten Schulwesens[2]), während Baco das internationale Zusammenwirken der wissenschaftlichen Korporationen Europas nach Art der Ordenscongregationen als ein Ziel der Zukunft bezeichnet[3]).

Von den älteren Lehranstalten waren es zuerst die Universitäten, in welche sich der Humanismus einbürgerte. Im allgemeinen vollzog sich dies in der friedlichen Weise, welche Erasmus als die wünschenswerte bezeichnet hatte: „Die schönen Wissenschaften müssen allmählich und unvermerkt in die Hochschulen eindringen, so daß sie nicht als Feinde, alles vor sich niederwerfend, auftreten, sondern als Gastfreunde, die durch friedliches Zusammenleben mit den alten Bewohnern des Hauses zu einer Familie verschmelzen." Die italienischen Universitäten nehmen den Humanismus am frühesten auf und auch die kleinsten fügten zu den drei Lehrstühlen, die sie besaßen — des Legisten, des Kanonisten, des Physikers — als vierten den des Rhetorikers hinzu; nur in Rom ging das neue Studienwesen eine Zeit lang neben der Sapienza her, bis Leo X. dieselbe mit Rücksicht auf jenes neu organisierte und mit 88 Lehr-

---

[1]) De trad. disc. II, p. 250.
[2]) Did. magn. 31, 15, s. oben S. 31.
[3]) De augm. scient. Lugd. Bat. 1695, II, p. 117.

§. 23. Die Bildungsanstalten der Renaissancezeit.

stühlen versah; in Deutschland wurden Heidelberg und Wien, etwas später Erfurt und Leipzig die ersten Stätten der schönen Wissenschaften. Zahlreiche neu begründete Hochschulen, wie Tübingen, Wittenberg, die nordischen Hochschulen u. a. brauchten um sie aufzunehmen keine scholastischen Traditionen abzustreifen; in Paris, dessen Universität sich ablehnend verhielt, schuf König Franz I. 1529 das auf humanistischen Fuß gestellte Collége de France. Im zweiten Decennium des XVI. Jahrhunderts wurden an allen Universitäten Vorträge über die römischen und auch die griechischen Klassiker gehalten.

Dem Eindringen der klassischen Studien in den Schulunterricht geht die humanistische Gestaltung der Privaterziehung voran, deren Stätten italienische Fürstenhäuser sind. Bei den Carrara in Padua wirkte seit 1390 Pier Paolo Vergerio, bei den Este von Ferrara seit 1429 der ältere Guarino, bei den Gonzoga in Mantua seit 1425 Vittorino Ramboldoni, genannt da Feltre, der seinen gräflichen Zöglingen andere Kinder als Genossen beigesellte und sein Erziehungshaus, die casa giojosa, während der 22 Jahre seines Wirkens zu europäischer Berühmtheit erhob. In Deutschland fehlte diese Vorstufe und die neue Studienweise wurde von vornherein auf die Schulen übertragen; voran gingen die Fraterherren im nordwestlichen Deutschland: Johann Wessel († 1489) reformierte die Schule von Abbert, Alexander Hegius († um 1503) diejenige von Deventer; von Domschulen folgte die Münstersche, neugestaltet durch den Domprobst Rudolf von Lange († 1519) und die Osnabrücksche durch Alexander von Meppen; von Stadtschulen gewann die von Ludwig von Dringenberg 1450 eingerichtete Schule von Schlettstädt im Elsaß einen bedeutenden Ruf.

Die Schulorganisation im großen aber griff in Deutschland und anderwärts erst nach der Trennung der Kirchen Platz, als zu den wissenschaftlichen und Bildungsinteressen das Bedürfnis der Religionsgemeinschaften hinzukam, sich einen überzeugungstreuen und zugleich mit der Zeitkultur tingierten Nachwuchs zu sichern. In der protestantischen Gesellschaft wurden die Lateinschulen entweder von den Landesfürsten oder den städtischen Behörden begründet und vorzugsweise mit eingezogenen Klostergütern dotiert. Ihre Einrichtung zeigt große Mannigfaltigkeit, bedingt teils durch lokale Verhältnisse, teils durch die Persönlichkeit hervorragender Rektoren. Besonders das XVI. Jahrhundert ist reich an organisierenden Scholarchen und die „Evangelischen Schulordnungen" (herausgegeben von Vormbaum, Gütersloh 1860, Bd. I) geben von dem Eifer und der Fündigkeit dieser Männer ein rühmliches Zeugnis. Was eine gewisse Gleichartigkeit in diese Schöpfungen brachte, war, abgesehen von den gemeinsamen zu Grunde liegenden Principien, der maßgebende Einfluß gewisser Institute und Männer. Für das lutherische Deutschland wurde Wittenberg die Pflanzschule der Rektoren und Lehrer und es konnte Melanchthon, dem man zugleich die wichtigsten Lehrmittel dankte, von den Seinen mit dem Namen eines praeceptor Germaniae geschmückt werden; für den reformierten Westen gewann die Straßburger Anstalt von Johannes Sturm eine vorbildliche Bedeutung, während im Osten die Goldberger Schule Trotzendorfs ein ähnliches Ansehen genoß. Die Utraquisten Böhmens hatten an der karolinischen Universität der Hauptstadt einen eigenen Mittelpunkt. Der Zweck aller dieser Anstalten ist, in die gelehrte Bildung einzuführen, vornehmlich als Vorbereitung für den Dienst der Kirche; doch tritt die letztere Beziehung bestimmter bei den Lutheranern hervor, während bei den Reformierten die Vorbildung der Jugend für das Gemeinwesen und für die Gelehrtenrepublik ausdrücklicher in Betracht gezogen wird.

Verglichen mit dem protestantischen erscheint das katholische Schulwesen der Renaissancezeit uniform und wenig individualisiert. Das Wirken hervorragender Schulleiter und Lehrer entzieht sich hier dem Blicke, weil es sich in die Kollektivthätigkeit großer lehrender Genossenschaften verzweigt; der Schulorganisation liegen Pläne zu Grunde, welche, bestimmt zur Durchführung in verschiedenen Ländern, ja Erdteilen, aus langer Beratung und bedächtiger Prüfung erwachsen und, nachdem sie von der kirchlichen Autorität approbiert worden, mit Strenge und Zähigkeit festgehalten werden. Die Ratio

§. 23. Die Bildungsanstalten der Renaissancezeit.

atque institutio studiorum Societatis Jesu wurde, nachdem dreißig Jahre der Praxis vorangegangen, 1584 bis 1585 von einer Kommission von Ordensbrüdern verschiedener Nationalität ausgearbeitet, darauf in die Ordensprovinzen zur Begutachtung geschickt, in der nächsten Generalkongregation durchberaten, von neuem redigiert und endlich 1599 veröffentlicht und zur Norm erhoben. Die Schulen der Societät Jesu bilden den Grundstock des katholischen Bildungswesens jener Zeit, nicht nur vermöge ihrer Zahl, sondern auch weil ihre Lehrmittel allenthalben, selbst bei Gegnern, Verwendung fanden und ihr Verfahren mehr oder weniger nachgebildet wurde. Dennoch befand sich daneben eine beträchtliche Zahl von Anstalten in den Händen anderer Orden, ein anderer in denen der Weltgeistlichkeit, ein dritter unter Leitung säkularer Lehrkräfte. Im XVI. Jahrhundert erblühten manche der alten Benediktinerschulen zu neuem Leben: so Monte-Cassino, Kremsmünster, Maria-Einsiedeln u. a.; Frankreich erhielt an den Seminarien der Maurinerkongregation schätzbare Bildungsstätten; die Franziskaner organisierten das Schulwesen der neuen Welt; die Theatiner[1], gestiftet 1524, und Barnabiten, seit 1535, wirkten in romanischen Ländern, während in Deutschland die Hieronymianer unter dem Namen fratres scholastici ihre Thätigkeit bis weit in das XVI. Jahrhundert fortsetzten. In Italien, Spanien, Polen und Österreich faßte der 1617 gegründete Piaristenorden Fuß; in Frankreich leiteten die Oratorier seit 1611 vielbesuchte Kollegien. Ein weltliches gelehrtes Bildungswesen stellen die älteren Universitäten mit ihren Zweiganstalten dar; und insbesondere besaß Frankreich ein solches in zahlreichen, Lateinschulen gleichstehenden Kollegien der Pariser Hochschule. —

---

[1] Von dem Theatinermönche Bateus aus Irland ging der Gedanke einer Janua linguae aus, welche bestimmt sein sollte, den Missionären beim Unterrichte der Heidenkinder zu dienen; er wurde von den Jesuiten des Kollegiums von Salamanca ausgeführt und liegt dem Mercurius Schoppes und dem Orbis pictus Komenskys zu Grunde.

Die Lateinschule der Renaissancezeit unterscheidet sich von unserem Gymnasium dadurch, daß sie der scharfen Abgrenzung sowohl nach oben, als nach unten zu entbehrt. Die Gymnasia academica oder illustria, auch Lycea, Athenaea genannt, welche besonders im XVII. Jahrhundert in Deutschland, Holland u. s. w. auftraten, konnten Fakultätsvorlesungen in ihren Lehrplan hereinziehen, teilten oft mit den Universitäten das wechselnde Rektorat, verliehen das Baccalaureat und entbehrten nur der Befugnis zu promovieren. Mehrfach entwickelten sich Gymnasien zu Universitäten: so ging aus dem Nürnberger Gymnasium 1575 die Universität Altorf, aus dem Pädagogium von Gandersheim 1576 die Universität Helmstädt, aus der Schule Sturms 1621 die Straßburger Akademie hervor. Die collegia der Jesuiten zogen ebenfalls Universitätsstudien in ihren Bereich; ein collegium supremum umfaßte ein ganzes Generalstudium, wobei jedoch die Lehrstühle der juristischen und medizinischen Fakultät mit externen Lehrkräften besetzt zu werden pflegten; ein collegium medium schloß die fünf scholae inferiores (studia inferiora) und die philosophiae cursus triennales (studia superiora) in sich; nur das collegium infimum war auf die ersteren beschränkt, welche die Lateinschule bildeten, aber nicht eigentlich einen Bildungsabschluß gewährten, der erst in den philosophischen Kursen zu gewinnen war. Bezüglich des Umfangs der Anstalten bestand für die Ordensschulen die Norm der fünf Klassen (scholae), welche bei den Jesuiten die Namen rudimentum oder grammatica infima, grammatica media, grammatica suprema, humanitas und rhetorica führten; eine sechste Klasse entstand durch Teilung der untersten. Die fünf- oder sechsklassige Schule ist auch in den protestantischen Ländern der Typus; doch erscheint er vielfach variiert; die Anstalt Sturms hatte zehn Klassen, viele Stadtschulen deren nur vier oder auch drei. Diese unvollständigen Lateinschulen werden auch Pädagogien, Trivial- oder Partikularschulen genannt. Der Name gymnasium wird vielfach angewendet, aber nicht zur Bezeichnung einer Kategorie von Schulen, vielmehr auch so, daß er alle gelehrten Bildungsanstalten bezeichnen kann;

§. 23. Die Bildungsanstalten der Renaissancezeit.

dabei schwebt die ursprüngliche Bedeutung des Namens: geistige Ringschule mehr vor als heute[1]).

Wie nach oben, so war die Lateinschule auch nach unten nicht bestimmt abgegrenzt und es bildeten die kleinen Stadtschulen, in welchen die Elemente des Lateins trabiert wurden, den Übergang zur Elementarschule, welche in der Renaissancezeit so wenig als im Mittelalter als eine Institution zu Bildungszwecken mit bestimmten Aufgaben und fester Begrenzung auftritt (s. oben §. 18, S. 247); der Vulgärunterricht wurde auch in der protestantischen Kirche als ein Teil der Seelsorge angesehen und zur Erteilung desselben vorzugsweise der Küster herangezogen. Die Landschulen des XVI. und XVII. Jahrhunderts sind der Mehrzahl nach Küsterschulen, wie sie das Mittelalter bereits besessen hatte. Der Volksunterricht zog aus den humanistischen Bestrebungen nur mittelbar Vorteile; der in Württemberg eingetretene Fall, daß Herzog Ulrich 1546 die deutschen Schulen schließen ließ, damit sie den lateinischen keinen Eintrag thäten, ist ein vereinzelter, in zahlreicheren Fällen kam das gelehrte Interesse der Volksbildung indirekt zu gute: man verwandte Mittel, die zur Begründung einer gelehrten Anstalt nicht ausreichten, zu der einer niederen Schule, man förderte die Landschulen, um den lateinischen Stadtschulen Zuzug zu sichern; die von

---

[1]) Bebel läßt in einer 1501 geschriebenen Komödie über die beste Art des Unterrichts einen Landmann seinen Sohn auf ein gymnasium universale, ut dici solet bringen. Wimpheling unterscheidet in der Abhandlung, De proba institutione puerorum etc. von 1514 gymnasia trivialia für die Knaben und universalia für die Jünglinge. In der Ratio atque inst. stud. S. J. Reg. Prov. 3 heißt es: Quod si ob Gymnasii amplitudinem ac varietatem per unum studiorum praefectum non videatur scholarum omnium rationibus satis esse consultum, alterum constituat, qui ex generalis praefecti praescripto inferioribus studiis moderetur, wonach also das gymnasium die studia superiora und inferiora zugleich umfaßte. Die römische Sapienza, also eine Universität, führte auch den Namen archigymnasium. — Wenn Luther 1521 an Spalatin schreibt: Supra meas vires est, quod petis, ut gymnasii christiani formam unus praescribam, so heißt das: die Gestalt einer Ringschule des christlichen Geistes.

dem Humanismus angeregte grammatische Bearbeitung der neueren Sprachen gab den Elementarschulen das neue Lehrmittel einer Sprachlehre für die Muttersprache und bereitete die Auffassung vor, daß die Muttersprache das Charakteristikum des elementaren Unterrichts sei, wie die lateinische das des gelehrten und die schola vernacula als eine eigenartige, wenngleich im Range niedrigere neben die schola latina treten müsse, eine Auffassung, die Komensky in sein System aufnahm. Auch die religiösen Bewegungen brachten der Volksschule neue Lehrmittel zu; der Katechismus, in welchem die Glaubenslehre in fortlaufenden Fragen und Antworten behandelt wird, entstammt dem XVI. Jahrhundert — im Sprachgebrauche des Mittelalters bezeichnet das Wort nur religiöse Unterweisung ohne Rücksicht auf eine bestimmte Form — der kleinere Katechismus Luthers (1529), der Heidelberger Katechismus, der Catechismus parvus von P. Canisius[1]) (1563) gewann die größte Verbreitung in den Schulen. In protestantischen Ländern wurde auch die Bibel im Schulunterrichte verwendet und ihre Verbreitung gab dem Volke Antrieb, lesen und schreiben zu lernen und bereicherte die Sprache des Alltagslebens mit höheren Elementen; aber es ist zu viel gesagt, daß die protestantischen Bibelübersetzungen den Volksunterricht ins Lebens gerufen hätten: in Schottland trug der neue Glaube Buch und Feder in jede Hütte, in dem benachbarten England fegte die Reformation die alten Pfarrschulen hinweg, ohne einen Ersatz dafür zu geben.

Das ganze Schulwesen der Renaissanceperiode zeigt die weiter und weiter greifende Einwirkung eines Faktors, der im Mittelalter auf diesem Gebiete nur eine sekundäre Bedeutung gehabt hatte: des Staates. Im XVI. Jahrhundert treten zuerst die landesfürstlichen

---

[1]) Über die älteren katholischen Katechismen vgl. Mousang, Die Mainzer Katechismen von der Erfindung der Buchdruckerkunst bis zum Ende des XVIII. Jahrhunderts, 1877, und von demselben Verfasser: Katholische Katechismen des XVI. Jahrhunderts, 1881.

§. 23. Die Bildungsanstalten der Renaissancezeit.

Schulordnungen auf, welche die Verstaatlichung der Schule einleiten. In den protestantischen Ländern war es an der Staatsgewalt, das Kirchen- und das ihm verbundene Schulwesen zu ordnen und Luther selbst legte die Jugendbildung mit freudigem Vertrauen in die Hand seines Fürsten[1]), seine Mitarbeiter wirkten als Organe der Obrigkeit. Die kursächsische, von Melanchthon verfaßte Schulordnung von 1528 eröffnet die Reihe, es folgen die Bugenhagenschen Schulordnungen für Braunschweig (1528), Hamburg (1529) u. a. Umfassender und von bedeutender Einwirkung auf die folgenden war die würtembergische Schulordnung von 1559, die der sächsischen von 1580 zu Grunde liegt; in Dänemark regelte die Kirchenordinanz von 1537 die lateinischen Stadtschulen, in Schweden die Kirchenordnung vor 1571; nur in England unterblieb die staatliche Regelung der Schulen.

In den katholischen Ländern blieb ein kompaktes geistliches Schulwesen bestehen: die Domschulen wurden den Weisungen des tridentiner Koncils entsprechend als Pflanzschulen für Kleriker eingerichtet (tridentinische Seminarien), aus den alten Klosterschulen gingen die sogenannten Hausstudien der Klöster hervor, in denen die Novizen theologischen Unterricht empfangen; die schulhaltenden Orden hatten den größeren Teil der gelehrten Studien, von dem niederen Unterrichte den der Mädchen (Ursulinerinnen) und der Armenjugend (Piaristen u. a.) in den Händen, für die Regelung des Pfarrschulwesens waren die Bischöfe und die Synoden thätig[2]).

---

[1]) Er schreibt am 20. Mai 1530 an den Kurfürsten Johann von Sachsen: „Es ist fürwahr das junge Volk in Ew. Churfürstlichen Gnaden Land ein schönes Paradies, desgleichen auch in der Welt nicht ist; und solches bauet Gott in Ew. Churfürstlichen Gnaden Schooß, zum Wahrzeichen, daß er Ew. Churfürstlichen Gnaden gnädig und günstig ist; als sollt er sagen: Wohlan, lieber Herzog Hans, da befehl ich dir meinen edelsten Schatz, mein lustiges Paradies, du sollt Vater über sie seyn. Denn unter deinem Schutz und Regiment will ich sie haben und dir die Ehre thun, daß du mein Gärtner und Pfleger sollt seyn. Sollichs ist ja gewißlich wahr." Baur in Schmids Encyklopädie, V[1], S. 769.

[2]) Die Nachweisungen darüber bei Stöckl, Geschichte der Pädagogik, 1876, S. 231 f.

Dennoch bedurfte es auch hier der Beihülfe des Staates, dessen Autorität und materielle Unterstützung nicht zu entbehren war, da die Stürme der Reformation die Kirche an Ansehen und Mitteln geschwächt hatten; so begegnen auch in katholischen Territorien weltliche Schulordnungen, wie die von Herzog Albert 1564 für Ober- und Niederbayern erlassene u. a. Zur Doktrin wurde die Säkularisation des Unterrichts in Frankreich erhoben, wo schon im Mittelalter die Universität einen Stützpunkt für den Einfluß der Staatsgewalt auf das geistige Leben gebildet hatte. Die Legisten stützten sich dabei teils auf das Interesse der Nation an den gallikanischen Freiheiten und hatten leichtes Spiel das regimen scholarium dem Papste abzusprechen, teils griffen sie, dem Zeitgeiste noch mehr entsprechend, auf antike, römische Vorbilder zurück; so konnte Servin sagen: „Der König ist der erste und vornehmlichste Stifter der Schulen, von ihm hat die Universität ihre Würde, er kann ihre Studien regeln, das ist ein Hauptattribut seiner Königsgewalt. Der Rektor ist des Königs Stellvertreter in allem, was die allgemeinen Rechte der Wissenschaft angeht: denn der König als Imperator in diesem Reich hat alle kaiserlichen Rechte, er ist wie Konstantin der Große sich nannte: episcopus exteriorum"[1]).

§. 24.

Der Kulturgemeinschaft, welche das Mittelalter zwischen den christlich-europäischen Völkern gestiftet hatte, ist es zu danken, daß die Anregungen, die von der erneuten Beschäftigung mit dem Altertum ausgingen, ein internationales Gemeingut wurden. Ein solches war schon die ritterliche und scholastische Bildung gewesen und es waren innerhalb derselben die nationalen Verschiedenheiten so gut wie gar nicht hervorgetreten, wenngleich das eine Volk mehr, das andere weniger dazu beigesteuert hatte; die humanistische Bildung

---

[1]) L. Hahn, Das Unterrichtswesen in Frankreich. Breslau 1848, S. 70 f.

§. 24. Die Renaissance bei den verschiedenen Nationen.

dagegen ist zugleich eine allgemeine und eine national-differenziierte Erscheinung; die Renaissancezeit hat einen europäischen Charakter und giebt zugleich nationalen Motiven Raum, ja die geistigen Bewegungen, welche sie mit sich brachte, haben wesentlich dazu mitgewirkt, das verschiedenartige Volksbewußtsein auszuarbeiten, vermöge dessen sich die neueren Nationen als Individuen höherer Ordnung gegenüberstehen: anderes danken die Italiener den Alten, anderes die Franzosen, andere Früchte trugen die Humanitätsstudien den Engländern, andere den Deutschen.

In Italien, dem Lande der großartigsten Reste der römischen Herrlichkeit, hatten durch das ganze Mittelalter die antiken Traditionen eine Lebensfrische bewahrt, wie sonst nirgends; die Namen römischer Ämter und Würden waren in Gebrauch geblieben, römische Rechtssitte wie römische Sage waren populär; die florentinische Mutter, „die den Flachs vom Rocken spann, erzählte der Familie Geschichten von den Trojanern, Fiesole und Rom"[1]; in den großen Gestalten der Geschichte Roms verehrten die Italiener ihre Vorfahren, noch ehe der Humanismus Europa gelehrt hatte, sie als Geistesahnen zu verehren. Die Wiederaufnahme der römischen Dichtung durch die „Poeten" ist in gewissem Betracht „das Weiterklingen eines uralten Saitenspiels" und es ist italischer Dichtergenius, der in den alten und den neuen Sängern waltet (Burckhardt). Die italienischen Humanisten erinnern in ihrem Thun und Wesen, ja selbst in der Persönlichkeit nicht selten an die Litteraten und Grammatiker des Altertums; man könnte zwischen einem Rhemmius Palämon und einem Filelfo, zwischen einem Vittorino und einem Verrius Flaccus unschwer Ähnlichkeiten herausfinden; die herumziehenden Redner und Dichter erinnern an die Sophisten der Kaiserzeit, wie die zugewanderten Griechen des XV. Jahrhunderts an die Sprachlehrer aus Hellas, die sich zur Zeit der Gracchen einstellten, gemahnen. Das wiedergefundene Altertum wurde auf italischem Boden als ein nationales Gut gefaßt und bis zu

---

[1] Dante Par. 15, 124.

einem gewissen Grade von der ganzen Masse des Volkes ergriffen; wohl bildeten die Humanisten — und dies nur in Italien — eine Art von socialer Klasse, einen Stand der Gebildeten, allein ihre Interessen machten sich alle zu eigen; alles suchte und stöberte nach Manuskripten und Anticaglien, tausend Hände waren mit Abschreiben beschäftigt; auch der Hofmann recitierte oder machte lateinische Verse; Bürger und Landleute lauschten den wenn auch nur halb= verstandenen Worten des gelehrten Redners und jauchzten den mythologischen Gestalten der Festzüge zu; die Arpinaten fühlten sich als Landsleute Ciceros und als Pius II. Bürger des Ortes unter den Gefangenen, die bei einem Feldzuge gemacht worden, bemerkte, gab er sie dem großen Redner zu Ehren frei. Jede Stadt verwob die neuen Interessen mit ihren Erinnerungen und Bestrebungen. Florenz konnte den Ruhm beanspruchen, das neue Bildungsprinzip sozusagen formuliert und nebst dem römischen auch das griechische Altertum erschlossen zu haben. Poliziano durfte in der Rede, mit welcher er seine Vorträge über Homer einleitete, den Florentinern sagen: „Ihr Männer von Florenz seid es, in deren Stadt die ge= samte griechische Bildung, die in Griechenland selbst längst erloschen ist, wieder aufgelebt und neu erblüht ist ... so daß es scheinen könnte, Athen sei gar nicht zerstört und den Barbaren verfallen, sondern habe sich aus freiem Antriebe von seinem früheren Boden losgelöst und mit all seinen Schätzen in der Stadt Florenz ange= siedelt und ganz und innig mit ihr verschmolzen"; und gewiß besteht eine Verwandtschaft zwischen dem alten Athen, der Schule von Hellas, und dem neuen Tuscien, dem Wegweiser des italischen Stammes, zwischen der heiteren Größe des perikleischen und der schöpferischen Lebensfreude des mediceischen Zeitalters. Wenn sich Florenz auch in seinen litterarischen Kreisen als Demokratie darstellt, so steht der Humanismus in Venedig in vornehmer oligarchischer Abgeschlossenheit da[1]), weiß er in Rom sich an die hierarchischen

---

[1]) G. Voigt, Die Wiederbelebung des klassischen Altertums, Berlin 1859, S. 207.

§. 24. Die Renaissance bei den verschiedenen Nationen.

Traditionen anzuschmiegen und die Macht der Kurie für die Förderung der schönen Wissenschaften zu gewinnen.

Die Blüte des italischen Humanismus reicht nicht über das Jahr 1500 hinaus; die vordem so gefeierten Poeten-Philologen fielen in Miskredit, „man redet und schreibt wie sie, will aber nicht mehr zu ihnen gehören"; der persönliche Verkehr mit den Humanisten war durch die Verbreitung von gedruckten Ausgaben, Handbüchern, Nachschlagewerken im Werte gesunken; die Leute, welchen das Altertum Lebensberuf war, kamen in den Ruf des Libertinismus und des Unglaubens[1]). Gegen den Paganismus, der hier um so gefährlicher auftrat, je mehr die antiken Vorstellungen und Ideeen ins Leben eingedrungen waren, mußte die Kirche einschreiten. Der Humanismus zog sich in die Studierstuben und die Schulen zurück, den gelehrten Alltagsbedürfnissen zu dienen. Der ganzen Nation aber ist als der Reinertrag jenes wechselvollen Strebens das Interesse für ihre große Vergangenheit, der rege Kunstsinn, der feine Geschmack, die veredelte Sitte geblieben, welche die Italiener noch heute als die nächsten Erben des Altertums kennzeichnet; es ist ihr der Ruhm geblieben diese Erbschaft, mit dem Stempel ihres Geistes gezeichnet, den übrigen Völkern vermittelt zu haben: „denn nicht die Renaissance allein, sondern ihr enges Bündnis mit dem italienischen Volksgeist hat die abendländische Welt bezwungen." (Burckhardt.)

In Frankreich knüpften ebenfalls lebensvolle Erinnerungen die Gegenwart an die antike Größe. „Straßen, Wasserleitungen, Brücken, Kastelle, Städte verdankten Rom ihren Ursprung; mitten in Paris waren noch die Überreste der Bäder zu sehen, welche sich Julian erbaut hatte; die Sprache wies die Franzosen auf Rom zurück und die Kirche verschmolz sie in ihren Legenden mit der

---

[1]) Vgl. die meisterhafte Darstellung des Verlaufs der humanistischen Bewegung bei Burckhardt, Die Kultur der Renaissance in Italien. 2. Aufl. 1869, Abschnitt III.

ältesten Geschichte der römischen Martyrer; ihre Litteratur hatte altrömische Neigungen zur Satire, zum bürgerlichen Lustspiel, zum Lob des Landlebens, zur Ode, zur Fürstenapotheose"¹). Im Mittelalter hatte das Studium der alten Litteratur in französischen Schulen eine Stätte behalten: Chartres und Orleans pflegten in der Periode der Scholastik die Autoren. Zugleich aber wendete sich der französische Geist mit ganzer Kraft dem Ausbau der mittelalterlichen Welt zu; er gab dem Rittertum sein Gepräge, gab dem Universitätsleben seine endgültige Form, rief die Scholastik ins Leben und brachte sie zur Vollendung; wenn Italien den heiligen Stuhl, Germanien den Kaiserthron besaß, so besaß Gallien den Lehrstuhl. Diese Vertiefung in die Arbeiten des Mittelalters schloß eine plötzliche Zuwendung zu den neuen Aufgaben aus. Der Humanismus tritt in Frankreich nicht wie in Italien als ein Lebenselement auf, sondern zunächst als ein Gebiet der Forschung und Gelehrsamkeit. Darüber hinaus knüpften zuerst die Fürsten an antike Traditionen an und gaben ihrem Streben nach Centralisation im Staats- wie im geistigen Leben durch das Vorbild der Imperatoren eine höhere Würde. Langsam, aber um so nachhaltiger wirkte das Altertum auf Sprache und Sprachkunst ein. Die französische Litteratursprache ist ein Produkt der Renaissance und der den Franzosen eigene zugleich logische und doch auch rhetorische, an den Verstand sich richtende und doch auf Effekt bedachte Stil ist unter Einwirkung der humanistischen Studien erwachsen; in ihrer klassischen Litteratur haben die Franzosen altrömische Motive ihrem nationalen Bewußtsein mit Meisterschaft eingearbeitet; antiker Individualismus, mit seinem Zuge zum Virtuosentum und skeptischen Lebensgenusse ist nirgend so lebendig geworden wie in Frankreich. Die eigentlichen Früchte des neuen Geistes genoß die „Gesellschaft", die schon in der Renaissanceperiode in den feinen Zirkeln — man denke an Hotel Rambouillet — ihre Centralorgane fand; aber auch auf das Volk im Ganzen ging etwas von veredelnden

---

¹) K. Rosenkranz, Diderots Leben und Werke. Lpzg. 1866, I, S. 2.

§. 24. Die Renaissance bei den verschiedenen Nationen.

und verfeinernden Einflüssen über: der Geschmack, die gefälligen Lebensformen, die geistige Beweglichkeit der Nation sind von der Renaissance wenigstens großgezogen; zur Weckung des Ehrgeizes, der für das französische Wesen so charakteristisch ist, haben die dem Altertum abgelernten und in Frankreich mit besonderer Vorliebe gepflegten Schulsitten, jenes System der Prämien, Ehrenpunkte, Konzertationen sicherlich namhaft mitgewirkt.

Durch Einflüsse anderer Natur wesentlich gedämpft erscheint die humanistische Bewegung in England. Die religiösen Gegensätze: die sich so schnell verknöchernde anglikanische Hierarchie auf der einen Seite, das aller Kunst und weltlichen Geisteskultur abholde Sektenwesen auf der andern, unterwühlten den Boden; der realistische Sinn der Engländer, dem Bacos Lehre von der Beziehung der Wissenschaft auf die praktischen Interessen Ausdruck gab, ließ es nicht zu hingebender Vertiefung in die Antike kommen; das selbstbewußte Nationalgefühl brachte eine gewisse Sprödigkeit gegenüber den poetischen Stoffen und Mustern des Altertums mit sich: die kühne Willkür, mit der Shakespeare Materien der alten Geschichte nach den Lebensformen der Gegenwart modelt, erinnert mehr an das Verfahren mittelalterlicher Sänger, als an das in der Renaissance sonst herrschende. Dennoch waren die Engländer in einem Punkte den Alten verwandter als die übrigen Nationen; sie allein besaßen ein öffentliches Staatsleben, einen Boden für die wirkliche, lebendige Kunst der Rede, einen Stand, der zum Träger der politischen Güter berufen war und dazu erzogen werden mußte. Die Bildung der vornehmen Jugend — our noble and our gentle youth — hatte ähnliche Aufgaben, wie sie der Erziehung des freien Bürgers im Altertum gestellt waren: Schulung der Kräfte ohne Beziehung auf einen bestimmten Beruf, Durcharbeitung der Persönlichkeit, Befähigung zum Handhaben des geistigen Schwertes und Leitzeugs zugleich, des Wortes. So drängten sich von selbst die gleichen Mittel auf, Studium der Sprache und Sprachkunst, nicht zu gelehrten Zwecken, nicht auch eigentlich zu ästhetischen, sondern zu dem formalen Zwecke der Geistesschulung und individuellen

Verselbständigung. So recipierte England den Humanismus als das Element der Bildung des public character und da dieser dem herrschenden Stande, der gentry, angehörte, des gentleman und blieb damit in gewissem Betracht dem antiken Wesen selbst näher als alle anderen Völker; in dieser Fassung aber gewannen die humanistischen Studien die Geltung eines nationalen Gutes und wurde die Lateinschule als die Werkstätte, aus welcher Gentlemen, Parlamentsmitglieder, Staatsmänner hervorgingen, Gegenstand der allgemeinsten Achtung[1]). So konnte es geschehen, daß gerade England, welches die Renaissancebildung am kühlsten aufnahm, am treuesten das althumanistische Schulwesen bewahrt hat und noch heute Lateinschulen besitzt, welche die Traditionen von mehr als drei Jahrhunderten getreulich festgehalten haben: in Religion, Latein und Griechisch alle wesentlichen Bildungsmittel beschlossen sehen, in ihrem headmaster nach altem Humanistenbrauch Haupt und Herz des Schulkörpers verehren, nach Art der alten Schulen die Schüler aller Klassen in einem mächtigen Saale unterrichten, den das Katheder des Rektors beherrscht, und dessen Schulbänke die Namen der größten Männer Englands, eigenhändig eingeschnitzt, schmücken.

In Deutschland fanden die Bestrebungen der Renaissance weder volkstümliche Anknüpfungspunkte, noch Fürsten, die es lockte, mit den Imperatoren zu wetteifern, noch Bürger, welche eine staatsmännisch-rednerische Bildung antiken Zuschnitts hätten brauchen können. Die Humanisten mußten die Quelle aus dem Felsen schlagen, die Schulmänner ihr mühsam die Rinnsale graben. Die deutschen Lateinpoeten jener Zeit, die, wie Herder es ausdrückt, sich begnügten, den Alten ihre Lektion aufzusagen, die hülflosen Polyhistoren, die ihr Wissen wie eine Bürde schleppten, stechen sehr zu ihrem Nachteile von den antik-denkenden und -fühlenden Italienern, von den genial-gelehrten Franzosen ab. In Deutschland zeigt sich in der Renaissanceperiode viel Trieb, wenig Gestaltung, eifriges

---

[1]) L. Stein, Verwaltungslehre, Bd. V. Das Bildungswesen, 1868, S. 327 f.

§. 24. Die Renaissance bei den verschiedenen Nationen.

Ergreifen, schwaches Assimilieren, viel Lernarbeit, wenig Bildung. Aber die Früchte sind später gereift und machen den Deutschen keine Schande; die Resorption des Altertums in ihr geistiges Leben vollzog sich erst im XVIII. Jahrhundert und die Namen Winkelmann, Herder, Goethe bezeugen nicht nur, daß sie in weit größerem Umfange die antiken Motive ergriffen, über die Römer hinaus zu den Griechen vordringend, sondern auch, daß sie den weltbürgerlichen Gehalt der Alten, das eigentliche Humane des Humanismus besser zu würdigen gelernt hatten, als die anderen Nationen, die mit der Renaissance früher abgeschlossen. Allein auch die mühsame, auf glänzende Erfolge verzichtende Ausarbeitung des Humanismus als Schul- und Lehrgut, mit welcher das XVI. und XVII Jahrhundert beschäftigt ist, hat ihre Bedeutung. Durch sie wurde der Grund gelegt zu dem umfänglichen, sich gleichmäßig verzweigenden Schulwesen, das, die Mitte haltend zwischen der französischen Centralisation und der englischen Souveränität der Schule, sich gleichsam zu einem Reservoir der deutschen Bildung gestaltete, mit dem Volksleben in Austausch stehend und zugleich allen von außen kommenden Anregungen geöffnet. Das Verdienst der deutschen Humanisten und Encyklopädiker liegt nicht in kühnen Entdeckungsfahrten nach der neuen alten Welt, sondern in dem Ausmünzen und Gangbarmachen der von da gekommenen Schätze; sie haben weder eine ästhetische, noch eine antiquarisch-wissenschaftliche, sondern eine pädagogische Richtung; zu den zahlreichen Schriften über Erziehung und Unterricht, welche die Renaissanceperiode hervorgebracht, haben die Deutschen das Meiste und Beste beigetragen, und die Idee einer Didaktik als Lehrkunst ist das Ergebnis der deutschen Polymathie des XVII. Jahrhunderts.

VIII.

Die Aufklärung.

§. 25.

Die Bildung im allgemeinen hat die Wirkung, den geistigen Horizont aufzuhellen, gedankenlose Traditionen zu beseitigen, Selbständigkeit des Urteils zu begründen. Insbesondere wird jedes neu auftretende Bildungsprincip zu einer Lichtquelle, deren Strahlen Dunkel und Gewölk aufzehren, welches als Überbleibsel des überlebten Princips den Gesichtskreis verengt. So scheuchte das Christentum, indem es das Wandeln im Lichte gebot, den Dämonenglauben, die Zeichendeutung und alle die trüben Vorstellungen, mit welchen in Folge der Mischung der Kulte und Mythologeme das ausgehende Altertum die Geister verdüsterte: vetustatem novitas, umbram fugat veritas, noctem lux eliminat (Thomas von Aquino Lauda Sion); so wandte sich der Humanismus aufklärend gegen Aberglauben und Irrtümer, wie sie sich im Mittelalter in Leben und Wissenschaft eingenistet hatten: Petrarca sah in der Polemik gegen die Astrologen und die Quacksalber einen Teil seiner Lebensaufgabe, und die Aufhellung misverstandener Lehren der Alten beschäftigte die hervorragendsten Geister der Renaissanceperiode.

Diese nutzbringenden, aber zunächst doch nur negativen Wirkungen der Bildung treten, wenn dieselbe auf ein zeugendes Princip und einen reichen geistigen Inhalt gestellt ist, gegen andere, positive zurück: die Geister wenden sich der Lichtquelle selbst zu und die Lust an deren Genusse ist größer als der Reiz, Fackeln daran zu entzünden, um damit umherzuleuchten. Wenn dagegen bei sonstiger Regsamkeit des Geistes ein ausfüllender Inhalt fehlt oder seine Bedeutung eingebüßt hat, so tritt die Tendenz auf Aufklärung als das herrschende Interesse hervor. Eine solche Erscheinung treffen wir bei den Griechen zur Zeit der Sophisten an, wo das altattische Ethos im Schwinden begriffen war und die Philosophie noch nicht eine Weltanschauung darzubieten vermochte, auf welcher Glaube, Wissen und Streben hätten fußen können; die Sophisten, aber auch Sokrates und die einseitigen Sokratiker sind Aufklärer; ihr Element ist nicht das Hegen eines Erkenntnisinhaltes, noch das Schaffen im Widerscheine eines Ideales, sondern das Bestreben, in die Dinge und in die Köpfe Licht zu bringen, das Urteil zu wecken, das Vorurteil zu bannen, zur Selbständigkeit, sei es nun die des Virtuosen, des δεινός, sei es die des auf sich ruhenden Weisen, zu leiten; die griechische Sprache benennt dieses Thun mit einem drastischen Gleichnisse, das von der Reinigung des Körpers von fremden Stoffen hergenommen ist: das Räsonnement wird als das höchste und vollkommenste Purgiermittel bezeichnet[1]). Einen ähnlichen Zug haben die Systeme der ausgehenden alten Philosophie, die auch sonst an die einseitige Sokratik anknüpfen; das nil admirari der Epikuräer (Hor. Ep. I, 6, 1) ist die Maxime des antiken Voltairien, der über die Vorurteile der wundersüchtigen Menge, aber auch über den θαυμασμὸς φιλόσοφος hinaus ist; ihr Sapere aude (ib. 2, 40) ist zum Wahlspruch des räsonnierenden Verstandes geworden, der den Ruhm des Mutes in dem Widerspruche gegen fremde Autorität sucht. Die Stoiker zeigen zwar mehr Pietät gegen die objektive Vernunft, allein auch der stoische Weise zieht Sitte und Herkommen vor sein Forum, mißt sie nach individuellem Maßstabe und sieht in dem ratione componi seine Lebensnorm[2]).

---

[1]) Plat. Soph. p. 230. Τὸν ἔλεγχον λεκτέον ὡς ἄρα μεγίστη καὶ κυριωτάτη τῶν καθάρσεων ἐστιν.

[2]) Sen. Ep. 123. Inter causas malorum nostrorum est, quod

Die Tendenz auf Aufklärung erscheint in diesen Fällen als ein vorschlagendes Moment des Bildungsstrebens, hat aber innerhalb dieses seine Stelle; wenn wir dagegen von dem Jahrhundert der Aufklärung reden, dann bezeichnen wir mit dem Worte weit mehr als eine beim Kenntniserwerb und Studium leitende Rücksicht, wir verstehen alsdann den leitenden Gedanken von Zeitbestrebungen darunter, die über die Bildungsarbeit hinaus alle Gebiete des Lebens ergriffen.

Das vorige Jahrhundert nannte sich selbst das siècle éclairé, das aufgeklärte oder auch das philosophische Jahrhundert und unternahm es auch, seine Tendenzen philosophisch zu formulieren; wir besitzen eine ganze Anzahl von Definitionen der Aufklärung, in denen sich deren Vertreter über den herrschenden Gedanken der Zeit Rechenschaft zu geben suchen. Daß sich dabei die Neigung geltend macht, den Begriff zu weit zu fassen, seinen idealen Gehalt zu überschätzen, Zeitbestrebungen als allgemein-menschliche anzusehen, liegt in der Natur des Unternehmens, das noch fließende fixieren und mitten aus der Bewegung heraus deren Richtung und Grenzen in einer mehr oder weniger knappen Formel bestimmen zu wollen[1]).

---

vivimus ad exempla nec ratione componimur, sed consuetudine abducimur. Id. De vit. beat. Nulla res majoribus malis nos implicat, quam quod ad rumorem componimur, optima rati ea, quae magno assensu recepta sunt quorumque exempla multa sunt.

[1]) Kant beantwortet die Frage: „Was ist Aufklärung?" in einer Abhandlung in der Berliner Monatsschrift 1784 (Werke herausgegeben von Hartenstein, IV, S. 161 f.) dahin, daß Aufklärung „der Ausgang des Menschen aus seiner selbstverschuldeten Unmündigkeit" sei. In derselben Zeitschrift behandelt M. Mendelssohn die nämliche Frage und kommt zu dem Ergebnisse, daß Aufklärung mit der Kultur zusammen die Bildung eines Volkes ausmache; für sich betrachtet aber sich beziehe „auf vernünftige Erkenntnis und Fertigkeit zum vernünftigen Nachdenken über Dinge des menschlichen Lebens nach Maßgebung ihrer Wichtigkeit und ihres Einflusses in die Bestimmung des Menschen". Vgl. die Kritik beider Erklärungen bei Lazarus, Ideale Fragen, Berlin 1878, S. 271 f. Nicolai in der „Beschreibung einer Reise durch Teutschland" 1781 unterscheidet Kultur, Politur und Aufklärung und setzt die letztere in „die allgemein verbreitete Penetration aller Gegenstände des menschlichen Lebens, insofern sie Einfluß auf das Wohl eines jeden

§. 25. Der Charakter der Aufklärung.

Die Aufklärung entlehnt ihre Bezeichnung von dem sich aufheiternden, Nebel und Gewölk überwindenden Himmel; dieser bedeutet den menschlichen Geist, was ihn verdüstert, sind die Vorurteile, d. i. Ansichten, Meinungen, Werturteile, Glaubenssätze, soweit sie auf Überlieferung beruhen und sich nicht durch Wiedererzeugung im subjektiven Denken und Empfinden als richtig legitimiert haben. Die Aufhellung des geistigen Horizonts geschieht durch das Räsonnement, die verstandesmäßig-kritische Betrachtung der Dinge und der Verhältnisse, welche das Subjekt von seinem Standpunkte aus über alles Gegebene, zumeist aber über die sein eigenes Wohl betreffenden Fragen, anstellt. Von diesem Selbstdenken wird aber nicht nur ein intellektueller, sondern auch ein moralischer Erfolg erwartet; dasselbe soll mit der Befangenheit des Menschen zugleich die Unmündigkeit aufheben, in welcher ihn das Herkommen und die Institutionen der Vergangenheit festhielten. Diese Entlastung und Verselbständigung des Individuums galten als die Bedingungen seiner Beglückung und dem Aufgeklärten wird zur Pflicht gemacht, durch Verbreitung der Aufklärung das Menschenglück zu erhöhen, womöglich zu einem allgemeinen zu machen.

Im Gebiete der Religion wurde das reflektierende Subjekt damit betraut, den Glaubensinhalt für sich festzustellen; die Offenbarung wurde teils ihres Inhaltes entleert, teils ganz verworfen und die Vernunft zur Quelle der Religionswahrheiten gemacht

---

Individuums und auf das allgemeine Wohl haben". Definition älterer Staatsrechtslehrer bei L. Stein, Verwaltungslehre, V, S. 34. C. F. Bahrdt, der Cyniker unter den Aufklärungsphilosophen, sah das Merkmal des Aufgeklärten in dem „der eigenen Einsicht folgen". Seume sagte: „Aufklärung ist die richtige, bestimmte Einsicht in unsere Natur, unsere Fähigkeiten und Verhältnisse, heller Begriff über unsere Rechte und Pflichten und ihren gegenseitigen Zusammenhang". — Von neueren Denkern hat das Wesen der deutschen Aufklärung mit großem Scharfsinn Erdmann im Grundriß der Geschichte der Philosophie II², §. 293 bestimmt und in die Formel zusammengefaßt: „Die Aufklärung (des XVIII. Jahrhunderts) versuchte den Menschen, sofern er verständiges Einzelwesen, zur Herrschaft über Alles zu bringen".

(Rationalismus); mit Verkennung der Geschlossenheit des christlichen Ideeenkreises, eignete man sich aus diesem einzelne Sätze an, so die Lehre von dem Dasein Gottes (Deismus) und der Unsterblichkeit der Seele; die im Christentum gegebene Verbindung religiöser und sittlicher Ideeen wurde gelöst und der Wert des Menschen, unangesehen seines Glaubens, lediglich in sein moralisches Wohlverhalten gesetzt (Moralismus), die Kirche wurde mit Absehen von ihrem transcendenten Ursprung und ihrem historischen Charakter als Vereinigung gleichgestimmter Gottesverehrer betrachtet und die bindende Kraft ihrer Lehren und Vorschriften als Gewissenszwang verworfen. In verwandtem Sinne wurden gegenüber dem Staate und der Gesellschaft die Rechte des Individuums geltend gemacht, welche es als angeborene besitze; das Verhältnis von Obrigkeit und Unterthanen führte man auf einen stillschweigenden Vertrag „der Biedermänner der Urzeit" zurück, welcher Bürgerstolz jedoch nicht ausschloß, daß man dem Staate, wenn er sich in den Dienst der Aufklärung stellte, unbegrenzte Befugnisse einräumte. Die socialen Unterschiede strebte man als der menschlichen Natur fremdartige zu nivellieren, die socialen Verbände als Fesseln des Individuums zu lockern oder zu lösen (socialer Atomismus). Das nationale Bewußtsein trat gegenüber dem weltbürgerlichen zurück: man war stolz darauf, daß die Bewohner des civilisierten Europas bald nur noch nach dem Berufe, nicht mehr nach der Nationalität einzuteilen sein würden (Kosmopolitismus). Wie die sociale, so unterschätzte man auch die historische Bedingtheit der menschlichen Dinge; die Maxime: Quae non fecimus ipsi, vix ea nostra puto bezeichnet die Stellung, welche die Aufklärungsepoche zu den geschichtlichen Grundlagen des Lebens einnahm; man legte mit der größten Unbefangenheit den Maßstab der Gegenwart an das Vergangene, eignete sich kongeniale geschichtliche Erscheinungen ohne Rücksicht auf die Zeitfärbung an — so sagte Mendelssohn, er habe den Sokrates so sprechen lassen, wie er jetzt sprechen würde — während antipathische bald mitleidsvoll, bald mit vernichtender Kritik beiseite geschoben wurden. Für keine Periode der Geschichte war das Verständnis mehr verloren gegangen, als für das christliche Mittelalter, „die Zeit des römischen Pfaffendunkels und der gothischen Fratzen", und freilich bildet der mittelalterliche Traditionalismus den Gegenpol zu dem Zeitgeiste des vorigen Jahrhunderts. Der Neigung den Menschen aus seiner social-historischen Gebundenheit herauszulösen, entspricht es, daß man die Lebensaufgaben ohne Beziehung auf jene nur mit Rücksicht auf das Individuum bestimmte (Individualismus); die Sittenlehre verlernte es von den sittlichen Gütern zu reden, sie wurde zur Tugendlehre und zwar von eudämonistischer Färbung mit der Tendenz auf das greifbar Nützliche. Die Ansicht, daß die vornehmste Bedingung der Versittlichung und Beglückung des Menschen die Aufhellung seines Verstandes sei, brachte es mit sich, daß man das Gemütsleben gegen die Intelligenz, die inneren Regungen, die unter der Oberfläche des Bewußtseins vor sich gehen, gegen das bewußte Geistesleben hintansetzte (Intellektualismus), ein Zug, mit dem die Trockenheit und Poesielosigkeit der Aufklärung zusammenhängt; ein weiterer Schritt führte dazu, die Grundlagen des psychischen Lebens nicht mehr in dem umfassenderen Kreise der intellektuellen Thätigkeit, sondern in jenen Anfängen derselben, wie sie in den Sinnesempfindungen vorliegen, zu suchen (Sensualismus).

Wie die Renaissance nahm die Aufklärungsbewegung ihren Weg durch den ganzen europäischen Kulturkreis und differenziierte sich, trotz ihres kosmopolitischen Grundzuges, gleich jener nach dem Charakter der hervorragendsten Nationen. Ihr Ausgangspunkt ist England, wo die Kämpfe um den Glauben länger gewährt und erschütternder gewirkt hatten als auf dem Festlande, wovon die nächste Folge die Überreizung, die weitere die Erschlaffung der religiösen Gefühle und der Zweifel an der Realität ihres Gegenstandes gewesen war. Die englische Aufklärung machte den Kampf gegen die Kirchenlehre zu ihrem Hauptaugenmerk, bewegte sich daher vorzugsweise auf theologischem Gebiete und drang noch wenig über die gelehrt-gebildeten Kreise hinaus. Weitere Dimensionen nahm die Bewegung in der französischen Gesellschaft an, in welche sie von England aus verpflanzt wurde. Die englische Schwerfälligkeit aber auch den englischen Ernst ablegend, gewann hier die Aufklärung, in gefällige Formen gekleidet, die gebildeten Kreise, denen sie ein müheloses encyklopädisches Wissen vermittelte, und dehnte ihr geistreiches, oft friboles Räsonnement auf das politische und sociale Gebiet aus, wodurch sie der Umwälzung vorarbeitete, welche noch vor Ausgang des Jahrhunderts über Frankreich hereinbrach. Die deutsche Aufklärung, durch die englische und französische zugleich angeregt, teilt mit der ersteren den theologischen Charakter und den größeren Ernst, mit der letzteren die Tendenz nach Verbreitung von Einsichten und Kenntnissen, in welcher Hinsicht sie jene weit übertraf, indem sie fast alle Gesellschaftsklassen in ihren Wirkungskreis zog; sie erhielt durch die Nachblüte der Renaissance auf deutschem Boden und durch die Belebung des nationalen Bewußtseins, welche diese mit sich brachte, ein Korrektiv, welches sie manche Ausschreitungen vermeiden ließ.

Auf die Fragen der Bildung und Erziehung sah sich die Aufklärungstendenz durch mehr als eine Rücksicht hingewiesen und das „philosophische Zeitalter" mußte zugleich das „pädagogische Jahrhundert" werden. In Erziehung, Studienbetrieb und Schule gab es des Überkommenen genug, woran sich das Räsonnement versuchen konnte; das höhere Schulwesen bewegte sich zumeist in den nunmehr ausgefahrenen Bahnen der Renaissancezeit und hatte von den Verbesserungen, welche die Lehrkunst geboten, nur Einzelnes aufgenommen, da die weitgreifenden Entwürfe der Didaktiker vertagt worden waren; die Volksschule, auf Katechismus und Fibel gestellt, entsprach nicht dem Bedürfnis, der auf erweiterte Aufgaben gerichteten Industrie und Agrikultur, anstellige Kräfte zuzuführen; Schulen für die fachliche wirtschaftliche Vorbildung galt es überhaupt erst ins Leben zu rufen. Dem Bestreben der Aufgeklärten, das Leben auf neue Grundlagen zu stellen, bot sich zudem die Jugendbildung als das nächstliegende und versprechendste Gebiet dar und von den geplanten Veranstaltungen zur allgemeinen Erhöhung des menschlichen Glückes war die Schule diejenige, welche der Durchführung die wenigsten Schwierigkeiten zu bieten schien. Die Erziehungs-

§. 26. Der Bildungsinhalt in der Aufklärungsperiode.

aufgabe, welche bis dahin nach christlichen Principien aufgefaßt worden, mußte sich mit dem Aufgeben dieser zu einem neuen Problem gestalten; und dieses konnte nicht so schwierig erscheinen, um nicht auch weitere Kreise zu beschäftigen: das Arbeitsfeld der Erziehung war, da man den social-ethischen und historischen Standpunkt beiseite ließ, durch das Individuum als solches bestimmt; ihm galt es eine innere Gestalt zu geben, welche sich durch abstrakte Formeln wie Tugend, Glückseligkeit, geistige und leibliche Gesundheit u. a. ausreichend bestimmen ließ. Entsprechend der Überschätzung der intellektuellen Thätigkeit mußte der Unterricht als der wirksamste Hebel der Jugendbildung erscheinen und die Hoffnung sich aufdrängen, durch die Verbesserung der Methoden die weittragendsten Erfolge zu erreichen.

§. 26.

Wenn die ältere christliche Bildung an der Theologie, die mittelalterliche an der Scholastik, die humanistische an der Philologie eine den Bildungsinhalt beherrschende und zusammenhaltende Wissenschaft besessen, so geht der Bildung des XVIII. Jahrhunderts ein derartiger Mittelpunkt ab. Als solcher kann die Philosophie, nach der sich jenes Zeitalter mit Genugthuung benannte, kaum bezeichnet werden, da sie weniger darauf ausging, einen bestimmten Kreis von Erkenntnissen und Einsichten herzustellen, als vielmehr Fermente der Reflexion und der Weltansicht zu geben und ebenso wenig konnten, ihrer Natur nach, die nunmehr in das Gebiet der Bildung übertretenden Naturwissenschaften ein Centrum für dasselbe abgeben. Das Princip der Aufklärung bringt keinen Bildungsinhalt mit sich, sondern enthält wesentlich nur die formalen Weisungen, daß Verstand und Urteilskraft zu wecken und Kenntnisse von praktischer Verwendbarkeit anzueignen seien. Damit war wohl der Antrieb zur Ummodelung der herkömmlichen Bildungsstoffe, nicht aber zur Konstituierung neuer gegeben, und es wurde dadurch nur die polymathische Tendenz der ausgehenden Renaissancezeit verstärkt und mit einem kritischen und praktischen Fermente versehen.

Das theologische Element der älteren Bildung wurde nur von den radikalsten Vertretern der französischen Aufklärung völlig verworfen; selbst Diderot war in seiner exoterischen Philosophie Theist und nur in der esoterischen Atheist, und Rousseau behält noch einen Schatten von Theologie in seinem Erziehungsplane bei, indem er diesem einen Unterricht in der Vernunftreligion zum Abschlusse giebt. Im protestantischen Deutschland boten sich zwischen dem Zeitgeiste und der Kirchenlehre soviel Mittelglieder und Übergänge dar, daß hier der Gedanke der Ausweisung des Christentums aus dem Jugendunterrichte und der Volksbildung gar keinen Boden fand. Die rationalistische Philosophie der Wolff'schen Schule vereinigte ein ernstes theologisches Interesse mit der Tendenz auf subjektive Kritik des Glaubensinhalts, aber auch der Pietismus, einem wahrhaft religiösen Bedürfnisse entsprungen, bahnte durch Abschwächung des Ansehens des Dogmas zugleich der Aufklärung den Weg und milderte dadurch ihren Anprall gegen das Christentum: „wo das persönliche Heilsbedürfnis die Wahrheit der Lehre verbürgt, konnte ein Verständnis des Standpunktes, der die persönliche Überzeugung zum Kriterium der Wahrheit macht, nicht schwer fallen" [1]), aber auch andererseits: wo es dem religiösen Subjektivismus so heiliger Ernst war, Gott zu suchen, konnte die Richtung nicht Platz greifen, welche aus der Verflüchtigung des religiösen Inhaltes die letzten Konsequenzen zog. So blieb es dabei bewenden, daß die deutschen Aufklärer die Religionslehre verflachten, in einem allgemeinen Deismus die Unterschiede der Konfessionen und selbst der Religionen verschwimmen ließen, durch verwässerte Erbauungsmittel die kernigen Kirchenlieder und die heilige Schrift verdrängten. Der Religionsunterricht im Basedow'schen Philanthropin zu Dessau, der auf dem Hauptbegriff „des Allvaters, welcher durch Rechtthun

---

[1]) Erdmann, Grundriß der Geschichte der Philosophie, II², §. 293, 2.

§. 26. Der Bildungsinhalt in der Aufklärungsperiode.

zu verehren sei", fußte und nicht bloß Christen, sondern auch Juden und Türken genug zu thun versprach, aber gegen die „Irreligionisten" eifrig polemisierte, bezeichnet etwa den Punkt, bis zu welchem der Antagonismus der deutschen Aufklärung gegen das theologische Element der Bildung vorgegangen ist.

Das Verhältnis jener Zeitbestrebungen zu dem klassischen Elemente der Bildung ist kein einfaches; es zeigt Anziehen und Abstoßen, Suchen und Fliehen. Das Altertum bot Erscheinungen dar, welche man als geistesverwandt begrüßte; in den Lehren seiner Weisen sah man eine Vernunftreligion, zu der es keiner Offenbarung und keiner Theologie bedurfte; Seneca wurde wegen seines Tugendenthusiasmus, Sokrates als Heros der Überzeugung und als Meister des aufhellenden Räsonnements gefeiert, in seiner Gesprächsführung das Ideal aller Lehrmethoden gefunden. An dem idealisierten Bilde der alten Republiken entzündete sich das Freiheitsstreben; der antike Kosmopolitismus wurde das Vorbild des neuen europäischen Weltbürgertums. Man suchte und fand bei den Alten das Allgemeinmenschliche, welches man durch die christliche Weltanschauung zurückgedrängt glaubte, da sie den Menschen nicht nach seinem Maßstabe messe, sondern nach den Kategorieen Christ und Nichtchrist, gläubig und ungläubig klassificiere. Dem Streben nach Entlastung von dem Druck der Geschichte und nach Rückkehr zur Natur bot das Altertum in den homerischen Gemälden einer vorhistorischen Zeit einen leuchtenden Punkt dar und der Vater der Dichter erschloß ein neues Verständnis der Poesie. Wie die antike Welt, so gewährte auch die novantike des Humanismus Berührungspunkte; ihren Kampf gegen das Mittelalter und den Traditionalismus galt es weiter zu kämpfen; die Kritik eines Valla, die Satire eines Erasmus, der weltweise Skepticismus eines Montaigne lebten neu auf und nahmen die umfassendsten Aufgaben in Angriff.

Dennoch war das Verhältnis der Aufklärungsepoche zum Altertum ein weit reserviertes, als es das der Renaissanceperiode gewesen. Man war viel zu sehr davon erfüllt, „wie man es doch zuletzt so herrlich weit gebracht", als daß sich die hingebende Vertiefung jener älteren Zeit hätte wiederholen können. Die herrschende Meinung war die, daß man die Alten in jeder Hinsicht überholt habe und daß der Verkehr mit ihnen auf ein bestimmtes Maß zurückzuführen sei. Diderot liebte die antike Litteratur und schwärmte für Seneca, weist aber den klassischen Studien in seinem „Plan einer Universität" einen bescheidenen Raum an[1]); d'Alembert, ebenfalls Kenner der Alten, spottete über den klassischen Unterricht, welcher lehre parler sans rien dire[2]) und hält die Arbeit, die auf Lateinschreiben verwendet wird, für den Fortschritt der Vernunft verloren[3]); Rousseau begeisterte sich für Plutarch, allein aus dem Luftschiff seiner Pädagogik wirft er die Alten als Ballast hinaus; und selbst Kant, welcher der Kenntnis der Alten zuspricht, „daß sie die Vereinigung der Wissenschaft mit Geschmack befördere, die Rauhigkeit abschleife und die Kommunikabilität und Urbanität, worin die Humanität besteht, befördere", bezeichnet es als „einen thörichten Wahn, ihnen um des Altertums willen einen Vorzug in Talenten und gutem Willen vor den Neueren, gleich als ob die Welt in kontinuierlicher Abnahme ihrer ursprünglichen Vollkommenheit nach Naturgesetzen wäre, anzudichten und alles Neue in Vergleich damit zu verachten"[4]). Die Wortführer der deutschen Aufklärungspädagogik sahen die klassischen Studien lediglich als eine Last an; Trapp meint: „Wollte Gott, der Erzieher brauchte keine als seine Muttersprache zu lernen, aber wenn auch die Erziehung auf den besten Fuß gesetzt werden könnte: so würden doch Latein und Französisch nicht aus Deutschland zu verbannen sein"[5]), und Basedow macht kein Hehl, daß das Latein im Philanthropin nur aus Rücksicht auf die Wünsche der Eltern betrieben werde. Der

---

[1]) Rosenkranz, Diderots Leben und Werke. Lpzg. 1866, II, S. 335 f.
[2]) Encyclopédie Art. Collège.
[3]) Discours préliminaire zur Encyclopédie.
[4]) Werke herausgegeben von Hartenstein, VIII, S. 46 u. VII, S. 262. Vergl. meine Ausgabe von Kants Pädagogik. Leipzig 1873, S. 7.
[5]) Versuch einer Pädagogik, 1780, §. 102. Vergl. dessen Aufsatz über den Sprachunterricht in Campes Revisionswerk.

§ 26. Der Bildungsinhalt in der Aufklärungsperiode.

Utilitarismus fand in der alten Litteratur zu wenig Beziehungen zu den praktischen Forderungen des Lebens und das Streben nach möglichst früher Entwicklung der Urteilskraft ließ die Bedeutung der Bildung des Sprachbewußtseins unterschätzen. In letzterer Hinsicht ist die Richtung des XVIII. Jahrhunderts der der Renaissanceperiode völlig entgegengesetzt; in dieser ist das Interesse für die Sprache bis zur Einseitigkeit rege und gilt das fari posse als die Krone der Bildung; im Zeitalter der Aufklärung ist die Aufmerksamkeit teils von dem Sinnlich-anschaulichen, teils von dem abstrakten Gedanken so in Anspruch genommen, daß das dazwischen liegende geistig-sinnliche Gebiet der Sprache, man kann fast sagen, übersehen wird, und Kant konnte eine Analyse des Erkenntnisvermögens unternehmen, ohne das Sprachbewußtsein, die eigentliche Werkstätte der intellektuellen Arbeit, auch nur zu berühren.

In der Praxis des Unterrichtes erlitten trotzdem die humanistischen Schultraditionen keine Unterbrechung oder einschneidende Modifikation. Sie fanden in Frankreich an Rollin, in Deutschland an Gesner und Ernesti würdige Vertreter, welche dem Rufe: „Sachen statt der Worte!" in maßvoller Weise Genüge leisteten. Rollins Satz: Ce qui doit dominer dans les classes, c'est l'explication, und Gesners Vorschrift: Verborum disciplina a rerum cognitione nunquam separanda bezeichnen den Realismus der Humanisten, welcher dem der Philanthropinisten die Spitze zu bieten vermochte. Die Bestrebungen der letzteren, die Bildung von den Alten abzuwenden und auf Stoffe der Gegenwart und des handgreiflichen Nutzens zu verweisen, konnten die idealere Auffassung nicht niederhalten, welche das Erblühen eines deutschen Klassicismus mit sich brachte. Die Schöpfungen desselben gaben den Beweis, daß das Altertum kein gelehrter Wust, sondern ein lebenwirkendes Element, eine hohe Schule sei, der die Gegenwart noch nicht entwachsen. Den Gegnern der klassischen Studien konnte Schiller zurufen: „Tote Sprachen, so nennt ihr die Sprache der Griechen und Römer: Aber aus ihnen entstammt, was in den eurigen lebt." Die antikisierenden Dichtungen Goethes und Schillers machten antike

Vorstellungen in weiteren Kreisen populär, als sie dem älteren Humanismus je erreichbar gewesen waren und mußten früher oder später ein Lehrgut für die Schulen werden, welches wegen seiner Beziehungen zum Altertum in diesen zugleich das altklassische Element neu befestigte. Noch mehr als der Engländer, ja selbst als der Romane, ist der Deutsche durch seine Klassiker in die Lage versetzt worden, seine eigene Litteratur nicht mehr zu verstehen, wenn er den Alten den Rücken kehrt. So gingen die deutschen Gelehrtenschulen aus der Krise, mit der sie der Philanthropinismus bedrohte, vielmehr bereichert hervor, und fügten zu ihrem Studium der lateinischen Autoren das der griechischen hinzu, welche dem neuen Klassicismus vorzugsweise zum Stützpunkte gedient hatten. Aber freilich mußten die klassischen Studien den Raum mit zahlreichen nachgewachsenen Elementen teilen, die unter Einwirkung der encyklopädischen Neigung der Zeit mehr und mehr in die Schulen eindrangen, und sie konnten die centrale Stellung im Unterrichte, die sie in den alten Lateinschulen besessen, nicht mehr behaupten. Der Lehrinhalt des Gymnasiums, wie er sich auf Grund der Bewegungen des XVIII. Jahrhunderts gestaltet hat, kann wohl als ein aus der Verbindung des Melanchthonischen und des Basedow'schen Lehrplanes resultierender bezeichnet werden [1]).

Die polymathische Tendenz des XVIII. Jahrhunderts zeigt zunächst den Anschluß an die des vorausgegangenen. Die gelehrte, auf Altertumsstudien fundierte Polymathie findet einen hervorragenden Vertreter in Johann Mathias Gesner, dem gefeierten Göttinger Lehrer und Lehrerbildner, der in seinen, in lateinischer Sprache gehaltenen Vorlesungen über allgemeine Bildung die guten Traditionen der ausgehenden Renaissanceperiode mit den Forderungen der Zeit in Einklang zu bringen sucht. Er giebt neben den alten Sprachen den neueren, besonders der Muttersprache, in deren

---

[1]) K. L. v. Roth bei Lübker, „Gelehrtenschulwesen" in Schmids Encyklopädie, II¹, S. 682.

§. 26. Der Bildungsinhalt in der Aufklärungsperiode.

Vernachlässigung er einen Hauptfehler der alten Schulen erblickt, ihre Stelle, und ebenso neben dem Litteraturstudium der Geschichte und der Geographie; er nennt die letztere historiae omnis diverso respectu prima pars, atrium, fundus, lux; und urteilt, daß die Geschichte um so mehr zur Lebensklugheit führe, je mehr sie ins Detail geht. Aber auch die mathematische Bildung soll nicht vernachlässigt werden: „denn der beraubt sich des einen Auges, welcher die Mathesis gering achtet". Zum Ausgangspunkte der Studien nähme Gesner am liebsten die Homerischen Dichtungen und deren Sprache, allein er erblickt ein Hindernis eines solchen Planes in den rationes scholarum, quibus quodammodo ratio ecclesiae innititur[1]). — Ebenfalls eine Verbindung älterer und neuerer Elemente, aber von ganz anderer Tendenz zeigt die Polyhistorie Pierre Bayles, des Verfassers des vielgelesenen Dictionnaire historique et critique (zuerst 1696). Bayle gehört insofern der alten Schule an, als sein Leben „in der Schattenwelt der Bibliotheken, der gelehrten Journale und Korrespondenzen verläuft" und er „die Welt als einen Rohstoff für Bücher betrachtet"; allein er ist zugleich der „Patriarch des Jahrhunderts der Kritik", insofern er zuerst jene

---

[1]) Gesners Primae lineae isagoges in eruditionem universalem, herausgegeben von Niclas 1774 u. 1786, 2 Bde., enthalten in dem prooemium: einen brevis recensus discendorum, eine Übersicht über die älteren Encyklopädieen und praecepta discendi generalia. Der erste Hauptabschnitt handelt de linguis seu philologia, und zwar: von der Muttersprache, dem Lateinischen, Griechischen, den neueren Sprachen (§. 79 sq.), von der Poesie (§. 222 sq.), von der Musik und Malerei (§. 277 sq.), von der Redekunst (§. 383 sq.). Der zweite Hauptabschnitt ist historisch; hier von der Geographie (§. 418 sq.), von der Chronologie (§. 450 sq.) und von der Universalgeschichte (§. 481 sq.), der φιλοσοφίας μητρόπολις, welche in die historia civilis, ecclesiastica, litteraria, miscella eingeteilt wird. Der dritte Hauptabschnitt enthält die Philosophie: vorweg deren Geschichte (§. 662 sq.), dann Psychologie, Ontologie, rationale Theologie, Logik und Ethik (§. 823 bis 1536). Die Durchführung zeigt eine vielseitige Gelehrsamkeit; das Interesse an wissenschaftlichen Kuriositäten fehlt nicht, aber drängt den praktischen Zweck nirgends zurück; Gesner ist das Schwelgen in der Fülle des gelehrten Stoffes, wie es sich z. B. bei Morhof (oben S. 315, Anm. 4) zeigt, fremd und eine gewisse weltmännische Aber läßt ihn die Formlosigkeit der Polyhistoren vermeiden.

Versetzung und Durchsäuerung aller Materien mit dem Geiste des Zweifels am Überkommenen und mit der Tendenz des kalten Verstandes durchführt[1]). Sein Werk eröffnet zugleich die Reihe der alphabetisch geordneten Encyklopädieen oder encyklopädischen Lexika, welche nunmehr die älteren systematisch gegliederten Sammelwerke verdrängen. Dieser Wechsel der Form ist charakteristisch: die gelehrte Schwerfälligkeit muß den praktischen Rücksichten weichen; die Zusammenfassung der wesentlichen Kenntnisse wird so eingerichtet, daß sie sich dem intellektuellen Bedürfnisse leicht und schnell zur Verfügung stellen, der orbis doctrinae, bei den Älteren oft labyrinthisch verschlungen, löst sich in die unverbundene Menge der Hunderte und Tausende von Artikeln auf, und es werden damit zu demselben ebensoviele bequeme Zugänge eröffnet.

Die größte Leistung der Zeit in der von Bayle eingeschlagenen Richtung ist die berühmte, von Diderot und d'Alembert redigierte Encyclopédie ou dictionnaire raisonné des sciences, des arts et des métiers, begonnen 1751, beschlossen 1772, mit 17 Foliobänden Text und 11 Bänden mit Kupfern, bis 1774 bereits in vier Übersetzungen im Auslande verbreitet. Das riesige Unternehmen ging von dem bescheidenen Plane aus, die Cyclopaedia von Ephraim Chambers (Dublin 1728, 2 Foliobände) der französischen Litteratur anzueignen, wuchs aber zu einem Kollektivwerk des aufgeklärten Frankreichs an. Es verbindet den Zweck, die Wissenschaften, Künste und Fertigkeiten zusammenzufassen und gemeinnützig zu machen, mit dem anderen, das Princip der Aufklärung auf die ganze Breite des Gedankenkreises der Zeitgenossen einwirken zu lassen: die Encyclopédie ist zugleich ein Schatzhaus des modernen Wissens und eine Batterie, welche „die Reste des Mittelalters" zusammenschießen soll, zugleich ein Denkmal französischen Fleißes und Geschmacks und das Parteiorgan der sainte confédération contre le fanatisme et la tyrannie, wie Cabanis den

---

[1]) Vgl. die treffende Charakteristik Bayles bei Justi, Winkelmann, 1866, Bd. I.

§. 26. Der Bildungsinhalt in der Aufklärungsperiode.

Kreis der Encyklopädisten nannte. Der Plan des Werkes, welchen Diderots Prospekt und d'Alemberts Discours préliminaire darlegen, knüpft an die Baconische Einteilung der Wissenschaften nach dem Vermögen des Geistes an: die Geschichte hat ihr Princip im Gedächtnis, sie erinnert sich des Geschehenen, die schöne Kunst in der Einbildungskraft: sie stellt für die Sinne dar, die Philosophie in der Vernunft: ihr kommt das Urteil über Alles zu. Bei der Darstellung einer Wissenschaft ist die Kritik derselben mit der Geschichte der betreffenden Wissenschaft zu verbinden, weil sich diese in ihren Umwandlungen gleichsam selbst kritisiert. Die Kunst ist nicht nur als schöne, sondern auch als mechanische in Betracht zu ziehen; die Erfinder im Gebiete der Technik und Industrie sind Wohlthäter der Menschheit, von dieser nur zu oft vergessen, während sie die Eroberer, in Wahrheit Zerstörer, verewigte. Die Encyklopädie soll die wahren Principien der Dinge entwickeln, ihre Beziehungen darlegen und zur Vergewisserung und zum Fortschritt der menschlichen Kenntnis beitragen, indem sie die Zahl der Gelehrten, der Künstler, der aufgeklärten Liebhaber der Wissenschaft vermehrt; sie gleicht einer unbegrenzten Landschaft, die mit Bergen, Felsen, Gewässern, Wäldern u. s. w. bedeckt ist, welche alle das Licht desselben Himmels, aber in verschiedener Weise, empfangen, je nachdem sie in den Vordergrund rücken, oder sich in der Mitte verteilen, oder sich in der Ferne verlieren; sie soll dem gebildeten Manne eine Bibliothek in allen Fächern, dem Fachmann eine solche in allen Fächern mit Ausnahme des seinigen ersetzen[1]). —

Wenn die Encyclopédie an ihrem Plane ein, die Mannigfaltigkeit einigermaßen verbindendes Moment und in der Gelehrsamkeit und Sachkenntnis ihrer Mitarbeiter ein Schwergewicht besaß, so schritt der vulgäre Encyklopädismus, wie er besonders in Deutschland Vertreter fand, zur völligen Zerstückelung des Stoffes und Verflachung der Behandlung vor. Er stieg am liebsten zur Jugend herab, um derselben aufklärende, nutzbringende und unter-

---

[1]) Vgl. Rosenkranz, Diderot. Bd. I, S. 106 f. u. II, S. 402 f.

haltende Kenntnis zu spenden. Wie die Pansophie des XVII. Jahrhunderts im Orbis pictus ihre elementarste Form annahm, so fand die vulgäre Aufklärungspolymathie eine solche in dem Elementarwerke Basedows, welches dem Unterrichte bis nach dem 15. Jahre zu Grunde gelegt werden sollte. Es ist eine Nachbildung des Komenskyschen Werkes, von dem es sich aber dadurch unterscheidet, daß es die christliche Lebensauffassung desselben mit der deistischen des Zeitgeschmacks vertauscht, die Beziehung auf den Sprachunterricht aufgibt, an Stelle der gedrängten Kürze geschwätzige Weitschweifigkeit setzt, in den Bildern den Stoff noch bunter durcheinander wirft und in der Versinnbildlichung des Nichtsinnlichen noch mehr erfinderischen Ungeschmack zeigt, als die illustrierte Janua[1]).

Die Tendenz des XVIII. Jahrhunderts, Kenntnisse und Einsichten aller Art zum Gemeingute weiterer Kreise zu machen, spricht sich nicht bloß in den encyklopädischen Unternehmungen aus, sondern

---

[1]) Das Elementarwerk, für dessen Herausgabe Basedow aus ganz Deutschland, der Schweiz, den nordischen Ländern, von Monarchen und Privaten Beiträge erbeten und erhalten hatte, erschien vollständig in vier Bänden 1774 und 1785, mit Kupfern von Chodowiecki. In der Ausgabe von 1785 wird in 9 Büchern (3 Bänden) folgendes geboten: B. 1 „Nur für erwachsene Kinderfreunde": pädagogische Regeln, Schilderung der Erziehung in Alethinien (einem fingierten pädagogischen Musterlande) u. a. B. 2: „Von Mancherlei, besonders vom Menschen und der Seele"; hier die verrufene für Kinder bestimmte Belehrung über die geschlechtlichen Verhältnisse. B. 3: „Die gemeinnützige Logik". B. 4: Von der Religion, eine populäre Darstellung der „natürlichen Religion" und Beschreibung der historischen Religionen. B. 5: Die Sittenlehre: Sprichwörter, Geschichtchen, Fabeln, Tugendlehren. B. 6: Von den Beschäftigungen und Ständen der Menschen. B. 7: Die Elemente der Geschichtskunde, a. Die Grundbegriffe von Staatssachen, zum Teil in frei erfundenen Geschichtchen, b u. c. Geographie, d u. e. Etwas aus der Universalhistorie in Zeitordnung, f. Etwas aus der Mythologie und Fabellehre, g. Etwas von der Wappenkunde, h. Begriff und Zusammenhang der historischen Wissenschaften. B. 8 u. 9: Die Naturkunde. Zur Ergänzung dient das den vierten Band bildende B. 10, enthaltend: Das Nötigste aus der Grammatik und Wohlredenheit. Die Materien der Bücher 2 bis 9 werden durch die 96 Bilder des von Chodowiecki hergestellten Kupferwerkes versinnlicht.

macht sich auch innerhalb der einzelnen Wissenschaften geltend. Es zeigt sich allenthalben ein Verschieben der Grenzen von gelehrter und Bildungslitteratur zum Vorteile der letzteren, eine wachsende Geneigtheit der Schriftsteller, sich von der gelehrten Zunft abzukehren und ihre Werke an das gebildete Publikum zu richten, die Garantie der Fortdauer derselben nicht mehr in dem Range, den sie in der Bücherwelt einnehmen sollen, sondern in ihrer Wirkung auf die Gesamtheit zu suchen. Diese Wendung hängt keineswegs bloß mit dem Bestreben, die Menschen aufzuklären, zusammen, sondern ist zugleich die Folge der Weiterentwicklung der nationalen Litteraturen, welche, in der Renaissanceperiode von der Poesie ausgehend, sich nunmehr der Prosa und zwar nicht bloß der belletristischen, sondern auch der wissenschaftlichen zuwandten. So lange die Wissenschaft lateinisch sprach, konnte es den Ehrgeiz ihrer Vertreter befriedigen, ihren, dem gelehrten Europa angehörigen Schatz zu vermehren, als sie angefangen französisch, englisch, deutsch zu reden, kam die Rücksicht auf die Nation dazu und damit die Nötigung, auf Gemeinfaßlichkeit, Berührung mit den Interessen der Gegenwart und geschmackvolle Darstellung Bedacht zu nehmen. Dieser Prozeß der Nationalisierung und damit Popularisierung der Wissenschaft gereichte derselben nicht durchweg zum Vorteile: er löste die Solidarität der Forschung auf, welche das Mittelalter für Europa begründet, die Renaissance befestigt hatte; er bewirkte in manchen Gebieten eine Isolierung der wissenschaftlichen Arbeit, — so in der Philosophie, welche seitdem in Deutschland und England=Frankreich verschiedene Wege einschlug — er brachte auch verkehrtes und schädliches Haschen nach Popularität mit sich und förderte die Halbbildung, die Tochter der Halbwissenschaftlichkeit; allein mit dem Hervortreten der Wissenschaft aus dem esoterischen Schulbetrieb waren doch zugleich große Vorteile verbunden: es vermehrten sich die Berührungen zwischen dem Volksgeiste und der Erkenntnis- und Bildungsarbeit, es kam die bedeutungsvolle Wechselwirkung zwischen Forschung und Leben in Gang, welche für die neuere Zeit charakteristisch ist, es wuchsen der allgemeinen Geisteskultur neue Gebiete zu, es wurde der Grund zur modernen Bildung gelegt.

Die leitende Rolle bei diesem Vorgange fällt der Philosophie zu. Der englische Sensualismus, der in Locke seinen Patriarchen verehrte, wandte sich nicht sowohl an die Denker und die Gelehrten, als an die Freunde eines anregenden und belehrenden Räsonnements; die auf ihm fußenden französischen Schriftsteller traten als Philosophen für die Welt auf: die schöngeistige Pariser Gesellschaft ist ihre Gemeinde, zugleich ihr Werk und ihre Voraussetzung. In Teutschland geht die Philosophie von der Schule aus und kehrt wieder in die Schule zurück, aber zwischenein richtet sie sich an die weiteren Kreise und auch als Schulphilosophie bringt sie durch Mittelglieder in diese vor: die Wolff'sche Lehre herrscht in den Hörsälen während der ersten Hälfte des Jahrhunderts, auf ihr fußt der Eklekticismus der Mendelssohn, Garve, Engel u. a., die Kant'sche Philosophie leitet zu wissenschaftlicher Gründlichkeit zurück, indem sie doch zugleich die Geister weithin befruchtet. Dem Bildungsstreben gab die Philosophie ebensowohl einen Teil seines Inhalts, als auch seine Richtlinien, denn eine Hauptangelegenheit jener war, zu untersuchen, wie der Mensch, und zwar der Einzelmensch, durch Erkenntnis, Aufklärung, Verselbständigung zur Tugend, zum Glücke gelangen könne; sie mußte nicht bloß das Aufkommen der Pädagogik befördern, sondern sie hatte selbst einen pädagogischen Zug, der freilich nur auf die individuale Seite der Erziehung und Bildung hinwies, für diese aber das Interesse ungemein belebte.

Unter dem Einflusse der Philosophie nahmen drei Gruppen von Wissenschaften eine neue, dem Bildungsstreben zugängliche Gestaltung an: die historisch=politischen Disciplinen, die schönen Wissenschaften und die Naturwissenschaften. So unhistorisch die Weltansicht der Aufklärungsepoche war und so wenig sie ein pietätsvolles Vertiefen in die Vorzeit und das Bedürfnis kannte, in der Vergangenheit die Wurzeln des eigenen Seins aufzuspüren, so wies doch das Bestreben, allenthalben in die menschlichen Dinge Licht zu

§. 26. Der Bildungsinhalt in der Aufklärungsperiode. 359

bringen, auch auf die Geschichte hin; man unternahm eine Revision der bisherigen Geschichtsauffassung und -Darstellung, man räumte den natürlichen Verhältnissen einen größeren Einfluß auf die Lebensgestaltung ein, man erblickte in der Entwicklung der Intelligenz das Treibende im geschichtlichen Fortschritt und gab den Weisen, Erfindern, Entdeckern ihren Platz neben den Herrschern, Staatsmännern, Feldherren. Was wir Kulturgeschichte nennen, ist eine Entdeckung des XVIII. Jahrhunderts; auch der Name Philosophie der Geschichte stammt aus demselben, aber es ist damit nicht ein Zweig der Spekulation bezeichnet, sondern nur eine Anwendung des philosophischen Räsonnements auf die Geschichte, welche die bisher herrschenden theologischen Gesichtspunkte verdrängen sollte. Voltaires Essai sur les moeurs et l'esprit des nations eröffnet diesen Zweig der historischen Litteratur und wird tonangebend für die Nachfolger. Wenn die ältere Zeit in dem Gebiete der Kulturschilderung und Sittengeschichte nicht über die Anhäufung von Merkwürdigkeiten und gelehrten Quisquilien hinausgekommen war, so wurde es jetzt auf einmal der Sphäre des Sammlerfleißes entrückt und durch Verknüpfung mit den Interessen der Gegenwart zur Domäne geistvoller und geistloser, verständiger und phantastischer allgemeiner Reflexion gemacht. Nach Voltaires Vorgang bewunderten die Salons die chinesische Kultur, bemitleideten das Mittelalter als ein Gewirr von Wahn, Elend und Verbrechen, erwärmten sich für den Fortschritt der Industrie und der Künste des Friedens. Als Rousseau auf den Urwald als den Ausgangspunkt der Geschichte hingewiesen hatte, studierte man die Naturvölker, um die Anfänge der Gesittung zu finden und schwärmte für die Insulaner der Südsee. Das Populärwerden der politischen Wissenschaften ist an den Namen Montesquieus geknüpft, den Frau von Pompadour als „den Gesetzgeber von Europa" begrüßte. Der Esprit des lois wurde in anderthalb Jahren zwanzigmal gedruckt und ein Zeitgenosse sagt von dem Werke: „Es hat eine völlige Umwälzung im Geiste der Nation hervorgebracht; die besten Köpfe wenden sich der Erörterung politischer Dinge zu; die Staatswissenschaft ist eine

Sache der Philosophie geworden"¹). Die englische Verfassung, das Problem der Teilung der Gewalten, die Rechte der Parlamente, aber auch die nationalökonomischen Fragen, der Gegensatz der Physiokraten und Merkantilisten beschäftigten nunmehr die feine Gesellschaft und an sie richteten die politischen Schriftsteller ihre Werke. Rousseau gab den Debatten über den Staat und die Gesellschaft den ideologischen und radikalen Zug und warf das Problem der Erziehung hinein, in der er das Mittel zu finden meinte, der Verderbtheit der Kulturzustände zu steuern. So wurde auch die Erziehungslehre in den Kreis der allgemeinen Diskussion gezogen, in Frankreich nur vorübergehend, da hier die politisch-socialen Fragen das Übergewicht hatten, um so nachhaltiger in Deutschland, wo nicht bloß eine eigene pädagogische Litteratur erwuchs, sondern auch Dichter und Denker, Gelehrte und Staatsmänner die Erziehungsfragen in ihr Bereich zogen.

Die „schönen Wissenschaften", in der Renaissanceperiode hochgeschätzt, aber dem gelehrten Schulbetriebe vorbehalten, traten nunmehr aus diesem heraus und erweiterten sich nach allen Seiten. Man legte der Analyse nicht mehr bloß die Werke der antiken Sprachkunst zu Grunde, sondern auch die der neueren; die Schulpoetik und Schulrhetorik fand ihre Ergänzung in der Kritik, welche die dichterische Produktion der Gegenwart überwachen sollte, aber darüber hinausgehend, ihr mehr als einmal die Bahn vorgezeichnet hat. Das Bedürfnis nach festen Principien der Kritik führte auf die Ästhetik, welche zunächst an die Schulphilosophie anknüpfte, — Batteux ging von Aristoteles aus, Baumgarten von Chr. Wolff; — der deutsche Klassicismus ließ diese scholastischen Anfänge rasch hinter sich und schuf sich ein angemessenes Organon; seine großen Vertreter vereinigten die Kraft des dichterischen Schaffens mit dem Scharfsinn, der von diesem selbst Rechenschaft zu geben unternimmt und ihre Werke wurden der Nation nicht bloß eine

---

¹) Grimm in der litt. Korresp. I, 2, S. 74, bei H. Hettner, Litteraturgeschichte des XVIII. Jahrhunderts. Braunschweig 1865, II², S. 260.

§. 26. Der Bildungsinhalt in der Aufklärungsperiode.

Schule des Schönheitsgefühls, sondern auch des Schönheitsverständnisses. Wenn die antike und novantike Geschmackslehre sich fast ganz auf Poesie und Redekunst beschränkt hatte, so zog man nunmehr auch die bildenden Künste in den Kreis der Betrachtung und sah sich dadurch auf die Kunstgeschichte zunächst des Altertums hingewiesen. Winkelmann organisierte zuerst das aufgesammelte gelehrte Material der Archäologie und erschloß der ästhetischen Bildung das Wunderland der antiken Kunst; Lessing machte mit der vergleichenden Kunstbetrachtung den Anfang. Herder und Goethe brachten den Zeitgenossen den universalen Charakter der Dichtung und der Kunst zum Bewußtsein, Schiller, auf Kant fußend, deren sittliche Aufgabe; jene reihten die Ästhetik in den Kreis der Kulturforschung ein, dieser verknüpfte sie mit der praktischen Philosophie.

Philosophisches, ästhetisches und praktisches Interesse zugleich wirkten zusammen, um die Naturwissenschaften in die allgemeine Bildung einzuführen. Der philosophische Materialismus stellte sie als die Grundlage der Wissenschaft vom Menschen und als die Basis der ganzen Weltanschauung hin und zwang auch die Gegner, ihm auf dieses Gebiet zu folgen; die Observatorien und Laboratorien rückten in den Gesichtskreis der Salons: man gewöhnte sich, von ihnen Aufschlüsse über die höchsten Fragen zu erwarten, in ihnen das Schaffen des Geistes zu bewundern, welchem die Zukunft gehört; die geist- und geschmackvolle Darstellungsform der französischen Naturforscher beförderte die Einbürgerung dieser Studien. Graf Büffon unternahm es als der erste, eine Wissenschaft, die man bisher als eine trockene und dem Laien unzugängliche angesehen hatte, durch die Kunst der Rede den weitesten Kreisen zu erschließen und ein Werk über Naturgeschichte der Nationallitteratur einzureihen; er erklärt, nicht in der Menge der Kenntnisse, noch in der Merkwürdigkeit der Thatsachen, noch in der Neuheit der Entdeckungen die Garantie der Unsterblichkeit zu sehen, da diese Dinge außerhalb des Menschen liegen, sich entführen, übertragen, umarbeiten lassen, sondern in dem, was der Mensch selbst ist, im Stil. Gleichzeitig machte die Encyclopédie mannigfaltige Kenntnisse der angewandten Naturwissenschaften zum Gemeingute und brachte die baconische Idee von der Aufgabe des Menschen, die Natur zu beherrschen, indem er sie erkennt, zur Geltung. Man wurde inne, daß die Naturwissenschaft schon eine Macht geworden und die Gestaltung des Lebens vielfältig bedinge und es drängte sich die Notwendigkeit auf, das Gebiet des wirtschaftlichen, zumeist auf diese Wissenschaft hingewiesenen Kenntniserwerbs mit dem der allgemeinen Bildung in ein angemessenes Verhältnis zu setzen.

§. 27.

Die Impulse zur Schulreform, welche das Aufklärungsprincip mit sich brachte, machten sich in allen Staaten Europas geltend und beschäftigten die Geister um so lebhafter, als auch auf andern Gebieten des öffentlichen Lebens: der Staatsverwaltung, der Rechtspflege, der wirtschaftlichen Thätigkeit Neubildungen Platz griffen, welche in der Konformierung des Bildungswesens an die neuen Anforderungen ihren Abschluß suchten. Aber in der Art und Weise, jene Impulse zu verarbeiten, gehen die verschiedenen Staaten auseinander: die einen bleiben in der Praxis bei den älteren Traditionen stehen und geben den Reformtendenzen nur einen bescheidenen Spielraum, bei andern brechen sich dieselben mit größerer oder geringerer Gewaltsamkeit Bahn und drängen auf das Gebiet der wechselnden Experimente; wieder bei andern finden sich Mittelglieder zwischen dem Alten und dem Neuen, welche der Entwicklung eine gewisse Kontinuität bewahren, so daß die Reform in ruhige Bahnen geleitet wird.

In England, der Wiege der Aufklärung und der Aufklärungspädagogik, wurde das Schulwesen von den Tendenzen derselben nur wenig berührt. Lockes Vorschlag, bei der Bildung des gentleman die klassischen Studien gegen den praktischen Kenntniserwerb zurücktreten zu lassen, und seine Empfehlung der Privaterziehung an Stelle der Schulbildung, fanden wohl bei Einzelnen

§. 27. Die Schulreform des achtzehnten Jahrhunderts.

Anklang, konnten aber das Ansehen der alten Lateinschulen nicht erschüttern und der auf Locke fußende Reformplan von David Williams fand bei den deutschen Philanthropinisten mehr Anklang als in England[1]). Auf die Notwendigkeit eines von der Regierung einzurichtenden Volksunterrichts wies der Begründer der englischen Nationalökonomie, Adam Smith, hin, indem er die Aufklärung der Massen als ein Moment des Nationalreichtums hinstellte; allein er fand damit so wenig Anklang wie seine Nachfolger: die Abneigung der Nation gegen ein Vorschieben der Staatsgewalt in das Bereich des individuellen Thuns und Lassens, wohin der Bildungserwerb so gut wie der Gelderwerb gerechnet wurde, war zu groß, als daß der Gedanke eines öffentlichen Volksunterrichts, auf Schulbesuchs- und Schulerrichtungszwang gestellt, hätte Boden fassen können. Die Bildung der niederen Klassen blieb der Privatwohlthätigkeit von Vereinen überlassen, man organisierte statt der Volksschule die Armenschule, welche einen Teil nicht sowohl des Bildungswesens als vielmehr des Hülfswesens ausmacht[2]). Freischulen für die Armenjugend errichtete die 1698 gegründete Society for promoting christian knowledge; die seit 1761 aufgekommenen Sonntagsschulen wurden durch die von Robert Raikes 1785 angeregte Society for the support and encouragement of sundayschools verbreitet; beide Arten von Schulen gingen darüber nicht hinaus, was von je als christliche Kinderlehre den Gegenstand des Elementarunterrichts gebildet hatte, und erreichten in der Organisation kaum die Pfarr- oder Küsterschulen des Kontinents.

In Frankreich wurde die Schulreform durch die Revolution überholt. Hier hatten die neuen Bildungstendenzen und -materien

---

[1]) Eine Schrift „Abhandlung über die Erziehung, worin die durchgängige Methode der öffentlichen Anstalten, insbesondere in England, die Methoden Miltons, Lockes, Rousseaus, Helvetius' erwogen und eine ausführbare und nützlichere vorgeschlagen wird", wurde von Trapp 1781 in deutscher Übersetzung veröffentlicht; eine Besprechung derselben brachte die Allg. deutsche Bibliothek in Bd. 51, I. Hälfte.

[2]) Stein, Verwaltungslehre, V, S. 93.

in der „Gesellschaft" ihre Pflege gefunden, sie erhielten ihre Ausprägung in den Salons, den bureaux d'esprit, wie man sie scherzend nannte; in ihnen wurden nicht bloß die politischen Ereignisse, die litterarischen Erscheinungen, die Leistungen der Künste, sondern auch die Probleme der jeweilig im Flusse begriffenen Wissenschaften durchgearbeitet: „Der Kern der eigentlichen Salons war ein philosophischer, ein unersättliches Bedürfnis, durch gemeinschaftliches Denken sich über alle höheren Interessen klar zu werden"¹). Hier war die Aufklärung eins mit dem Versiertsein in den geistigen Tagesinteressen, mit dem Eingeweihtsein in eine Weltanschauung, welche mit dem Überkommenen allenthalben aufgeräumt hatte. Diese Aufklärung war nicht dazu angethan durch Schule und Unterricht in weite Kreise getragen zu werden; man konnte nicht ernstlich wünschen, daß schon die Jugend mit der kritischen Schöngeisterei, mit der geistigen Gourmandise der Aufgeklärten vertraut gemacht würde. So hatten die vorgeschrittensten Kreise für die Schulreform kein ausgesprochenes Interesse; die „Gesellschaft" überließ den Staatsmännern die einschlägigen Versuche, zu denen die Austreibung der Jesuiten, „die Revolution von 1762" den nächsten Anlaß gab. Die Tendenz der zunächst lautwerdenden Vorschläge ist: den Unterricht zu säkularisieren, die Einheit in Lehrverfahren und Schuleinrichtung, welche das geistliche Lehrwesen besaß, zu bewahren, aber zum Träger derselben eine „weltliche Hierarchie", die von der Staatsgewalt ihre Impulse empfängt, zu setzen²). Der Plan des Präsidenten Rolland, welcher 1768 dem Pariser Parlamente vorgelegt wurde, schließt sich, was den Lehrstoff betrifft, an die Prin-

---

¹) Rosenkranz, Diderot II, 83. Moralische und ästhetische Gegenstände wurden durchgängig behandelt, von andern herrschten in den fünfziger Jahren philosophische, in den sechsziger ökonomische, in den siebziger politische vor.

²) II. Compayré Histoire critique des doctrines de l'éducation. en France. Paris 1879, II, p. 239 sq. u. 273. „Les parlementaires empruntaient aux Jésuites ce que l'institut des Jésuites avait d'excellent: l'unité et la suite dans les méthodes, la discipline et la hiérarchie."

§. 27. Die Schulreform des achtzehnten Jahrhunderts.

cipien Rollins und die jansenistischen Traditionen von Port-Royal an; er setzt vier Stufen des öffentlichen Unterrichts an: die Dorfschule, die Halbkollegien (demi-colléges) von 2 bis 3 Klassen, in welchen Religion, Moral, die Muttersprache, die Elemente des Lateinischen und Geschichte die Unterrichtsgegenstände bilden sollen, die vollen Kollegien (colléges de plein exercice) und die Universitäten. Der Lehrstand sollte durchaus weltlich sein, eine école normale des professeurs zu seiner Ausbildung dienen; die Hauptstadt soll der beherrschende Mittelpunkt des Schulwesens sein, eine Centralbehörde, das bureau de correspondance seine administrative Einheit zum Ausdruck bringen. Noch näher steht den Zeitbestrebungen La Chalotais in seinem Versuch einer Nationalerziehung[1]). Das Ziel des öffentlichen Unterrichts ist ihm der möglichst große öffentliche Nutzen; das nationale Princip soll auch für den Religionsunterricht gelten; die Moral soll säkularisiert werden, die Natur der Leitstern des Unterrichts, die Übung der Sinne sein Ausgangspunkt sein; in den alten Sprachen ist nichts von wahrer und solider Bildung zu suchen, der Schwerpunkt sollte auf den neueren liegen; auch in der Geschichte sind die neueren Partieen die nutzbringendsten; an einer von Philosophen veranstalteten Sammlung von Geschichten sollten die Kinder lesen, urteilen, sprechen lernen. Den Volksunterricht verwirft La Chalotais, weil er die arbeitenden Klassen ihrem Berufe entfremde und er greift die christlichen Schulbrüder an, weil sie Leute im Lesen und Schreiben unterrichten, die man mit Hobel und Feile umgehen lehren sollte. Die Ausführung seines Planes hält La Chalotais für leicht, nur Lehrer und Bücher seien dazu nötig, hauptsächlich die letzteren, welche denkende Männer zusammenstellen (compiler) müßten: ein Wink des Königs und in zwei Jahren könnte alles fertig sein. In Wirklichkeit hat es beinahe zwei Jahrzehnte gewährt, ehe die Reform in Zug kam, die sich dann, von den hochgehenden Wogen der Zeit

---

[1]) Essai d'éducation nationale ou plan d'étude pour la jeunesse par Messire Louis-René de Caradeux de la Chalotais, Procureur-général du Roi au Parlament de Bretagne. Genève 1763.

ergriffen, in ephemeren Projekten erschöpfte, um erst zu Anfang dieses Jahrhunderts zu einem Abschlusse zu kommen.

Jede Phase der Revolution hat einen Plan zur Nationalerziehung aufzuweisen, mit welchem zunächst die französische Nation und später die Menschheit beglückt werden sollte. Die Ansichten Mirabeaus, niedergelegt in der posthumen Schrift Travail sur l'instruction publique, publié par Cabanis 1794, sind überraschend maßvoll; er verlangt Freiheit des Unterrichts für die weltlichen Lehrer, die aber auch den geistlichen zu gute kommen darf; obligatorischen Unterricht darf der Staat nicht vorschreiben, da er nicht mehr Opfer zu verlangen hat, als die Freiheit und Sicherheit Aller erfordern; auf die Einheit des Lehrwesens legt Mirabeau geringes Gewicht; dem höheren Unterricht soll ein Nationallyceum als Vorbild dienen; in den Sekundärschulen sollen durch zwei Jahre die alten Sprachen, durch zwei andere die Beredsamkeit und in den beiden letzten die Philosophie und die exakten Wissenschaften gelehrt werden. Die konstituirende Versammlung beauftragte Talleyrand mit der Ausarbeitung eines Planes, welchem die Verfassung vom 3. September 1791 die Direktive gab: Il sera créé et organisé une Instruction publique, commune à tous les citoyens, gratuite à l'égard des parties d'enseignement indispensables pour tous les hommes et dont les établissements seront distribués graduellement dans un rapport combiné avec la division du royaume. Talleyrand schlägt ein vierstufiges Schulsystem vor; die Primär- oder Kantonschulen sollen die jedem einzelnen notwendigen Kenntnisse verbreiten, die Sekundär- oder Distriktsschulen den Geisteskräften eine höhere Entwicklung geben und die Departementsschulen auf die vier Stände vorbereiten, welche wissenschaftlicher Bildung bedürfen; das Institut den Abschluß bilden. Gemeinsam ist allen Schulen der Katechismus der Menschenrechte, den höheren das Studium der Kunst zu denken, der Mathematik, der Geschichte der freien Völker, der philosophischen Moral. Der Unterricht muß für alle existieren und zugleich hat jeder das Recht daran mitzuwirken; jeder Bürger kann unter Beobachtung der

§. 27. Die Schulreform des achtzehnten Jahrhunderts.

Gesetze Lehranstalten gründen. Die Verlesung des Memoires geschah am 10. und 11. September, am 30. desselben Monats löste sich die Versammlung auf. Ihre Nachfolgerin, die gesetzgebende Versammlung, formulierte die Aufgabe mit den Worten: L'instruction est le besoin de tous; la société doit favoriser de tout son pouvoir le progrès de la raison publique et mettre l'instruction à la portée de tous les citoyens. Sie beauftragte Condorcet mit der Abfassung eines neuen Planes, welcher am 20. April 1792 vorgelegt wurde. Er ist von den „Grundsätzen der Philosophie" getragen, „welche, frei von den Fesseln des Herkommens, die Gegenwart erleuchtet und die höhere Einsicht vorbereitet, welche die nötigen Fortschritte des Menschengeschlechts den künftigen Generationen versprechen". Der Unterricht soll sich in fünf Abteilungen gliedern. Primärschulen soll jedes Dorf von 100 Einwohnern erhalten; Sekundärschulen jede Stadt über 4000 Einwohner; an ihnen soll Unterricht erteilt werden im Korrektschreiben, der Geschichte und Geographie von Frankreich und den Nachbarländern, in den Elementen der mechanischen Künste, des Handels und des Zeichnens, in der Moral und der Socialwissenschaft, in praktischer Mathematik und Naturkunde. Die Institute, 110 an der Zahl, sollen die nützlichen Wissenschaften lehren, voran Mathematik und Physik, vom Lateinischen nur so viel, daß die Schüler lateinische Bücher lesen können, wozu nach Condorcet eine oberflächliche Kenntnis genügt; die Lyceen sollen an Stelle der Universitäten treten, ihre Zahl wird auf neun festgesetzt; den Abschluß bildet die Nationalgesellschaft für Wissenschaft und Kunst. Aller Unterricht hat die Bürgertugend zu seiner Grundlage; er gehört darum dem Staate; aber die Erziehung ist den Einzelnen überlassen. Der Konvent hob auch diese Schranke der Staatsomnipotenz auf; Lepelletier legte am 13. Juli 1793 einen Plan der staatlichen Zwangserziehung nach spartanischem Muster vor, von dem Robespierre sagte, der Genius der Menschheit habe ihn eingegeben.

Keiner der sich in wilder Hast ablösenden Entwürfe ist zur Ausführung gekommen; Thatsache wurde nur die durch den Konvent beschlossene Aufhebung der historischen Lehranstalten: der Universitäten, der Kollegien, des geistlichen Volksunterrichts; von lebensfähigen Schöpfungen der Revolutionszeit ist nur die pariser Ecole normale und die Ecole polytechnique zu nennen. Nach Rückkehr geordneter Verhältnisse mußte von Grund auf neu gebaut werden; aus dem Trümmerfelde, welches das Bildungswesen Frankreichs darstellte, erhob sich die Napoleonische Université, eine in ihrer Art großartige Schöpfung, welche einen Teil der historischen Traditionen: die Mitwirkung des Klerus, den klassischen Unterricht, das System der Fakultäten wieder aufnahm, zugleich aber den Gedanken eines staatlich centralisierten Schulwesens, welches Elementarschule wie Hochschule in sich begreift, zur Durchführung brachte[1]).

Die französische Aufklärung gab den romanischen und slavischen Staaten die wesentlichsten Impulse zur Reform des Bildungswesens. Zwischen Frankreich und Sardinien besteht ein Austausch der Anregungen; die Reformen Karl Emmanuels III. (1730 bis 1773) knüpfen an die Centralisationsbestrebungen der französischen Herrscher an und die von ihm 1771 gestiftete Universität zu Turin führte Napoleon auf den Gedanken seiner gleichnamigen großen Unterrichtskorporation[2]). In Neapel traten Genovesi und Filangieri für ein säkulares, centralisiertes Erziehungs- und Bildungswesen ein, ersterer mehr vom nationalökonomischen, letzterer vom staatsrechtlichen Gesichtspunkte; für beide ist das Zurückgreifen auf antike

---

[1]) Die Projekte der Revolutionszeit haben sehr verschiedene Beurteilungen erfahren: Théry, Histoire de l'éducation en France, Paris 1861, II, p. 188, hält sie für zu nichtig, um Studium darauf zu verwenden: On n'étudie pas le vide, on n'analyse pas le néant. Eingehend, aber nicht ohne das entgegengesetzte Vorurteil, behandelt sie Compayré, Histoire critique des doctrines de l'éducation en France, Paris 1879, II, p. 281 sq. Lehrreich ist der Artikel „Convention" von Guillaume in Buisson Dictionnaire de pédagogie und ebenso die Arbeit von Dreyfus-Brisac in der Revue internationale de l'enseignement 1881, Nr. 11 u. f. Die leitenden Gesichtspunkte giebt kurz und treffend L. Stein in der Verwaltungslehre Bd. V, S. 45 f.

[2]) Hahn, Das Unterrichtswesen in Frankreich. Breslau 1848, I, S. 132.

§. 27. Die Schulreform des achtzehnten Jahrhunderts.

Vorbilder charakteristisch: Genovesi faßt die Staatskunst nach Platon (Pol. p. 261) als eine ἀγελαιοτροφία und will gymnastische Festspiele und antike Sittenpolizei einführen[1]), Filangieri entwirft einen Plan der Jugendbildung, welcher deren spartanische Einrichtung zum Muster nimmt[2]); für die Reformen Tanucci's hatten beide Männer eine maßgebende Bedeutung. In Portugal entfaltete Pombal sein vielgeschäftiges und gewaltsames Wirken; 1759 wurde der Jesuitenorden aus seinen 24 großen Kollegien und 17 Residenzen vertrieben; die Lücke sollten 27 Schulen der Philosophie, 21 Lehrstühle für Rhetorik, Geschichte und Litteratur, 8 griechische Schulen und drittehalbhundert lateinische Elementarschulen ausfüllen; jede Gemeinde sollte eine Primärschule erhalten; dem Ganzen wurde ein oberster Studienrat, dem der Rektor von Coimbra präsidierte, vorgesetzt; eine besondere Steuer diente unter dem Namen subsidio litterario zur Deckung der Kosten des Bildungswesens[3]). In Spanien wirkten Aranda und Campomanes in ähnlichem Sinne, aber maßvoller, indem sie die Traditionen der Universitäten und die Thätigkeit der Lehrorden, mit Ausnahme der 1767 ausgewiesenen Jesuiten, einigermaßen als Faktoren gelten ließen. — Die beiden slavischen Staaten Polen und Rußland schlossen sich ganz den französischen Bildungstendenzen an. Die Wortführer der Aufklärung blickten hoffnungsvoll auf die beiden östlichen Staaten; J. J. Rousseau schrieb über die Reform der polnischen Staatsverwaltung und zeichnete auch dem Bildungswesen seine Bahnen vor: die Jugend soll zum Patriotismus und zur Freiheit gebildet werden; Fremde und Geistliche sind vom Lehramt auszuschließen, dieses selbst ist zur Vorstufe für die höheren Ämter zu machen und darf kein eigentlicher Lebensberuf sein, da jeder homme publique keinen dauernden Stand, als den des citoyen haben soll; jede

---

[1]) Grundsätze der bürgerlichen Ökonomie. Übersetzt von Wißmann. Lpzg. 1776, T. I, cap. 6, §§. 1 u. 9.
[2]) Wissenschaft der Gesetzgebung. Deutsche Ausgabe von Link, Ansbach 1784, Buch IV.
[3]) Le Roy in Schmids Encyklopädie VI¹, S. 123.

Schule soll einen Übungsplatz besitzen; es soll Lehranstalten geben, die in ihrer Einrichtung ein Bild des Staates im Kleinen darstellen[1]). Für Rußland entwarf Diderot einen Organisationsplan, der auf die eigentümlichen Verhältnisse des Landes keine Rücksicht nahm, im übrigen aber sich durch nüchterne Klarheit auszeichnet; er nimmt die deutschen Schulen und Universitäten zum Muster, nur giebt er der philosophischen Fakultät den ersten Platz und läßt in ihr naturwissenschaftliche und technische Lehrgegenstände überwiegen[2]). Französische Abenteurer erwiesen dem nordischen Staate den üblen Dienst, ihn mit einem auf den Schein angelegten Aufklärungswesen zu beschenken, das eine Zeitlang die Augen von Europa auf sich zog; ein reeller Anfang wurde erst 1780 gemacht, als man die österreichische Schulreform zum Vorbilde nahm, die Felbigerschen Lehrmittel aus Wien kommen ließ und mit der Errichtung von Lehrerseminarien in einigen größeren Städten vorging[3]).

In Deutschland sind es mehrere Elemente, welche zur Gestaltung des Bildungswesens zusammenwirkten und indem sie sich gegenseitig teils förderten, teils einschränkten und mäßigten, zu lebensfähigeren Ergebnissen führten, als sie anderwärts erzielt wurden; diese Elemente sind: der Philanthropinismus, der aufgeklärte Despotismus, der Wetteifer der Kleinstaaten, die Traditionen der älteren Pädagogik.

Der Philanthropinismus knüpft an Locke und Rousseau an und geht auf weitgreifende Neubildungen aus. Basedow wollte „eine ungeheure Bücherfabrik und Bildungsanstalt für Lehrer mit

---

[1]) Considérations sur le gouvernement de Pologne et sur sa réformation projettée 1772. Chap. 4. Diese Staatspädagogik Rousseaus bildet in mehrfachem Betracht die Ergänzung zum Emile, mit dem sie freilich in manchen Widerspruch gerät.

[2]) Plan d'une université pour le gouvernement de Russie ou d'une éducation publique dans toutes les sciences 1774. Vgl. Rosenkranz, Diderot, II, S. 335 f.

[3]) Helfert, Die österreichische Volksschule. Prag 1860, I, S. 590.

§. 27. Die Schulreform des achtzehnten Jahrhunderts.

einer gigantischen Schule für die Menschheit und Menschlichkeit vereinigen und kündigte dies an durch den „Vorschlag und Nachricht von der bevorstehenden Verbesserung des Schulwesens durch das Elementarwerk, durch Schulkabinette, Edukationshandlung und ein elementarisches Institut"; unter letzterem verstand er jene philantropische große Schule, welche wir hernach in ungemein verkleinertem Maßstabe in Dessau errichtet sehen, wo nicht bloß Kinder, sondern auch die Lehrer zur Anwendung des verbesserten Unterrichts und der Erziehung unter Basedow's Anleitung sollten gebildet werden"¹). Für die Durchführung seiner Reform rechnet Basedow auf den Staat, der zur Aufsicht der Jugendbildung ein „Moralitäts- oder Edukationskollegium" einsetzen und sie durch ein „moralisches Staatsexamen" regeln soll²), und er wendet sich mit seinen Vorschlägen mehrfach an die Potentaten; allein er ging doch zugleich darauf aus, auf das Volk und zwar die mittleren Stände zu wirken. Die Philantropinisten richteten ihre Erziehungsbücher und Jugendschriften an das deutsche Bürgertum und ihre Bestrebungen gewannen dadurch eine gewisse Solidität, die sie über die bloße Projektenmacherei hinauskommen ließ. Es bleibt das Verdienst jener Männer — und besonders Campe und Salzmann haben ihr Teil daran —, die mittleren Schichten der Gesellschaft für Erziehungs- und Bildungsfragen interessiert und damit ihres Orts die Kluft ausgefüllt zu haben, welche anderwärts die reformierenden Machthaber von den apathischen Massen trennte. Verglichen mit den französischen Wortführern der Aufklärung erscheinen sie gedankenarm und pedantisch; allein sie haben vor jenen den redlichen und ausdauernden Fleiß voraus, mit dem sie, was sie zu geben hatten, solchen Kreisen zu gute kommen ließen, welchen dessen geringer Gedankengehalt immer noch einen Zuwachs von Einsicht brachte. In dieser sozialen Bedeutung liegt der Wert des Philanthropinismus; der Unwert seiner

---

¹) Schlosser, Geschichte des achtzehnten Jahrhunderts. Bd. II, S. 631.
²) Methodenbuch für Väter und Mütter der Familien und Völker, 1770, Abschnitt IX.

dibaltischen Prinzipien ist schon von Zeitgenossen nachgewiesen worden; von den Neueren giebt eine treffende Kritik derselben Trendelenburg in den Worten: „Es war verkannt, daß weder Verstandesbildung anders erworben wird als durch Arbeit am gediegenen Stoff, noch Wille und Gesinnung je aus bloßer Verstandesbildung herstammen; es war undenkbar, daß es ohne Mathematik und ohne Klassiker eine echte Bildung sollte geben können; es war unsinnig zu glauben, daß die natürliche Religion, ein Abhub des Verstandes, das Gemüt des Kindes sollte ergreifen oder gar die tiefen Anschauungen des geschichtlichen Christentums sollte ersetzen können" [1]).

Die Philanthropine sind nicht, wie ihre Gründer gehofft hatten, der Kern einer neuen Kategorie von Bildungsanstalten geworden, und nur eines, das Salzmannsche in Schnepfenthal, hat sich bis über das achtzehnte Jahrhundert hinaus erhalten; aber es fand an diesen Unternehmungen die gouvernementale Schulreform einen ihrer Anknüpfungspunkte. Sie ging in Deutschland von den beiden Militärstaaten Österreich und Preußen aus, welche damit den alten Satz, daß unter den Waffen die Musen schweigen, widerlegten. Das gesteigerte Heerwesen verlangte Steigerung der Steuerkraft des Volkes, dazu bedurfte es der Hebung von Ackerbau, Handel, Gewerbfleiß und diese erschien daran geknüpft, daß man industriellen Sinn, Selbstthätigkeit, nützliche Kenntnis und Fertigkeit im Volke verbreite. So wird die Volksbildung vom national-ökonomischen Gesichtspunkte aus in Angriff genommen; durch Ausbreitung der Schulen und durch Vermehrung und Verbesserung des Unterrichts sollte die Leistungsfähigkeit des Volkes erhöht und der Einzelne „bürgerlich brauchbar" gemacht werden, indem ihm für die neuen an ihn ergehenden Anforderungen Verständnis und Anstelligkeit beigebracht wurden. Doch war dieser Staatsegoismus keineswegs die einzige Triebfeder der Schulreform, vielmehr wurde er gemildert und ver-

---

[1]) Kleine Schriften. Leipzig 1871, I, S. 147, in der Rede auf Friedrich d. Gr. und seinen Staatsminister Zedlitz.

§. 27. Die Schulreform des achtzehnten Jahrhunderts.

edelt durch die humanitäre Tendenz der Aufklärung: mit der besseren Befähigung des Menschen sollte auch dessen Beglückung erreicht werden, die erhöhte Bildung des Volkes sollte die Quelle allgemeinen Wohlergehens werden. Die in den Erlässen und Verordnungen jener Zeit so häufig wiederkehrende Formel von „der landesväterlichen" oder „landesmütterlichen Fürsorge" war bei mehr als einem Herrscher der Ausdruck für eine wirklich zu Grunde liegende Gesinnung. Bei den deutschen Fürsten hat der aufgeklärte Despotismus einen patriarchalischen Zug, der mit mancher Gewaltthätigkeit versöhnt, übrigens aber ein Bevormunden und Gängeln mit sich bringt, welches mit dem Streben der Zeit nach Selbständigkeit und Gebrauch des eigenen Verstandes in seltsamem, aber selten drückend empfundenem Kontraste steht. Von der Unterschätzung der geschichtlichen Elemente des Bildungswesens, von der Überschätzung des Machtbereiches des Staates und von der Neigung durch Machtsprüche das vorwegzunehmen, was nur in langsamem Wachstum reifen kann, sind die Begründer des deutschen Staatsschulwesens so wenig frei, als die Pombal und Tanucci, aber ein gewisser praktischer Blick einerseits und das Entgegenkommen der Bevölkerung andererseits ließ sie die Überstürzungen jener vermeiden.

In Preußen fand die Schulreform an dem von A. H. Francke zu Anfang des Jahrhunderts ins Leben gerufenen Schulwesen einen nicht gering zu schätzenden Stützpunkt. Der Begründer der pietistischen Pädagogik hatte zum guten Teil geleistet, was bei Basedow Versprechungen geblieben waren; die Francke'schen Stiftungen waren das Mutterhaus zahlreicher Anstalten geworden, versahen das lutherische Deutschland mit Schul- und Hauslehrern, seine Schulen mit Lehrmitteln, gaben das Vorbild, den gelehrten Unterricht mit der Unterweisung in praktisch-technischen Dingen zu verbinden. Friedrich Wilhelm I. erkannte die Bedeutung dieser Bestrebungen; seine Principia regulativa vom Jahre 1736, welche für das preußische Volksschulwesen grundlegend sind, zeigen ebenso die Einwirkung Francke's, wie sein Ausspruch: „Wenn ich baue und verbessere das Land und mache keine Christen, so hilft mir alles nichts." Aber auch Friedrich II. betraute einen Anhänger der Halleschen Richtung, J. J. Hecker, mit organisatorischen Aufgaben; dieser ist der Verfasser des Generallandschulreglements vom Jahre 1763, welches bestimmt ist, „der so höchst schädlichen und dem Christentum unanständigen Unwissenheit vorzubeugen und abzuhelfen, um auf die folgende Zeit in den Schulen geschicktere und bessere Unterthanen bilden und erziehen zu können", und derselbe ist der Begründer der Berliner Realschule, welche sich in der Einrichtung wie im Prinzip an die Halleschen Anstalten anlehnt; wie wenig sie, bei aller Pflege der wirtschaftlichen Kenntniszweige in dem flachen Realismus der Philantropinisten aufgeht, zeigt ein Ausspruch von J. Fr. Hähn, Heckers Mitarbeiter: „Die wahre Realität muß in den Dingen gesucht werden, welche zur Beruhigung des Gewissens dienen"[1]). Die eigentliche Aufklärungspädagogik fand an dem Minister von Zedlitz, dem Gönner Basedows und Trapps, einen Anwalt; doch war derselbe kein Doktrinär und er überzeugte sich, daß „man die metaphysische Erziehung der Bauern nicht behutsam genug treiben könne" und daß die Schulmeister, wenn sie keinen Wegweiser wie Rochow haben, „zu Schaden gehen und raisonneurs machen". Für die Folgezeit wurde die von Zedlitz vorbereitete, aber erst 1787 durchgeführte Einsetzung eines Oberschulkollegiums „zur allgemeinen Oberaufsicht über das Ganze des gesamten Schulwesens" von großer Bedeutung. Die Änderung des Systems, die mit der Thronbesteigung Friedrich Wilhelms II. eintrat, welcher das streng kirchliche Ministerium Wöllner berief, that der fortschreitenden staatlichen Centralisierung des Schulwesens keinen Eintrag und in dem 1794 veröffentlichten „Allgemeinen Landrecht" wurden Schulen und Universitäten definiert als „Anstalten des Staates, welche den Unterricht der Jugend in nützlichen Kenntnissen und Wissenschaften zur Absicht haben". Wie die Wechselburchdringung des Staatsgedankens und der Erziehungszwecke auch die Überzeugungen der Schulmänner bestimmte, kann eine Äußerung Eilers' zeigen, der die Gesinnungen,

---

[1]) Programm der Berliner Realschule vom Jahre 1753, bei Biedermann, Altes und Neues von Schulsachen. 1752 bis 1755, Bd. VIII.

§. 27. Die Schulreform des achtzehnten Jahrhunderts.

die ihn als angehenden Lehrer erfüllten, mit den Worten ausdrückt: „Ich betrachtete mein Schulamt als ein Stücklein des königlichen Amtes, indem ich mir das preußische Königtum als eine durch den ganzen Staat waltende sittliche Macht dachte, deren heiligste Aufgabe das Bilden und Erziehen der aufwachsenden Generation ist"[1]).

In Österreich war die Schulreform vor eine weit umfassendere und schwierigere Aufgabe gestellt, als in Preußen, indem sich die Organisation auf ein dreimal größeres Gebiet mit einer heterogenen, zum Teil noch sehr unentwickelten Bevölkerung zu erstrecken hatte und infolge der Aufhebung des Jesuitenordens auch das höhere Schulwesen eine rasche Regelung verlangte. Das Gelingen hing davon ab, ob der Doktrinarismus eines Pergen, der in der Säkularisation des Unterrichts den ersten Schritt sah, oder das konservative Element, dem die Kaiserin selbst zuneigte, die Oberhand gewann. Die theresianische Reform ist von einem praktischen, maßvollen, selbst pietätsvollen Sinne getragen. Der leitende Gedanke ist der der Staatsschule, wie ihn der gelegentliche Ausspruch der Kaiserin: „Das Schulwesen ist und bleibt allzeit ein politicum", treffend ausdrückt; in der Durchführung treten hier und da die Gepflogenheiten des Militärstaats hervor — so in der „Abrichtung" der Lehrer und der Uniformierung des Unterrichts nach der Normalmethode —; die organisierenden Kräfte aber suchte und fand die Kaiserin in schulfreundlichen und -kundigen Geistlichen: die Denkschrift des Grafen Firmian, Fürstbischofs von Passau, „Von der Nutzbarkeit guter Schulen für den Staat und die heilige Religion", gab (1769) den unmittelbaren Anstoß zur Schulreform, die „Allgemeine Schulordnung" des Abtes Felbiger von 1774, die Normen der Durchführung; die Wirksamkeit des Dechanten Kindermann befestigte und erweiterte die neuen Einrichtungen durch Einbeziehung des Industrieunterrichts in die Volksschule; das Eintreten des Piaristenordens in die durch die Schließung der Jesuitenkollegien entstehende Lücke bewahrte dem gelehrten Unterricht seine Kontinuität.

---

[1]) Eilers' Wanderungen, II, S. 177.

So gewann das neue Schulwesen Festigkeit genug, um das Jahrzehnt der josephinischen Experimente zu überdauern, die durchweg von den edelsten Absichten geleitet und im Gebiete der Volksschule nicht ohne reelle Erfolge, doch ein Ablenken von der ursprünglich eingeschlagenen Bahn bezeichnen.

In beschränkterem Maßstabe, aber mit großer, vom Wetteifer gespornter Regsamkeit wurde die Schulreform von den kleineren deutschen Fürsten und Reichsständen betrieben und kaum eines der Länder des vielteiligen Reiches blieb von der allgemeinen Bewegung unberührt. Die protestantischen Staaten knüpften dabei zumeist an den Philanthropinismus an, jedoch nicht ohne einsichtige Mäßigung seiner Forderungen, für die katholischen gab vorzugsweise die österreichische Schulreform den Anstoß und das Vorbild. Wir begegnen unter den Schulorganisatoren neben Männern, welche in der Volksbildung und Schulverbesserung ihren Lebensberuf fanden, Gelehrten wie J. M. Gesner, der in Hannover, J. A. Ernesti, der in Kursachsen wirkte, Schriftstellern ersten Ranges, wie Herder, der in Weimar das Lehrerseminar einrichtete, hochgebildeten Prälaten, wie Franz von Fürstenberg, dem Begründer des Münsterschen Schulwesens. An der Diskussion von Schul- und Bildungsfragen beteiligten sich die hervorragendsten Männer der Zeit; das Für und Wider, welches die Reformpläne wachgerufen, erfüllt nicht bloß die gesprächige Tageslitteratur, sondern beschäftigt Forscher, Denker, Dichter; überall zeigt sich das Bestreben, die neuen Bildungsmotive und -stoffe in das Lehrwesen einzuarbeiten und ihnen in dessen fester, durch die öffentliche Gewalt geregelter Organisation die Wirkung auf die Zukunft zu sichern.

Diese Bemühungen kamen in erster Linie der Volksschule zu gute. Versteht man unter dem Volksschulwesen „den durch die Verwaltung principiell als notwendig anerkannten und durch die Anstalten der Verwaltung (im weitesten Sinne) öffentlich dargebotenen Elementarunterricht"[1]), so ist dasselbe als eine Schöpfung des

---

[1]) Stein, Verwaltungslehre, V, S. 73; bestimmtere Distinktionen unten in §. 30.

§. 27. Die Schulreform des achtzehnten Jahrhunderts.

vorigen Jahrhunderts zu bezeichnen und zwar insofern Deutschland zuzueignen, als es hier die Bahnen einer ruhigen und gleichmäßigen Entwicklung fand. Es beruht auf dem staatlichen Schulregiment, auf der vom Staate angeordneten Schulaufsicht, auf der der Gemeinde oder der Grundherrschaft auferlegten Pflicht der Schulerrichtung und -erhaltung, auf der fachmäßigen Ausbildung der angehenden Lehrer und der Feststellung von Pflichten und Rechten ihres Lehramtes. Diese Principien der Organisation sind allgemein; im übrigen machen sich territoriale Unterschiede geltend. Der Schulzwang, vermöge dessen die Eltern, falls sie nicht in der Lage sind für Hausunterricht zu sorgen, bei Strafe gehalten sind, ihre Kinder in die Schule zu schicken und die Kinder, bis zur Aneignung eines bestimmten Maßes von Kenntnissen in der Schule zu bleiben, wurde nicht zur allgemeinen Institution, sondern blieb auf Preußen und kleinere protestantische Territorien beschränkt; in den katholischen Ländern blieb man bei der Kontrolle der schulmäßigen Kinder und der gütlichen Aufforderung der Eltern stehen; das Privatschulwesen wurde ebenfalls verschieden rechtlich normiert, bald mit größerer bald geringerer Strenge; ebenso zeigt die Uniformierung des Unterrichts und der Lehrerbildung verschiedene Grade, indem bald, wie in Österreich, Methode und Lehrmittel vorgeschrieben, bald nur Fingerzeige dazu gegeben wurden; ebenso finden sich Variationen in Bezug auf den Unterrichtsstoff und dessen Erweiterung durch Realien und industrielle Fertigkeiten.

Nächst dem Elementarunterricht erfuhr die wirtschaftliche Vorbildung die meiste Förderung. Dem XVIII. Jahrhundert gehören die Anfänge fast aller wirtschaftlichen Fachschulen an: der Lehranstalten für Handel, Land- und Forstwirtschaft, Bergbau, Bauwesen, Technik u. s. w.[1]), und ebenso die Begründung der

---

[1]) Die erste Handelsschule erhielt Hamburg 1767; 1770 wurde die Realhandlungsakademie in Wien gegründet, welche später zur Realschule wurde; die älteste landwirtschaftliche Anstalt ist das Georgicon des Grafen Festetics zu Keßthely; 1799 folgte die Schwarzenbergsche Anstalt in Krumau und Thaers Anstalt in Oderbruch. Schemnitz hatte schon 1760 eine Schule für

Realschule. Die 1747 von G. J. Hecker in Berlin ins Leben gerufene Realschule war zuerst nur eine Lateinschule mit fakultativen Lehrkursen zur Ausbildung für den Handels- und Gewerbestand; unter seinen Nachfolgern Silberschlag und Andreas Hecker gliederte sie sich in ein Pädagogium für gelehrte Studien, in eine Kunstschule, in welcher Unterricht in Handelswissenschaften, Baukunst, schönen Künsten, Bergwerkskunde, Artilleriewissenschaften u. a. erteilt wurde, und in eine deutsche oder Handwerksschule. Die Ausprägung des Charakters der Realschule als einer Anstalt, welche die Elemente einer höheren allgemeinen Bildung mit dem der wirtschaftlichen Vorbildung organisch vereinigen soll, gehört dem XIX. Jahrhundert an. Sie hat ihre Vorläufer aber nicht bloß in den Schulen, welche ihre Tendenz auf die Realien im Namen ausdrückten, sondern ebensowohl in den zahlreichen Anstalten, welche aus Lateinschulen hervorgegangen, den Bedürfnissen des bürgerlichen Lebens erhöhte Berücksichtigung gaben; den Bürgerschulen Norddeutschlands, den Hauptschulen Österreichs, den delatinisierten Stadtschulen aller Art, den Mädchen- oder Töchterschulen, der ganzen Kategorie von Lehranstalten, welche nunmehr den Raum zwischen der Elementarschule und der gelehrten Schule zu besetzen begannen.

Den gelehrten Bildungsanstalten hat die gouvernementale Schulreform nicht durchweg Förderung gebracht. Für den Wert autonomer Körperschaften der Wissenschaft und des Unterrichts, wie man sie an den Universitäten überkommen hatte, fehlte der Aufklärungsperiode das Verständnis. Frankreich, das Land der Universitäten, büßte in der Revolution diesen seinen stolzen Schmuck ein und erhielt an den staatlichen Fakultäten der napoleonischen Unterrichtsverfassung einen schwachen Ersatz dafür; in Österreich wurde den Universitäten die Autonomie in Sachen der Lehre und der Vermögensverwaltung entzogen, unter Josef II. selbst mit Herab-

---

Bergbau; die Berliner Bauakademie trat 1799 ins Leben; an der Spitze der polytechnischen Anstalten steht die Ecole polytechnique, welche Monge 1794 in Paris einrichtete.

setzung einzelner Universitäten zu Lyceen vorgegangen, der Unterricht an die vorgeschriebenen Lehrterte gebunden und das Princip ausgesprochen, daß „die wesentlichen Studien in Universitäten für die Bildung der Staatsbeamten nur dienen, nicht aber bloß zur Erzielung Gelehrter gewidmet sein müssen". Friedrich II. ließ es bei der Verordnung bewenden, „daß die Köpfe der Studierenden nicht mit nahrungslosen Subtilitäten verdüstert, sondern aufgeheitert und durch die Philosophie besonders zur Annahme und Anwendung wahrhaft nützlicher Begriffe fähig gemacht werden sollen". Die Gründung von neuen Universitäten, welche als Staatsanstalten ins Leben traten, wirkte auf die Einrichtung der älteren zurück, und besonders hat Göttingen das Seinige dazu beigetragen, die Universitätsverfassung im Geiste der staatlichen Centralisation umzugestalten. Der Universitätsunterricht erfuhr mannigfache Vermehrung: der Jurisprudenz wuchsen die Kameralwissenschaften zu, der Medizin experimentelle Übungen, der philosophischen Fakultät außer den halbwissenschaftlichen Vorträgen über Ästhetik, Erziehungslehre, Tugendlehre, Klugheitslehre, Encyklopädie u. a. die vollwichtigeren über historische Wissenschaften.

IX.

Die moderne Bildung.

§. 28.

In der Bewertung, Richtung und Organisation der Bildungsarbeit zeigt das XIX. Jahrhundert so vielfache Verwandtschaft mit der Aufklärungsperiode, daß die Meinung Platz greifen konnte, dasselbe sei im Grunde nur der Erbe jener oder der Vollstrecker ihres Testamentes. Zwar hat das Schlagwort Aufklärung selbst seinen Zauber, ja fast seinen guten Klang verloren, indem sich ihm die üblen Nebenbedeutungen der Flachheit, Ideenarmut, Poesielosigkeit angeheftet haben, aber in Aussprüchen wie: Wissen ist Macht, Bildung macht frei, und was sonst der Art heute gangbare Münze ist, lebt die Tendenz der Aufklärung fort, das verständige Einzelwesen zur Herrschaft zu berufen und in dessen Verselbständigung und Entlastung die Garantieen seiner Versittlichung zu sehen. Die Schlagworte, die heute ihren Zauber üben: Fortschritt auf allen Gebieten des Schaffens und Lebens, Entbindung und Entwicklung aller Kräfte des Geistes und der Geister, weisen dem Streben ganz ähnliche Ziele, öffnen ihm ähnliche Blicke in lichte Weiten, wie es die Verheißungen der Aufklärer von einer Zukunft voll Menschenglück und Vollkommenheit gethan hatten, und sie lehren, gleich diesen, die Vervollkommnung nicht, wie die Ethik früherer Zeiten, in der Richtung des Strebens, sondern in der darin bethätigten Kraftentfaltung zu suchen. Der Encyklopädismus der Aufklärungsperiode, das Streben, die Bildungsarbeit mit den vielfältigen Forderungen des Lebens in möglichst unmittelbaren Kontakt zu setzen, kennzeichnet auch das Bildungswesen der Gegenwart, welches nicht genug gethan zu haben glaubt, wenn es die Jugend nicht nach allen Richtungen hin für die Kulturarbeit ausstattet, und der Realismus jener Zeit, welcher die Bildungsmittel nach dem greifbaren Nutzen, den sie versprechen, abschätzte, hat in der Neigung unserer Tage zu wirtschaftlicher Bewertung des Wissens und Könnens sein Gegenstück gefunden. Die Aufgabe, vielfältige und nutzbare Kenntnisse allen Schichten der Gesellschaft zuzuführen, intellektuelle Errungenschaften aller Art zum Gemeingute zu machen, geistige Werte in den verschiedensten Formen in Umlauf zu setzen, hat unsere Zeit von dem Jahrhundert der Encyclopédie und der Schulreform überkommen und ihre Lösung im großen Stile unternommen; sie hat die Länder gleichmäßig mit einem Netze höherer und niederer Schulen übersponnen, durch Vervollkommnung der vervielfältigenden Technik und des Verkehrs Jedermann Bildungsmittel zugänglich gemacht, wie sie früher nur den Gelehrten zur Verfügung waren, sie hat der populären Litteratur, den Belehrungsschriften aller Art die Tagespresse an die Seite gesetzt, welche fast noch wirksamer als jene an der Herstellung eines homogenen Vorstellens und Wissens arbeitet. Was im vorigen Jahrhundert seitens der Regierungen für das Bildungswesen geschah, erscheint, von der Gegenwart aus angesehen, nur als Einleitung zu den Maßnahmen des modernen Staates auf diesem Gebiete, und auch die Staatsrechtslehre der Aufklärung findet in den Theorieen von der Staatsomnipotenz ihre Vollendung, welche die ersten Decennien unseres Jahrhunderts hervorgebracht haben. Die Aufklärungspädagogik wirkt in unserer pädagogisch-didaktischen Litteratur und Denkweise noch allenthalben nach; Pestalozzi ist in ihrem Intellektualismus und ihrem Methodenkultus nur allzu befangen, von seinen Schülern erneuerten Dinter und Diesterweg einen modificierten Philanthropinismus und machten ihn zum Glaubensbekenntnis weiter Lehrerkreise; die individualistische Auffassung, wie sie Locke und Rousseau begründet, findet selbst in die philosophische Pädagogik Eingang; die Erziehungslehre der Engländer bewegt sich in den Bahnen eines sensualistischen oder materialistischen Utilitarismus und hat den Vorschlag Trapps, der Pädagogik ihre Stelle in dem medizinischen Studienkreise zu geben, fast schon zur Durchführung gebracht.

Über den Analogien und Bindegliedern zwischen dem modernen Bildungswesen und dem der voraufgegangenen Epoche dürfen aber die Elemente und Impulse, die jenem eigentümlich und diesem heterogen sind, nicht übersehen werden. Der Eintritt des XIX. Jahrhunderts wird durch eine Wendung in der Weltanschauung und in den Bestrebungen bezeichnet, welche zunächst eine resolute Abwendung von den Idealen des philosophischen Jahrhunderts ist. Sie hängt mit den erschütternden Eindrücken zusammen, welche der Verlauf der französischen Revolution und der jähe Aufschwung des Kaiserreichs auf die Zeitgenossen machte; jene hatte die historischen Grundlagen der Gesellschaft umgestürzt, dieses das europäische Staatensystem aus den Angeln gehoben und das nationale Selbst der Völker, die ihm erlegen waren, bedroht. Die Empfindung war eine allgemeine, daß man der Auflösung aller bestehenden Verhältnisse, der Verarmung an den teuersten Gütern des Lebens entgegentreibe, und es erwuchs das Bedürfnis, sich um so fester an das anzuklammern, was noch irgend Halt zu geben versprach. Nicht mehr auf Aufhellung des Verstandes, sondern auf Erstarken des Willens, auf „tiefes Gewissen und tapferes Können" ging die Forderung der Besten der Zeit; es galt nicht mehr, den Geist von dem Drucke der Überlieferung zu entlasten, im Gegenteile in dieser die Anker gegen den Wogenschwall der Zeit zu suchen, sich geistig aufzurichten an den Thaten der Ahnen und den Schöpfungen der Vorzeit. Man erkannte, daß jene Verselbständigung des Individuums, auf welche der Zeitgeist gedrungen hatte, im Grunde die Vereinzelung und Loslösung desselben von den Wurzeln seiner Kraft sei, und erblickte in ihr Selbstsucht, socialen Egoismus, moralischen Atomismus, von dem

§. 28. Charakter der modernen Bildung.

eben die Untergrabung der Ordnung und die Entnervung des Gemeinwesens, wie sie so erschreckend zu Tage getreten, herrühren. Als ebenso schädlich verwarf man nunmehr auch jenen Kosmopolitismus, der sich darin gefallen hatte, auf der einen Seite über die nationalen Unterschiede hinaus ein abstraktes Weltbürgertum zu suchen, auf der andern den Glaubensinhalt der historischen Bekenntnisse in eine farb- und marklose Menschheitsreligion aufgehen zu lassen; man erblickte vielmehr im Volkstum ein hehres, unveräußerliches Erbe und in der Kirche den Eckstein für den Neubau der Gesellschaft. Das Jahrhundert der Aufklärung erschien nun als eine Periode der Selbstentfremdung, der Preisgebung der wahren Güter des Lebens, der Unterwühlung der Stützen der Ordnung; man griff über dasselbe hinaus zu älteren Gestaltungen zurück und brachte gerade den Zeitraum, der kurz vorher am abfälligsten beurteilt worden war, am meisten zu Ehren: das Mittelalter als die Blütezeit des christlichen Idealismus und des germanischen Geistes.

Es war eine Renaissance von historischen, nationalen, christlichen Elementen, welche sich in jenen Tagen des durch den äußeren Druck gesteigerten Innenlebens vollzog; sie war, wie jede gewaltsame Wendung in der Denk- und Empfindungsweise, nicht frei von Unklarheiten, Übereilungen, Ungerechtigkeiten, sie hat sich in der Romantik, der Deutschtümelei, der Restaurationspolitik Formen gegeben, welche der Geschichte angehören; allein ein Reinertrag derselben ist der Folgezeit zu gute gekommen und hat auch auf die Bildungsarbeit teils klärend, teils vertiefend und konsolidierend eingewirkt. Jene Renaissance zu Beginn unseres Jahrhunderts hat uns über den vagen Kosmopolitismus der Aufklärungsperiode hinausgehoben, dem einseitigen Politismus Gegengewichte gegeben, die historische Auffassung der Bildungsarbeit begründet.

Man kann zwar nicht schlechthin das XVIII. Jahrhundert das kosmopolitische, das XIX. das der nationalen Tendenzen nennen, denn jenes hat, indem es die Popularisierung zahlreicher Bildungselemente vornahm, zugleich deren Nationalisierung bewirkt und dieses hat einen Verkehr in Gang gesetzt, welcher den Völkern Weltperspektiven eröffnet und ihre Wechselbeziehungen außerordentlich gesteigert hat. Aber es war ein kosmopolitisches Ideal, welchem jenes nachhing, ein europäischer Patriotismus, den es zu pflegen für Pflicht hielt, ein Hinausstreben über die Menschheitsfragmente, als welche die Nationalitäten erschienen, zur ganzen Menschheit, worauf der Zeitgeist hinwies, während in unserer Zeit gewisse nationale Instinkte zur Wirkung gekommen sind, welche der Angleichung der Völker sehr bestimmte Grenzen ziehen und nachdrücklich auf die Pflege der volkstümlichen Eigenart hinweisen. Die aus ihnen erwachsenen Bestrebungen haben nicht durchgängig gute Früchte gezeitigt; sie haben vielfach mit der weltbürgerlichen Schwärmerei der älteren Zeit zugleich den humanen Zug, der jener zur Ehre gereicht, zurückgedrängt, sie beunruhigen und gefährden solche Staatskörper, denen verschiedene Nationalitäten angehören, sie lassen Verschiedenheiten innerhalb der Nationalitäten unterschätzen und treiben zu deren Nivellierung an. Dennoch darf die Restauration der nationalen Elemente in Leben und Bildung als ein Fortschritt angesehen werden; es ist doch gut, daß Rousseaus Vorhaben, die Wörter: Bürger und Vaterland aus den Wörterbüchern zu streichen, nicht ausgeführt worden, sondern daß sie vielmehr fett gedruckt darin stehen geblieben sind, daß jene Anschauung, alle Besonderheit trübe den Menschen an sich, und alle Gebundenheit sei eine Fessel seiner Freiheit, dem Verständnis und Bedürfnis der social-ethischen Bewurzelung, wennschon zunächst nur im Volkstume, zu weichen beginnt. Diejenige Humanität hat die sicherste Grundlage, welche das Humane in sich hineingearbeitet, das in dem Volkstum niedergelegt ist, dem der Einzelne die ersten Menschheitsgaben verdankt; die plastischen Kräfte desselben sollen nicht bloß unbewußt und verstohlen an der geistigen Gestaltung mitschaffen, sondern befugt sein, sie einzuleiten, zu begleiten, abzuschließen; die höhere Bildung, die ihr Schiff mit Gütern der Fremde und Ferne zu befrachten unternimmt, soll den heimischen Port nicht vergessen, von dem sie ausgelaufen ist, in den sie zurückkehren wird. Die Volksbildung soll nicht dabei stehen bleiben, „verständige und brauchbare Menschen" herzustellen, sondern dazu vorschreiten, die Jugend aller Schichten der Gesellschaft zu Nationsgenossen zu erziehen und ihr damit an Gütern Anteil geben, welche aller Stände Eigentum und Gaben der Geschichte sind. Diese Güter gehören dem Geiste, dem Gemüte, der Erinnerung an, sind also ideale und haben doch eine so greifbare Verständlichkeit; so sind sie ein Wahrzeichen dafür, daß auch ein Ideales wesenhaft und vollkräftig sein kann und für eine Zeit, welche, um sich des Realismus der materiellen Interessen zu erwehren, alle idealen Momente der Bildung zusammenzuhalten und zu stärken Grund hat, ist auch der nationale Idealismus ein nicht zu unterschätzender Faktor.

Nicht minder bedeutsam als die Überwindung des falschen Kosmopolitismus ist der, sich in unsern Tagen vollziehende Bruch mit dem **Politismus** der vorausgegangenen Zeit, wenn man mit diesem Namen die Anschauung bezeichnen darf, nach welcher einzig und allein der Staat der berufene Träger der menschlichen Kollektivthätigkeit, „der Mensch im Großen", ist. Sie hat ihre letzten Wurzeln in der Staats- und Rechtslehre des Altertums, wurde von den Legisten des Mittelalters und den Naturrechtslehrern der Renaissancezeit großgezogen, bildete den theoretischen Ausdruck des Polizeistaates und wirkt in der modernen Idee des Kulturstaates nach, ist aber durch die historische und organische Betrachtungsweise in ihren Grundlagen erschüttert worden. Man ist davon zurückgekommen, im Volke nur Bevölkerung, in der wirtschaftlichen Thätigkeit nur Einnahmsquellen des Fiskus, in der Kirche eine Staatsanstalt für Glauben und Kultus zu sehen. Mag nun auch die Entwicklung des öffentlichen Bildungswesens im ganzen noch die Linie einhalten, welche ihm die ältere Polizeiwissenschaft gezogen, so sind wir doch über die Staatspädagogik hinaus, welche dabei zu Grunde lag. Der Apparat der Geisteskultur kann zwar der Regelung durch den Staat nicht mehr entbehren und die Bildungsarbeit bedarf der rechtlichen Formen, welche ihr von der öffentlichen Gewalt kommen müssen; aber Apparat und Formen sind nicht die Sache selbst; alle Zurüstungen und Abmarkungen sind nichts ohne die spontan wirkenden und webenden Kräfte, welche die Verwaltung nicht schaffen kann, sondern vorfinden muß. Der Staat ist nicht der Bildner des Volkes, sondern bestenfalls der Verwalter seines Bildungskapitales und dieses ist zum geringsten Teile flüssig und baar zu seiner Verfügung, vielmehr auf verschiedenen Grundstücken intabuliert, bei mehrerlei Instituten hinterlegt. Die geistige Nationalökonomie oder Lehre von der intellektuellen Volkswirtschaft liegt zwar noch in weitem Felde, aber daß es etwas Derartiges geben sollte und zu suchen sei, gehört zu den besten, wenngleich noch nicht eben verbreiteten Einsichten unserer Zeit.

Die Wendung zur historischen Ansicht ist mehr und mehr der Wissenschaft und damit dem Inhalte der Bildungsarbeit zu Gute gekommen. Die Forschung historisch zu fundieren, ist für die moralischen Wissenschaften ein leitendes Prinzip geworden, und auch die Naturwissenschaften haben demselben Eingang gewährt. Der Unterricht hat mittelbar, die Auffassung der Bildung unmittelbar Vorteil daraus gezogen: der Gedanke, daß die Bildung historisch fundiert sein müsse, ist Gemeingut der denkenden Pädagogen geworden. Es wird heute bei den Altertumsstudien der Jugend nicht sowohl auf deren ästhetischen Wert und formalbildende Kraft, sondern vielmehr darauf Gewicht gelegt, daß sie uns an die Wurzeln unserer Kultur und Bildung führen, uns das Verständnis des Eigenen erschließen, indem sie zeigen, worauf sich dasselbe gebaut hat. Die gleiche Frage: „Woher das Unsere?" giebt man dem Studium der Muttersprache in ihren älteren Formen und Denkmälern zum Richtmaße; es soll die Voraussetzungen unserer Entwicklung, so weit sie innerhalb der nationalen Vergangenheit liegen, zum Verständnis bringen; auch der Religionsunterricht wird im gleichen Sinne herangezogen, um das historische Verständnis des christlichen Elementes in unserer Gesittung und Kultur zu vermitteln; man fordert vom Geschichtsunterrichte, daß er mehr biete als Darstellungen von Kriegen und Staatsaktionen, daß er Zeitbilder vorführe und erkläre, Verständnis für die Zeitfarbe gebe, auf den historischen Hintergrund der ganzen Mannigfaltigkeit unseres Lebens achten lehre. Die Idee einer genetischen Methode, welche einen Erkenntnisinhalt an der Hand seiner geschichtlichen Entfaltung vor und in dem Geiste des Lernenden erstehen läßt, ist derselben Auffassung erwachsen und sie kann das recht eigentlich moderne Problem der Methodik genannt werden[1]). Nicht alles, was in dieser Richtung unternommen worden, ist gut zu heißen; auch das historische Prinzip ist der Übertreibung und falschen Anwendung ausgesetzt, und es giebt einen Historismus wie es einen Naturalismus giebt, welche beide in der modernen Entwicklungslehre sich die Hand reichen, die den Thiermenschen an die Pforte der Geschichte stellt. Es ist Historismus, über den wechselnden Gestalten die bleibenden geistigen Potenzen zu übersehen, über der Entwicklung das zu vergessen, was sich ent- und auswickelt[2]). Die historische Auffassung der Bildung kann dieser Einseitigkeit verfallen, teils dadurch, daß sie die bleibenden Beziehungspunkte aller Bildungsarbeit: die Natur des Geistes und die Bestimmung des Menschen unterschätzt, teils dadurch, daß sie, bei den Thatsachen stehen bleibend, deren Beziehung auf das lebendige sittliche Bewußtsein unterläßt oder — um den Schleiermacherschen Vergleich anzuwenden — vergißt, daß die Geschichte das Bilderbuch der Sittenlehre, diese aber das Regelbuch jener ist. So sind klassisches und nationales Altertum und noch weniger das Christentum genug gewürdigt, wenn sie als Quellen des historischen Verständnisses der Gegenwart geschätzt werden, ist der Bildungsgehalt der Geschichte nicht erschöpft, wenn sie als Kulturbeschreibung gefaßt wird, und hat die Historisierung des Erkenntnisinhaltes nur bedingte Anwendung und selbst bedingten Wert für die Bildung. Aber die Fehler in der Anwendung des historischen Prinzips kommen nicht in Betracht gegenüber der Förderung und Konsolidierung, welche ihm die Bildungsarbeit verdankt. Es hat das Streben wachgerufen, keinen einmal errungenen Punkt der Bildung

---

[1]) Siehe b. S. 72 f. und Abschnitt IV im zweiten Bande.
[2]) Vgl. die treffenden Bemerkungen bei Eucken, Geschichte und Kritik der Grundbegriffe der Gegenwart. Lpzg. 1878, S. 132 f.

wieder verloren gehen zu lassen, den Stammbesitz, welcher das alt-
und neuerworbene Lehrgut darstellt, zusammenzuhalten und keiner
wechselnden Zeitströmung preiszugeben. Das historische Prinzip ist
ein Damm gegen die Rückkehr der Barbarei der Aufklärung, welche
mit allem aufzuräumen bereit war, was dem Zeitgeschmack nicht
entsprach. Die Einsicht, daß unsere Bildung ihre Nahrung nicht
bloß aus den geistigen Regungen der Gegenwart saugt, sondern
gewisse in die Vergangenheit eingebettete Wurzelstöcke hat und auf
dem Stamm einer menschlichen Bildung ruht, dem die Geschichte
die Jahresringe angesetzt, ist stark genug, um einer Invasion
des Utilitarismus oder Amerikanismus einigermaßen standzuhalten
und den in Aussicht gestellten Primat der Naturkunde, Gesundheits-
lehre, Technologie u. s. w. auf unsern Schulen noch eine Weile zu
vertagen.

Die der Renaissance zu Anfange unseres Jahrhunderts entstammenden Elemente und Impulse haben der Verarmung und
Verflachung der Bildung gewehrt, zu welcher das Aufklärungsprinzip
hätte führen müssen, allein es hieße zu optimistisch sein, wenn man
darum der modernen Bildung wahren Reichtum und echte Tiefe
zusprechen wollte. Was ihr dazu fehlt, ist die Kraft, die Menge
des Stoffes und die Vielheit der Gesichtspunkte auf ein leitendes
und organisierendes Prinzip zurückzuführen. Ein solches gebricht
unserer Zeit und wenn man die Geisteskultur älterer Perioden
kurzweg und treffend nach gewissen dominierenden Anschauungen und
Tendenzen bezeichnen kann, würde man in Verlegenheit sein, einen
ähnlichen Ausdruck für die moderne Bildung zu finden. Sie nach
dem historischen oder dem nationalen Prinzipe zu benennen, hieße
die Tragweite dieser überschätzen und ihre Stellung als bloß mit-
wirkender Faktoren verkennen. Die Gegenwart nimmt von allen
früheren Perioden an und möchte deren Bildungsideale auf ihren
Boden verpflanzen; sie ist empfänglich für die Schönheit des Griechen-
tums, für den begeisterten Aufschwung der Renaissance, für die
gediegene Wissensfülle der älteren Polymathie, sie möchte aber auch

§. 28. Charakter der modernen Bildung.

den christlichen Idealismus nicht missen, der die Münster getürmt und Dantes Geist befittigt hat; und unbegnügt damit, das Große, Schöne, Treffliche aller Zeit und aller Art in unseren Garten zu pflanzen, wollen wir es auch als Nutzpflanze und Futterkraut auf weiten Fluren angebaut sehen; wir glauben keinem Bildungsmittel genug gethan zu haben, wenn es nicht gebucht, ja, sit venia verbo, geschulbucht, der regulierten Lernarbeit einverleibt wird. Wenn sonst der Ekletticismus etwas Leichtes und Leichtfertiges hatte, so ist der unserige gründlich und pedantisch; wenn sonst die Polymathie der Liebhaberei überlassen blieb, so machen wir sie zu einer Sache der Pflicht.

Zu der Polymathie der Schulbildung aber steht die Teilung der Arbeit, wie sie im modernen Wissenschaftsbetrieb Platz gegriffen hat, in schneidendem Widerspruche. Während in älterer Zeit die Jugendbildung weniger vielseitig war, aber das, was sie angelegt hatte, mit einer gewissen Breite im Leben fortwirken konnte, geben wir dem Grundbau eine außerordentliche Ausdehnung, während sich der Ausbau rasch zu einer engbegrenzten und specialisierten Leistungsfähigkeit zuspitzt. Wir neigen dazu, unsere geistige Arbeit nach dem Prinzipe der Fabrik einzurichten, daß Jeder nur Eines recht machen könne, und machen gleichzeitig das Widerspiel der Fabrik, die Polytechnik, zum Prinzipe der Jugendbildung. Allgemeine Bildung und Fachbildung sind heterogen geworden; jene geht in alle Weiten, diese zwingt die Kraft in einen Punkt zusammen. Aber zwischen beiden besteht noch ein zweites Mißverhältnis; während die rechte Bildung, sei sie allgemeine oder berufliche, Kenntnisse und Fertigkeiten gleichmäßig in sich schließt, gravitiert unsere allgemeine Bildung nach Seiten der Kenntnisse, unsere sachliche nach Seiten der Fertigkeit; auf den Schulen wird viel gelernt und wenig geübt, das Leben dagegen fordert intensive Ausübung und wirft die Wissensfracht zum größten Teile über Bord. Unser Studiensystem ist der Antipode des Systems der freien Künste: unser Können ist professionell und unsere liberale Bildung ist Wissen; in geistigen Dingen kennen wir nur Belehrung, nicht aber Schulung, welche dem illiberalen Gebiete überlassen bleibt. Wenn wir unterrichten, sind wir nur Lehrer; das Stück Meister, das sonst im Lehrer steckte, ist uns abhanden gekommen, wie denn unsere Schulmeister diesen Ehrentitel mit dem weniger sagenden: Schullehrer vertauscht haben.

Den Wurzeln dieser beiden Mängel unseres Bildungswesens: des stillosen Eklekticismus und der Diskrepanz von Schule und Leben nachgehen, hieße das ganze moderne Wesen der Analyse unterziehen; davon absehend und auf dem Boden der Bildungsarbeit stehen bleibend, wird man vornehmlich zwei Ursachen jener Erscheinungen finden. Goethe hat es als ein allgemeines Hindernis harmonischer Gestaltung bezeichnet, daß „bei dem Fortrücken der Kultur nicht alle Teile des menschlichen Wirkens und Umtreibens, an denen sich die Bildung offenbart, in gleichem Wachstum gedeihen, vielmehr einer dem anderen voreilen und ein allgemeineres Interesse erregen muß", woraus „ein gewisses eifersüchtiges Mißverhältnis bei den Gliedern der so mannigfaltig verzweigten großen Familie entsteht"[1]); es dürfte dies aber vorzugsweise auf die neuere Bildung Anwendung finden, bei welcher jenes Voreilen und Mißvergnügen ein harmonisches Familienverhältnis keiner Zeit aufkommen ließ. In gewissem Betracht störte schon die Dialektik der scholastischen Periode das Gleichmaß, mehr noch die Philologie der ersten Renaissancezeit, die nicht ohne Gewaltsamkeit den Primat unter den Bildungselementen an sich riß, um nachmals wieder Anfeindungen seitens der Dialektik der Aufklärung zu erfahren. Diese aber wirkte wie auf Staat und Gesellschaft, so auch auf das Reich der Geisteskultur atomisierend und schob derselben an Stelle der älteren idealen Beziehungspunkte die verständlicheren unter, welche sich dem isolierten Subjekte darbieten. Die Renaissance unseres Jahrhunderts rehabilitierte ältere Elemente und wehrte dem Utilitarismus, ohne doch dessen Wurzeln ausreißen zu können. Die moderne Bildung hat, so zu sagen, den Kampfplatz der verschiedenen Bildungsprinzipien

---

[1]) Werke in der Ausgabe letzter Hand, Bd. XXXVII, S. 50 (Winkelmann).

§. 28. Charakter der modernen Bildung. 391

überkommen und mit ihm das Friedensbedürfnis, wie es durch Trümmer wachgerufen wird; sie will jedem gerecht werden und Eintracht herstellen und strebt die alten Einseitigkeiten in ihrer Vielseitigkeit aufzuheben; sie ist ein Kompromiß von Humanismus, Realismus und Romantik, sie verbindet Renaissancestil, Zopfstil und Gothik, gleichsam dieselbe Stilmischung ins Innere übertragend, welche unsere Straßen und Plätze dem Auge aufdrängen. Mit dem Ausgleich der Bildungselemente ist aber jenes Familienverhältnis noch nicht hergestellt; Zusammenwohnen ist noch nicht Eintracht, mit dem Summieren ist das Verschmelzen noch nicht gegeben. Damit hängt nun auch die zweite Ursache der Mängel unserer Bildung zusammen. Wir vermeinen die Bildung durch Addition der Bildungselemente zu erzeugen, wir sind darauf bedacht, was man den Körper der Bildung nennen könnte, und erwarten, daß die Beseelung nicht ausbleiben werde, wenn jener hergestellt ist. Diese mechanistische Grundauffassung liegt ebensowohl dem Eklekticismus der allgemeinen Bildung, als der specialisierenden Tendenz der modernen Wissenschaft zu Grunde: jene will ein Lebendiges herstellen durch Zusammenführen von Atomen, diese ein Lebendiges erkennen durch Zerfällen in Atome. Nun ist uns zwar die Idee des Organischen nicht eben verloren gegangen, ja sie ist uns wiedergegeben worden, als sie verloren schien, und wurde auch für die Bildungsarbeit als Postulat geltend gemacht, aber sie ist eben ein Postulat und kein treibendes Prinzip; das Mechanische klebt uns an, auch wenn wir es theoretisch überwunden haben, unsere Atmosphäre ist damit gesättigt und wir athmen sie, wenn wir gleich darüber hinausstreben.

So sind es allenthalben Widersprüche, welche das moderne Bildungsstreben aufweist und doch wäre es unbillig, ihm allein solche zuzuschreiben: in ferner liegenden Zeiten entzieht sich das Ringen und Gähren leicht dem Blicke, der die festen Gestaltungen sucht; wir sehen da die Widersprüche nicht, oder wenn wir sie sehen, empfinden wir sie nicht, während die der Gegenwart, ungebrochen durch das Medium der Zeitferne, sich der Betrachtung wie dem Gefühle aufdrängen.

§. 29.

Die Stärke der modernen Bildung liegt in der Mannigfaltigkeit ihres Inhaltes; nicht bloß ist die Zahl der dazu beitragenden Wissenschaften gewachsen, sondern es sind die Beiträge selbst größer geworden und es ist darin neuer, vordem unbehobener Bildungsgehalt zu Tage getreten; ältere Fachwissenschaften sind Bildungsdisciplinen geworden und ältere Bildungsdisciplinen haben sich als Fachwissenschaften konstituiert, ohne darum ihre Beisteuer zur Bildung zurückzuziehen. Letzteres trifft zumeist auf die Disciplin zu, welche uns als Erbgut der Renaissanceperiode überkommen ist und die der Ungunst der Aufklärungszeit eine genügende Resistenzkraft entgegensetzte, die Philologie. Die ältere Philologie war wesentlich eine Bildungswissenschaft, ihre Stellung in der universitas litterarum eine propädeutische; sie war die grundlegende Disciplin, das Lebenselement der gelehrten Bildung, wurde aber durch diese ihre Stellung von fachwissenschaftlicher Ausgestaltung abgehalten. Bei ihrem allgemeinen und flüssigen Charakter blieb es unentschieden, ob sie in der Sprache und Sprachkunst ihr Objekt habe, oder die ganze antiquarische Erudition in sich fassen, ja zur Polyhistorie sich ausbreiten solle; und ebensowenig war es ausgemacht, ob die Sprache und Litteratur der beiden klassischen Völker ihren Bezirk bilde, oder ob dieser auf gelehrtes Sprach- und Litteraturstudium aller Art auszudehnen sei. Es war unserer Zeit vorbehalten, die Aufgabe der Philologie in aller Schärfe zu bestimmen, ihr Gebiet gegen die Nachbarwissenschaften abzugrenzen, von dem alten Stamm neue Ableger zu gewinnen. Nach der modernen Auffassung hat die Philologie zur Aufgabe: die ideale Rekonstruktion der Gesammtthätigkeit eines Volkes; sie nimmt ihren Platz unter den historischen Wissenschaften im weiteren Sinne, aber während die Geschichte eines einzelnen Gebietes der menschlichen Bethätigung „sich in einer Linie der Entwicklung hinzieht, faßt die Philologie diese Linien alle

§. 29. Der Inhalt der modernen Bildung.

in ein Bündel zusammen und legt sie von einem Mittelpunkte, dem Volksgeiste, aus, wie Radien eines Kreises auseinander" [1]). Geschichtswissenschaft und Philologie bewegen sich beide auf dem Boden der historischen Erscheinungen, aber sie fassen dieselben zu verschiedenen Einheiten zusammen: jene verfolgt als Staatengeschichte die politischen Gestaltungen und Ereignisse durch verschiedene Völker hindurch, als Kunstgeschichte die künstlerische Produktion verschiedener Zeiten und Länder, als Geschichte der Philosophie die spekulative Arbeit des menschlichen Geistes unangesehen der nationalen Besonderheiten; die Philologie hat es nun ebenfalls mit Staat, Kunst, Philosophie u. s. w. zu thun, aber nur insofern sie Momente eines bestimmten nationalen Daseins sind; sie hat als klassische Philologie die Totalität des Lebens der beiden klassischen Völker zum Gegenstande, als Sanskritphilologie das indische Wesen nach all seinen Erscheinungsformen, als germanistische den älteren Lebensstand des deutschen Volkes u. s. w. Daß dabei von allen Richtungen des nationalen Schaffens das größte Gewicht auf die Sprache und die Litteratur fällt, bringt die Aufgabe der Philologie mit sich, da sich in denselben der Volksgeist vornehmlich ausgeprägt hat; und wenn die Geschichtswissenschaft die Sprache als Schlüssel, Schriftwerke als Quellen verwendet, so thut die Philologie das Gleiche, aber sie sieht darin zugleich ein Objekt der Forschung, dessen Erkenntnis für ihre gesamten Untersuchungen eine grundlegende ist; um den Geist des gewesenen Völkerlebens zu bannen, muß sie ihm zurufen: „Sprich, damit ich dich sehe!"

Diese, von F. A. Wolf vorbereitete, von Boeckh philosophisch geklärte und methodisch durchgeführte Auffassung erhebt die Philologie zu einem eigenen Gebiete wissenschaftlicher Forschung und giebt für ihre Verwendung als Bildungsdisciplin neue Direktiven. Sie wehrt einerseits der Beschränkung derselben auf Sprachstudien und andrer-

---

[1]) Reichardt, Die Gliederung der Philologie, Tübingen 1846, S. 69, Boeckh, Encyklopädie und Methodologie der philologischen Wissenschaften, herausgegeben von Bratuschek, Leipzig 1877, S. 19 f., und Steinthal, Philologie, Geschichte und Psychologie. Berlin 1861.

seits ihrem Auswachsen zur Polymathie; sie giebt der Schulphilologie den Antrieb, auf Sprachunterricht und Autorenlektüre einen Widerschein der Arbeit der Wissenschaft fallen zu lassen, ja, wenngleich in verkleinertem Maßstabe und ins Enge gezogen, auch ihres Orts jene ideale Rekonstruktion des Altertums zu unternehmen. Der klassische Unterricht der Gegenwart trifft die Auswahl der Autoren mit mehr Rücksicht auf deren Inhalt, als dies früher geschah; Chrestomathieen, welche bloß Sprachstoff vorlegen, sind für die mittleren und höheren Stufen fast ganz abgekommen, und gewichtige Stimmen sind laut geworden, auch den unteren Stufen eine inhaltsvollere Lektüre, als sie die Sätzchen der Übungsbücher darbieten, zu gewähren. Wir besitzen Kommentare von Schulautoren, welche bemüht sind, das Stück Altertum, welches der Autor repräsentiert, gleichsam mit allen Wurzeln auszuheben und durch Abbildungen, Specialkarten, anschauliches Detail auf Belebung der Lektüre hinzuwirken. Die Forderung der alten Didaktiker: Sprach- und Sachinteresse durchgängig zusammenzuhalten, wird nicht nur in ihrer Berechtigung anerkannt, sondern auch weitergebildet; die neuere Methodik des klassischen Unterrichts bringt im Sinne der modernen Hermeneutik auf ein solches Lesen, welches aus der sprachlichen Form den Gedankengehalt herausarbeitet, indem es sich den feinsten Wendungen des Ausdruckes einschmiegt und doch über den Worten schwebt, um den engeren und weiteren Zusammenhang des Ausgedrückten zu ergreifen. Der Lehrbetrieb mag hinter dieser Forderung zurückbleiben; diese selber ist eine Errungenschaft, welche die ältere Methodik nicht besaß, die entweder nur auf die Kunstform der Sprache oder auf die sachliche Ausbeute zu gelehrter Kompilation Bedacht nahm.

Während die klassischen Schulstudien der älteren Zeit das Lateinische weitaus vor dem Griechischen bevorzugten, ist jetzt ein gewisses Gleichmaß zwischen beiden alten Sprachen hergestellt. Selbst in der Blütezeit der Renaissance war der griechische Unterricht nie so verbreitet, zeitlich ausgedehnt und methodisch abgestuft, wie heutzutage, wo der Wegfall des praktischen Wertes der Latinität den

§. 29. Der Inhalt der modernen Bildung.

Griechen Raum gemacht und das Verständnis für die Selbwüchsigkeit und harmonische Fülle des griechischen Wesens sich Bahn gebrochen hat. Auf den kühnen Plan einzelner älterer Humanisten, dem Griechischen im Unterricht nicht bloß ein Übergewicht, sondern die Priorität zu geben, ist mehrfach zurückgegriffen worden und die moderne Auffassung des Altertums bot neue Gründe dafür dar. Die deutschen Patrioten der Freiheitskriege, wie Fichte, Fr. Passow, Fr. Koch, legten das Gewicht auf die innere Verwandtschaft des griechischen Geistes mit dem germanischen; andere, wie Herbart, Dissen, Fr. Thiersch wiesen auf die Übereinstimmung der dichterischen und historischen Schöpfungen des griechischen Genius mit dem jugendlichen Sinne hin und wollten den Unterricht, von Homer anhebend, in lebensvollen, an klassische Werke geknüpften Zeitbildern fortschreiten lassen; wieder andere gewann das genetische Moment eines derartigen Verfahrens, welches das Werden und Wachsen des antiken Geistesinhalts verfolgen läßt, während das gewöhnliche die erste, frischeste Empfänglichkeit auf abgeleitete Erscheinungen verschwendet und zu den ursprünglichen erst gelangt, wenn die Kraft des Aufnehmens schon nachgelassen. Die Unterrichtspraxis hat dem gegenüber den Wert, welchen ein auf das Lateinische gebauter Elementarunterricht für die Bildung des Sprachbewußtseins besitzt, höher veranschlagt und, bei der Maxime beharrend: „Aus der lateinischen Werkstätte in die Säle der Griechen", sich gegen jene Reformversuche ablehnend verhalten; aber dieselben haben als Ferment doch nachgewirkt und teils zur Hebung des griechischen Unterrichts, teils zur Begründung des Verständnisses für das Zusammenarbeiten von klassischem und Geschichtsunterricht und für den Bildungswert einheitlicher, zusammenhängender Stoffe beigetragen[1]).

Durch die Ausdehnung der philologischen Forschung auf die neueren Sprachen hat das Studium derselben, für welches

---

[1]) Die Erörterung dieser und anderer Principien und Unternehmungen der neueren Didaktik wird in den folgenden Abschnitten ihre Stelle finden; hier sind sie nur als Züge der modernen Bildungsarbeit aufzuweisen.

früher nur praktische Gesichtspunkte Geltung gehabt, eine wissenschaftliche Unterlage erhalten; doch hat sich der Lehrbetrieb die daraus entspringende Förderung erst in geringem Maße angeeignet; der Elementarunterricht in der Muttersprache steht, zumal in Deutschland, noch unter der Herrschaft des logischen Formalismus, der von Pestalozzis Schule ausgegangen ist und welchem nicht daran liegt, den Sprachkörper als solchen kennen zu lernen und die ihm eigene Technik zur Aneignung zu bringen, sondern mit den sprachlichen Verhältnissen Verstandesübungen vorzunehmen. Die vergleichende Sprachforschung hat ebenfalls erst angefangen auf den Sprachunterricht zu wirken; von der Laut- und Formenlehre ausgegangen, schreitet sie vorsichtig und langsam in das Gebiet der Syntax vor, dessen Bewältigung ihr erst einen konstitutiven Einfluß auf die Sprachlehre in Aussicht stellt. Der mehrfach rege gewordene Wunsch nach einer Parallelgrammatik der auf Schulen betriebenen Sprachen ist so noch nicht verwirklicht worden; die zu diesem Zwecke erforderliche Revision der grammatischen und der logisch-grammatischen Kategorieen fällt allerdings nicht der Sprachwissenschaft allein, sondern zugleich einer bis an das Gebiet derselben sich vorschiebenden Logik als Aufgabe zu.

Blickt man auf die mannigfachen Gaben und Anregungen, welche wir der reformierten Philologie danken, und auf den geregelten Betrieb des Sprachunterrichts auf unsern Schulen, so kann man meinen, daß die moderne Bildung nach Seiten der Sprache und Sprachkunst auf das Beste bestellt sei. Allein es ist doch nicht so und es macht sich hier die moderne Einseitigkeit, über den Kenntnissen die Fertigkeiten zu versäumen, besonders geltend. Allenthalben werden Klagen laut, daß das sprachliche Können zu kurz komme: die Volksschule bringe es nicht dazu, daß die Kinder ihre Muttersprache korrekt schreiben, das Gymnasium entlasse Schüler, die keinen Aufsatz zu Stande bringen, unterrichtete Leute seien unfähig, ihre Gedanken einigermaßen klar und geschmackvoll darzulegen. Ein feiner Kenner des Altertums und der Renaissance sagt, daß „uns in Reden und Schreiben überall die Formlosigkeit nachgehe,

§. 29. Der Inhalt der modernen Bildung.

und unter hundert unserer Gebildeten kaum einer von der wahren Kunst des Periodenbaues eine Ahnung besitze"; er würdigt, was die Alten an ihrer Rhetorik besessen: „eine unentbehrliche Ergänzung ihres gesetzlich schönen und freien Daseins", während bei uns „das Schönste und Zarteste neben derben Barbareien wohnt und unsere Vielgeschäftigkeit uns nur nicht die Muße läßt, daran Anstoß zu nehmen"¹). Über den Sprachkultus der Renaissance sind wir hinaus und wir wundern uns, wie man ehedem Zeit fand, schöne Perioden zu drechseln, allein die Geringachtung der sprachlichen Formung rächt sich doch, und so unabsehbar viel wir nach der einen Seite gewonnen haben, so müssen wir doch gestehen, daß wir nach der andern auch verloren. Dafür schlechthin die Schulen verantwortlich zu machen, wäre unbillig; weit mehr als von ihren etwaigen Versäumnissen rührt die Abstumpfung des Sprachgefühls und das Erlahmen der Sprachkunst von der hastigen, formlosen Schriftstellerei für den Tagesbedarf, von dem Zeitungs- und Journalwesen her, wie es heute im Schwange ist; aber auch der Umstand trägt das seinige dazu bei, daß das geschriebene Wort weit mehr als früher in den Dienst praktischer Interessen gestellt ist, in welcher es wohl an knapper Deutlichkeit gewinnen kann, aber an Reinheit und geschmackvoller Gestaltung verlieren muß.

Wenn der wissenschaftliche Ausbau der Philologie unmittelbar der Schule zugute kam, indem ihr dadurch ein altes Lehrgut erweitert und durchgeistigt von neuem zu eigen gegeben wurde, so hat die neuere Entwicklung der Philosophie mehr mittelbar auf die Bildungsarbeit eingewirkt, dagegen für den philosophischen Unterricht keine konstitutive Bedeutung gewonnen. Die konstruierenden Systeme, welche die Kantischen Anregungen mit der pantheistischen Spekulation der ausgehenden Renaissance verbanden, konnten zwar nur kurze Zeit die Herrschaft behaupten, haben aber sowohl der fachlichen Forschung als auch den Bildungswissenschaften weit-

---

¹) Burkhardt, Das Leben Constantins. 2. Aufl., S. 379.

tragende Impulse gegeben. Die Schellingsche Philosophie hat vorzugsweise auf die Naturforschung, die Hegelsche auf die Geschichtswissenschaft eingewirkt; die Verdienste beider werden nur zu oft unterschätzt und man vergißt, daß, wenn auch die Methode der heutigen Forschung eine andere geworden, doch nicht wenige der sie leitenden Ideeen jener, als Begriffsdichtung in Verruf gekommenen Spekulation zu verdanken sind. An der Ritterschen Reform der Geographie, an der Boeckhschen Systematisierung der Philologie, an der Begründung der Kunstwissenschaft, an der Durchführung der historischen Betrachtungsweise auf den verschiedensten Gebieten haben Denkmotive, die jenen Systemen entsprungen sind, mitgearbeitet. Trotz ihres pantheistischen Charakters boten sie dem wiedererstarkenden christlichen Idealismus Stützpunkte dar, mit welchem sie in der Gegnerschaft gegen die Aufklärungsphilosophie zusammentrafen. Auch auf die Bildungslehre ergingen Anregungen von dieser Seite[1]), doch waren noch wirksamer diejenigen, welche von Seiten des spekulativen Realismus kamen, wie ihn Herbart mit Anknüpfung an Fichte und Leibniz ausbildete[2]). Keine von diesen Schulen hat aber der allgemeinen höheren Bildung ein Lehrgut beschafft, wie es der älteren Unterricht an der auf Aristoteles fußenden Elementarphilosophie besessen hatte. Hegel und besonders Herbart beschäftigten sich mit den einschlägigen Fragen, aber ohne durchzugreifen und Herbarts Ansichten über diesen Punkt wechselten so häufig, daß man ihm im Grunde keine Ansicht zuschreiben kann. Es kam mehreres zusammen, was den Schulbetrieb der Philosophie als nicht rätlich erscheinen ließ; die Popularphilosophie, die beim Ausgange des vorigen Jahrhunderts den Unterricht überschwemmt hatte, mußte weichen, als das theologische und philologische Element wieder erstarkten, und man war geneigt, in diesen und dem mathematischen den Ersatz für alles schulmäßige Philosophietreiben zu suchen, da die wissenschaftliche Methode, an jenen Gegenständen geübt, mehr

---

[1]) Vgl. oben S. 59 u. 81.
[2]) Oben S. 37 f.

§. 29. *Der Inhalt der modernen Bildung.*

zur Bildung der Denkkraft wirke, als die Hinleitung der Reflexion auf die Gesetze des Denkens. Zudem hatte der Fluß der philosophischen Bewegung auch solche Disciplinen ergriffen, welche sonst als neutraler Boden im Kampfe der Systeme und darum als propädeutische gegolten hatten; Kant hatte die Logik als transcendentale mit der Erkenntnistheorie, Hegel als objektive mit der Metaphysik verflochten; die empirische Psychologie, welche noch Kant in der Form der Anthropologie als Bildungsmittel hochgeschätzt hatte, war durch das Unternehmen, die Seelenlehre spekulativ zu begründen, im Werte gefallen, und noch weniger konnte eine elementare Moral Gestalt gewinnen, da dieses Gebiet am stiefmütterlichsten behandelt wurde. Der philosophische Unterricht ist so teils von den Schulen verschwunden, teils ein kraftloses Anhängsel geworden; auf den Universitäten aber wird er von den Fachstudien zu sehr eingeengt, um rechte Schulung zu gewähren. Innerhalb der Philosophie selbst beginnt eine Spaltung in Fächer Platz zu greifen, so daß diejenige Wissenschaft, welche bei der Teilung der Forschungsarbeit die Einheit und das Generelle repräsentieren sollte, selbst von der specialisierenden Tendenz ergriffen zu werden droht. Wie ältere Denker von der Anwendung der „geometrischen Methode" auf die Philosophie die Herstellung eines allgemein bindenden Erkenntnisinhaltes erhofften, so versprechen sich heute viele das Gleiche von deren Anlehnung an die Naturwissenschaft; mit mehr Grund wird die geschichtliche Behandlung der Philosophie gefordert, die sie befähigt, des ganzen Ideeengehaltes zu walten, der auf dem langen Wege ihrer Entwicklung bei ihr hinterlegt worden ist. In dieser Richtung ist auch ohne Frage jenes Lehrgut zu suchen, welches einer elementaren philosophischen Schulung zu Grunde gelegt werden muß; einen Anfang dazu machte Trendelenburg, wenn er dem Unterrichte die Elementa logices Aristoteleae zum Leitfaden gab.

So wenig wie das philosophische, wird das theologische Element der Bildung von der Zeitströmung der Gegenwart begünstigt; der Naturalismus spricht der Theologie die Geltung als

Wissenschaft ab, die sogenannte Kritik macht sie zur Mythenerklärung, der Indifferentismus läßt sich die Religionslehre als einmal hergebracht eben nur gefallen. Einen tieferen Einblick in ihren Wert und zwar zunächst ihren Bildungswert hat die historische Ansicht eröffnet, welche anerkennen mußte, daß das Christentum unsere ganze Entwicklung schöpferisch mitbestimmt hat und daß, mögen wir dessen froh sein oder nicht, Vorstellungen, Gefühle, Motive, welche ihm entstammen, ein Bestandstück unseres Lebens und Seins ausmachen, dessen Verständnis zu gewinnen und zu vermitteln eine Aufgabe wahrer Aufklärung des Menschen über sich selbst ist. So angesehen tritt der Unterricht über das Christentum dem über das Altertum zur Seite, von welchem, wenn schon in beschränkterem Sinne, etwas ähnliches gilt, und beide Bildungselemente, die vor Zeiten mit einander gerungen, treffen nun auf historischem Boden friedlich zusammen und stützen sich gegenseitig. Die Verfolgung dieser Analogie aber führt über die bloß historische Bewertung des theologischen Elementes hinaus; wie die Pflege des klassisch-antiken unserer Bildung nicht bloß eine historische Unterlage, sondern zugleich den ästhetisch-humanen Charakter sichert, so giebt die des christlichen dem transcendenten Zuge der menschlichen Natur darin Vertretung; wie jene dafür sorgt, daß unserer Bildungsarbeit die plastischen Zwecke nicht abhanden kommen, so wahrt dieses ihr den Zusammenhang mit den ethisch-religiösen, ohne die nun einmal ein ernstes und in sich befriedetes Schaffen nicht gedeihen kann.

Reflexionen der Art, die von Außen her zu einer gewissen Würdigung der Religionslehre führen, ist der moderne Mensch nicht so unzugänglich: bei allem Dringen auf das Reelle und das Reale fehlt dem modernen Wesen doch nicht ein Bedürfnis, man möchte sagen ein Heimweh nach dem Ideellen, ja dem Spirituellen. Die Glaubenslosigkeit unserer Zeit unterscheidet sich nicht unwesentlich von jener des vorigen Jahrhunderts: während die letztere, bestrebt gewisse Punkte des Glaubensinhaltes festzuhalten, sich anmaßte, diesen zu berichtigen und zu redigieren, besitzt die erstere ein gewisses Gefühl für die Eigenartigkeit und selbst die organische Einheit des

Glaubenslebens und hält sich so wenigstens von der seltsamen Täuschung frei, daß der Unglaube besser wisse, was Glaube sei, als der Glaube selbst. Schon darum kann sich auch das Unternehmen der Basedow, Bahrdt u. a. nicht wiederholen, zur Verwaltung des religiösen Lehrinhaltes an Stelle der Theologie die Aufklärungsphilosophie zu berufen; Anmischungen und Verwässerungen der Art widerstehen selbst dem Indifferentismus unserer Zeit, der wenigstens realistisch genug ist, daß er jede Sache nach ihrer Art gerichtet wissen will.

Zu dieser Klärung der Lage hat die innere Erstarkung der Theologie das Ihrige beigetragen, welche ihr nicht bloß als Bildungselement Resistenzkraft gewährte, sondern auch Antrieb gab, auf Gang und Richtung der Bildungsarbeit im Ganzen ihren Einfluß geltend zu machen. Die theologische Erziehungs- und Bildungslehre, wie sie zu Anfang des Jahrhunderts sich zu gestalten begann, ist ein bedeutsamer Faktor unseres Bildungswesens. Die Werke von Dursch, Dupanloup, Palmer, Gustav Baur u. a. haben gezeigt, daß die theologische Pädagogik „nicht eine Sammlung erbaulicher Phrasen oder eine pädagogische Predigt ist, sondern einesteils mit festem Blick in das wirkliche Leben mit seinen Einzelheiten und Thatsachen eingehe, anderteils alles, was das pädagogische Denken, die Wissenschaft und die Erfahrung im Erziehungsberufe zu Tage gefördert, treulich zu Rate ziehe"[1]). Sie hat wesentlich zur Überwindung der älteren individualistischen und zur Begründung der social-ethischen Auffassung beigetragen, dem Subjektivismus gewehrt, welcher das Lehrgut zum Bildungsmittel verflüchtigt, die Bearbeitung der Erziehungs- und Bildungsgeschichte in Gang gesetzt, mit der philosophischen Pädagogik Fühlung gewonnen, der Gymnasialpädagogik höhere Perspektiven gegeben, die Volksschulpädagogik vor der Verflachung bewahrt, Kollektivarbeiten ins Leben gerufen, welche das pädagogische Studium in weitem Umkreise beherrschen. Ihre ganze Entwicklung zeigt, daß die Gaben, welche das Christentum zu spenden

---

[1]) Palmer, Evangelische Pädagogik, 1852. Vorrede zur ersten Auflg.

hat, noch nicht erschöpft sind und daß die älteste der Wissenschaften nicht zu alt ist, um nicht inmitten des jungen Nachwuchses ihre Stelle zu behaupten.

Ein weitverzweigtes Element der modernen Bildung stellen die historischen Disciplinen dar. An gelehrten Schulen wird ein systematischer, abgestufter Geschichtsunterricht ertheilt, historische Karten und Abbildungen aller Art dienen demselben zur Veranschaulichung, die moderne Methodik stellt zugleich die Forderung auf, nach Möglichkeit die Quellen zur Belebung der Darstellung heranzuziehen und die historischen Elemente aller Unterrichtsfächer zur Geltung zu bringen; in der Volksschule hat sich die geschichtliche Heimats- und Vaterlandskunde eingebürgert und es ist damit wenigstens zum Teil die Forderung eines historischen Anschauungsunterrichts verwirklicht worden; dem lesenden Publikum bietet sich eine mannigfaltige historische Litteratur dar, von den Werken der Meister an bis hinab zum historischen Roman, dem Bastard von Geschichte und Bellettristik; die bildende Kunst stellt die Geschichte in historischen Gemälden und Bilderwerken aller Art vor Augen, und selbst die Musik versetzt uns durch historische Aufführungen in die Vergangenheit; Vereine machen sich die Pflege der Ortsgeschichte oder die Erhaltung historischer Denkmäler zur Aufgabe und jedes Reisehandbuch berichtet neben dem Merkwürdigen auch das Denkwürdige, das sich vor Zeiten da und dort zugetragen. Daß dieser ganze Apparat dasjenige, was man historische Bildung nennen kann, zum Gemeingute gemacht hätte, kann man nun zwar nicht sagen, vielmehr kommt vielfach das historische Interesse nicht über ein Blättern in der Geschichte hinaus; aber man wird darum dessen Bedeutung auch nicht unterschätzen dürfen; wenn die historische Polymathie auch nicht den ganzen Bildungsgehalt der Geschichte hebt, so bringt sie doch eins und das andere Moment desselben zur Geltung, zum mindesten stellt sie ein Gegengewicht gegen die materielle Tendenz dar, verhindert die Verflachung in den politischen Tagesinteressen, lehrt, menschliche Dinge mit andern Augen als denen des Egoismus betrachten. Zudem ist

§. 29. Der Inhalt der modernen Bildung.

der Geschichtsbetrieb zu Bildungszwecken noch zu jung, als daß seine Früchte durchweg zu Tage treten könnten und daß die Hoffnung, er werde zur Vertiefung und Rektifizierung der Bildung überhaupt wesentlich beitragen, ausgeschlossen bliebe.

Auf der Geschichte einerseits und der Naturkunde andrerseits baut sich die geographische Wissenschaft der neueren Zeit auf, als Bildungselement mehr der ersteren als der letzteren sich anschließend. Geographisches Bildungswissen hatte schon das vorige Jahrhundert geschätzt; Kant behandelte die Erdkunde als eine „physisch=moralisch=politische Disciplin", welche „eine große Karte des menschlichen Geschlechts vor die Augen legt" und dem Übelstande abhilft, daß die studierende Jugend „frühe vernünfteln lernt, ohne genugsame historische Kenntnisse, welche die Stelle der Erfahrung vertreten können, zu besitzen"[1]). Rousseau und die Philanthropinisten hatten mit Glück das anschauliche Element der Erdkunde gepflegt und die belebende Verbindung von Heimat und Welt hergestellt. Gutsmuths' Unterricht in Schnepfenthal gab Karl Ritter die ersten Anregungen, Pestalozzis Gedanke eines mit innerlicher Notwendigkeit fortschreitenden Unterrichts den Anstoß zu seiner Reform der Erdkunde[2]). Diese Reform hat der Geographie wissenschaftlichen Charakter gegeben, indem sie alle Radien der Forschung in einem Centrum vereinigte: in der Aufgabe die Einwirkung von Konfiguration, Bodengestaltung, Klima, pflanzlicher und animalischer Belebung des Erdkörpers auf die Gestaltung des menschlichen Lebens zu verfolgen; zugleich aber hat der ideale Schwung, den Ritters teleologische Auffassung der Untersuchung gab, das geographische Interesse über den Utilitarismus hinausgehoben, der sich ihm leicht anhängt, und hat es mit den höchsten Interessen in Verbindung gesetzt. Natur= und Geschichtsforschung haben im Bunde mit der zeichnenden Kunst die junge Wissenschaft reich ausgestattet, der Weltverkehr hat die Fernen in die Nähe gerückt und die Weltkunde

---

[1]) Kant, Über Pädagogik, herausgegeben von Willmann, S. 11. (S. W. herausgegeben von Hartenstein, II, S. 320.)

[2]) Siehe oben S. 90, 91.

ebensosehr zum Gegenstande des allgemeinen Bedürfnisses, wie zu dem anziehender Beschäftigung gemacht. Der Schule ist dadurch ein Lehrstoff zugewachsen, der bei schlechter Verwaltung wohl zerstreuend oder gedächtniß=lastend wirken kann, bei einsichtiger dagegen vermöge seines associirenden Charakters disparate Materien zu vereinigen, insbesondere zwischen Geschichts= und Naturkenntnissen Verbindung herzustellen vermag.

In der Bildung der älteren Zeit war die natürliche Welt nur nach ihrer formalen Seite vertreten gewesen; es galten gewisse mathematische Elementarkenntnisse für ausreichend, um die Handhabe für den ganzen Studienkreis abzugeben; die moderne Bildung dagegen hat namhafte Formal= und Realkenntnisse aus diesem Gebiete in sich aufgenommen. Die Naturwissenschaften sind wie im Leben, so auch in der Bildung eine Macht geworden. Ihr Einfluß auf die Technik, das Gewerbe, die Arbeit aller Art hat sie zunächst für die Fachbildung unentbehrlich gemacht; Gebiete, in denen früher die einfache Tradition ausreichte, bedürfen jetzt wegen der naturwissenschaftlich=technischen Elemente, mit denen sie sich erfüllt haben, des geregelten Unterrichts: der Landmann und der Gewerbetreibende sehen sich auf Naturgeschichte und Chemie hingewiesen, leitende Stellungen bei Unternehmungen aller Art bedürfen technologischer Schulung, das ärztliche Studium, die Militärwissenschaften, das Geniewesen sind durch die neuere Naturforschung auf einen andern Fuß gestellt worden. Dieser gesamte niedere und höhere Fach= unterricht aber stellt an die Schulen, welche für allgemeine Bildung zu sorgen haben, die Anforderung, gewisse grundlegende Kenntnisse des neuerschlossenen Gebietes zum Gemeingute zu machen. Auch ohnedies aber würden jene Schulen einem Elemente Rechnung tragen müssen, welches in den Gesichtskreis Aller hineingetreten ist: der Gebildete darf kein Fremdling sein in der Region des Lebens, welche die Naturforschung angebaut hat, er soll wenigstens den Schlüssel zu der Gedankenarbeit besitzen, welche in deren scientifischen und technischen Errungenschaften niedergelegt ist, für die Methoden Verständnis erwerben, welche dazu geführt haben.

§. 29. Der Inhalt der modernen Bildung.

Der naturwissenschaftliche Bildungsunterricht steht noch in seinen ersten Anfängen. Es macht ihm zu schaffen, über den banausischen Lehrbetrieb hinauszukommen und den eigentlichen Bildungsgehalt seines Gegenstandes zur Geltung zu bringen: den Verkehr der Lernenden mit den Dingen selbst, das eigene Beobachten und Zugreifen, das Reifen der Kenntnis auf Grund stetiger Beschäftigung zu veranlassen; der Lehrstoff ist noch nicht zu den weiten und mannigfaltigen Gebieten der Forschung in ein endgültiges Verhältnis gesetzt; noch garnichts ist für die Verbindung der neuen Studien mit dem humanistischen Centrum des Bildungsunterrichts geschehen; die Forderung Herbarts und seiner Schule, von den menschlichen Zwecken auszugehen und die lebensvollen einheitlichen Gebiete der menschlichen auf die Natur gerichteten Arbeit zur Grundlage zu nehmen, hat noch keine Geltung gewinnen können; selbst die Verbindung mit dem mathematischen Unterrichte ist noch eine lockere und weit entfernt von der wechselseitigen Durchdringung, welche beiden Lehrgebieten festen Halt und die rechten didaktischen Handhaben in Aussicht stellt.

Der mathematische Unterricht hat seine älteren Beziehungspunkte verloren, aber im Wesentlichen seine ältere Form beibehalten. Dank Pestalozzis Anregungen ist ihm ein elementares Gebiet: die Anschauungslehre und das Denkrechnen vorgeschoben worden, an die Seite ist ihm ein breiter praktischer Lehrbetrieb gesetzt worden, aber zu beiden hat die noch wesentlich auf Euklid fußende Schulmathematik noch nicht Stellung genommen. Trotz der Einwände neuerer Denker gegen die demonstrative Methode, die wohl ein logisches Kunstwerk, keineswegs aber eine adäquate Form für den Erkenntnisinhalt der Größenlehre herzustellen vermag, bewegt sich unser mathematischer Unterricht noch in den Geleisen eines Systems, welches in den fünf regulären Körpern, dem Gegenstande des mathematischen Kultus der Pythagoräer, seinen Höhepunkt hat. So erscheint auch dieser Unterrichtszweig als ein unfertiger, nicht weil er, wie der naturwissenschaftliche noch neu ist, sondern weil in ihm Neues und Altüberkommenes unvermittelt nebeneinander liegen.

In der mangelhaften Amalgamierung älterer und neuerer Wissensstoffe liegt aber auch die Schwäche unserer Lehrpläne überhaupt; sie sind durch Kumulierung, nicht durch Wachstum von innen heraus zu Stande gekommen und haben selbst Zusammengehöriges aus pedantischer Vorliebe für das Fachwerk und in falschem Streben nach Vollständigkeit auseinander gerissen. Jedem einzelnen der Bildungselemente nachgehend, haben sie zu wenig die Einheit der Bildung im Auge behalten; anstatt der innern Gestaltung an einem wohlverbundenen Ganzen von recht verarbeiteten Kenntnissen und geistig durchdrungenen Fertigkeiten einen festen Kern zu geben, um den sich das bunte Vielerlei von Anregungen und Belehrungen, wie es ein geistig bewegtes öffentliches Leben mit sich bringt, sammle und ordne, ist unser Unterricht selbst dem Vielerlei verfallen und hat die Polymathie, welche als peripherisches Element der Bildung ihren unbestrittenen Wert besitzt, in deren innerste Regionen vordringen lassen.

In der Menge, Verbreitung, praktischen Einrichtung polymathischer Bildungsmittel übertrifft unsere Zeit weitaus die Vergangenheit. Realencyklopädieen für einzelne Fächer und für das ganze Bildungswissen, Konversationslexika gelehrteren und populäreren Anstrichs stehen zur Augenblicksbelehrung bereit, Zeitungen und Zeitschriften aller Art bieten selbst solche Belehrungen dar oder geben Antrieb sie zu suchen, Sammlungen künstlerischen, wissenschaftlichen, gewerblichen Zweckes erteilen vielförmigen Anschauungsunterricht an Jeden, der ihn sucht, die Weltausstellungen, gleichsam real gewordene Encyklopädieen der Kunst und Industrie, stellen dem Fachmann wie dem Laien die Ergebnisse der Arbeit der Völker vor das Auge. Das rasch pulsierende moderne Leben gewährt dem vielseitigen Interesse immer neue Anregungen und Stoffe, eröffnet dem Bildungserwerb immer neue Quellen, um so dringender aber wird dadurch die Aufgabe, jenes vor der Ausartung in Vielgeschäftigkeit zu bewahren, diesem ein sicher fundiertes Stammkapital zu Grunde zu legen.

§. 30.

Die drei großen Gebiete des Unterrichts, deren historische Mittelpunkte die Elementarschule, die Lateinschule und die Universität darstellen, haben in unserm Jahrhundert nach verschiedenen Seiten Erweiterung und Ausbau gefunden und sind in bestimmt geregelte Beziehungen zu einander getreten.

Für die Organisation des Elementar- oder Primärunterrichts bestehen in der Gegenwart mehrere Systeme, von welchen das Volksschulsystem, wie es in Deutschland und den Ländern des deutschen Kulturkreises — Österreich, Schweiz, nordische Staaten — seine Ausbildung erhalten hat, mit Recht das größte Ansehen genießt. Seine erste Voraussetzung ist eine relative Homogeneität der geistigen Bedürfnisse der Gesellschaft, eine solche Annäherung der socialen Schichten, welche die Verschmelzung der Elementarschule der höheren Stände mit den die ganze Schulbildung der niederen Stände besorgenden Anstalten zu einem Systeme möglich macht. Wo diese Voraussetzung nicht erfüllt ist, behalten die Schulen der ersten Art einen rein privaten Charakter, während die der zweiten zu Armenschulen herabsinken; dies ist in England der Fall, wo der Elementarunterricht der höheren Stände dem Hause oder Privatinstituten zufällt, der der arbeitenden dagegen der Hauptsache nach von den älteren Vereinen übernommen wird, die nicht sowohl dem Bildungswesen als dem Hülfswesen zugehören (s. oben §. 27, S. 363) und erst neuerdings durch die Elementary education act von 1870 gegen Staatszuschuß der Staatsaufsicht unterzogen worden sind. Eine zweite Voraussetzung des Volksschulsystems ist die Cooperation der weltlichen Faktoren mit den kirchlichen, die von verschiedenen Gesichtspunkten geregelt sein kann, der Kirche aber eine solche Mitwirkung an der Jugendbildung sicher stellen muß, daß sie von der Begründung eines eigenen Unterrichtswesens absehen kann. Staaten wie Frankreich und Belgien, in denen ein staatlich centralisiertes, von den Tendenzen der jeweiligen Machthaber abhängiges Schulwesen besteht, neben welchem sich ein rein kirchliches ausgestaltet hat, haben die wahre Einheit des Bildungswesens überhaupt eingebüßt und lassen so auch eine Bedingung des Volksschulsystems unerfüllt.

Insofern das moderne Volksschulsystem die christliche Kinderlehre in sich aufnimmt, führt es die Traditionen fort, welche dem Volksunterrichte innerhalb des christlichen Kulturkreises von je zu Grunde lagen, daneben aber giebt es zugleich Motiven der neueren Entwicklung Raum: es scheidet seinen Lehrinhalt bestimmt von dem gelehrten Unterrichte ab und konstituiert ihn als besondere didaktische Einheit; es sucht, nach dem Vorgange Pestalozzis, den elementaren Fertigkeiten einen Beitrag zur formalen Bildung abzugewinnen und in der Sprach-, Zahlen- und Formenlehre ein gewisses Äquivalent für den philologischen und mathematischen Unterricht zu erlangen; es zieht, nach dem Vorgange der patriotischen Pestalozzianer, das nationale Element als Vaterlands- und Heimatskunde, Gesanglehre, Turnunterricht, in den Kreis der elementaren Bildung; es giebt, endlich mit Anlehnung an die Philanthropinisten den Realien, sowie anderen praktisch nützlichen, mehr oder weniger encyklopädischen Kenntnissen Raum.

Das Volksschulsystem umfaßt zunächst die Volksschule selbst, verschieden als Stadt- und als Landschule, als private und als öffentliche Anstalt, als Schule der durch höheren Unterricht fortzusetzenden Elementarvorbildung und als solche, die in einem besonderen Bildungsniveau ihr Augenmerk hat. Ihre Leistungen erscheinen gesteigert in der „gehobenen Stadtschule", Bürgerschule, Mittelschule (nach dem in Deutschland üblichen Sprachgebrauche), modificiert in der Mädchen- oder Töchterschule; sie ist von Nebenanstalten umgeben, welche teils die Aufgabe der Vorbereitung haben, wie Kindergärten u. ä., teils die Volksschulbildung weiterführen sollen, wie: Fortbildungsschulen, Sonntagsschulen, Abendschulen, die sogenannten Volkshochschulen der nordischen Länder u. ä., teils die Volksschulziele durch specielle Aufgaben modificieren, wie: Waisenhäuser,

§. 30. Das moderne Unterrichtswesen.

Rettungsanstalten, Blinden-, Taubstummen- und Idiotenanstalten, eine Kategorie von Schulen, deren Begründung in das vorige Jahrhundert zurückreicht (Francke, Oberlin, Hauy, L'Epée, Heinicke u. a.), aber erst im XIX. eigenartig entwickelt wurde (Fellenberg, Wehrli, Falk, Chr. H. Zeller, Wichern u. a.). Einen integrierenden Teil des Volksschulsystems bildet ferner die Lehrerbildungsanstalt (Präparandie, Lehrerseminar, Normalschule u. s. w.), welche den Grund zu dem Volksschullehrerstande legt. Das Erwachsen eines solchen ist jedoch nicht bloß von der Regelung der Vorbildung zum Lehramt abhängig, sondern auch von spontanen Bestrebungen innerhalb der Lehrerkreise; der deutsche Lehrstand samt seinen Vorbildungsanstalten ist auf die Volksschulpädagogik, wie sie sich seit Pestalozzi als ein besonderes Gebiet beruflichen Wissens und Könnens gestaltet hat, fundiert. Will man dieser einen wissenschaftlichen Charakter einräumen, der einem Teil der dahin gehörigen Werke wohl zukommt, so kann man mit L. Stein sagen, daß das deutsche Volksschulwesen auf der Wissenschaft beruht, wie das französische auf der administrativen Organisation, das englische auf der individuellen Kraft der Einzelnen und der Associationen[1]).

Vor Überschätzung dessen, was im Volksschulsystem und durch dasselbe erreicht worden, kann die Erwägung einesteils der Schwierigkeit seiner Aufgaben und andernteils so mancher Unfertigkeit seiner Faktoren bewahren. Der Volksunterricht muß dem Bedürfnisse der arbeitenden Klassen nach Erweiterung ihres Horizontes und nach Erwerbung fördernder Kenntnisse entgegenkommen und doch eingedenk sein, daß die Volksjugend in dem engbegrenzten und bescheidenen Kreise der Arbeit ihren Halt in wirtschaftlicher und sittlicher Hinsicht zu suchen haben wird und daß das erweiterte Wissen ohne Stärkung des Gewissens nur Werkzeug des Egoismus und der Leidenschaft wird. Mit der Bereicherung der Lehrpläne ist noch nicht Zuwachs an fruchtbarem Wissen und noch weniger an sicherem Können gegeben, wohl aber die Einheit und Gesamtwirkung des

---

[1]) Verwaltungslehre, V, S. 80.

Unterrichts, deren er in seinem älteren anspruchslosen Zuschnitte sicher war, in Frage gestellt, zumal da die Methodik sich weit mehr auf die Bearbeitung der einzelnen Fächer als auf die koncentrische und zusammenstimmende Gestaltung des Lehrinhalts im ganzen geworfen hat. Bei der Lehrerbildung wiederholen sich die nämlichen Schwierigkeiten: das zukünftige Arbeitsfeld des angehenden Lehrers ist ein bescheidenes und erfordert mehr hingebendes Einleben in die Arbeit, als vielseitiges Wissen und Interesse, und doch muß die Vorbildung für das Lehramt weiter ausgreifen und der intellektuellen Regsamkeit genugthun, die dem Lehrstand vermöge seiner ganzen neuen Entwicklung innewohnt. Die Gegensätze sind auf diesem Gebiete schärfer gegeneinander gestoßen; sie fanden ihren Ausdruck einerseits in den Bestrebungen, deren Wortführer Diesterweg war, andrerseits in den preußischen Regulativen von 1850. Jener stellte dem Lehrer die Aufgabe, „sich zum Mittelpunkte des Wissens und der Bildung in seinem Kreise zu machen, in Vielseitigkeit sich von Keinem übertreffen zu lassen", insbesondere aber der Naturforschung obzuliegen und bestimmte danach Ausmaß und Richtung des Seminarunterrichts. Die Regulative zeichneten dem Lehrerseminar als Ziel vor, „das Unterrichtsmaterial der Elementarschule nach allen Beziehungen zur Durchdringung und Beherrschung zu bringen", sie ersetzten die Pädagogik und Didaktik durch das Lehrfach der Schulkunde, entfernten den weltgeschichtlichen und den Litteraturunterricht und erhöhten den religiösen Memorierstoff. Dieses System einer allzuknappen Koncentration, welches über die Traditionen der Harnisch, Zeller, Pestalozzi zurückgriff, hat nunmehr dem entgegengesetzten Platz gemacht; zugleich aber sind die Klagen über die zerfahrene Halbbildung und die Vielgeschäftigkeit des Lehrstandes wieder laut geworden. Es bleibt der Zukunft vorbehalten, den Bildungsstoff des Seminars einheitlich und mit durchgängiger Beziehung auf die fundamentalen Aufgaben der Volksschule und doch in dem Ausmaße, daß er ein berechtigtes Bildungsstreben ausfülle, zu bestimmen. Für diese Versöhnung der Gegensätze ist die gedeihliche Weiterbildung der Volksschulpädagogik eine wesentliche Bedingung; diese aber hat eine

zu rasche Entwicklung in die Breite genommen, als daß sie nicht
viel taube Saat hätte hervorbringen müssen; zur Rektifikation von
manchem Verfehlten kann viel von dem historischen Interesse erwartet
werden, welches jüngst auf diesem Gebiete erwacht ist.

Aus der Lateinschule ist unmittelbar das **Gymnasialsystem**,
durch Abzweigung das wirtschaftliche Vorbildungswesen, wie es in
der **Realschule** seine entwickeltste Gestalt erhalten hat, erwachsen.

Das moderne Gymnasium[1]) ist sowohl nach unten gegen die
Elementarschule, als nach oben gegen die Universität bestimmt abgegrenzt, und zwar letzteres durch die Maturitätsprüfung (Abiturienten-
examen, Baccalaureat[2]). Es vereinigt die doppelte Funktion, einesteils auf die Universität vorzubereiten, andernteils im allgemeinen
der Jugend die Voraussetzungen einer größern, historisch fundierten
Weltanschauung zu geben; in ersterem Betracht ist es die Elementarschule der Wissenschaft, in letzterem eine Anstalt, welche einen
gewissen Abschluß der Bildung gewährt. Für die ältere Lateinschule
bestand eine ähnliche Doppelaufgabe, aber sie wies auf einen und
denselben Punkt hin, auf die Latinität, welche zugleich das ABC
der Wissenschaft und das Element verfeinerten Geisteslebens für
Jedermann war; die neuere Entwicklung, welche über den klassischen
Lehrstoff hinauszugehen zwang, machte auch die beiden Zweck-
bestimmungen auseinandertreten; es fiel ein größeres Gewicht auf

---

[1]) Der Name ist nur in Deutschland und Österreich eingeführt; die entsprechenden Anstalten heißen in Italien außer ginnasi auch licei, in Frankreich lycées oder collèges, in Belgien athénées, in der Schweiz Kollegien
oder Kantonschulen, in England colléges, high schools, grammar schools,
in Schweden lärowerk. Vgl. Eckstein in Schmids Encyklopädie, XI[1],
S. 540.
[2]) Lateinschulen ohne Entlassungsprüfung bestehen noch in England, wo
die Universitäten, jede für sich, matriculation examinations veranstalten;
in Schottland und Holland fällt noch ein Teil der propädeutischen Studien
in die Universitätsjahre; Schottland besitzt noch Pfarrschulen, in welchen Latein
gelehrt wird, so daß es dort nicht auffallend erscheint, „wenn ein barfuß-
gehendes Mädchen ein Cäsarkapitel und ein von der Feldarbeit herbeigerufener
Knabe die Äneide übersetzt". Eckstein a. a. O. S. 558.

die positiven Kenntnisse, und die Stellung des Gymnasiums als Bildungsschule machte es unerläßlich, diese auch mit Rücksicht auf das im modernen Leben unmittelbar wirkende Wissen zu wählen. Die Beziehung des Gymnasiums zur Universität gebietet, den Lehrkursus desselben nach wie vor als einen einheitlichen festzuhalten und ihm den Charakter der Vorübung für das Studium zu bewahren, andrerseits stellt das ganz oder teilweise absolvierte Gymnasium, so zu sagen, eine Bildungsgröße dar, mit welcher die Gesellschaft rechnet und die auch der Staat zu bewerten nicht umhin kann. Das moderne Gymnasium muß nicht nur mit einem namhaft erweiterten Lehrstoffe, sondern auch mit verschiedenen Kategorien von Schülern arbeiten, von denen ein Teil seine Lebensziele in Gebieten sucht, die zu Wissenschaft und Altertum nur sehr entfernte Beziehungen haben. Diese „praktisch gestimmten" Elemente bilden für den Gymnasialunterricht eine Last und eine Gefahr, indem sie ihn von der höheren Aufgabe zu entfremden drohen, aber sie bezeichnen zugleich einen Teil des socialen Machtbereiches der Anstalt, die nicht darauf verzichten darf, weitere Kreise mit ihren Bildungsstoffen wenigstens zu tingieren.

Das Gymnasialwesen der großen Kulturstaaten nimmt zu diesen seinen modernen Aufgaben eine verschiedene Stellung. England ist zu einer Regelung des ganzen Bildungsgebietes noch garnicht vorgeschritten; seine alten, auf Stiftungen beruhenden und von Kuratorien verwalteten Lateinschulen sind weder gelehrte Vorbildungsanstalten, noch irgend welchen praktischen Zwecken dienstbar, sondern sehen ihre Aufgabe darin, durch liberal studies gentlemen heran zu bilden; ihre Kurse bilden eine strenge Einheit, die modernen Disciplinen sind schwach vertreten. Neben ihnen besteht ein junger Anwuchs von privaten gymnasialen Anstalten ohne planmäßige Organisation; die Einrichtung, an das Absolvieren irgend welcher Schulen gewisse Berechtigungen zu knüpfen, ist den Engländern fremd und anstößig; Bildung aller Art gilt ihm durchaus als Privatangelegenheit. In Preußen hat das Gymnasium im klassischen Unterrichte seinen Mittelpunkt und in der Vorbildung zu

§. 30. Das moderne Unterrichtswesen.

Universitätsstudien seine Hauptaufgabe; in der Klassenzahl ist der Typus der sechsklassigen Lateinschule festgehalten, jedoch auf neun Jahreskurse erweitert. Der Lehrverfassung nach gliedert es sich in Unter-, Mittel- und Oberklassen, ohne daß jedoch die untere und mittlere Abteilung einen relativen Bildungsabschluß gewährte; nur insofern wird äußerlich ein solcher zwischen dem sechsten und siebenten Schuljahre statuiert, als die erfolgreich zurückgelegte Untersekunda zum einjährigen Kriegsdienste berechtigt. Der Staat übt das Aufsichtsrecht und bestimmt die Grundzüge der Unterrichtsverfassung, mit der Kirche steht das Gymnasialwesen insofern in Verbindung, als seine Anstalten einen konfessionellen Charakter haben, die autonomen Faktoren kommen insofern zur Geltung, als ein großer Teil der Gymnasien von städtischen Kommunen erhalten wird. Der Verkehr des Gymnasiums mit der Universität ist ein doppelter, indem diese ihren Nachwuchs aus jenem bezieht, und die philosophische Fakultät für das Gymnasiallehramt vorbereitet. In der Einrichtung der Anstalten ist lokalen Bedürfnissen einigermaßen Spielraum gewährt; der Angleichung und fortschreitenden Verbesserung des Unterrichts dienen Direktorenkonferenzen und Gymnasialzeitschriften. Das Gymnasialwesen Österreichs hielt sich bis zur Mitte des Jahrhunderts im wesentlichen an die Traditionen der älteren Ordensschule, lenkte aber mit der Reform von 1849 in die Bahn des preußischen ein, ohne doch ganz mit seiner Geschichte zu brechen. Der achtklassige Kursus beruht auf der Zusammenfassung der alten vier Grammatikal-, der zwei Humanitätsklassen und des philosophischen Bienniums; das vierklassige Untergymnasium führt jeden seiner Lehrgegenstände zu einem relativen Abschluß und behandelt mehrere davon in populärer Weise und praktischer Richtung; das ganze Gymnasium hat den Zweck, „eine höhere allgemeine Bildung unter wesentlicher Benutzung der alten klassischen Sprachen und ihrer Litteratur zu gewähren und hierdurch zugleich für das Universitätsstudium vorzubereiten". Der Schwerpunkt liegt nicht im klassischen Unterricht, sondern „in der wechselseitigen Beziehung der Unterrichtsgegenstände auf einander"; die Realien sind ausgiebig vertreten;

für das Studium der Alten ist der litterarisch-historische Gesichtspunkt über den sprachlichen gestellt, das Lateinschreiben ist als Lehrziel aufgegeben; die Philosophie ist als Propädeutik Lehrgegenstand der oberen Klassen. Der Lehrplan ist vorgeschrieben; die Mehrzahl der Anstalten sind staatlich und nicht-konfessionell; kommunale und Ordensgymnasien erhalten das Öffentlichkeitsrecht, wenn sie den staatlichen genau konformiert sind. Das französische Lycée hat einen dreistufigen Aufbau; die beiden niederen Abteilungen, die zweiklassige Division élémentaire und die dreiklassige Division de Grammaire haben in der gründlichen und abschließenden Einprägung der französischen, lateinischen und griechischen Grammatik ihre Hauptaufgabe; die, drei Klassen, aber vier Schuljahre umfassende Division supérieure bereitet sowohl für das baccalauréat ès lettres als das baccalauréat ès sciences vor; das von dem Minister Fourtoul 1852 eingeführte Bifurkationssystem, welches die höhere Abteilung in eine humanistische und eine realistische Sektion zerlegte, wurde (durch Duruy 1863) formell aufgehoben, allein die Verquickung von Obergymnasium und Oberrealschule nicht beseitigt. Die Lyceen sind mit Pensionaten verbunden; sie bilden einen Teil der staatlichen Université und haben eine bis ins einzelne konforme Einrichtung; der Vorbildung ihrer Lehrkräfte dient die École normale supérieure in Paris, deren Zöglinge in den Schulwissenschaften und der Schulpraxis geübt werden und daneben Fakultätsvorlesungen besuchen. Neben den staatlichen Lyceen bestehen kommunale Anstalten, die Colléges communaux, von Stadtgemeinden unterhalten, der Université unterstellt, aber von ungleichmäßiger Organisation, zum Teil bloß der wirtschaftlichen Vorbildung dienend; eine andere Ergänzung des staatlichen Sekundärunterrichts bilden die petites séminaires, zunächst als Vorschulen der bischöflichen Seminarien ins Leben gerufen, aber auch zur Vorbereitung für weltliche Studien eingerichtet und viel benutzt.

Wenn das Gymnasium bei größerer oder geringerer Anbequemung an allgemeinere Bildungsbedürfnisse doch seine Stellung als Vorschule für die „liberalen Berufsarten" bewahrt, dient die

§. 30. Das moderne Unterrichtswesen.

von ihm abgezweigte Realschule zur Vorbereitung auf diejenigen Funktionen der wirtschaftlichen Thätigkeit, welche gewisse wissenschaftliche Kenntnisse, Verständnis für den internationalen Charakter der Arbeit und damit einen weiteren Ausblick überhaupt verlangen. Die ersten Versuche, dieselbe zu organisieren, gehören dem vorigen Jahrhundert an; zu festeren Formen gelangte sie aber erst, als sich der höhere technische Unterricht, in welchem sie einen festen Beziehungspunkt fand, fixiert hatte und zugleich der Staat aus der anfänglichen Reserve, die er der jungen Anstalt gegenüber eingenommen, herausgetreten war; einen ausgeprägten Charakter und eine präcis zu bestimmende Stellung im System des Bildungswesens hat sie heute noch nicht. Das nächste Streben der Vertreter der Realschule ging dahin, ihr gleich dem Gymnasium eine wissenschaftliche Grundlage zu geben; aber die einen suchten diese in den mathematischen und Naturwissenschaften, so daß die Realschule das auf die historischen Wissenschaften fundierte Gymnasium ergänzen sollte (Spilleke, Köchly u. a.); andere verlegten den Schwerpunkt der Realschulbildung in Humanitätsstudien, aber moderne, so daß dieselbe in der modernen Philologie die Grundwissenschaft zu suchen habe, welche das Gymnasium an der klassischen von Alters her besitzt (K. Mager); wieder andere sahen die Bedingung des Gedeihens der jüngeren Anstalt in der möglichst engen Anlehnung an die ältere, speciell in der Herstellung eines gemeinsamen Unterbaues beider. Besonders wurde in den bewegten Jahren 1848 und 1849 von der Verschmelzung beider Schulen die Annäherung der Beamten- und Bürgerbildung und damit der Ausgleich der Stände erhofft; von dem Realgymnasium werden noch heute Erwartungen gehegt, jedoch ist nicht einmal der Begriff fixiert, indem darunter bald jener gemeinsame Unterbau (so bei dem 1863 in Österreich versuchten Experimente), bald die darauf sich aufbauenden Realklassen (so in den Debatten der preußischen Landeslehrerkonferenz von 1848), bald endlich eine Schule mit gymnasialen Zielen für das Latein, aber ohne Griechisch (so bei Stein a. a. O. S. 212, verwirklicht in dem Realgymnasium in Stuttgart) verstanden wird.

In Deutschland wird der geschichtliche Zusammenhang von Gymnasium und Realschule insofern bewahrt, als die letztere, wenigstens als vollentwickelte, das Latein als Lehrgegenstand mit den Zielen der mittleren Gymnasialklassen festhält; ein Bindeglied zwischen Real- und Volksschule bilden die höheren Bürgerschulen. In Österreich war das Realschulwesen anfänglich ein Teil des Volksschulwesens und gewann erst als Vorstufe für technische Studien eine selbständige Bedeutung; das Statut von 1851 giebt der Realschule einen fachschulmäßigen Charakter und erst die neuere Entwicklung hat das humanistische Element wenigstens in der Gestalt der neueren Sprachen einigermaßen zur Geltung gebracht. Frankreich besitzt kein eigentliches Realschulwesen; der von demselben vertretene Unterricht fällt teils der Instruction secondaire, teils Fachschulen zu.

In dem weiten Felde zwischen der Volks- und Hochschule haben die modernen Bildungsbedürfnisse zahlreiche Anstalten entstehen machen, welche verschiedene sociale Beziehungspunkte haben und darum zu keinem Systeme zusammentreten; fachlicher Natur sind: die Handels- und Gewerbeschulen, die landwirtschaftlichen Schulen, die Institute zur militärischen Vorbildung u. a.; allgemeine Bildungsziele verfolgen die höheren Mädchen- oder Töchterschulen, amorphe Anstalten, deren didaktische Ausarbeitung hintangehalten wird teils durch die Unbestimmtheit ihrer Ziele, teils durch das, der älteren Zeit fremde Vorurteil, daß die weibliche Intelligenz stark genug sei, ein buntes Vielerlei zu verarbeiten, aber zu schwach, um eine ernstliche Schulung zu ertragen.

Den Verkehr der Wissenschaft mit dem allgemeinen geistigen Leben und mit der höheren Berufsthätigkeit rege zu erhalten, war in früheren Perioden das Vorrecht der Universität gewesen; die moderne Zeit hat die Berührungen der Wissenschaft mit der Arbeit außerordentlich vermehrt und für Gebiete, in denen früher praktische Unterweisung genügte, scientifischen Kenntniserwerb notwendig gemacht. Für die künstlerische Ausbildung reicht das Atelier nicht

mehr aus, seit Kunstgeschichte, Ästhetik, Anatomie für das Kunst=
schaffen eine konstitutive Bedeutung gewonnen, und ebensowenig für
die technische die Werkstatt, für die höhere kaufmännische das Comptoir,
für die militärische das Lager, seit Technologie, Handels= und Kriegs=
wissenschaften mitbestimmende Elemente jener Wirkungskreise geworden
sind. Das Bedürfnis wissenschaftlicher Studien für berufliche Zwecke
ist über die Universität hinausgewachsen und hat sich besondere
Anstalten geschaffen, welche als Akademieen, Hochschulen u. s. w.
jener den Primat im Bildungswesen streitig machen. Man hat zu
Zwecken der Verwaltung den Begriff eines Hochschulwesens auf=
gestellt, welcher diese jüngeren Institute und die alte Wissenschafts=
schule einbegreifen soll; allein es werden damit disparate Erschei=
nungen zusammengefaßt. Die Universität teilt wohl mit jenen
Anstalten die Tendenz, der beruflichen Arbeit mit der Wissenschaft
Fühlung zu geben, aber sie hat obenein die höhere Aufgabe, For=
schung und gelehrte Kenntnis um ihrer selbst willen zu pflegen und
damit einer Geisteskultur das Medium zu gewähren, die wir noch
heute mit dem antiken Ausdrucke eine liberale nennen können.
Die Verwaltung kann von einem Hochschulwesen sprechen, die
Gesellschaft aber kennt keine Hochschulbildung, sondern nur eine
Universitätsbildung und sie betrachtet diese als eine einheitliche trotz
des verschiedenen Lehrinhalts der vier Fakultäten. Die Einheit
und der eigentümliche Charakter der Universität war früher deut=
licher gekennzeichnet durch die privilegierte Stellung und durch die
gelehrte Amts= und Unterrichtssprache, aber das Verständnis dafür
ist mit Wegfall dieser äußeren Merkmale nicht verloren gegangen
und man hat es wiedergefunden, wo es in der Aufklärungsepoche
abhanden gekommen war. Es bethätigt sich darin, daß man das
Band, welches die Fakultäten zusammenhält, trotz der nicht geringen
Verschiedenheiten, welche die neuere Entwicklung der Wissenschaften
mit sich gebracht, vor dem Zerreißen bewahrt und daß man dem
Universitätsunterrichte das Privilegium der Lehr= und Lernfreiheit,
trotz der Abneigung des Zeitgeistes gegen alles Privilegienwesen,
erhält, indem man mit Recht in dieser Einheit und Freiheit den

Ausdruck und die Gewähr für eine ideale Bewertung der Wissenschaft erblickt.

Die Staaten des deutschen Kulturkreises, von denen dies vorzugsweise gilt, haben mit Festhaltung der historischen Grundform der Universität für deren Anpassung an die praktischen Aufgaben durch Maßregeln sekundärer Natur, wie Einrichtung von Seminarien, Festsetzung von Pflichtvorlesungen u. a. Sorge getragen; anders England, welches auch hierin die alten Traditionen im ganzen Umfange festhält, indem es der Universität und deren Kollegien lediglich den allgemein-wissenschaftlichen Unterricht zuweist, alle Vorbildung für den Beruf aber in die Stätten der Ausübung desselben verlegt; Frankreich hat, im falschen Streben nach der Einheit eines staatlichen Lehrwesens, die Einheit der Wissenschaftsschule geopfert und zudem die philosophische Fakultät in die faculté des lettres und die faculté des sciences gespalten; nur an dem Collége de France besitzt es eine der deutschen Universität einigermaßen verwandte Anstalt und die altfranzösischen Traditionen sind in den im letzten Jahrzehnt errichteten katholischen Universitäten erneuert worden; der Reichtum Frankreichs an wissenschaftlichen Specialinstituten, worin es andere Länder unbestritten übertrifft (École des langues orientales, École des chartes, Museum d'histoire naturelle, Bureau des longitudes, Conservatoire des arts et des métiers u. a.), bietet doch keinen Ersatz für das Aufgeben einer Institution, an welche sich die ruhmreichsten Erinnerungen der Nation knüpfen.

Als Ganzes betrachtet läßt sich das moderne Bildungswesen, zumal da, wo es auf das Volksschulsystem fundiert ist und in der Universität gipfelt, wohl mit einem mächtigen, vielverzweigten Kanalsystem vergleichen, welches von centralen Becken aus seine Wasseradern tränkend und befruchtend auf weiteste Strecken aussendet; es erhebt die Bildungsarbeit zu einer geregelten Funktion des Socialkörpers, durch das öffentliche Recht gestützt, von dem allgemeinen Interesse getragen; es arbeitet wirksam an der intellektuellen

Angleichung der Menschen und ist bemüht, die verschiedenen Niveaus, auf welchen sich diese vollzieht, stetig zu erhöhen. Ein vielseitiger Unterricht, der darum vielfache Berührung mit den verschiedenen Anlagen und Fähigkeiten hat, sorgt dafür, daß diese, wo immer sie sich finden mögen, Nahrung erhalten und zum Nutzen der Gesellschaft zur Entwicklung gelangen; ein geordnetes Prüfungssystem überwacht die Verarbeitung des Dargebotenen durch die Individuen und sichert den höheren Bildungsstufen und den Berufskreisen den Zuzug allseitig qualificierter Elemente; geistige Arbeit aller Art wird aufgeboten, um leitend und lehrend, organisierend und reflektierend den vielförmigen Organismus auszubauen und zu vervollkommnen.

Dennoch wird man nicht sagen können, daß damit alles überboten, ja auch nur verwertet wäre, was ältere Zeiten von Bildungsveranstaltungen besessen haben. Der Zug der modernen Organisation auf das Ganze und Große ist über manches hinweggeschritten, was in den Neubau nicht hineinpaßt, aber doch seine Bestimmung wohl ausfüllte und keineswegs ersetzt ist. Man hat mit Recht über das Zurückgehen der kleineren deutschen Universitäten geklagt, welche mit ihren bevorzugten Schwestern, die mit der ganzen Fülle moderner Lehrveranstaltungen ausgestattet sind, nicht mehr Schritt halten können, und in Wahrheit würden mit dem Eingehen dieser Anstalten bedeutsame und eigentümliche Quellen deutscher Bildung versiegen. Leichter wird man vielleicht die vielgestaltigen Landgymnasien missen mögen, wie sie früher, dem individuellen Bedürfnisse der einzelnen Orte angepaßt, bestanden, jetzt aber überall die Normalform des Gymnasiums angenommen haben; und doch hatten auch diese zwanglosen Variationen des gymnasialen Typus ihren Wert; es liegt auch darin etwas von erziehender und plastischer Kraft, daß die Schule mehr ist als ein Exemplar der Gattung, und man hat unbefangen einen Vorzug der englischen alten Lateinschulen darin anerkannt, daß jede von ihnen ein Individuum, man könnte sagen, ein Charakter ist. Selbst im Volksschulwesen kann durch die Uniformierung des Unterrichts lokaler und traditioneller Eigentümlichkeit

Abbruch geschehen und eine und die andere, wennschon bescheidene Quelle volkstümlichen Geisteslebens verschüttet werden.

Das moderne Schulwesen hat der Bildung große Heerstraßen eröffnet und es damit dem Bildungsstreben erspart, seine Pfade zu suchen, aber zugleich das Einschlagen solcher Pfade erschwert. Früherhin war der häusliche Unterricht ein blühender Zweig des Bildungswesens; von Locke bis Herbart fußte auf ihm vorzugsweise die pädagogische und didaktische Reflexion, die damit allerdings ihren Gesichtskreis verengte, aber dafür das Verständnis der individuellen Seite der Erziehungs- und Bildungsarbeit vertiefte und dem kollektiven Unterrichte die wertvollsten Anregungen geben konnte. Heute ist der häusliche Unterricht bedeutungslos geworden; kaum im Stande die hochgespannten Ziele der Schulbildung zu erreichen, muß er sich stets in der Nähe des öffentlichen Unterrichts halten und sind ihm originelle Versuche versagt. Aber das Haus ist nicht nur unfähig geworden den Schulunterricht zu ersetzen, sondern auch dazu, ihn nach seiner Individualität zu verarbeiten; die Schule nimmt Zeit und Kraft ihrer Angehörigen derart in Anspruch, daß, wenn man öfter laut gewordenen Klagen Berechtigung zuschreiben darf, der Lernende kaum des häuslichen Lebens froh werden kann, geschweige der Beitrag zur Geltung zu kommen vermag, den die Familie, die auch im intellektuellen Gebiete eine wichtige Funktion hat, gewähren soll.

In jedem Betracht ist das moderne Bildungswesen mehr angelegt auf Angleichung der Köpfe und Verwertung der Anlagen, als auf Hervorbringung der eigenartigen, ausgestalteten Persönlichkeit; sein reicher Lehrstoff befriedigt die intellektuellen Bedürfnisse, ehe sich diese zu individuellem Interesse, zu persönlicher Wißbegierde steigern können; die von ihm auferlegte Pflichtarbeit gestattet dem Lernenden erst spät nach eigenem Sinn und Geschmack sein Studium zu gestalten, falls überhaupt die Regungen solchen Sinnes und Geschmackes nicht im Entstehen niedergehalten worden; seine Organisation bringt ein allgemeines Lernen und Arbeiten in Gang, aber begünstigt es, daß zu herrschenden Motiven dafür Gewöhnung,

Aussicht auf künftige Verwertung, bestenfalls Pflichtgefühl werden, gegen welche die spontanen und individuellen Bildungstriebe zurücktreten; sein System ist umfassend und sinnvoll angelegt, aber es umspannt doch nicht alle Faktoren des geistigen Wachsens und Werdens, sondern schädigt die einen, wenn's es den andern genugthun will.

www.ingramcontent.com/pod-product-compliance
Lightning Source LLC
Chambersburg PA
CBHW051727300426
44115CB00007B/493